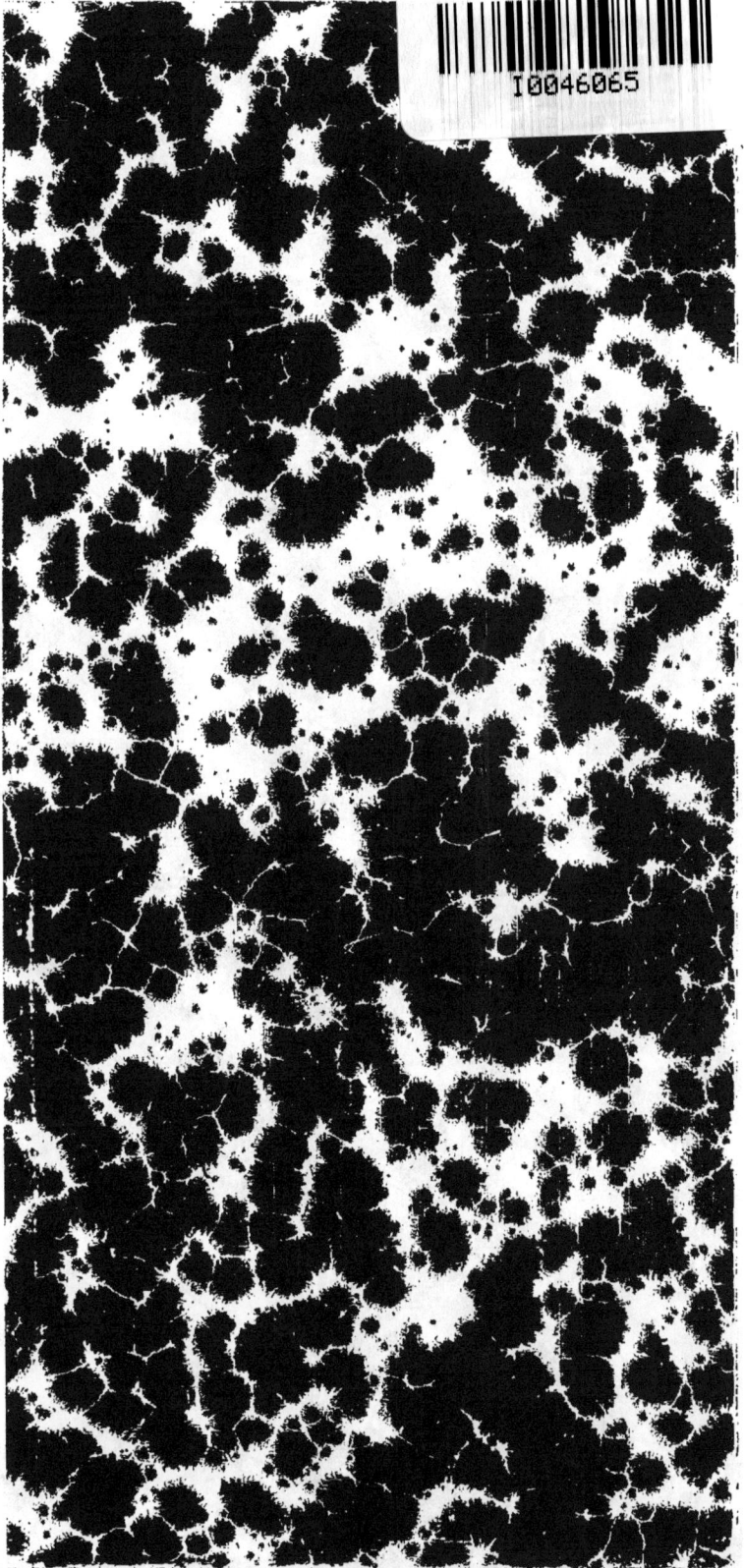

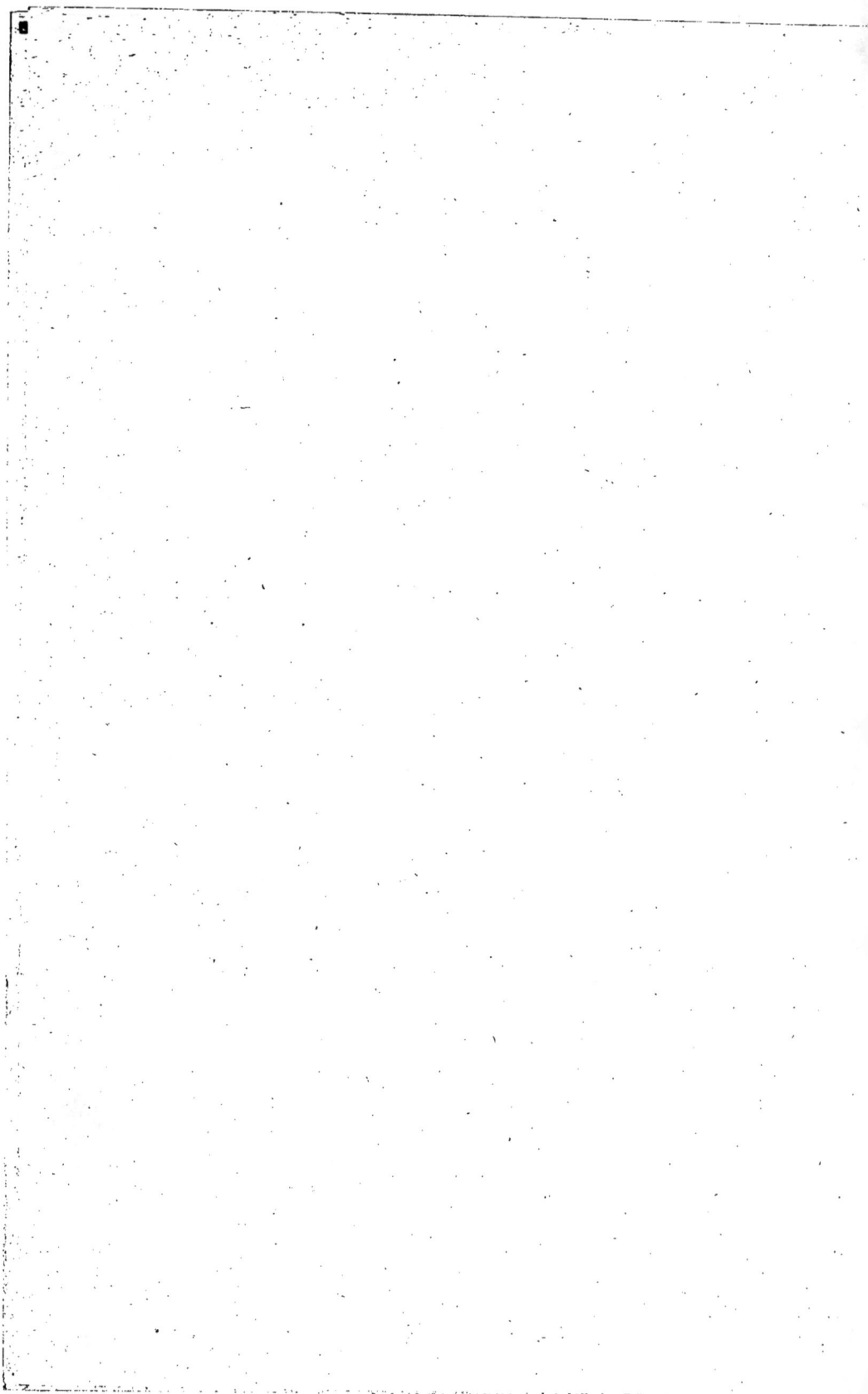

LE ROLE

DE

LA FEMME MARIÉE

DANS LA GESTION DES INTÉRÊTS PÉCUNIAIRES

DE L'ASSOCIATION CONJUGALE

LE ROLE

DE

LA FEMME MARIÉE

DANS LA GESTION DES INTÉRÊTS PÉCUNIAIRES

DE L'ASSOCIATION CONJUGALE

———

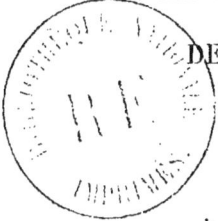

THÈSE POUR LE DOCTORAT

PAR

Henri BASSET

AVOCAT

DOCTEUR EN DROIT

PARIS

LIBRAIRIE NOUVELLE DE DROIT ET DE JURISPRUDENCE

ARTHUR ROUSSEAU

ÉDITEUR

14, Rue Soufflot et rue Toullier, 13

1896

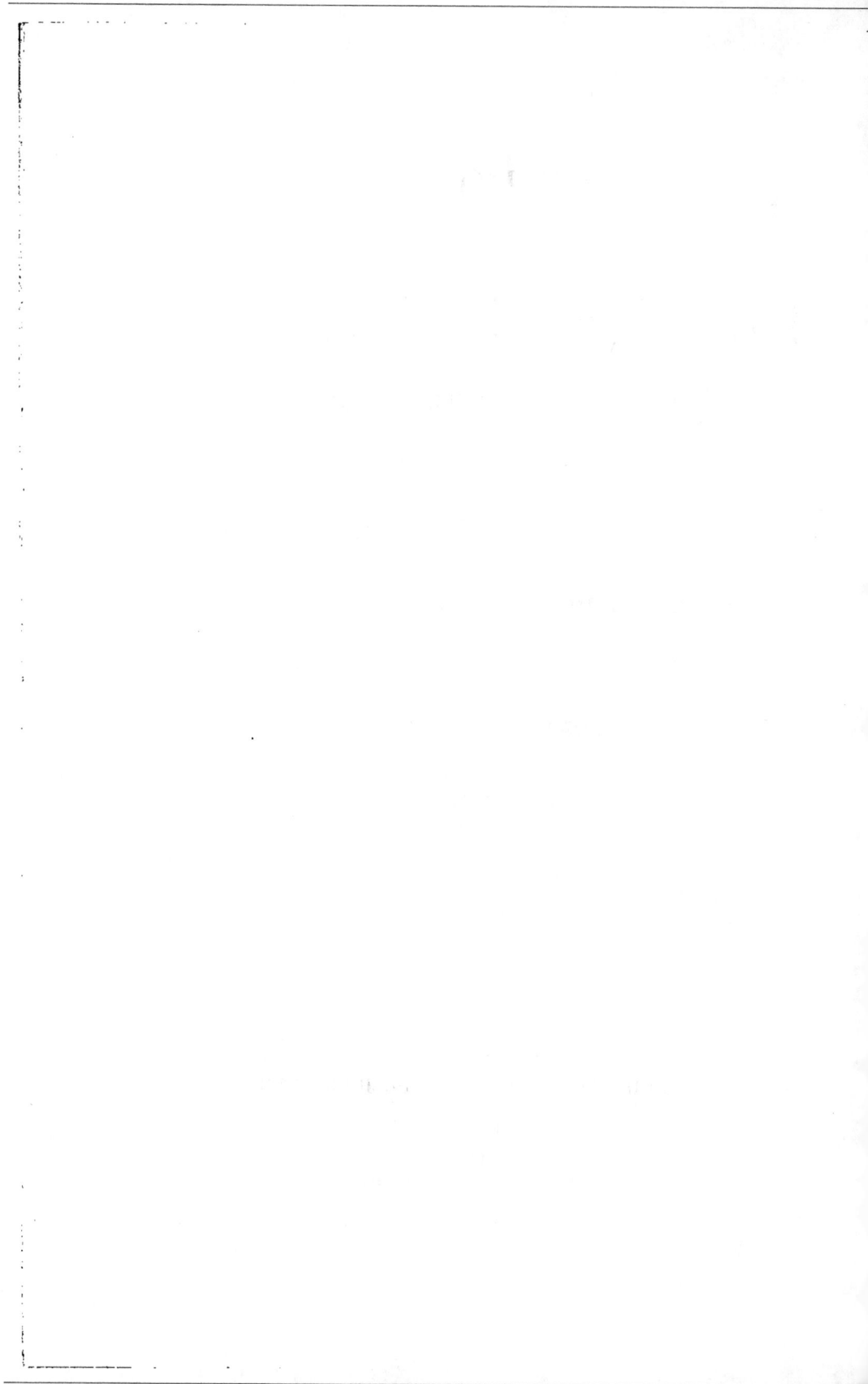

INTRODUCTION

Le mariage en unissant l'existence des deux époux
associe en même temps leurs intérêts pécuniaires. Cette
association des personnes et des biens a pour conséquence
naturelle, l'attribution à chacun des conjoints de droits
nouveaux à lui confiés dans l'intérêt du ménage, conformément à ses dispositions et à ses capacités. A l'inverse,
chacun doit sacrifier ceux de ses droits personnels dont
l'exercice est incompatible avec l'unité de direction
nécessaire dans le mariage. Aussi l'union conjugale
modifie les pouvoirs de chacun des époux sur ses biens
personnels et donne à l'un et à l'autre des droits sur les
biens de son conjoint ou sur ceux qui surviennent pendant le mariage.

Dans quelle mesure se produisent ces résultats, quelle
situation en résulte pour chacun des époux et en particulier quelle condition est faite à la femme sous les différents régimes ?

A ces questions tous les commentateurs du Code civil
font la même réponse.

Sous le régime de la communauté, le mari est « seigneur
et maître de la communauté » et l'on cite l'article 1421 C. C.
« Le mari administre seul les biens de la communauté. Il
peut les vendre, aliéner et hypothéquer sans le concours
de la femme. »

Sur les biens de sa femme, ses pouvoirs sont moins étendus. Aux termes de l'article 1428, C. C. Al. 3 et 4 : « Il ne peut aliéner les immeubles personnels de sa femme sans son consentement. — Il est responsable de tout dépérissement des biens personnels de sa femme, causé par défaut d'actes conservatoires. »

Mais ce même article, alinéas 1 et 2, pose en principe que « le mari a l'administration de tous les biens personnels de la femme. — Il peut exercer seul toutes les actions mobilières et possessoires qui appartiennent à la femme. » Et le développement que tous les auteurs (1) consacrent à l'administration de la communauté et des biens de la femme n'est guère que l'étude des pouvoirs du mari. L'étude des pouvoirs de la femme, exception faite pour les cas spéciaux de l'article 1427 C. C., n'est pour ainsi dire que l'explication des règles de l'autorisation maritale et de ses conséquences pour les biens du mari et pour la communauté.

En un mot, le mari est le maître. — De ses biens propres on ne parle même pas, tant son pouvoir semble absolu et incontestable. Quant à la communauté, il en dispose à son gré, pourvu qu'il ne fraude pas les droits de la femme, et sauf quelques réserves pour les libéralités (1422. C. C.). La femme, même sur ses biens propres est dépouillée du droit d'administration ; elle ne peut consentir que les actes de disposition, et encore sous le contrôle,

---

(1) BATTUR, II. 525. — TOULLIER, XII. 303. — DURANTON, XIV. 265 et s. — RODIÈRE et PONT, I. 654-655. — ODIER, I. 214 et s. — MARCADÉ, V, p. 525 et s. — TROPLONG, II. 830 et s. — AUBRY et RAU, V. § 505, texte et notes 3 et 4, et § 509. — COLMET DE SANTERRE, VI, 65 et s. — LAURENT, XXII. 60 et s., 120 et s., 125 et s. — GUILLOUARD, II. 680 et s.

avec l'autorisation spéciale et l'assistance de son mari.

Comme compensation à ce rôle effacé, on lui donne, il est vrai, quelques garanties : une hypothèque légale générale et dispensée d'inscription qui affectera tous les immeubles du mari — s'il en a — à la garantie des créances de la femme ; — ou bien on permet à celle-ci d'échapper aux conséquences des actes du mari, pour le tout ou pour partie : renonciation à la communauté ou bénéfice d'émolument ; — enfin si, pendant le mariage, la femme, après avoir été écartée presque à plaisir, de toute immixtion dans les affaires de la famille, a le courage de recourir à ce moyen violent, la séparation de biens lui permet de reprendre la gestion de son patrimoine propre, tout en restant, si elle n'est séparée de corps, soumise, pour les actes les plus graves, aux règles de l'autorisation maritale. Qu'on le remarque, c'est la seule hypothèse où l'on permette normalement à la femme d'agir par elle-même durant le mariage. Hors ce cas, la femme, en présence du mari, ne peut rien. C'est lui qui a entre les mains tous les pouvoirs, lui qui agit seul et sans contrôle.

Quoi d'étonnant après cela, si des auteurs, notamment M. Laurent (1), refusent à la femme durant le mariage, tout droit de co-propriété sur la communauté, et prennent à la lettre l'ancien adage de Dumoulin (2) « Uxor... non

---

(1) *Principes de droit civil*, t. XXII. 60 et 62. — *Sic.* TOULLIER, XII. 75 et s., 303 et s.

(2) Tout l'ancien droit admettait le principe de Dumoulin : 105, anc. Cout., Paris ; 225, cout. Paris et com. de Dumoulin ; 424 Cout. Bretagne et aitiologie de d'ARGENTRÉ ; 214, tr. anc. Cout. Bretagne (1330) ; 175, Cout. notoires et J. DESMARES. Décis. 152. *Sic.* PONTANUS sur 182 Cout. Blois ; FERRIÈRE, *Compilations* ; III, p. 210 et 230. *Contrà* : RENUSSON. *Communauté* 1re part. Ch. VI, nos 6

est proprie socia sed speratur fore », ne lui donnent avec
Pothier (1) sur la communauté qu'une « simple espé-
rance », et vont presque jusqu'à lui refuser avec les rapporteurs du Tribunal (2) tout droit dans l'administration
et la disposition des biens de communauté.

Si tous les auteurs ne vont pas aussi loin, si la plupart
regardent la femme comme une co-propriétaire ayant des
droits actuels, si même les plus récents, (sous un autre
titre du Code, il est vrai) constatent les pouvoirs résultant
pour la femme française de son hypothèque légale, le
principe ne change pas ; la femme reste privée d'action,
réduite à l'exercice de quelques moyens de défense, presque toujours tardifs, et pour ainsi dire étrangère à la gestion de la fortune de la famille.

Sa situation est plus déplorable encore sous le régime
dotal. Sans doute, sous le régime de communauté, la
femme est soumise à l'autorité du mari, elle a un rôle
effacé et de second plan, elle peut cependant être appelée
par son mari lui-même à prendre part à ses actes les plus
importants ; souvent, pour donner aux tiers une garantie
plus considérable, pour leur engager les biens de la femme,
on demande à celle-ci de s'obliger solidairement avec le
mari. D'autre part, pour tous les actes de disposition de
ses biens personnels, c'est elle qui agit et qui contracte.
Sans doute, presque toujours, c'est avec le consentement
du mari ; il suffit que la femme puisse au besoin obtenir
l'autorisation de la justice pour qu'elle jouisse, au moins

---

et s., et LEBRUN, Liv. II. Ch. II. Sect. 1re. Cpr. BEAUMANOIR, Cout.
Beauvoisis, ch. XXI.
(1) *Communauté*, p. 497.
'2) DUVEYRIER, Rapports no 18. LOCRÉ, t. VI, p. 418.

dans ce cas, d'une liberté minime sans doute, mais pourtant appréciable.

Sous le régime dotal au contraire, et tout au moins sur les biens dotaux, d'abord les droits du mari sont augmentés considérablement, ensuite la femme perd les pouvoirs qu'elle avait conservés sur ses propres sous le régime de communauté. Sans doute, sous le régime dotal, la femme peut avoir des biens paraphernaux, sur lesquels elle conserve — en théorie tout au moins, sinon toujours en fait — tous ses droits d'administration et de disposition ; et encore l'exercice des droits de disposition, est-il soumis à la nécessité de l'autorisation maritale. En fait, la majorité des biens de la femme, seront d'ordinaire dotaux; sans doute, d'après l'art. 1574 C. C. « tous les biens de la femme qui n'ont pas été constitués en dot sont paraphernaux. » Mais, à raison du but même que recherchent les parties en adoptant le régime dotal, la majeure partie des biens de la femme, et, bien souvent, tous ses biens présents et à venir, seront frappés de dotalité. Or, sous le régime dotal tel qu'il est réglé par le Code civil, la femme ne peut, même avec le concours du mari, ni aliéner ses immeubles dotaux, ni s'obliger sur ses biens. De plus, une jurisprudence, discutée en doctrine, mais invariable, frappe d'inaliénabilité la dot mobilière, ou plutôt l'action en restitution qui naît de ce chef contre le mari. Comme contre-poids à son impuissance, on donne ici encore à la femme la garantie d'une hypothèque légale ; on lui permet aussi — et ce sera le seul cas où on lui laissera le droit d'agir — on lui permet de demander la séparation de biens.

En somme, tantôt dépourvue de toute action personnelle, et incapable même sur ses propres biens, tantôt réduite à intervenir seulement dans les actes qui intéres-

sent le plus ses propres, toujours soumise à l'autorité
maritale, toujours étrangère à tous les actes du mari sur
ses biens personnels et sur les biens communs, telle est
la femme que nous montrent tous les auteurs d'après le
Code civil. Et cette conception a très probablement été
celle des rédacteurs du Code.

Dans l'association conjugale, la femme n'a donc en
somme qu'un droit : déclarer si elle le juge nécessaire
qu'elle entend rester étrangère à la gestion des biens du
ménage.

La grande majorité des auteurs trouvent cette situation
fort naturelle ; certains jugent inutile de justifier ces principes rigoureux ; quelques-uns approuvent et défendent
les règles qu'ils tirent du Code civil ; elles découlent
pour eux du principe de l'autorité maritale. « Dans toute
société, qui compte deux associés seulement, disent
MM. Rodière et Pont (1), l'administration n'existerait réellement pas si elle n'était exclusivement déférée à l'un
d'eux. Egaux en puissance, ils se paralyseraient à chaque
instant dans leur action, ils s'entraveraient dans leur
marche, et l'intérêt commun serait incessamment compromis. Le sens intime indiquait donc que dans la communauté conjugale, les intérêts communs devaient être
remis à l'un des époux et que l'autre devait s'effacer et
disparaître. Cela posé, l'orateur du gouvernement en a
fait la remarque (2), il devenait pour ainsi dire inutile
d'énoncer que le mari seul est administrateur légal de la
communauté. En effet, cette qualité ne pouvait être con-
férée qu'à lui, non pas seulement, parce qu'en général,

(1) *Contrat de mariage*, I. 654.
(2) M. BERLIER. Exposé des motifs au Corps législatif. LOCRÉ,
XIII, p. 280, n° 14.

il est plus propre que la femme au maniement des affaires, mais encore et surtout, parce que la femme étant dans l'organisation civile ou de la famille, soumise à l'autorité du mari, il eût été souverainement déraisonnable et inconséquent, de lui donner, par rapport aux biens, un pouvoir indépendant et en quelque sorte absolu. » Telle est aussi l'opinion de M. Guillouard (1). Mais il la fonde, moins sur une justification des principes mêmes qu'il admet, que sur la réfutation des critiques très vives élevées par M. Laurent (2) et du projet de réforme présenté par cet auteur.

En effet une théorie qui faisait dans le ménage une place si minime à la femme, et qui limitait autant ses pouvoirs, devait forcément soulever des critiques.

Elle était peut-être en harmonie avec les institutions de notre ancien droit et avec les mœurs plus sévères d'autrefois. La femme, d'après les coutumes, tombe sous la « tutelle et la main-bournie du mari. » Mais bien plus étroite encore, est la dépendance où la tenaient autrefois les mœurs. Si les nouvelles coutumes ne répètent plus avec la coutume de Bergerac (3) que le mari peut « battre sa femme sans mort et sans mehaing » et la « castier resnablement », d'Argentré (4) impose encore au chef de ménage l'obligation de « castigare uxorem » ; et toute la littérature du xviie siècle nous montre combien cette situation paraît alors normale et même indispensable au bon ordre de la société.

(1) *Contrat de mariage*, I. 73, 75 et II. 687.
(2) Avant projet de révision du Code civil, art. 1452 à 1462, t. V. p. 42 à 63.
(3) Cout. de Bergerac, 82, An. 1337.
(4) Sur l'anc. cout. de Bretagne, art. 423. Gl. II, n° 5.

Mais dans notre ancien droit, la raison d'un pareil état de choses, c'est que, dans une société toute entière fondée sur le principe d'autorité, on ne conçoit pas plus le pouvoir du mari comme limité dans sa maison, qu'on ne songe à critiquer la hiérarchie qui, du premier prince du sang au dernier des serfs, subordonne la France entière à l'autorité royale.

Le jour où cette conception change et où le principe de l'égalité devient le fondement de la nouvelle organisation sociale, la situation subordonnée de la femme dans son ménage n'est plus en concordance avec les théories que la Révolution fait prévaloir.

Aussi, lorsque la Convention eut décrété le 25 juin 1793 que son Comité de législation serait tenu de lui présenter sous un mois un projet de Code civil, ce projet, rédigé par Cambacérès, posait-il, au moins en l'absence de conventions matrimoniales, les principes suivants (1) :

« 11. — Les époux ont et exercent un droit égal pour l'administration de leurs biens.

« 12. — Tout acte emportant vente, engagement, obligation ou hypothèque sur les biens de l'un ou de l'autre, n'est valable s'il n'est consenti par l'un et l'autre des époux.

« 13. — Les actes ayant pour objet de conserver les droits communs ou individuels des époux, peuvent être faits séparément par chacun d'eux. »

Et dans le rapport qu'il lisait à la Convention le 9 août

---

(1) CAMBACÉRÈS, prem. proj. de C. C., tit. III, § II. — De la manière dont se règlent les droits des époux lorsqu'il n'y a pas de conventions ; art. 11 et suiv. — FENET I, p. 20.

1793, le rédacteur du projet motivait ainsi (1) les dispositions qu'il voulait faire prévaloir :

« La loi fixera des règles simples dérivant de la nature même du mariage : elle consacrera la communauté des biens comme le mode le plus conforme à cette union intime à cette unité d'intérêts, fondement inaltérable du bonheur des familles.

« Les mêmes motifs nous ont fait adopter l'usage de l'administration commune. Cette innovation éprouvera peut-être des critiques ; elle auront leur réponse dans ce *principe d'égalité* qui doit régler tous les actes de notre organisation sociale, et dans notre intention d'empêcher ces engagements indiscrets qui minaient souvent la fortune des deux époux, amenaient la division intestine, les chagrins et la misère. »

En somme, éviter à la femme les dangers qui résultent des pouvoirs du mari et le fâcheux remède de la séparation de biens, et surtout appliquer le principe d'égalité, tel était le but de Cambacérès ; voilà l'organisation qui devait assurer le bonheur des familles !

Mais, comme l'avait prévu le rapporteur, tout le monde ne fut pas de cet avis. Le 24 août 1793, la Convention discuta (2) sur le principe posé par l'article 11 du projet. On ne put se mettre d'accord et on ajourna la question. Le projet avait rallié les suffrages de Lacroix, de Danton, de Garnier, de Camille Desmoulins et de Couthon. Mais sauf ce dernier qui pose la question de capacité, et la résout dans un sens favorable à la femme, les partisans du projet se fondent tous sur les principes d'égalité, et sur la

(1) Rapport..... FENET I, p. 4 et 5.
(2) *Moniteur*, du lundi 26 août 1793.

nécessité d'écarter la puissance maritale, « création des
gouvernements despotiques ». Merlin de Douai et Thuriot
obtinrent cependant que ce point ferait l'objet d'une discussion spéciale. Ce fameux débat ne se produisit pas. Le
premier projet n'ayant pas abouti, lorsque la Convention
réclama un nouveau projet (Décret 28 frimaire an II),
Cambacérès, dans cette seconde rédaction conserva le même
principe. Et le titre VI consacré aux droits des époux dé-
bute (1) : « 44. Il y a communauté de biens entre les époux,
et droit égal à leur administration s'il n'en a été autrement
décidé. » Mais le rapport fait à la Convention Nationale le
23 fructidor an II (9 septembre 1794) était muet sur les
motifs de cette disposition. Elle ne vit pas du reste le jour
de la discussion. L'assemblée avait renvoyé de nouveau
le Code décrété à une Commission de révision.

Dans son troisième projet, il est bon de le noter, Cambacérès a changé d'avis et il revient au principe de l'administration par le mari (2) :

« 293. — Le mari administre seul la communauté.

« Il peut vendre, aliéner les biens dont elle est compo-
sée.

« Il régit les biens non communs de son épouse.

« Il ne peut les aliéner sans qu'elle y consente. »

Et l'exposé des motifs présenté aux Cinq-Cents en Mes-
sidor, an IV veut expliquer ce revirement (3).

« Dans le premier projet de Code, on avait adopté l'u-
sage de l'administration commune. Cette innovation a
éprouvé de justes critiques. Et quoique l'égalité doive ser-

(1) FENET, I, p. 114.
(2) FENET, I, p. 227.
(3) FENET, I, p. 156.

vir de régulateur dans tous les actes de l'organisation sociale, ce n'est pas s'en écarter que de maintenir l'ordre naturel, et de prévenir ainsi des débats qui détruiraient les charmes de la vie domestique. Remarquez en effet que l'administration commune serait perpétuellement entravée, et que la diversité d'opinions sur les plus petits détails, opérerait bientôt la dissolution du mariage. Rien d'ailleurs n'empêcherait que l'administration ne fut mise exclusivement entre les mains de la femme ; une pareille convention n'offrirait-elle pas une contravention à la loi naturelle, et ne ferait-elle pas supposer l'imbécillité du mari? »

Quels que soient les motifs qui ont amené la conversion de Cambacérès, l'opinion commune sur la situation de la femme n'en a pas moins trouvé des critiques.

Durant un certain temps cependant, le principe ancien repris par l'article 1421 du C. c. ne fut guère discuté.

Il semblerait qu'il ait dû être l'objet de vives critiques de la part des différentes écoles philosophiques qui ont réclamé l'égalité absolue entre les deux sexes dans la vie civile comme dans la vie politique. Il n'en fut rien ; et beaucoup des principaux auteurs féministes passent complétement sous silence ce côté de la question qu'ils discutent. La raison en est fort simple. Tous ceux qui admettent cette égalité absolue considèrent comme découlant naturellement de leurs principes, les uns une liberté complète pour chaque époux, et les autres au contraire, l'obligation du concours des deux conjoints. C'est la deuxième opinion que Cambacérès avait adoptée d'après les doctrines féministes de Condorcet. Elle n'avait pu prévaloir auprès des hommes de la Révolution, imbus des principes de Rousseau, et peu disposés par suite, à accepter l'égalité de la femme. Au contraire, le principe de la liberté absolue, sem-

ble découler des systèmes des principaux défenseurs de la
femme, depuis le Code civil. Dans la première moitié de
ce siècle, le Saint-Simonisme, par la plume de MM. En-
fantin (1) et Pierre Leroux (2), — M. Pecqueur (3) avec
les disciples de Fourrier, — plus récemment M. Léon Ri-
chet (4) et M. Secrétan (5) — qui tous, demandent l'égalité civile des deux sexes, n'envisagent guère les conséquences de leur doctrine sur le régime des biens dans
le mariage (si l'on peut encore donner le nom de mariage
à l'union que préconisent certains de ces philosophes !)
Et je passe volontairement sous silence les auteurs qui se
placent exclusivement au point de vue de l'égalité politique ou professionnelle.

Sans doute les féministes n'ignorent pas quelle arme
ils peuvent tirer en faveur de leur cause, de la théorie
de l'assujettissement de la femme mariée. Écoutez
Mme Jenny P. d'Héricourt : « Je vois que sous votre droit
commun de la France, la femme est une nullité, une ex-
ploitée, une paria ; — que son mari peut faire don du
mobilier commun à sa maitresse et mettre l'épouse sur
la paille ; que le mari peut lui ôter ses vêtements de
rechange, ses bijoux, pour en parer sa maitresse ; — et
comme on lui ordonne l'obéissance, et qu'on la met sous
le pouvoir de l'homme qui peut être brutal, il est clair
qu'elle ne s'avisera pas de refuser l'engagement, l'aliénation, la vente de ses biens personnels, et exposera de la

---

(1) *Religion Saint Simonienne.* — Appel à la femme. Entretien
du 7 décembre 1838.
(2) *Encyclopédie Nouvelle*, XIV. Égalité.
(3) *République de Dieu*, p. 194 et 195.
(4) *La femme libre.*
(5) La femme et le Droit. *Revue philosophique*, 1885.

sorte, elle et ses enfants à manquer de tout. Et comme la femme n'est pas la nullité que suppose la loi, qu'au contraire, elle travaille et augmente l'avoir commun; que c'est surtout à elle qu'il est dû; le mari peut disposer du fruit de ce travail pour payer ses dettes, ses amendes, entretenir des femmes et se livrer à tous les désordres (1). »

Mais quelle conclusion tirer de cette violente attaque?

Mme d'Héricourt espère une réforme de la loi civile, Laquelle? Elle n'en dit rien. On pouvait se croire en droit d'attendre l'indication d'un remède souverain. Mme d'Héricourt ne l'a pas trouvé. Elle conseille aux femmes, en attendant mieux, de se marier sous le régime dotal, avec autorisation pour la femme de recevoir directement une forte somme tous les ans pour ses besoins personnels et avec constitution de biens paraphernaux, — ou mieux encore d'adopter le régime de la séparation de biens. Ce sage conseil est d'ailleurs suivi des plus violentes menaces contre les notaires qui se permettraient de préférer un régime de communauté et de le conseiller à leurs clientes.

Moins passionnées, mais plus dangereuses pour les partisans des droits du mari, sont les attaques de J. Stuart Mill. Le grand philosophe, à qui on doit faire une place à part dans le camp des défenseurs de la femme, attaque sur tous les points l'inégalité entre les sexes. Il s'attache peu, il est vrai, à l'étude des droits pécuniaires des époux; il attaque pourtant le principe de la prépondérance du mari. Comparant la société conjugale aux autres sociétés,

---

(1) *La femme affranchie*, II, p. 72. — Notez que dans son introduction. (T.I, p. 10 et 7), Mad.d'Héricourt se flatte d'être « une machine à raisonnement » et de discuter sans la moindre sentimentalité féminine !

il montre toutes les autres fondées sur l'égalité. « Il n'est pas vrai, dit-il (1), que dans toutes les associations volontaires de deux personnes, l'une d'elles doive être maîtresse absolue; encore moins appartient-il à la loi de déterminer laquelle le sera. Après le mariage, la forme d'association volontaire qui se voit le plus souvent, c'est la société commerciale. On ne juge pas nécessaire de régler par la loi que, dans toute société, un des associés aura toute la direction des affaires et que les autres seront tenus d'obéir à ses ordres. »

Avec le philosophe anglais, c'est donc le principe de l'autorité maritale qui est pris à partie. En cela, Stuart Mill ne fait que se joindre au mouvement général produit en Angleterre et aux États-Unis par la sujétion où était plongée la femme anglo-saxonne avant la dernière partie de ce siècle (2). Aussi le remède qu'il propose ce n'est pas la séparation de biens, ce n'est pas la liberté absolue de chaque époux, remède pire que le mal, capable d'entraîner bien des querelles, et qui, à coup sûr, rendrait impossible cette communauté d'intérêts et de vues sans laquelle nous ne pouvons concevoir un ménage uni. Au point de vue des droits pécuniaires de la femme, Stuart Mill est déjà un modéré si on le compare à certains féministes fougueux. Il comprend bien qu'entre deux êtres vivant ensemble, unis par des liens étroits d'affection, rapprochés encore s'ils ont des enfants par le souci de les élever en

(1) *Assujetissement des femmes.* — Trad. Cazelles, p. 94.

(2) Cf. Colfavru : *Du mariage et du contrat de mariage en Angleterre et aux États-Unis.* — La suppression de l'autorité maritale a été également réclamée en France par M. Em. Acollas : *Nécessité de refondre l'ensemble de nos Codes, et notamment le Code Napoléon au point de vue de l'idée démocratique.*

commun, une confusion se fait tout naturellement entre les patrimoines de l'un et de l'autre ; à leurs yeux, il n'y a plus que le patrimoine de la famille. Mais sur cette masse de biens, où, d'après le sentiment général, seul, le mari peut exercer des droits, Stuart Mill voudrait qu'il fût fait un partage d'attributions, que chacun des époux, selon ses aptitudes, ait ses droits et ses fonctions propres. Presque toujours, il semble bien l'admettre et la nature des choses le commande, presque toujours, le mari aurait la charge de gagner l'argent nécessaire à soutenir la famille, à accroître son patrimoine ; à la femme, au contraire, le devoir d'élever les enfants, de vaquer aux soins du ménage ; à elle, de procéder en vertu d'un pouvoir propre aux achats nécessaires à l'entretien de la famille. Mais rien ici d'obligatoire : tout est laissé à la disposition des conjoints. Selon les circonstances, selon les aptitudes de l'un et de l'autre, le contrat de mariage fixera les fonctions revenant au mari et celles confiées à la femme. Dès lors, chacun aura sa libre sphère d'action. On peut cependant espérer que, pour les actes les plus graves, la confiance et l'estime réciproques qui doivent régner entre époux, amèneront un accord préalable. Ces mêmes motifs permettront d'éviter les conflits possibles ; d'ailleurs, si les causes en sont trop graves, si les querelles sont trop répétées, cela démontre que les époux ne sont pas faits l'un pour l'autre ; ils n'ont qu'à se séparer.

Telle semble bien être l'organisation que préconise l'auteur de « l'assujetissement des femmes. » Pour lui, l'égalité résulte suffisamment du droit reconnu à la femme de discuter avant le mariage la mesure où l'un et l'autre des époux interviendront dans la gestion du patrimoine conjugal. Qu'elle renonce elle-même pour sa part à tout droit d'administration : elle le peut. La femme est assez libre puisque sa subordination est volontaire. Et si, en France, nous supprimions de l'article 1388, C. C. la prohibition de déroger par contrat de mariage aux droits qui appartiennent au mari comme chef, nous ne serions pas très éloignés de l'idéal rêvé par le philosophe anglais. Il ne resterait plus qu'à insérer aux Formulaires des Notaires des clauses contenant tous les partages d'attributions imaginables..... et à trouver des parties pour les adopter.

C'est à une autre solution que s'était précédemment rangé en France, un auteur dont il me paraît intéressant de rappeler l'opinion à titre de curiosité. M. E. Legouvé dans son « Histoire morale des femmes » prend lui aussi, mais avec la plus grande modération, la défense d'un sexe dont la situation subalterne l'afflige. Envisageant en particulier la condition de la femme dans le mariage, il s'élève (1) contre les pouvoirs reconnus au mari sur les biens d'après le Code civil. Il montre un état de fait contraire à ces règles juridiques ; et il en tire argument pour affirmer que la femme peut intervenir sans danger. Seulement, et c'est ici où son système est particulier, il n'accepte ni le principe de la séparation absolue des patrimoines, ni celui du concours des époux, ni celui de leur spécialisation dans telle ou telle fonction. M. Legouvé propose de faire des biens des conjoints, trois parts — dont il ne détermine point du reste la proportion. — La première serait attribuée en propre au mari. La deuxième

---

(1) E. LEGOUVÉ. *Histoire morale des femmes*. L. III. (L'épouse) Ch. II.

serait confiée à la femme et destinée à lui donner l'indépendance souhaitée. Mais M. Legouvé n'a qu'une médiocre confiance dans les talents d'administration de ses
protégées ; et cependant, il veut supprimer la nécessité
de l'autorisation maritale. Le moyen de concilier ces
deux points de vue ? La femme devra faire un stage de
cinq années pendant lequel elle sera soumise à l'autorité
du mari, et, sous sa direction, fera son apprentissage. Au
bout de ce temps, l'âge et l'expérience l'ayant préparée à
ce rôle, elle prendra en mains la gestion de son patrimoine propre. Reste la troisième part : elle doit être commune entre les deux époux. Le mari en est l'administrateur mais il ne jouit pas de la même liberté que sur sa
part personnelle. Ce n'est pas non plus par une intervention de sa co-associée que sont complétés ses pouvoirs.
Le conseil de famille est chargé de surveiller sa gestion ;
et en cas d'incapacité ou de dilapidation, on peut lui enlever, mais seulement à titre provisoire il est vrai, l'exercice de ses droits sur les biens communs, pour en charger
la femme, rendue experte par l'administration de sa propre part.

Je n'insiste pas, et j'arrive immédiatement à l'exposé
du système de M. Laurent sur lequel je devrai m'arrêter plus longuement. M. Laurent est en effet, depuis
Cambacérès, le premier jurisconsulte qui se soit nettement élevé contre le principe généralement reçu de l'autorité maritale ; et il a proposé toute une organisation
réglant dans les derniers détails, la condition des biens
dans un ménage où règne l'égalité des époux (1). Il faut

---

(1) F. Laurent (Avant-projet de révision du Code civil rédigé
par). Sur la demande de M. le Ministre de la Justice. Bruxelles, 1882-

noter que cette réforme se lie intimement à toute la refonte des régimes matrimoniaux proposée par M. Laurent
pour le royaume de Belgique.

Je dois tout d'abord observer que M. Laurent (1) propose
comme régime légal, à défaut de stipulations contraires
par contrat de mariage, le régime de la communauté universelle de tous les biens meubles et immeubles présents
et futurs des époux. Cette remarque a son importance ;
car c'est en supposant les conjoints soumis à ce régime
que le jurisconsulte belge va étudier la part à faire à
chacun des époux dans la gestion de la fortune du ménage ; et cette situation va modifier plusieurs de ses propositions en faveur de l'égalité des droits de la femme.

Egalité absolue des deux époux, telle est la base
de tout le système de M. Laurent. Déjà, au titre du mariage, les articles 211 à 216 de l'avant-projet, dans la section consacrée aux droits et devoirs respectifs des
époux (2), remplaçant la règle d'obéissance de notre arti-
article 213 du Code Civil (3), et, omettant volontairement
les règles de l'autorisation maritale posées par les articles 215 et suiv. C. C., donnent un aperçu du régime
qui sera exposé tout au long au titre « du contrat de ma-

1885, t. V. — Je ne veux pas m'inquiéter ici du sort qui est réservé
à l'avant-projet de M. Laurent. Je le considère uniquement au point
de vue des principes qu'il énonce.

(1) Avant-projet. Art. 1439.

(2) Avant-projet, t. I, p. 424 et s. et 441 et s.

(3) M. Laurent appuie sa proposition sur la décision unanime prise
le 25 juin 1866 par un Comité qui s'était formé pour étudier la refonte
des lois civiles, et dont faisaient partie : Jules Favre, Vacherot,
Courcel-Seneuil, Joseph Garnier, André Cochu, le docteur Clavel,
Charles Lemonnier, Hérold, Clamageran, Jules Ferry, Paul Boiteau,
Henri Brisson et Emile Acollas, rapporteur.

riage ». Notre auteur montre la puissance du mari fondée non sur une incapacité de la femme — (qui, on ne
sait pourquoi, ne frapperait que la femme mariée) — ni
sur la nature du mariage ou sur les facultés différentes
des deux sexes : il ne voit là que des mots. L'autorité du
mari, pour lui, n'est fondée que sur la force. Aussi, du
moins si la femme a « une certaine culture intellectuelle
et morale », en fait, les choses ne se passent pas « comme
le Code Napoléon le veut. Le mari est-il un maître qui
commande ? La femme est-elle une esclave qui obéit (1) ? »

Est-ce à dire que chacun des époux doive être livré
absolument à lui-même ? Loin de là. « L'avant-projet ne
repousse pas d'une manière absolue l'intervention du
mari : il la subordonne aux conventions matrimoniales (2). » Ainsi, c'est aux parties de faire, si elles le jugent
à propos, un contrat de mariage et de régler à leur gré,
dans quelle mesure les biens tomberont en communauté ;
ce qui entraînera augmentation ou diminution des pouvoirs
de l'autre conjoint. Et l'article 1388 C. C. n'étant pas
en harmonie avec cette règle, il est remplacé dans l'avant-
projet par l'article 1430 qui accorde toute liberté aux
conventions matrimoniales, « pourvu qu'elles ne soient
pas contraires aux bonnes mœurs, ni aux droits publics,
ni aux dispositions prohibitives du présent Code (3). » On
passe sous silence et l'autorité maritale et les droits du
mari comme chef. Et M. Laurent nous prévient que cette
omission est intentionnelle.

Sous le régime de la communauté universelle, proposé

---

(1) Avant-projet, I, p. 459.
(2) Avant-projet, I, p. 444.
(3) Avant-projet, V, p. 1re.

comme régime légal, en principe « la communauté est administrée par les deux époux conjointement(1) . » C'est reprendre le projet présenté par Cambacérès à la Convention Nationale. M. Laurent invoque les principes d'égalité proclamés par la Révolution de 1789 et qui obligent à rejeter les restes de l'état social du moyen âge ; de plus, il considère que cette règle est le corollaire du régime de la communauté universelle. Seulement, l'administration deviendrait impossible si les deux époux devaient concourir à chaque acte. M. Laurent le comprend et n'hésite pas à abandonner sa théorie. Il distingue (2) « les actes d'administration journalière, et les actes d'administration définitive. Les premiers sont une dépendance du ménage ; il est donc logique de les attribuer à la femme. » La femme alors n'est plus comme on l'admet sous le régime du Code civil, une mandataire du mari ; elle agit en vertu de pouvoirs propres, et comme associée; ainsi le décide l'article 1453, 1er alinéa du projet. Pour les actes d'administration définitive, M. Laurent exige le concours des deux époux. On rentre dans les termes de l'article 1452 (3). De même, le concours des deux époux est exigé pour les actes de disposition des biens de la communauté à titre onéreux ou à titre gratuit (art. 1454) — ou pour obliger la communauté (art. 1456).

Les deux époux sont co-propriétaires, il faut donc leur consentement à tous les deux pour disposer des biens communs. Comme exception à la loi du concours, — en dehors des pouvoirs spéciaux que, par un renversement curieux,

----

(1) Avant-projet, art. 1452, t. V, p. 42.
(2) § 9 sous l'art. 1452 de l'Avant-projet, t. V. p. 45.
(3) § 11 et s. sous cet article, *op. cit.*, t. V, p. 45 et suiv.

l'on veut attribuer à la femme seule — on permet à l'un ou à l'autre conjoint d'administrer seul (1) « quand l'un des conjoints est dans l'impossibilité d'agir, par suite d'absence, d'interdiction ou de placement dans une maison de santé. » (art. 1453, al. 2). Ce n'est pas une exception à la règle générale que le droit pour les époux de léguer leur part dans la communauté ou dans un effet particulier, disposition reprise de l'art. 1423 du Code civil. En revanche, il faut noter une conséquence bizarre du principe, qui est indiquée par l'article 1458 de l'avant-projet : « Aucun des époux ne peut obliger la communauté par ses délits ou ses quasi-délits. » La règle semble sage, mais elle aboutit à un déni de justice criant lorsque les époux sont mariés sous le régime de la communauté universelle, comme le voudrait l'auteur du projet. Tout naturellement — le mari ne disposant plus seul des biens communs, « les dettes de communauté ne sont considérées comme dettes du mari que lorsqu'il a concouru au contrat. » (art. 1459). Donc si la femme oblige seule la communauté, par exemple, pour les besoins journaliers du ménage, le mari est tenu seulement comme commun. Il n'est obligé que pour moitié sur ses propres, s'il en a, ou, après la dissolution du régime sur sa part de communauté.

Le mari, on le voit, est complètement déchu de son pouvoir sur les biens communs. C'est même la femme qui est avantagée. On tient compte de ses capacités spéciales ; on lui confie, et sans contrôle, toute l'administration courante. On ne fait pas entrer en ligne de compte pour les

(1) M. Laurent ne dit pas si l'époux administrateur aura le pouvoir de disposer de la communauté, ni, à défaut de l'époux agissant seul, qui aura un tel droit. — L'art. 1456 permet à un époux d'obliger seul la communauté dans les cas de l'article 1453.

affaires plus importantes, l'expérience que peut avoir le
mari. Non seulement, il doit prendre l'avis de sa femme,
mais en cas de dissentiment, il n'a pas voix prépondérante.
Et, en effet, à quoi servirait de consulter la femme, pour la
laisser dépourvue de tout moyen d'action ? C'est la justice qui sera appelée à statuer en cas de conflit. « Quand
un des époux refuse de consentir à un acte juridique qui
doit se faire par leur concours, le mari ou la femme qui
veut passer outre, citera son conjoint en conciliation. Si
le juge de paix ne parvient pas à concilier les parties, la
demande sera portée devant le tribunal d'arrondissement
du domicile commun. Les époux seront entendus en
chambre du conseil, et le tribunal décidera, sur les conclusions du ministère public, si l'acte peut être fait, en
prenant en considération l'intérêt de l'époux demandeur
et celui de la famille. » (art. 202 de l'av. projet) Qu'on ne
craigne pas de voir l'intervention de la justice entraîner
la discorde dans les ménages ! « Pour que la femme refuse
son concours par esprit d'opposition, ou par caprice, il
faut que l'union des âmes soit déjà rompue ; ce n'est pas
le système de l'avant-projet qui engendre la discorde,
elle ne peut éclater (c'est **M.** Laurent qui parle) à l'occasion d'un acte juridique; or, dès que la discorde règne
au foyer conjugal, il est bon que la justice intervienne,
pour essayer de rétablir la paix et l'union. (1) »

Un tel régime peut ne pas convenir aux futurs époux.
Nous l'avons vu, ils sont libres de l'écarter par leur
contrat de mariage et de se constituer des propres. Des
biens peuvent aussi avoir été constitués en propre aux
époux par une donation ou un legs contenant la déclara-

_____

(1) *Op. cit.*, t. **V**, p. 46.

tion expresse que ces biens ne tomberont pas dans la communauté. Dans ces deux cas le régime se rapproche de la communauté admise par le Code civil. Mais bien différentes sont les règles relatives à la l'administration et à la disposition des biens propres. Plus d'autorité maritale ; donc supprimé l'art. 1428 C. C. : « Les époux conservent l'administration de leurs biens propres, à la charge de verser dans la communauté, les fruits qu'ils perçoivent. » (art. 1471 de l'av.-projet). On pourrait soutenir, et M. Laurent l'admet ailleurs (1), que l'administration est donnée au mari à raison du droit de jouissance de la communauté, que « personne n'est plus intéressé à bien administrer que celui qui profite de la gestion. » On pourrait craindre « des conflits journaliers entre l'administrateur et l'usufruitier. » Dans l'avant-projet, M. Laurent trouve ces raisons mauvaises : « il y a quelqu'un qui est plus intéressé à bien administrer comme à bien jouir : c'est le propriétaire (2). » D'ailleurs, ce ne serait pas au mari à administrer, mais à la communauté usufruitière, c'est-à-dire aux deux époux conjointement.

Cependant, le propriétaire administre seul. On pourrait craindre qu'il n'abusât de ce pouvoir ; il fallait sauvegarder les droits de la communauté. « Le droit de disposer de leurs propres ne saurait être contesté aux époux. C'est un droit qui appartient à tout propriétaire. — Mais la difficulté est de savoir si ce droit est limité par la jouissance

---

(1) *Principes de droit civil*, XXII, 121.

(2) Avant-projet, § 2 sous l'art. 1471, t. V, p. 71. — L'avant-projet au titre de l'usufruit admet parfaitement aussi que c'est à l'usufruitier et non au nu-propriétaire à administrer, sans se demander si ce dernier « est plus intéressé ».

qui appartient à la communauté (1) ». L'auteur admet l'affirmative. Aussi « les époux peuvent disposer de leurs biens propres à titre onéreux ou à titre gratuit, mais le conjoint doit concourir à ces actes ainsi qu'à tout autre qui peut compromettre la jouissance de la communauté. — En cas de dissentiment, le juge autorisera l'acte, s'il y a lieu, conformément aux articles 211 et 212 ». (art. 1473). Donc si la femme veut vendre un de ses propres, il lui faudra obtenir le concours du mari. Mais c'est que la femme seule a seulement la nue-propriété ; la femme et le mari ensemble (c'est-à-dire la communauté) sont usufruitiers, et il faut, pour aliéner, le concours du propriétaire et des usufruitiers. Le mari ne vient pas autoriser ; et si c'était un de ses propres qui fût vendu, la femme aurait tout juste le même rôle à jouer, le même consentement à donner. Il s'agit de sauvegarder le droit de jouissance de la communauté. Les époux doivent se mettre d'accord pour apprécier ce qu'exige la situation ; à défaut, la justice interviendra.

Cette protection n'aurait pas été suffisante. Il ne suffit pas à la communauté que le fonds dont elle a la jouissance soit conservé : il faut pour qu'elle retire de cette jouissance des bénéfices, que le conjoint propriétaire ne compromette pas par sa mauvaise administration les droits de la communauté. On vient de laisser à chacun des conjoints l'administration de ses propres. Mais un conflit devient possible entre l'administrateur et l'usufruitier. Le remède est dans l'article 1472: « L'époux est responsable envers son conjoint si, par sa mauvaise gestion, il compromet le droit d'usufruit de la communauté. »

---

(1) § 1, sous l'art. 1473 de l'avant-projet, t. V, p. 74.

Ce régime trouvera en particulier son application quand les époux auront adopté par contrat de mariage la communauté d'acquêts. C'est ce qu'indique l'avant-projet : « L'avant-projet laisse à la femme l'administration de ses biens, en restreignant ses pouvoirs quand ses actes pourraient compromettre le droit de jouissance du mari... Il est évident que, d'après l'avant-projet, la femme administre ses biens dans la communauté légale, toujours par application du principe d'interprétation qui déclare applicables à la communauté conventionnelle, les règles de la communauté légale ». Quant aux biens restés communs, ils sont soumis au principe de la communauté légale, *et les futurs époux ne pourraient déroger à cette disposition.* Sans doute les époux peuvent dans leur contrat de mariage écarter les règles du régime légal. « Cela est vrai de celles qui concernent des rapports d'intérêt privé ; cela n'est pas vrai des dispositions qui sont d'ordre public : le Code et l'avant-projet disent que les époux ne peuvent pas y déroger ; telles sont surtout les dispositions nouvelles que l'avant-projet propose sur l'égalité des deux sexes (1) ». Comme il y a même motif, il faut conclure, quoique M. Laurent n'en dise rien, que les époux ne pourraient pas davantage écarter les règles qu'il propose pour les biens propres. Et il en sera ainsi sous toutes les clauses de stipulation de propres.

On pourrait croire qu'il en est autrement sous le régime de la séparation de biens. Si le Code civil interdit à la femme séparée d'aliéner ses immeubles sans l'assistance du mari, c'est une application de son art. 217 ; c'est une conséquence du principe de l'autorité maritale. Si

---

(1) *Op. cit.*, t. V, p. 134.

l'avant-projet interdit à l'un des époux sous les régimes de communauté, d'aliéner ses propres sans le concours de son conjoint, c'est pour sauvegarder le droit de jouissance de la communauté. Ici, rien de semblable, et cependant l'avant-projet qui permet à la femme (1) d'aliéner son mobilier et ses immeubles, exige cependant le consentement du mari (art. 1566), si les actes de disposition peuvent compromettre le droit qu'il a de faire contribuer la femme aux charges du mariage suivant les conventions contenues au contrat, ou à défaut jusqu'à concurrence du tiers de son revenu. — Les biens paraphernaux sous le régime dotal, sont soumis aux règles de la séparation de biens (art. 1625). Quant aux biens dotaux, si le mari en acquiert l'administration, quand ils sont aliénables ils ne le sont pas sans le concours des deux époux. Il semble donc y avoir peu de différence avec un régime de communauté, du moins au point de vue des droits respectifs des époux. Et il y en a une énorme. C'est que M. Laurent reproduit simplement les règles du régime dotal d'après le Code civil. Et alors, en adoptant ce régime, la femme arrive à perdre les bénéfices de cette fameuse égalité tant cherchée. L'égalité, on l'a vu, ne vient pas d'un affranchissement, d'une liberté absolue, donnés à la femme, mais au contraire de la nécessité de son intervention aux actes du mari. On motive son concours, sous les régimes de communauté par le besoin de sauvegarder les intérêts de la communauté. Sous le ré-

---

(1) Remarquez qu'il n'est question que de l'aliénation des biens de la femme. Sans doute en cas de séparation de biens, le mari est souvent ruiné ; mais pas toujours complètement ; et il peut lui survenir d'autres biens. La femme pourra-t-elle intervenir à ses actes de disposition ?

gime dotal, ou sous la séparation de biens, à quel titre la
femme interviendrait-elle aux actes de disposition de
son mari, de quel droit viendrait-elle les discuter ? In-
voquera-t-elle l'intérêt du ménage ? Peut-être, mais il
faudrait le dire. L'avant-projet est muet. Les fameux
principes que M. Laurent considère comme d'ordre
public, peuvent donc être écartés ! Il y a là une lacune.

M. Laurent il est vrai, n'a vu, dans ces combinaisons,
que des clauses exceptionnelles. Il espère que les époux
adopteront la communauté, ne fût-ce qu'accessoirement
au régime dotal. Alors on rentre dans ce régime de l'avant-
projet, sous lequel seulement la société des biens devient
une véritable communauté ; « les époux concourent à tous
les actes d'administration et de disposition ; tout est commun..... Le patrimoine propre des époux participe même
de cette communauté d'intérêts. Le mari et la femme en
faisant des actes concernant leurs biens propres, ne
doivent pas oublier qu'ils sont aussi communs en biens,
qu'ils sont des propriétaires associés, communs en tous
biens, et qu'ils doivent subordonner leur intérêt particulier à leur intérêt commun..... Tel est l'idéal de la communauté de biens, il répond à l'idéal du mariage, et il
aidera à le réaliser. Les intérêts communs fortifieront
les affections communes ; le mariage deviendra ce qu'il
n'est point, l'union des âmes » (1).

On le voit, la lutte semble engagée entre les deux principes contraires : d'une part, la théorie traditionnelle sou-
tenant les droits du mari, regardé comme seigneur et
maître. D'autre part, la doctrine féministe réclamant à

(1) *Op. cit.* t. V. p. 77 n° 12 sous l'art. 1473.

grands cris l'égalité des deux sexes, et cherchant à l'obtenir dans le mariage soit par une séparation absolue des intérêts des conjoints, soit plutôt par leur concours avec des pouvoirs égaux à tous les actes intéressant le patrimoine.

Un courant assez fort semble se dessiner dans le parlement, dans la littérature et dans la presse en faveur des réclamations féministes. Si l'on ne soutient pas, généralement, la doctrine de l'égalité absolue, il n'y en a pas moins une tendance indéniable à augmenter la liberté d'action reconnue aux femmes mariées. Diverses lois de ces dernières années en font foi. Plusieurs projets ou propositions de lois, sur quelques-uns desquels j'aurai à revenir rendent manifeste cet état des esprits. Et à la Chambre des Députés un groupe s'est formé pour soutenir et faire triompher les revendications féminines.

D'ailleurs nous subissons actuellement en France, cela n'est point douteux, l'influence des pays germaniques et scandinaves. Et, comme le faisait remarquer M. P. Gide dans son « Etude sur la Condition de la Femme », c'est chez les peuples du Nord de l'Europe que l'on a de tout temps, fait aux femmes le régime le plus doux, qu'on leur a laissé le plus de liberté. D'autre part, le développement de l'instruction chez un sexe resté jusqu'ici étranger aux études supérieures, et l'accession des femmes à des professions qui leur étaient fermées, les conditions économiques aussi, qui ont obligé tant d'entre elles, à déserter leur intérieur, surtout dans les villes ouvrières, pour donner par leur travail, aux besoins de la famille, une satisfaction que le mari n'assurait plus, tous ces phénomènes sociaux qui ont si profondément modifié l'ancienne conception de la famille, doivent néces-

sairement avoir leur retentissement sur le rôle de la
femme mariée dans la gestion des intérêts pécuniaires.

A cette question qui se pose et qui pourrait bientôt sortir du domaine des spéculations et des théories, quelle
réponse devrait-on faire ? Doit-on rester sur le terrain
des principes ? C'est naturellement celui où se placent
les philosophes. Et parmi les jurisconsultes, c'est aussi
ce que semblent admettre M. Laurent et M. Guillouard.
Le premier fonde toute l'organisation qu'il propose sur
la théorie de l'égalité. Le second soutient la doctrine traditionnelle et invoque seulement la différence des aptitudes naturelles de chaque sexe, nécessaire selon lui à la
bonne harmonie et à l'union du ménage (1).

Naturellement, la solution à donner variera selon les
opinions philosophiqnes ou les croyances religieuses de
chacun. Chercher laquelle semble préférable, n'est pas
ici mon but. Avec la diversité des doctrines qu'admet la
tolérance de notre siècle, aucune solution ne s'impose ; et
chacun sur ce point ne peut avoir la prétention d'exposer
qu'une opinion personnelle. Dans tous les cas, pour être
logique, après avoir admis l'un des systèmes, il faut en tirer toutes les conséquences ; c'est la dépendance complète
de la femme mariée ou bien son égalité absolue.

Seulement quand il s'agit de donner une solution à
une question d'une telle importance, et qui touche à ce
point aux mœurs, on se trouve en face de difficultés plus
complexes. Il est, je crois, absolument impossible d'imposer à la pratique une solution fondée seulement sur des
considérations théoriques et philosophiques. Particulièrement, sur les questions de régimes matrimoniaux, il ne

(1) — GUILLOUARD. *Contrat de mariage*, t. I. nº 175.

faut pas l'oublier, la loi ne doit être que l'expression des
sentiments des conjoints ; la plupart de ses dispositions
sont destinées à suppléer au silence des époux, aux lacunes de leur contrat de mariage, en se fondant sur leurs
intentions supposées. Quant aux dispositions d'ordre public qui s'imposent, elles doivent forcément, pour être
respectées, être en harmonie avec les sentiments généraux
de la nation qui est appelée à les observer, c'est-à-dire
avec les principes de morale qui sont alors communément reçus.

N'est-ce pas d'ailleurs, la méthode d'observation qui
doit dans les sciences sociales et juridiques, comme dans
les sciences naturelles, permettre de découvrir des règles
générales correspondant à la réalité des faits ? Et n'est-ce
pas folie de vouloir *a priori* baser sur des principes méta-
physiques souvent contestés, des lois, simples créations de
l'esprit humain, logiquement déduites, comme des corol-
laires de géométrie, — de prétendre soumettre les faits aux
règles qu'on leur a arbitrairement forgées ? C'est l'examen de la pratique qui doit ici nous guider. Les partisans des deux systèmes adverses l'ont compris. Seulement, ils ne se mettent pas plus d'accord sur le résultat de ces observations que sur la question de principe.

Pour les uns, la femme se confine dans ses devoirs de
mère de famille et de ménagère. Au mari seul, il appartient de gérer la fortune, de faire les actes juridiques auxquels la femme reste tout à fait étrangère. La femme
ignore la conduite des affaires (1). Sa confiance dans son
mari, le dégoût que lui causent une terminologie et des

_____

(1) C'est l'opinion que M. Laurent semble admettre dans ses *Principes de droit civil*, t. XXIII, n° 452.

complications où elle se perd, viennent encore la déterminer à ne pas sortir de son rôle. Et telles sont bien les mœurs que nous montrent aussi des littérateurs qui se piquent de nous donner un tableau exact de la société.

Écoutez au contraire les féministes, Stuart Mill ou Laurent (dans son avant-projet); tout est changé. Sans doute le mari seul a le droit dans l'état actuel, de faire tous les actes d'administration et de disposition, mais en fait, rien ne se passe, — au moins dans les classes où la femme a quelque culture, — sans que le mari demande son avis à celle-ci. Elle reste cachée, son action est occulte, le mari seul est censé agir. Mais il ne fait rien sans sa femme; et même fort souvent celle-ci comparaît, parle et agit conjointement avec son mari. Alors pourquoi refuser une réforme que les mœurs réclament, pourquoi ne pas mettre la loi d'accord avec le fait?

Voici des observations bien différentes. Qui donc a dit la vérité?

La vérité, elle est bien difficile à savoir en pareille matière. Les observations d'un parti peuvent être exactes sans que celles de l'autre le soient moins. Tout ici est affaire de mœurs, et il n'est pas de règle absolue. Il y a des femmes qui restent étrangères aux affaires de leurs maris, et qui affectent même d'y rester étrangères. D'autres, au contraire, sont au courant de toute la gestion de la fortune quand elles n'ont pas elles-mêmes donné la direction. Et entre ces deux situations extrêmes, toutes les situations intermédiaires se rencontrent. Il semble donc impossible de tirer de là une base précise pour une règle générale.

Une observation va peut-être nous aider à trouver la

solution du problème. Empruntons un exemple aux hommes de pratique : bien souvent, disent-ils, l'on voit des femmes ruinées par la déconfiture ou la faillite de leur mari, aux actes duquel elles avaient imprudemment concouru et pour qui elles s'étaient engagées. Presque toujours, malgré leur intervention à tous les actes qui causent la ruine de la famille, elles semblent prises au dépourvu, ignorent l'étendue de leurs engagements, et la portée des faits juridiques auxquels elles se sont trouvées mêlées. Elles ont signé sans lire, sans se demander ce que le mari attendait de leur confiance.

Sans doute, comme l'affirment les partisans de la dépendance absolue de la femme, celle-ci est ignorante des affaires. Oui, mais elle n'y reste pas étrangère. Et d'autre part, que les féministes ne triomphent pas trop vite! on trouve bien en effet ici l'intervention de la femme aux actes du mari. Mais peut-on dire que ce soit un avantage pour elle, ce concours qui la dépouille? Soutiendra-t-on que le mari a consulté sa femme, lui a exposé sa situation? La malheureuse, trop souvent, l'ignore complètement. Si donc le mari a eu recours à elle, c'est qu'il en avait besoin; c'est que l'engagement de la femme lui était utile et nécessaire. La femme mariée n'est donc pas cet esclave, cet être sans personnalité juridique que nous ont représenté d'un commun accord les partisans de l'égalité et ses adversaires.

En effet, consultez encore les praticiens. Que répondront-ils? Ils vous montreront la femme intervenant aujourd'hui à tous les actes importants du mari, et non seulement aux actes de disposition relatifs à ses propres, mais aux conventions concernant les biens de la communauté ou du mari.

Or, qu'on le remarque bien, il y a entre le rôle joué par la femme dans la pratique, et celui qu'elle aurait en fait d'après M. Laurent, une différence énorme. D'après M. Laurent, le mari comparaîtrait seul à l'acte juridique, et c'est auparavant qu'il se serait entendu avec sa femme. Celle-ci aurait comme une puissance occulte, elle serait le conseil du mari. Dans la pratique, tout au contraire, le rôle de la femme est apparent, elle comparaît à l'acte à côté du mari, traite et s'engage en même temps que lui. Peut-être, pourrait-on dire, lui demande-t-on sa signature seulement pour rendre hommage à l'influence qu'elle peut exercer par ses avis, ou encore en signe de déférence, comme on la demande pour certains actes, pour les contrats de mariage par exemple, à des parents ou des amis ? Point du tout. La tradition ne poussait guère vis-à-vis des femmes à cette sorte de politesse ; or, la pratique ne change pas aisément ses formules et ses modèles. Si elle fait intervenir la femme, c'est que, dans bien des cas, sa comparution est utile, c'est que son engagement personnel doit fournir un avantage à celui qui traite avec le mari.

Nous voilà donc bien loin du régime de dépendance absolue qu'on nous a présenté comme le système du Code civil, et qui était, en effet, je crois, adopté par ses rédacteurs (1). Et cependant, c'est des dispositions du Code civil que ce régime nouveau, que cette condition plus libre faite à la femme mariée ont été tirés.

Il y a eu au cours de ce siècle, une lente évolution dans

(1). — Les travaux préparatoires sont très vagues. On s'est surtout référé à la tradition qui était toute favorable à la suprématie du mari.

la pratique notariale, qui a abouti à cette transformation profonde. Ce mouvement, imperceptible durant long-temps, comme toutes les réformes qui viennent de la cou-tume, est arrivé aujourd'hui à ce résultat bizarre d'éri-ger sur les bases du Code civil tout un échafaudage de théories, qui arrivent sur biens des points à contredire le principe même admis par le Code civil, de l'autorité absolue du mari.

Par une particularité remarquable, la science juridique attachée à l'explication, au commentaire du texte, a dû continuer à donner pour base à ses enseignements le vieux principe traditionnel. Elle a trop rabaissé, diminué le rôle et les pouvoirs de la femme. Elle a perdu de vue les droits que lui reconnaissait le Code même ; elle ne s'est pas assez inquiétée des moyens nouveaux d'action qu'on était arrivé en fait à lui concéder. Pour elle, le mari est encore seigneur et maître, il a encore le droit absolu de disposition. C'est là le droit. En fait, les époux agissent ensemble. Et en face du vieux principe de la doctrine s'en est élevé un autre, que les jurisconsultes les plus récents n'hésitent pas à reconnaître.

Est-ce donc l'égalité rêvée par M. Laurent ? Nullement. On a rendu une certaine liberté à la femme ; mais ce n'est pas en sa faveur, c'est contre elle que s'est faite cette évo-lution. Il s'agit non pas de la mettre sur le même pied que son mari, mais bien de la dépouiller au profit de ceux qui traitent avec celui-ci, de ses droits et de ses garanties. Si l'on ajoute l'ignorance indéniable des affaires et du droit, la confiance dans le mari, qui caractérisent bien des femmes, on arrive à conclure qu'elles n'ont peut-être pas gagné au change.

C'est ce système que l'on doit étudier avant tout, quand

on veut connaître la situation faite actuellement à la
femme dans le mariage, au point de vue pécuniaire. C'est
dans cet ordre de faits, dans les actes juridiques appré-
ciables et apparents, qu'il faut chercher la solution de la
question, puisqu'on ne peut la trouver dans l'ordre intime des observations psychologiques. Ce sera l'objet de
mon étude.

Les Commentateurs du Code civil se sont peut-être vus
trop souvent arrêtés par leur fidélité au texte même des
lois. Une législation vivante ne peut être une chose im-
mobile et inerte. Nos codes n'ont jamais pu avoir la prétention vaine de constater des vérités immuables, de poser
des principes éternels. Les règles qu'ils établissent cor-
respondent au moment de la vie sociale, à l'époque de la
civilisation où ils sont promulgués. Mais les temps marchent, et les institutions doivent suivre le mouvement
des esprits, se conformer aux besoins nouveaux. Le rôle
des Codes, c'est de donner un cadre, de servir de base
au développement des idées juridiques, de l'endiguer pour
diriger le mouvement dans un même sens. Il ne peut être
question d'arrêter ce mouvement. Un corps de lois, quelle
que soit la force qu'il tire du respect de ceux qui y sont
soumis, s'il n'est plus conforme aux mœurs, aux besoins
nouveaux, ne saurait résister aux impérieuses poussées
de la pratique. Son pouvoir vient seulement du consentement au moins tacite de la majorité des citoyens, de sa
conformité avec les sentiments du pays. Les mœurs et
les idées changent. Il faut que le Code puisse se plier aux
transformations nécessaires, suivre l'évolution ; car le jour
où il sera en contradiction avec les mœurs, sa puissance
tombera d'elle-même. On n'osera peut-être pas violer ses
dispositions, on les tournera ; ou bien il faudra qu'une

révision ou une refonte viennent les mettre au goût du jour. Une législation qui ne se transformerait pas, serait bientôt une législation morte.

Apprécier l'esprit et la portée d'une institution uniquement d'après le principe que pose le Code civil et d'après la façon dont il a été entendu par les rédacteurs et les premiers commentateurs, c'est donc s'exposer à une grave erreur. Sur notre point, en particulier, de telles transformations se sont produites, tant d'exceptions ont été apportées peu à peu à la règle générale, que celle-ci semble pour ainsi dire tombée en désuétude ; la doctrine ancienne a été remplacée par un système nouveau qui mérite d'être étudié.

Qu'on ne s'abuse pas cependant à ce mot de système. Il s'agit ici, en effet, non pas d'une réglementation légale, non pas d'une doctrine mûrie par un jurisconsulte ; il s'agit d'un mouvement lent et pour ainsi dire inconscient de la pratique. C'est peu à peu, par une série de clauses nouvelles, qu'est née cette organisation. Le notariat français, lié par les textes du Code, respectueux en apparence des principes admis par notre droit, n'a jamais eu l'intention, le but de faire une réforme comparable à celle de M. Laurent. Il a voulu éviter des difficultés qui se sont présentées, répondre à des besoins qui se sont manifestés. Et c'est des textes mêmes, des dispositions du Code civil qu'il a tiré les conséquences qui, par une bizarrerie assez fréquente, sont arrivées à profondément modifier, j'allais dire à annihiler le principe.

Il ne faut donc pas s'étonner de trouver souvent un manque de cohésion et d'harmonie entre les diverses parties d'un édifice construit au hasard des circonstances et sans aucun plan préconçu. Si de plus, l'on considère com-

bien de barrières les textes précis du Code civil sont
venus opposer au développement de cette organisation
nouvelle, on comprendra mieux combien il est difficile de
découvrir l'esprit général qui a inspiré toutes ces règles de
la pratique sur le concours de la femme aux actes du mari.
Cependant c'est par ce moyen seulement que l'on pourra
se rendre compte de la situation exacte faite à celle-ci.
C'est ce que je serai obligé de faire.

Mais un rapprochement s'impose. Je n'ai encore parlé
que des cas où la femme est appelée *à intervenir* aux
actes intéressant le patrimoine de la famille. Il y a, d'après
le Code civil lui-même, un certain nombre de circonstances où la femme peut agir seule, sauf à demander parfois l'autorisation de la justice, quelquefois aussi sous un
certain contrôle du mari, mais en conservant elle-même
une large initiative. Cela aussi doit être étudié si l'on veut
se rendre compte du rôle joué par la femme dans la gestion du patrimoine.

Ce rôle, évidemment, bien des circonstances peuvent le
modifier du tout au tout. D'abord et au premier chef, le
régime matrimonial adopté par les époux. Ceci est tellement évident qu'il est presque inutile de le dire. Ensuite,
diverses circonstances qui peuvent se produire au cours du
mariage, soit la séparation de biens judiciaire, soit l'autorisation pour la femme de faire le commerce, soit l'impossibilité par le mari de remplir ses fonctions d'administrateur.

Quelle méthode devons-nous suivre ? Étudier successivement la situation faite à la femme sous les différents
régimes matrimoniaux m'exposerait à des redites, sans
me donner, je le crains, le moyen de tirer des règles générales. Distinguer d'après quelles causes la femme est ap-

pelée à telle ou telle situation, ne donnerait pas de meilleurs résultats. Un autre plan est suivi d'ordinaire quand il s'agit du mari : le Code et les jurisconsultes distinguent entre les actes d'administration et de disposition. Cette division est logique quand il s'agit du chef du ménage. La femme, elle, n'a d'ordinaire qu'un rôle accessoire, et qui varie, non pas d'après l'importance de l'acte, mais selon le plus ou le moins d'utilité de son intervention.

Ce sont précisément ces différences dans le rôle de la femme qui doivent nous guider. Il faut réunir toutes les circonstances où sa situation est analogue.

Tout d'abord, la femme a des droits personnels qu'elle peut exercer. Tantôt ses conventions matrimoniales lui ont réservé l'administration de tout ou partie de ses biens personnels ; tantôt au cours du mariage, une séparation de biens judiciaire lui a rendu ces pouvoirs ; tantôt encore c'est le mari qui l'a autorisée à accroître sa fortune en l'employant à faire le commerce ; en tout cas, liberté lui est laissée de disposer pour après sa mort, de ses biens personnels ou de ceux qui pourront lui échoir pour sa part dans la communauté ; et surtout, elle a le droit de faire, à l'encontre du mari, comme des tiers, une série d'actes destinés à conserver ses droits personnels.

Tous ces actes, non seulement démontrent chez la femme une indépendance, et parfois une connaissance des affaires, qu'il est bon de constater, mais encore intéressent à n'en pas douter, la fortune de la famille. Car, je l'ai dit plus haut, la fortune de la famille n'est pas autre chose que la réunion des fortunes propres des deux époux confondues pour ainsi dire, durant le mariage, en un seul patrimoine (1).

(1) Voir *suprà*, page 14.

Mais ces droits de la femme sur ses biens propres, s'ils n'étaient pas complétés par des droits sur les biens du mari et les biens de communauté, auraient plutôt pour résultat d'empêcher cette confusion des biens, cette communauté d'intérêts, sans lesquelles nous ne comprenons pas le mariage.

S'il faut indiquer les pouvoirs de la femme sur ses biens personnels, il est aussi nécessaire d'étudier dans quelle mesure la femme intervient dans la gestion du surplus des biens, de ceux dont l'administration semble confiée au mari seul par le Code civil. Ici la femme agit de deux façons.

Dans certains cas, la femme agit seule, elle gère aux lieu et place du mari. Quelquefois c'est seulement comme mandataire; selon l'opinion générale, c'est à ce titre qu'elle est chargée de pourvoir aux besoins du ménage. D'autres fois, c'est en vertu de pouvoirs propres. Elle remplace le mari: elle remplit, si j'ose ainsi dire, les fonctions de chef de communauté. Il en est ainsi pour certains actes, quand le mari est incapable de les faire; l'on en voit la preuve particulièrement en cas d'absence du mari. Enfin l'on peut rapprocher de ces cas, celui où la femme marchande publique fait le commerce non pas avec ses biens propres, mais avec des biens que le mari lui fournit ou des biens de communauté.

Au contraire c'est par son concours avec le mari, que l'on voit dans bien d'autres circonstances et dans les actes les plus importants de la vie juridique de la famille, la femme exercer son influence. Son intervention devient, pour ceux qui traitent avec le mari, une défense contre les droits de la femme qui pourraient leur nuire, et un supplément de garantie par suite de l'obligation des deux époux.

Je diviserai mon travail en trois parties : la première,

consacrée à l'exercice par la femme de ses droits personnels, la deuxième, à la représentation du mari par la femme,
et la troisième qui traitera du concours de la femme aux
actes du mari.

Ce n'est qu'après avoir étudié, à ces trois points de vue,
les pouvoirs de la femme, que je pourrai, pour conclure,
apprécier son rôle dans le mariage au point de vue de
la sauvegarde des intérêts pécuniaires, et dire, s'il y a
lieu, quelles réformes législatives seraient nécessaires.

Mais avant de passer à l'examen de ces diverses parties,
il est une question dont je suis obligé de dire quelques
mots : c'est celle de l'incapacité de la femme. Le principe
fondamental du Code civil, au point de vue de la réglementation des intérêts pécuniaires dans le mariage, c'est
la dépendance de la femme. Malgré les atténuations de
la pratique, la femme n'en reste pas moins, en l'état actuel, dans une position subordonnée et secondaire.

Cette situation ne se manifeste pas seulement par la
place moins grande qui lui est faite dans l'administration
des biens du ménage, mais aussi par l'obligation où elle se
trouve d'obtenir pour les actes juridiques les plus importants l'autorisation expresse de son mari ou de la justice
(art. 215 et s. C. C.). On ne peut laisser de côté ce point
de vue quand on veut avoir une idée exacte de la condition faite dans notre droit à la femme mariée.

Les auteurs qui examinent la question au point de vue
législatif s'attachent principalement à justifier ou à combattre le principe de l'incapacité de la femme mariée.
Ceux qui se sont fait les champions de l'égalité des sexes
attaquent même plus volontiers cette dernière forme de
la sujétion qu'ils combattent. Ils trouvent d'ordinaire une
arme facile dans le motif que l'on prétend tirer, pour jus-

tifier l'incapacité, de la « fragilité du sexe. » On constate
ironiquement cet effet bizarre du mariage sur l'intelligence
et le sens pratique des femmes, que l'on estime capables
si seulement elles sont célibataires ou veuves. On pourrait peut-être répondre que si l'on ne donne pas de défenseurs aux intérêts des femmes non mariées, c'est faute de
trouver quelqu'un assez désigné par la nature des choses
pour que son ingérence n'ait pas de mauvais effets. Je
crois plus sage d'admettre que cette raison n'est plus aujourd'hui de mise. Même M. Demolombe (1) qui paraît
juger nécessaire d'accumuler les motifs pour justifier l'autorité du mari semble admettre que les rédacteurs du
Code ont laissé de côté cette ancienne justification. Et
c'est ce que décident presque tous les auteurs (2). Ceux-
ci insistent davantage sur le besoin de laisser au mari la
direction du patrimoine, car c'est lui qui est le gardien des
intérêts matrimoniaux. Ce motif préconisé par Zachariæ (3)
doit être naturellement critiqué par les auteurs qui repous-
sent la doctrine traditionnelle dans le règlement des intérêts matrimoniaux. Aussi voit-on M. Laurent, dans son
avant-projet de Code civil, faire découler du même principe la double suppression de l'autorisation maritale et
des pouvoirs du mari sur les biens des époux ; et c'est au
titre du mariage (4) à la place où notre Code civil pose les
règles de l'incapacité de la femme que M. Laurent indique
pour la première fois les bases de son système sur l'organisation des biens de la famille. Je crains qu'il ne faille

(1) IV. 117.
(2) Cf. Aubry et Rau, V. § 472, note 5.
(3) III, p. 323 et s.
(4) Avant projet, t. I, p. 424 et s.

pas insister autant qu'on le fait d'ordinaire sur cette corrélation entre les règles de l'autorisation maritale, et les
dispositions organisant les pouvoirs du mari sur le patrimoine. Que les principes de l'autorité maritale aient leur
influence sur la gestion des biens, en diminuant la liberté
de la femme, cela n'est pas douteux. Il se pourrait même
que ce résultat, vu par le législateur, ait été voulu par lui.
Est-ce là pourtant le vrai, le principal motif qui a fait
admettre ces restrictions à l'autorité maritale ? Certes non ; ce qu'on a voulu avant tout, c'est assurer au
mari un « moyen de discipline intérieure et de gouvernement domestique, » on a voulu un droit de prééminence
et de direction non pas seulement sur le patrimoine, mais
sur le *ménage*, et pour cela on a mis dans sa dépendance
la *personne* même de la femme. C'est accessoirement
seulement que les droits pécuniaires de la femme, se trouvent diminués, et qu'elle est frappée dans ses biens (1). Le
vrai fondement de l'autorité maritale, se trouve dans des
considérations d'ordre moral, concernant l'*organisation
de la famille* ; et c'est ce qu'indique déjà suffisamment
la place où le Code a traité cette question.

Or, l'on comprendrait fort bien que l'on fît une distinction absolue entre les deux questions, que l'on attaquât la
dépendance personnelle de la femme, tout en laissant subsister en faveur du mari certaines prérogatives sur les
biens, en le considérant comme chargé par la force des
choses des soins d'une gestion à laquelle il est plus particulièrement apte. Pour ceux qui croient nécessaire la parfaite égalité des deux conjoints, ils arriveront par le procédé
que j'indique à satisfaire ce vœu, sans modifier beaucoup

(1) *Sic* POTHIER. *Puissance du mari*, nos 3-5.

les pouvoirs pécuniaires du mari. Or, à vrai dire, il serait assez déraisonnable de lui enlever la gestion des biens, pour faire partager complètement son autorité à sa femme. Pourquoi inversement ne pas exiger le concours du mari pour tout ce qui concerne la tenue de la maison et l'éducation des enfants ? L'on peut craindre, il est vrai, que le mari profite de sa situation pécuniaire pour opprimer la femme. Augmentez si vous le croyez bon les garanties accordées à la femme. On verra par la suite s'il en est véritablement besoin.

Je crois donc devoir laisser de côté dans ce travail tout ce qui a trait à l'incapacité de la femme mariée, pour me borner à l'étude de sa situation au point de vue des intérêts pécuniaires. Ce n'est pas que l'incapacité de la femme n'ait en cette matière des conséquences importantes. Il en résulte une limitation des pouvoirs de la femme sur ses biens propres que l'on ne peut éviter. Et, point à noter, comme il s'agit de dispositions formelles du Code, cette règle s'impose, en l'état actuel de notre droit, d'une façon inéluctable. Tandis que les règles sur la gestion des biens par le mari ont subi des dérogations que permettait leur caractère facultatif, l'on se trouve ici en face de dispositions d'ordre public auxquelles on doit se conformer bon gré mal gré, alors même que les époux désirent se soumettre au régime le plus libéral et adoptent par contrat la séparation de biens.

Le résultat d'ailleurs me semble bon. La femme n'est pas opprimée puisqu'elle peut se faire donner par la justice l'autorisation refusée par le mari (1), et d'autre part

(1) Peut-être y aurait-il là une considération capable de justifier la règle fort attaquée de l'autorisation de la justice. N'est-ce pas à la

l'intervention de celui-ci lui permettra de défendre ses
intérêts et ceux de la famille dont il est le gardien, si la
mesure voulue par la femme est préjudiciable. Les auteurs
mêmes qui se font les défenseurs du droit des femmes jugent
nécessaire à la bonne intelligence des époux et à la sauvegarde de leurs droits respectifs d'exiger leur concours
à tous les actes importants. On verra plus loin en détail
comment la pratique notariale fait intervenir la femme
aux actes du mari et les conséquences résultant des règles
de l'hypothèque légale. Les principes de l'autorité maritale entraînent le concours du mari aux actes de la femme.
On est donc en présence d'une situation presque semblable
à celle que rêve M. Laurent. Celui-ci voudrait il est vrai
une égalité absolue, correspondant à une identité de pouvoirs. On va voir que si l'action du mari est plus étendue
en ce qui concerne les intérêts pécuniaires de l'association conjugale, la femme jouit en revanche en France de
privilèges et de garanties qui sauvegardent ses droits.
Ce serait d'ailleurs une erreur de croire que la femme
ainsi protégée reste étrangère à la gestion des biens de
la famille. Son rôle pour être moins brillant que celui du
mari n'en a pas moins son importance. C'est ce que je
vais tâcher de montrer en examinant en détail le fonctionnement de nos institutions, en recherchant l'esprit de
notre législation, et en voyant en action tout le méca-
nisme compliqué de nos régimes matrimoniaux.

fois une protection pour la femme contre la tyrannie du mari qui re-
fuserait sans raison son consentement, et aussi, quand il s'agit d'une
autorisation supplétoire, une protection pour la famille dont les intérêts pourraient être lésés par les actes de la femme?

PREMIÈRE PARTIE

EXERCICE PAR LA FEMME MARIÉE DE SES DROITS PERSONNELS.

Si la situation dépendante de la femme mariée, était fondée uniquement sur une incapacité naturelle, comme l'admettaient, depuis la renaissance du droit romain, les jurisconsultes de notre ancien droit, il serait bien étrange de voir, dans certains cas, la femme reprendre une capacité presque complète. Si même le Code civil avait voulu, de parti pris, écarter la femme des actes juridiques, il ne lui aurait pas permis de se réserver par contrat de mariage l'administration de ses biens personnels, il ne lui aurait pas rendu cette administration, quand le mari abuse de ses pouvoirs et fait courir des dangers à sa fortune. On n'eût pas non plus confié à la femme elle-même, le droit de se défendre contre les empiètements du mari ou des tiers ; on l'aurait entourée d'une série de protections légales, fonctionnant en dehors d'elle, rendant son intervention inutile. Et surtout, on l'aurait absolument protégée contre l'influence de son mari, on lui aurait défendu de contracter avec celui-ci. Bref, on aurait établi comme régime obligatoire, la dotalité absolue de tous les biens présents et à venir avec toute sa rigueur et toutes ses entraves. C'aurait été vraiment alors l'annihilation juridique de la femme mariée ; c'aurait été lui faire effectivement la situation où les féministes la croient placée.

Est-ce donc là, la condition faite dans notre droit à la femme ? Nullement. Et c'est ici le Code lui-même qui va donner la preuve de la liberté d'action reconnue à la femme dès qu'il s'agit de son patrimoine propre ou de certaines prérogatives attachées à la personne.

Comme on va le voir, non seulement la femme reste propriétaire de ses biens personnels, et, comme telle, est appelée à concourir aux actes de disposition de ces biens ; non seulement elle peut, au cours du mariage, par acte de dernière volonté, distribuer les biens qui lui appartiendront à son décès, mais elle a le droit, dans certaines conditions, de traiter d'égale à égal avec son mari, et dans différents cas, elle est investie de l'administration de ses biens personnels. A un autre point de vue, la femme a la liberté d'exercer des actions et de prendre des mesures conservatoires, destinées à protéger, soit sa personne, soit ses droits pécuniaires contre le mari ou contre les tiers. La maternité enfin lui confère avec des devoirs à l'égard de ses enfants, des droits nouveaux destinés à lui permettre de remplir ces obligations.

Dans tous ces cas, certes, la femme n'a pas une liberté d'action absolue. Comme je l'ai indiqué plus haut, presque toujours, elle doit subir le contrôle de son mari ou de la justice. Il en est du moins ainsi pour les actes les plus importants, ou pour ceux qui peuvent nuire le plus à l'intérêt de la famille. Mais, dans d'autres cas, dans ses dispositions de dernière volonté par exemple, acte qui, supposant la dissolution du mariage, ne peut préjudicier au mari, aucune incapacité spéciale ne vient entraver la volonté de la femme. Et d'ailleurs, même quand elle est soumise à la nécessité d'obtenir un consentement du mari ou de justice, il suffit que la femme ait l'initiative, le

rôle principal, que ce soit elle qui agisse, qui parle, qui
contracte, elle dont le consentement est essentiel, pour
que son rôle soit prépondérant. Il n'en serait évidemment pas ainsi, si notre législation admettait que la
femme ne peut se passer du consentement du mari. Si le
concours de celui-ci était obligatoire, si son refus était
sans appel, il importerait peu de savoir quel nom figure
le premier dans les actes, il n'y aurait pas lieu de se
demander qui, des deux conjoints, a le rôle principal ; ou
plutôt, il n'y aurait pas de rôle principal. Le « veto » de
chacun des époux suffirait à rendre impossibles tous les
actes que nous avons vus réservés à la femme seule. Elle
serait à la merci de la mauvaise volonté du mari. Mais
l'article 219 du Code civil, en permettant d'aller demander
au tribunal de première instance l'autorisation que le
mari a refusée, donne à la femme sinon la liberté absolue
du propriétaire, au moins tous les droits qui semblent
compatibles avec les intérêts du conjoint et de la famille
entière. Donc, pour un acte raisonnable, malgré le mauvais vouloir du mari, la volonté de la femme pourra toujours triompher, en droit du moins ; en fait, malheureusement, il n'en sera pas toujours ainsi, et trop souvent,
dans les classes pauvres, les lenteurs et les frais énormes
de la procédure (1) empêchent de demander à la justice le
consentement refusé par le mari. Sur ce point, comme
sur bien d'autres, une réforme de la procédure aurait les
plus heureuses conséquences. Quoi qu'il en soit, cette

(1) Sans doute la femme pourrait demander l'assistance judiciaire.
Mais l'accorde-t-on quand la femme a quelque fortune personnelle ? Et
même avec l'assistance judiciaire d'ailleurs, la femme devra subir
des pertes de temps et d'argent dommageables.

situation est exceptionnelle. Le plus souvent, la femme, grâce aux pouvoirs qui lui sont laissés pour l'exercice de ses droits personnels, se trouvera dans une condition tout autre qu'on pourrait le supposer, à en croire les féministes. Il n'est pas douteux que l'importance des diverses prérogatives énumérées plus haut, ne soit très différente, surtout au point de vue des intérêts pécuniaires. Tandis qu'elle apparaît clairement à tous les yeux, en cas de stipulation de séparation de biens, on peut se demander, au premier abord, de quel intérêt pour notre sujet peut être le plus ou moins de latitude laissée à l'exercice des droits relatifs à la personne ou résultant de la maternité. J'espère démontrer en examinant les différents cas dont il s'agit, que toutes ces libertés concédées à la femme ont leur retentissement sur la situation pécuniaire des époux. Dans des cas exceptionnels, on accorde ouvertement à la femme un pouvoir d'administration ordinairement confié au mari, mais on augmente seulement les pouvoirs de la femme sur ses biens propres, en diminuant ses moyens d'action sur le reste du patrimoine de la famille. Au contraire, certaines facultés qui paraissent presque étrangères aux intérêts pécuniaires ont pour résultat indirect de donner à la femme sur les décisions du mari, et par suite, sur toute la fortune du ménage une influence indéniable.

Dans tous les cas, le rôle qui appartient à la femme, de ce chef, est d'une importance qui mérite d'être étudiée. Il n'en serait, sans doute pas de même, si, avec l'avant-projet de Code civil de M. Laurent, on adoptait comme régime légal, la communauté universelle. Bien entendu, dans le droit actuel, la situation change selon le régime matrimonial auquel les époux sont soumis, et les clauses particulières de leur contrat de mariage, ou suivant les circonstances qui ont pu modifier, au cours du mariage, les règles ordinaires de la gestion. Il faut donc envisager séparément la situation qui peut être faite à la femme dans des cas exceptionnels, et celle qui se produit sous les régimes de droit commun.

CHAPITRE PREMIER

DROITS EXCEPTIONNELS DES FEMMES MARIÉES SUR LEURS BIENS PERSONNELS

Il semblerait d'une sage méthode pour étudier les droits des femmes mariées, relativement à leur fortune personnelle, de rechercher d'abord la situation qui leur est faite par le droit commun, puis d'étudier quelles exceptions peuvent déroger aux règles ainsi posées et en particulier quelles circonstances favorables à la femme viennent augmenter sa liberté d'action.

Si j'écarte ce plan, en apparence seul logique, c'est que nul ne songe à contester l'indépendance des femmes mariées dans ces cas exceptionnels; au contraire, j'aurai parfois peut-être, à lutter contre des opinions très accréditées, quand il me faudra étudier la condition pécuniaire faite à la femme par le droit commun. Il m'a donc paru bon d'examiner tout d'abord les points hors de conteste. Je le fais, avec d'autant plus de liberté, qu'on trouvera, presque dans tous les cas dont il s'agit, non pas une simple dérogation de détail impossible à entendre pour qui n'a pas étudié la règle générale, mais une organisation complète, systématique, tout à fait distincte de celle généralement pratiquée.

Les causes de ces dérogations sont de trois sortes.

Tout d'abord, par le contrat de mariage, la future épouse
a pu stipuler qu'elle conserverait l'administration de tout
ou partie de ses biens personnels. A défaut de ces conventions, deux circonstances peuvent restituer à la femme
les droits qu'elle n'avait pas voulu conserver : parfois, le
mari ne remplissant pas ses devoirs, la justice lui enlève l'administration qui lui était confiée ; d'autres fois,
au contraire, c'est le mari lui-même qui, reconnaissant
la capacité de sa femme, lui manifeste sa confiance en lui
permettant d'employer sa fortune à des opérations destinées à l'accroître, et autorise la femme à faire le commerce ; c'est le seul cas où il ait le droit de lui donner
une autorisation générale.

Je vais étudier successivement ces trois points à chacun desquels je consacrerai une section. Les causes différentes d'où procèdent ces dérogations à l'assujettissement
de la femme, vont nous faire trouver différentes aussi les
situations qui en résultent. Mais dans tous ces cas, nous
allons voir la femme jouir d'une liberté et d'une capacité
que personne ne peut songer à discuter.

SECTION I

LIBERTÉ RECONNUE A LA FEMME SUR SES BIENS PERSONNELS, PAR LE CONTRAT DE MARIAGE

Parmi toutes les causes qui procurent à la femme
mariée, la libre administration de ses biens personnels,
la plus importante à tous égards se trouve dans les conventions matrimoniales des époux. En effet, les clauses
de ce genre sont assez fréquentes, et puis elles s'imposent
à toute la durée de l'union des époux au lieu de répondre
à une situation accidentelle et passagère.

Quel est donc le caractère de ces différentes stipulations ? D'ordinaire on considère les pouvoirs accordés au mari, et la nécessité de son autorisation pour tous les actes de la femme, comme répondant à une incapacité de celle-ci, et cette incapacité est d'ordre public. Il n'est pas permis d'y déroger par contrat de mariage ou autrement. C'est le principe que pose l'article 223 du Code civil quand il interdit au mari de donner une autorisation générale ; c'est ce que répète l'article 1388. Les époux, dans leur contrat de mariage, « ne peuvent déroger ni aux droits résultant de la puissance maritale... ou qui appartiennent au mari comme chef. » Le Code lui-même permet au contraire de laisser, par contrat de mariage, à la femme, la jouissance et l'administration de ses biens propres. L'incapacité est-elle donc partiellement supprimée ? Cela semblerait étrange ; d'autant plus que cette décision qui habiliterait la femme, doit émaner des parties elles-mêmes. Il semble contradictoire qu'une disposition de la loi, considérée comme d'ordre public, puisse dans certaines circonstances, être écartée au gré des parties. Pour MM. Aubry et Rau (1), le texte de l'article 1388 sous le nom de « droits qui appartiennent au mari comme chef » viserait, non pas tous ses droits sur les biens, mais seulement ceux sur les biens communs. Cela expliquerait que, sur les biens propres de la femme, les droits de jouissance et d'administration reconnus au mari, soient susceptibles d'être restreints. C'est ce que semblent dire MM. Aubry et Rau. Mais si ces conventions ne sont pas contraires aux pouvoirs du mari comme chef, les facultés que le Code permet de consentir à la femme semblent contredire le

(1) T. V, § 504. texte et n. 3.

principe de l'autorisation maritale. C'est bien aussi, comme
une exception à la règle de la spécialité de l'autorisation
que l'article 223 *in fine*, indique la possibilité d'écarter
son incapacité relativement à ses biens personnels. Cependant, malgré les termes généraux de cet article, la
Cour de Cassation a admis (1) qu'il visait seulement les
actes d'administration ; que pour les actes de disposition,
la femme même séparée de biens avait besoin d'une autorisation spéciale. Et c'est la théorie qui prévaut dans la
doctrine (2). Dans ces conditions, ne peut-on pas soutenir
qu'il y a dans la liberté accordée à la femme par contrat
de mariage non pas une exception à la spécialité de l'autorisation maritale, mais une dispense complète de cette
autorisation pour les actes de jouissance et d'administration de la femme sur ses biens personnels (3)? Il semble
que le législateur n'ait pas songé à soumettre ces actes à
l'autorisation. L'article 217 vise uniquement les actes de
disposition, c'est-à-dire ceux qui peuvent permettre à la
femme de s'affranchir, de compromettre sa fortune propre et les intérêts de la famille. Au contraire, les actes
d'administration ont échappé à la règlementation ; ou
plutôt à leur égard, cette règlementation n'est pas d'ordre
public. Dans le silence des conventions matrimoniales,
c'est au mari, administrateur né de tout le patrimoine du

---

(1) Cass. Civ. 24 février 1841. Sir. 41. 1. 315.

(2) Cf. Aubry et Rau, t. V, § 472. texte b. note 69.

(3) La question a son intérêt. S'il s'agissait d'une autorisation générale, fût-elle donnée par contrat de mariage, le mari aurait le droit
de la révoquer. Si au contraire, ces pouvoirs émanent de la loi, sont
inhérents au régime adopté par les conjoints, l'immutabilité des conventions matrimoniales empêche de les retirer à la femme, et c'est
bien ce qu'ont voulu les époux.

ménage que le Code attribue la gestion des biens de la
femme. Mais les conjoints peuvent librement par contrat
de mariage déroger à cette règle, tout au moins quant
aux biens de la femme (1). S'il en est tout autrement pour
les biens communs et pour les biens personnels du mari,
c'est parce que la loi n'a pas voulu admettre un système
qui aurait donné dans le ménage la suprématie à la femme.
Celle-ci dans son rôle secondaire peut néanmoins obtenir
une indépendance presque absolue si elle profite jusqu'au
bout des libertés que lui accorde le Code.

Il n'en sera pas toujours ainsi. La liberté des conventions matrimoniales permettant les combinaisons les plus
variées, les circonstances ou les sentiments des parties
exigeant des satisfactions diverses, on peut varier presque
à l'infini les conditions dans lesquelles la femme exercera
l'administration et la jouissance de ses biens personnels.
Il y a cependant une limite que les faveurs accordées à
la femme, ne peuvent dépasser sans aller complètement
contre les intérêts de la famille et sans risquer de nuire
à l'union et à la bonne entente des conjoints. Ce régime,
le plus libéral pour les femmes, c'est la séparation de biens
conventionnelle. Il faudra l'étudier d'abord. En fait,
presque jamais, on ne l'applique avec toute sa rigueur.
Il me faudra voir quelques-unes des atténuations qu'on
lui fait subir, étudier les cas les plus pratiques d'application partielle. Mais comme ces clauses sont possibles sous
les différents régimes, je devrai, auparavant, rechercher
quelle est sous le régime dotal, la situation des biens dont
la femme a l'administration : c'est-à-dire des biens paraphernaux.

(1) Thèse de Marchand, p. 227, Paris 1882.

§ Ier. — La séparation de biens conventionnelle

Aux termes de l'article 1536 du Code civil : « lorsque les époux ont stipulé par leur contrat de mariage qu'ils seraient séparés de biens, la femme conserve l'entière administration de ses biens meubles et immeubles, et la jouissance libre de ses revenus ». Et l'article 1538 ajoute : « Dans aucun cas ni à la faveur d'aucune stipulation, la femme ne peut aliéner ses immeubles sans le consentement spécial de son mari, ou, à son refus, sans être autorisée par justice. — Toute autorisation générale d'aliéner les immeubles, donnée à la femme, soit par contrat de mariage, soit depuis, est nulle (1) ». Enfin l'article 1537 dispose : « Chacun des époux contribue aux charges du mariage, suivant les conventions contenues en leur contrat ; et, s'il n'en existe point à cet égard, la femme contribue à ces charges, jusqu'à concurrence du tiers de ses revenus. »

Il semble donc très simple de fixer d'un mot les pouvoirs accordés à la femme. Elle garde l'administration et la jouissance de ses biens personnels ; pour les actes de disposition, elle est soumise à l'exigence du concours du mari. Il est curieux de remarquer, en passant, combien ce régime diffère peu de celui auquel M. Laurent, propose, dans les art. 1471 et s. de son avant projet (2), de soumettre, sous le régime de communauté, les biens stipulés propres par les époux, comme je l'ai indiqué plus haut (3). M. Laurent propose précisément de laisser à chacun des

(1) Cf. art. 223. C. C.
(2) Avant-projet, t. V, p. 71 et s.
(3) Voir *supra*, p. 23.

époux l'administration de ses biens personnels, et d'exiger le concours de l'autre conjoint, ou, en cas de dissentiment, l'autorisation du juge, pour tous les actes de disposition, ou pour ceux qui peuvent compromettre la jouissance de la communauté. En somme, avec la différence que ce régime s'applique aux deux conjoints, et qu'il serait très probablement obligatoire et non plus facultatif, nous y retrouvons exactement les grandes lignes de notre séparation de biens (1). Au contraire, c'est un autre régime que le jurisconsulte belge admet, bien à contre cœur, il est vrai, sous le nom de séparation de biens. Ici, il ne s'agit plus que de la femme. Elle conserve l'entière administration de ses biens meubles et immeubles et même elle peut les aliéner. Le consentement du mari n'est exigé que si l'aliénation peut compromettre la contribution de la femme aux charges du mariage. Cette contribution, si elle n'est fixée par la convention, s'élève, comme dans notre droit, au tiers des revenus de la femme (2). C'est donc accorder une assez grande liberté de disposition à la femme et augmenter cette division d'intérêts si préjudiciable au « lien des âmes ». Mais M. Laurent est entraîné à ces résultats par la suppression

(1) Il faut le noter, parmi les attaques générales contre le régime de séparation de biens, celles de M. Laurent sont les plus vives : « La séparation de biens, dit-il, est en opposition avec la nature du mariage : quand les époux sont divisés d'intérêt, il est à craindre que l'union des âmes n'en souffre... On dit que la séparation de biens est le régime des classes opulentes. S'il en est ainsi, le fait ne témoigne guère pour ces classes ; elles doivent se faire une singulière idée du mariage, puisque au moment où les futurs époux s'unissent, ils se séparent et se divisent », (op. cit., t. V, p. 169. — Voir aussi Principes de droit civil, t. XXIII, p. 440, notes 1 et 2).

(2) LAURENT, op. cit., art. 1565 et. s., t. V, p. 170 et s.

de l'autorité du mari. Celui-ci, ne pouvant plus intervenir comme chef, doit avoir un intérêt à invoquer pour contester les actes de disposition de sa femme ; il n'en a pas tant que la femme fournit cette part de revenus destinée à soutenir les charges du ménage, qui constitue la dot sous ce régime.

Sous la séparation de biens conventionnelle, telle qu'elle est réglée par le Code civil, la femme au contraire, tout en conservant l'administration de ses biens, a besoin, pour les actes de disposition, de l'autorisation de son mari. — Mais, outre que la règle dans ces termes pourrait ne pas être absolument exacte, et comporter des exceptions, l'expression « d'actes d'administration » est employée si souvent avec une portée différente, qu'il est bon de rechercher de plus près, l'étendue des droits accordés à la femme.

M. Battur (1) a prétendu assimiler sur ce point, la femme séparée au mineur émancipé. C'était déjà ce qu'avait soutenu de Laurière sous l'article 224 de la Coutume de Paris. En effet, l'un et l'autre « ne peuvent s'obliger que jusqu'à concurrence de leurs revenus et de leurs meubles ; d'où il suit que les obligations qu'ils contractent pour de grosses sommes, lesquelles ne peuvent être prises que sur leurs immeubles, sont nulles à moins qu'ils ne soient dûment autorisés (2) ». Conséquence : M. Battur refuse à la femme le pouvoir de donner seule décharge de ses capitaux mobiliers. Mais cette opinion n'a pas prévalu. Si la femme est majeure, tous les auteurs lui reconnaissent le droit de donner décharge de ses capitaux mobiliers avec mainte-

(1) *Traité de la Communauté*, t. II, nᵒˢ 514 et 651.
(2) BATTUR, *op. cit.*, t. II, p. 191.

vée des hypothèques qui les garantissent (1). Et pour reconnaître que l'assimilation de de Laurière n'a pas été
admise par le Code civil, il suffit de comparer avec notre
article 1536, avec l'article 1449, (qui vise la femme judiciairement séparée de biens dont la condition sur ce point
est identique), l'article 484 de ce code qui accorde seulement au mineur émancipé la pure administration de ses
biens (2).

Il nous faut donc examiner successivement chaque circonstance pour apprécier le rôle de la femme. Sans
entrer dans le détail, il faut rechercher quelles solutions
sont généralement admises par les auteurs et la jurisprudence.

D'abord une série de droits pour lesquels le doute n'est
pas possible, qui rentrent dans les actes d'entière administration dont parle l'article 1536. A ce titre, la femme peut
faire tous les actes nécessaires à l'entretien de ses biens,
toucher ses revenus et en disposer, enfin s'obliger pour
cause d'administration. Sur ce dernier point pourtant une
difficulté s'élève. Nul doute que la femme puisse s'obliger,
car sans cela, pas d'administration possible. Mais quel
est l'effet de cet engagement sur les immeubles ? La loi
interdit à la femme de les aliéner seule : on admet pourtant d'ordinaire qu'elle peut les obliger par ses engagements, comme le ferait le tuteur d'un mineur ou tout autre administrateur privé du droit d'aliéner.

Mais à côté des actes de pure administration, certaine-

_____

(1) Voir les autorités citées par Aubry et Rau, t. V, § 516, n. 55.
(2) Les pouvoirs du mineur émancipé sont exceptionnellement plus
étendus quand il s'agit de plaider en matière mobilière, ce qu'il peut
faire sans autorisation à la différence de la femme. Cpr. 482 et 217
C. C.

ment permis à la femme, il en est d'autres pour lesquels la question est délicate. L'article 1536 donne à la femme « l'entière administration », « la libre jouissance » de ses biens. Et ces mots semblent indiquer une liberté particulière. Quelle en est la mesure ? Le Code ne le dit pas. La majorité de la doctrine (1) admet aujourd'hui que la femme séparée contractuellement a les mêmes droits que l'art. 1449 accorde à la femme séparée judiciairement. Le point a cependant été vivement contesté par suite d'une différence de rédaction des art. 1449 et 1536. Le premier, dans le cas de la séparation judiciaire, permet à la femme de disposer de son mobilier et de l'aliéner, et ne fait de réserve en faveur du mari que pour les actes de disposition concernant les immeubles D'ordinaire, il est vrai, un administrateur ne peut aliéner le mobilier, exception faite pour les meubles sujets à dépérissement. Et l'art. 217 pose en principe que la femme « même séparée » ne peut aliéner ses biens sans autorisation (2). MM. Rodière et Pont ajoutaient que l'on doit permettre à la femme séparée de corps, de se passer d'une autorisation bien gênante à demander. Cette observation n'aurait plus d'intérêt aujourd'hui, depuis que la femme séparée de corps est dispensée de la nécessité de l'autorisation maritale. — Quant à la femme séparée de biens seulement, elle doit être libre puisque le mari a été reconnu incapable de bien administrer. — Pour vouloir trop prouver, cette argumentation ne prouve rien. Il ne s'agit pas ici d'apprécier

(1) TROPLONG, t. III, 2282. — MARCADÉ sous l'art. 1449, n. 4. — DEMOLOMBE, t. IV, n° 148. — AUBRY ET RAU, V. § 532. Texte et notes 1 et 2. — LAURENT, XXIII, 443. — GUILLOUARD, III, 1673.

(2) RODIÈRE ET PONT, III, 2005. — *Sic.* VAZEILLE, II, 315, 316 et FOUQUET : *Encyclopédie du Droit*, n. 53.

la cause de la séparation. Dans les deux cas, en donnant
à la femme l'entière administration ou la libre administration, le Code semble avoir voulu lui donner les mêmes
pouvoirs. L'article 1538 vise seulement les immeubles et
semble intentionnellement laisser les meubles de côté.
Quant à l'argument tiré de l'article 217, M. Vazeille et
M. Fouquet qui l'ont présenté, montrent eux-mêmes son
peu de valeur quand ils permettent à la femme de se réserver dans le contrat de mariage, par une clause spéciale
ajoutée à la stipulation de la séparations de biens, la
même capacité que si la séparation était judiciaire.

Faut-il donc accorder à la femme le droit d'aliéner librement tous ses biens meubles ? Cela semble résulter
de l'art. 1449, 2e alinéa. Ce point cependant est contesté
avec plus de vivacité encore que le premier. M. Demolombe (1) s'est fait le champion du système qui restreint
les droits de la femme. Pour lui, le droit de disposition
des meubles, accordé à la femme par l'art. 1449 n'est
qu'une « conséquence et un moyen de son droit d'administration ». L'art. 217 pose en règle que la femme ne peut
aliéner sans autorisation ; l'art. 1449 contient une exception à cette règle : « Or, la disposition première et principale de cet article a pour but de concéder à la femme
la libre administration de ses biens ; le second paragraphe
n'est que la suite et le développement du premier ; et ce
n'est dès lors que pour cause d'administration qu'il permet à la femme d'aliéner son mobilier (Paris 12 mai 1859.
Suzoz. J. du P. 1860, p. 634) » (2). M. Demolombe est, il

_____

(1) DEMOLOMBE, t. IV, no 155.
(2) Voir *loc. cit.* — Dans le même sens. Cass., 5 mars 1829, 7 déc.
1830, 3 janv. 1831. — DALLOZ, vo contrat de mariage, no 1971. —

est vrai, obligé de reconnaître combien cette solution est dangereuse pour le crédit. Comment les tiers pourront-ils vérifier les causes d'aliénation ? S'ils ont traité de bonne foi, va-t-on révoquer l'aliénation parce qu'elle a été faite en dehors des besoins de l'administration ? Et d'autre part, réduire l'application du système de M. Demolombe à une hypothèse où telle était la cause de l'acte de disposition que « à première vue, les tiers dussent certainement reconnaître, qu'il ne constituait pas un acte d'administration », c'est déjà presque réduire à rien la distinction proposée.

D'ailleurs le texte de l'art. 1449 ne se prête guère à cette interprétation. Les partisans du premier système voient dans sa deuxième partie, une explication du droit de libre administration, établi par le premier alinéa. De ce que le législateur a traité sous le même article des divers droits accordés à la femme séparée, s'ensuit-il donc que ces droits se réduisent à un seul ? Ce n'est pas ce qui semble ressortir de la lecture du texte. Et puis, s'il s'agissait uniquement des aliénations nécessaires à l'administration, il serait bien inutile d'en parler spécialement pour la femme. C'est là un droit qu'on reconnaît à tous les administrateurs. On ne peut pas dire que la disposition a pour objet d'élargir les pouvoirs des administrateurs ordinaires ; la loi dans ce cas eut fixé les limites de cette extension. — On a voulu évidemment rendre la tâche de la femme plus facile ; ce but n'eût guère été atteint si

TROPLONG, nos 1410 et 2282. MARCADÉ sur l'article 1449 n. 3. — DUTRUC, 334 et s. GUILLOUARD, no 1193, Nancy : 24 juin 1854.— Sir. 54, 2, 550. Poitiers, 3 fév. 1858. — Sir. 58, 2, 660. Paris, 12 mai 1859. — Sir. 59, 2, 561. Cass., 30 déc., 1862. — Sir. 63, 1, 257. Cass. 25 avril 1882. — Sir. 83, 1, 221.

l'on avait permis de rechercher dans tous les cas, le caractère et les motifs de l'aliénation. On tire argument de
l'art. 217 ; on voit dans la règle de l'art. 1449 2ᵉ alinéa,
une dérogation à la prohibition d'aliéner sans autorisation.
Cela est vrai, mais la règle reste entière pour les immeubles. Quand il s'agit de la disposition des meubles, pour
justifier la dérogation, il n'y a pas à chercher un motif
dans les nécessités de l'administration. N'est-ce pas plutôt, un des nombreux cas où les rédacteurs du Code ont
négligé d'assurer la protection de la fortune mobilière ?
Il est possible de regretter cette lacune de nos jours
où les valeurs mobilières ont pris une si grande extension.
Encore dans notre cas, pourrait-on se demander si la dépendance de la femme est indispensable au bon ordre et à
l'organisation de la famille et si ces considérations ne doivent pas être primées par l'intérêt du crédit public.

Aussi la majorité des auteurs et certains arrêts (1) ad-
mettent-ils que l'aliénation des meubles rentre dans les
attributs d'une libre administration. Dans notre hypothèse,
on doit en conclure que le législateur a intentionnellement
employé dans l'art. 1449, les expressions les plus larges
pour autoriser toute aliénation de meubles par la femme
seule.

Je crois même impossible d'admettre avec certains jurisconsultes (2) que l'on pût révoquer cette aliénation, si

(1) Duranton, XIV, 426. — Odier, 404. — Zacharlæ, § 516.
Texte et n. 48. — Aubry et Rau, § 516. Texte et n. 50. — Colmet
de Santerre, VI, 101 bis, III. — Laurent, XXII, 301. — Colmar,
8 août 1820. — Sir. 21, 1, 266. Lyon, 18 juin 1847. — Sir. 48, 2. 98.

(2) Aubry et Rau, t. V, § 516, texte et n. 56, V. aussi, Laurent,
XXII, nᵒ 315, qui paraît approuver l'arrêt sus-relaté de la Cour de
Cassation du 30 déc. 1862, par lequel la Chambre Civile refusait à la
femme le droit de se livrer à des opérations de Bourse.

les habitudes de dissipation de la femme étant de noto-
riété publique, les tiers acquéreurs doivent être supposés
de mauvaise foi, cette mauvaise foi fût-elle évidente. Y
a-t-il jamais mauvaise foi à profiter jusqu'au bout des faveurs que donne la loi? Le droit de disposition des meubles, on pourrait le soutenir, n'a peut-être été accordé à
la femme que pour faciliter son administration. Il faut
alors adopter le premier système. Nous l'avons vu, le législateur a pu être déterminé par le mépris de la fortune
mobilière ou par l'intérêt du crédit. En tout cas, le texte
est général : donc, sans exception, la femme peut disposer
de son mobilier et l'aliéner. Sans exception, je me trompe;
la femme peut disposer à titre onéreux, je ne crois pas
qu'elle puisse consentir de donation sur sa fortune mobilière. L'article 217 contient distinctement l'interdiction
d'aliéner et celle de donner; l'art. 1449 ne déroge qu'à la
première de ces prohibitions. Si le mot « disposer » permet de soutenir l'opinion contraire, l'opinion que j'expose
est fortifiée par les termes généraux de l'article 905 du
Code civil, qui interdit à la femme non autorisée, les donations entre vifs (1).

Sous cette réserve, nous reconnaîtrons donc à la femme
le droit de disposition le plus étendu sur tous ses capitaux
mobiliers, quelle qu'en soit la valeur (2); lui reconnaissant
le droit d'aliéner, *à fortiori* nous devons lui permettre
de : transporter ses créances ou les céder en paiement (3 ,
transférer ses rentes sur l'État, actions ou obligations de

(1) *Sic.*, DEMOLOMBE, IV, 150. — AUBRY ET RAU, V, § 516, n. 79.
COLMET DE SANTERRE, VI, 101 bis. IV. — LAURENT, XXII, 307. —
Contrà : DELVINCOURT, II, p. 58, n° 16.

(2) Trib. Seine 9 juillet 1872. — Sir. 72, 3, 96.

(3) Bordeaux, 2 avril 1891.

Compagnies de finance ou d'industrie (1), convertir des
titres nominatifs en titres au porteur (2), donner mainlevée des inscriptions, saisies, oppositions, etc., militant à
son profit, même sans recevoir (3). Il faut pourtant ne pas
mettre sur le même pied le droit de consentir une antériorité d'hypothèque, acte plus dangereux et ressemblant
fort à une libéralité (4), En revanche, il peut être nécessaire à la femme de faire un partage conventionnel. Je
crois qu'elle peut y procéder sans autorisation, s'il s'agit
d'une succession purement mobilière (5). Je ne veux pas
insister sur tous ces points où tout le monde est à peu
près — d'accord, sauf l'avis de certains auteurs qui
exigent pour la validité de ces actes qu'ils soient faits
dans un simple but d'administration. Il me suffit de noter quels actes sont permis directement ou indirectement
par l'article 1449, 2ᵉ alinéa sans rechercher les motifs qui
justifient ces opinions. Je ne veux pas, non plus, me
demander si la femme acquiert le droit de transiger ou
compromettre sur les litiges relatifs à sa fortune mobilière. Mon but est seulement d'examiner dans ses grandes
lignes, la condition faite à la femme mariée sous le régime de la séparation de biens.

(1) LAURENT, XXII, 303. — Seine, 22 juin 1864 et 9 juillet 1872.

(2) LAURENT, XXII, 304. — GUILLOUARD, 1197. — DEFRÉNOIS :
Commentaire de la loi du 27 février 1880, n. 100. — Seine, 9 juillet 1872.— Paris, 12 juillet 1869 et 4 mars 1875. — Cass., 8 fév. 1870
et 13 juin 1876.

(3) DURANTON, XX, 190. — TROPLONG : *Hypothèques*, 538 *bis*.
— PONT, *ib.* 1077. — LAURENT, XXII. 296. — BOULANGER, *Radia-
tions*, 173. — *Contrà* : PERSIL, 2157. 1. — GUILLOUARD, 1193.

(4) GUILLOUARD, 1173. — Alger, 22 janvier 1866. — Sir. 66. 1.
193.

(5) AUBRY et RAU, V. § 516, texte et n. 58.

Mais, il ne suffit pas d'étudier la capacité de la femme pour les actes d'aliénation. Nous l'avons vu, la femme a le droit de toucher ses revenus, de les administrer, de faire des économies. Elle a même le droit de toucher son capital. Il faut donc qu'elle puisse faire les placements qu'elle juge utiles, sans quoi sa liberté serait mensongère. Notre siècle ne connaît plus les thésauriseurs dont le rêve est d'amasser des monceaux d'or ou d'argent. A quoi servirait à la femme de toucher librement ses capitaux, si elle ne pouvait en faire tel emploi qui lui convienne? C'est la solution que dicte le bon sens. Mais que dit la loi? L'art. 217 C. C. qui interdit à la femme même séparée de biens d'aliéner, n'est pas moins formel pour lui défendre d'acquérir à titre gratuit ou onéreux sans l'autorisation du mari. Pour permettre l'aliénation, nous avions un texte, l'art. 1449. Aucune disposition ne permet à la femme séparée de biens d'acquérir seule. M. Demolombe (1) distingue si la femme doit s'obliger par son acquisition ou si elle achète au comptant pour faire emploi de ses économies ou de ses capitaux. Dans le second cas, il y a selon lui un acte d'administration. Le point semble assuré quand il s'agit d'acquérir des valeurs mobilières. L'acquisition d'un immeuble, si elle ne crée aucune obligation pour l'acheteur est permise même à un mineur émancipé ou à un administrateur des biens d'autrui. Le tuteur n'est astreint par aucune disposition à demander l'autorisation du conseil de famille pour faire l'emploi des capitaux de son pupille. *A fortiori* doit-on permettre un tel acte à la femme qui gère sa propre fortune. « De ce qu'elle ne peut convertir ses immeubles en

(1) Tome IV, 157.

capitaux, sans autorisation, il ne serait pas logique de conclure qu'il lui faut aussi réciproquement l'autorisation pour convertir ses capitaux en immeubles ; ce serait là méconnaître profondément l'esprit tout entier de notre Code. » Reste évidemment l'objection fort embarrassante tirée de l'article 217. Mais cet article pose un principe, l'article 1449 en pose un autre et permet à la femme d'administrer librement son patrimoine, de disposer de son mobilier. Il faut faire prévaloir telle ou telle règle selon le but principal de l'acte. Tantôt c'est le placement qui est le principal, tantôt l'acquisition. Nous permettrons à la femme les placements ; et le plus souvent le critérium sera donné par ce fait que la femme paie ou non son prix comptant. M. Demolombe se contente même de cette base d'observation. Je crois qu'il faudra aller plus au fond des choses ; souvent une acquisition peut être faite à l'avance en vue d'un emploi à effectuer prochainement. L'appréciation du caractère de l'acte sera difficile. Ce sera au juge du fait à peser les circonstances.

. La distinction de M. Demolombe avait été admise par la majorité des auteurs (1), adoptée aussi par M. Labbé (2) pour un autre motif. Pour lui, on ne peut certes faire entrer l'acquisition d'un immeuble dans la sphère des actes d'administration, et il ne suffit pas de dire que l'achat d'un immeuble est le plus sûr des placements. Mais, se demande-t-il, « que peut être en dehors des actes d'administration une disposition du mobilier si ce n'est le placement d'un capital et comment placer un capital sans acqué-

---

(1) AUBRY et RAU, V. § 516, texte et n. 59. — COLMET DE SANTERRE, VI, n. 101 *bis* II. — LAURENT, XXII, nᵒ 297.

(2) Notes. Sir. 82. 2. 233 et 86. 1. 97.

rir? Or la loi permet à la femme séparée de disposer de son actif mobilier. »

Cette solution qui semblait devoir être universellement reçue a été attaquée par M. Guillouard (1). Celui-ci accepte l'opinion que nous avons vue plus haut soutenue par M. Demolombe (2), et d'après laquelle le deuxième alinéa de l'article 1449 n'est que le développement du premier. Pour lui, la femme ne peut disposer de son mobilier que dans la mesure d'une sage administration. Par suite, le principe se trouve dans l'art. 217 C. c. A l'appui de son opinion, M. Guillouard invoque les précédents historiques. Il montre que dans l'ancien droit (3) la femme séparée n'était capable que pour les actes d'administration ; et du silence des travaux préparatoires, il conclut que le législateur n'a rien voulu innover.

La théorie de M. Guillouard n'est que la justification de la jurisprudence établie sur ce point par un arrêt de la cour d'Agen du 9 novembre 1881, confirmé par la Chambre civile de la Cour de Cassation le 2 décembre 1885 (c'est sous ces deux décisions que se trouvent les notes contraires de M. Labbé déjà citées). Dans l'espèce, la femme séparée de biens avait été soumise au régime dotal avec autorisation d'aliéner sous condition d'emploi. Le placement à faire provenait du prix d'un immeuble exproprié. Mais les circonstances ne doivent pas influer sur la portée de ces décisions. L'arrêt de la Cour d'Agen vise en premier lieu l'incapacité de la femme à laquelle l'article 1449 n'a

(1) Tome III. 1194.

(2) Voy. p. 60.

(3) POTHIER, *Trait. de la puiss. du mari*, n. 15. — BOURJON : *Droit commun de la France*, 4e partie, sect. IV, § XVIII.

pas dérogé. L'arrêt de la Cour de Cassation se place
aussi à ce point de vue et déclare donner la solution juridique à la question débattue entre les auteurs. D'ailleurs
la jurisprudence se borne à une affirmation. Au point de
vue théorique, je la crois encore discutable; seulement il
est certain que la pratique notariale ne se risquera plus à
permettre à la femme non autorisée des acquisitions immobilières. Or, ce que je veux étudier ici, c'est l'état de
fait de la femme. Je conclurai donc qu'on ne lui reconnaît
pas le droit d'acquérir des immeubles sans autorisation.

Cette observation va me dispenser d'étudier une question discutée en doctrine. On s'est demandé si la femme,
bien qu'incapable d'aliéner ses immeubles sans autorisation, pouvait cependant disposer de ceux qu'elle avait
acquis sur ses économies. Chose curieuse, la controverse
est née d'un arrêt de la Cour de Cassation du 8 septembre
1814 (1) qui impliquait reconnaissance de la capacité d'acquérir des immeubles. M. Demolombe (2) attaque la solution de l'arrêt de 1814 en se fondant sur les termes exprès
de l'article 1538. Il est intéressant de rappeler cette ancienne jurisprudence.

Si de nos jours, les tribunaux se montrent hostiles au
droit pour la femme de faire des placements immobiliers,
on ne lui conteste pas en général, le pouvoir de faire des
placements mobiliers. C'est l'avis de la majorité des auteurs; mais, nous l'avons vu, la doctrine permet d'ordinaire
à la femme même les placements immobiliers, et la jurisprudence est contraire. Elle est muette, il est vrai, sur la
question des placements mobiliers; mais le motif qu'elle

(1) Sir. 15.1.39.
(2) T. IV, 152.

donne dans un cas peut être vrai aussi dans l'autre. Certains placements mobiliers peuvent être des actes de pure administration ; d'autres auront une importance capitale pour la fortune de la femme : où est la limite ? Peut-on peser dans tous les cas le but de la femme ? La Cour de Cassation le 30 déc. 1862 (1) a déclaré la femme séparée incapable de se livrer à des jeux de Bourse. Dans l'espèce, il n'y avait aucune erreur possible ; il s'agissait d'actes de pure spéculation, qui avaient en outre le danger d'obliger la femme en dehors des besoins de l'administration. Mais bien des opérations de bourse peuvent être sérieuses, et doivent, en certains cas, être considérées comme des actes d'administration. Les maisons les plus recommandables, emploient leurs fonds en reports quand elles veulent les placer pour un temps très bref. Ce qui est un acte d'administration pour une société financière ne le serait-il plus pour la femme séparée ? On défendra à la femme d'opérer sur des sommes considérables ; où sera la limite ? Et d'ailleurs dans bien des cas, un arbitrage est une opération nécessaire. Remplacer dans son portefeuille une valeur destinée à perdre par une autre qui est appelée à monter est, dans de certaines circonstances, un acte indispensable, ne souffrant pas le retard d'une autorisation à demander, surtout s'il y a lieu de s'adresser à la justice. Et cependant, on ne peut nier le danger que des pouvoirs aussi étendus, feront parfois courir à la femme. On se trouve enfermé dans ce dilemme ; risquer de ruiner la femme en la protégeant trop ou en ne la protégeant pas assez. Quel parti a pris le législateur ? Il n'a rien dit de la question. Mais tant que la jurisprudence n'a pas statué spécialement

(1) Dalloz. 63, 1. 40.

sur ce point, il me semble qu'on doit avec la doctrine reconnaître la capacité de la femme. Les placements mobiliers rentrent je crois dans une libre administration.
Dans tous les cas où les tribunaux ont condamné ces placements, la femme, en fait, avait excédé ses droits à s'obliger. Mais l'on peut tirer argument dans le sens que j'indique d'un jugement du tribunal de la Seine du 3 février
1869 (1). L'espèce était cependant défavorable : il s'agissait
de valider un placement en viager. Le Tribunal de la Seine
a admis la capacité de la femme. La question est controversée entre les auteurs (2) ; on admet généralement que
cette liberté rentre dans les droits de disposition du mobilier reconnus à la femme séparée.

En tout cas pour que la femme ait le pouvoir d'acquérir, il faut qu'elle ne s'engage pas; qu'il y ait un véritable emploi de fonds disponibles. Cela m'amène à étudier
dans quelle mesure la femme a la faculté de s'obliger.
Nous avons vu jusqu'ici les incapacités que nous recon-
naissions à la femme résulter de l'art. 217 ; sur ce point notre
texte est muet. A-t-on voulu permettre aux femmes, même
communes, de s'obliger sans autorisation ? Nul ne peut
le soutenir. D'où vient donc l'incapacité de la femme sur
ce point ? L'on a pu affirmer que l'interdiction à la femme
d'obliger ses biens était une conséquence de la prohibition
de les aliéner, nul ne pouvant faire indirectement ce qu'il
lui est interdit de faire directement. Mais là où cesse

(1) Dalloz, 71. 3. 109.
(2) Pour la négative : Demolombe, IV. 158. — Dutruc, 345. —
Guillouard, III. 1196. Pour l'affirmative : Troplong, II. 1421. —
Zacharie, § 506, tex. et note 51. — Aubry et Rau, § 516, tex. et n.
59. — Laurent, XXII. 298. Caen, 17 juillet 1845. — Sir. 48. 2. 134.
P aris, 17 mai 1834. — Sir. 34. 2. 280.

l'interdiction d'aliéner, la femme reprend le droit de s'obliger. C'est la doctrine qu'admettaient deux arrêts de la Cour de Cassation du 16 mars 1813 et du 8 mai 1819 (1). Pour moi qui ai admis avec la majorité des auteurs que la femme pouvait librement aliéner tout son mobilier, il faudrait donc lui reconnaître le droit de s'obliger librement sur tous ses capitaux mobiliers. Telle n'est pas la solution que l'on trouve dans différents arrêts de la Chambre des requêtes des 12 février 1828, 18 mars 1829, 7 décembre 1830, et 2 janvier 1831 (1), mais c'est que la Cour de Cassation admet aussi que les meubles sont aliénables dans les limites où l'exige l'administration.

Que faut-il admettre quand on laisse à la femme sur ses meubles les plus larges pouvoirs de disposition, va-t-on lui permettre de s'obliger avec la même liberté ? Certains auteurs l'ont soutenu (2), mais la majorité de la doctrine n'admet pas ce principe. Obliger n'est pas seulement aliéner indirectement. C'est un acte plus dangereux, car il engage avec le patrimoine présent tous les biens à venir ; et surtout, n'exigeant pas un dessaisissement immédiat, il est consenti avec bien plus de facilité. L'art. 217 il est vrai est muet. Mais « la règle que pose cet article ne doit pas être restreinte aux actes juridiques qui s'y trouvent nominativement indiqués, plutôt par forme d'exemple que dans une intention restrictive (3). » La combinaison de l'article 217 avec les articles suivants, le démontre suffisamment.

---

(1) DALLOZ, V⁰ *Contrat de mariage*. 1971.

(2) TOULLIER. 2, v. p. 138. — ZACHARIE, § 516, tex. et n. 57. — Voir *contrà* : AUBRY et RAU, § 517, tex. et n. 78 et les auteurs et décisions judiciaires qu'ils citent à l'appui de leur opinion : *Adde*, LAURENT. XXII. 313. — GUILLOUARD, III. 1199.

(3) AUBRY et RAU, IV. 472. Tex. 2 n. 18.

On peut observer surtout avec M. Demolombe (1) que le droit est donné spécialement à la femme marchande publique de s'obliger sans autorisation et que d'ailleurs la défense de s'obliger résultait implicitement de la double prohibition de donner et d'acquérir à titre onéreux sans autorisation. — Alors, quand il s'agit de la femme séparée de biens, pour autoriser une dérogation à cette règle générale, il faudra rester dans les limites des pouvoirs résultant de la séparation, et borner la liberté accordée à la femme au droit de s'obliger pour les besoins de son administration. Nous ne trouvons plus en effet ici la disposition de l'art. 1449, 2ᵉ alinéa, relative au pouvoir d'aliéner. Il faut donc s'en tenir à l'application des articles 1449, 1ᵉʳ alinéa et 1536 C. C. Et ici, en effet, la raison d'augmenter les pouvoirs de la femme séparée n'est plus la même. Il est évidemment impossible d'exiger qu'elle administre sans lui en donner le moyen, et l'administration ne se conçoit pas sans de multiples engagements. Mais le danger que font courir à la femme ses obligations, nécessite une protection spéciale. Et surtout, l'intérêt du Crédit n'est pas engagé de la même façon, et l'on ne retrouve ici, ni les difficultés d'interprétation, ni le besoin de célérité qui peuvent justifier la dispense d'autorisation pour l'aliénation des biens mobiliers.

Par contre, l'on admet que les obligations contractées par la femme pour les besoins de son administration, grèvent ses immeubles et peuvent être poursuivies sur tous ses biens indistinctement. MM. Aubry et Rau qui avaient d'abord soutenu l'opinion contraire (2), ont cru

(1) T. IV. nᵒ 179.

(2) Avec MARCADÉ, sur l'art. 1449 nᵒ 3, ODIER, 1. 413. MASSOL. *Séparation de corps*, p. 282, n. 21, et ZACHARIÆ, *loc. cit.*

devoir changer d'avis dans leur quatrième édition (1). On tire argument de l'article 2092 C. C. qui oblige indistinctement tous les biens à garantir les engagements de leurs propriétaires. Il n'y a plus lieu de distinguer ici selon que la femme s'est obligée avec ou sans autorisation. Il faut seulement que l'obligation soit valable. Il en serait autrement si l'on admettait avec la jurisprudence que le pouvoir pour la femme de s'obliger est une conséquence du pouvoir d'aliéner. Mais la solution va sans difficulté quand on fait découler la faculté de s'obliger des droits d'administration que le Code accorde à la femme séparée de biens. Telle était d'ailleurs déjà l'opinion de Pothier (2) malgré la généralité de l'article 332 de la Coutume de Paris (3).

Mais la femme pourrait-elle hypothéquer ses immeubles à la garantie des obligations qui ont leur cause dans l'administration ? L'affirmative a peut-être été autrefois soutenue par MM. Toullier et Duranton. Aujourd'hui tout le monde admet que l'article 2124 défend d'accorder un tel pouvoir à la femme : « Les hypothèques conventionnelles ne peuvent être consenties que par ceux qui ont la capacité d'aliéner les immeubles qu'ils y soumettent. » Il en serait de même d'une constitution de servitude ou d'antichrèse (4).

(1) § 516, texte et note 78. Sic. DURANTON, II, 492. BELLOT DES MINIÈRES, II, p. 153, et III, p. 374. — Valette sur Proudhon, I, p. 463. — RODIÈRE ET PONT, III, 2193. — DEMOLOMBE, IV, 161. — BRIVES-GAZES. Rev. de Légis. 1852, I, p. 113. — LAURENT, XXII, 314. — GUILLOUARD III, 1199.

(2) Trait. de la puis. du mari, n. 15.

(3) « La femme mariée ne peut s'obliger sans le consentement de son mari si elle n'est séparée par effet ou marchande publique ».

(4) Sur ce dernier point, voir en sens contraire, Rouen 9 août 1876, Sir. 76, 2, 241.

Avec les questions qui touchent à l'aliénation des immeubles, nous arrivons aux limites des pouvoirs de la femme. Le principe, c'est que la femme séparée reste soumise à l'autorité maritale. Là, où la loi n'a pas dérogé en sa faveur aux règles ordinaires, elle est forcée d'obtenir le consentement du mari. Outre le droit de disposer de ses biens immeubles, il faut donc refuser à la femme séparée non autorisée, le droit non seulement de s'obliger en dehors des besoins de son administration, mais de cautionner (1), souscrire des lettres de change (2), consentir un aval de garantie (3), acheter des valeurs quand elle ne peut s'en libérer avec ses ressources (4). On lui interdit aussi de contracter une société commerciale avec un tiers (5) ou avec son mari (6), de compromettre même en ce qui concerne ses droits mobiliers (7), de faire une donation de ses capitaux mobiliers (on permettrait outre les dons d'usage les dons faits sur ses revenus non encore capitalisés), de consentir une remise de dette, et surtout

---

(1) LAURENT, XXII, 318. GUILLOUARD, III, 1204. — Poitiers, 3 fév. 1858, Cass. 7 déc. 1879.

(2) Nîmes, 4 juil. 1823.

(3) LAURENT, XXII, 318. — Poitiers, 3 fév. 1858. — Besançon, 5 avril 1879.

(4) LAURENT, XXII, 320. — Cass. 30 déc. 1862. — Limoges, 12 déc. 1868. — Douai, 15 mai 1882.

(5) LAURENT, XXII, 419, — GUILLOUARD, III, 1207. Paris, 19 janvier 1838.

(6) MASSÉ, *Droit Commercial*, 1257. — TROPLONG, 210. — GUILLOUARD, 1686. Paris, 9 mars 1859, 24 mars 1870. Cass. 7 février 1860. Dijon 27 juillet 1870. Voy. cep. ALAUZET, I, 35. — LAURENT, XXII, 319.

(7) DEMOLOMBE, IV, 610. — AUBRY ET RAU, V, § 516, n. 80. — LAURENT, XXII, 323. — GUILLOUARD, 1209. — *Contrà*, Caen, 28 août 1845.

d'accepter une libéralité (1), enfin même d'accepter une succession d'où peuvent naître des charges et des obligations. Est-ce là tout, et l'autorité du mari doit-elle se borner au cas où son autorisation est exigée, où son concours est nécessaire à la validité de l'acte ?

Tout d'abord, il faut noter que le mari reste le chef du ménage. C'est donc entre ses mains que la femme séparée contractuellement doit verser sa part contributoire aux dépenses de la maison. C'est la conséquence logique des pouvoirs conservés au mari sur les personnes de sa femme et de ses enfants, qui imposent encore à la femme le domicile de son mari, au mari le devoir de recevoir sa femme, de fournir à tous ses besoins (2). Pour subvenir aux dépenses communes, la femme d'ordinaire apporte une dot. En cas de séparation de biens, il y a aussi une dot dans le sens large du mot. La femme paie à son mari sa part contributoire dans les dépenses. Cette somme doit être mise annuellement à la disposition de celui-ci (3). Tel était déjà l'ancien droit. En cas de séparation judiciaire « le juge, disait Pothier, doit *régler la pension* que cette femme doit payer à son mari avec qui elle demeure (4). » Pour M. Laurent (5), le droit du mari est absolument irrévocable. Sous d'autres régimes quand le

---

(1) AUBRY ET RAU, V, § 516. — LAURENT, XXII, 316. — GUILLOUARD, 1205. Voy. cependant Bordeaux, 2 avril 1891.

(2) Art. 214, 472, 473, C. C.

(3) LAURENT, XXII, 281.

(4) *Traité de la Communauté*, n. 164. Toute la doctrine est en ce sens. Voy. GUILLOUARD, III, 1223, et les auteurs cités à la note (2). *Contrà*, Paris, 5 août 1807. Sir. 7, 2, 181, et des observations. Sir. 8, 2, 9.

(5) XXIII, 451.

mari gère mal ou emploie la dot en dehors des besoins du ménage, la femme peut demander la séparation de biens. Ici, il ne peut en être question. Il serait équitable que la femme puisse obtenir de la justice le droit de payer directement le fournisseur. M. Laurent lui refuse cette permission : on ne peut aller contre le pouvoir du mari, et les conventions tacites du contrat de mariage. L'opinion contraire est soutenue par MM. Marcadé, Mourlon et Guillouard (1). On soutient que l'art. 1537 C. C. oblige seulement la femme à *contribuer* aux charges du ménage.

Mais le droit de toucher la contribution de la femme est-il le seul qui découle de l'autorité laissée au mari. M. Demolombe ne l'a pas cru (2). Pour lui, il serait impossible d'admettre que le mari restant le chef du ménage n'ait pas le moyen de surveiller les actes permis à la femme sans son autorisation. De ce que son consentement n'est pas nécessaire à la validité de l'acte, il n'en résulterait pas que toute intervention lui fut interdite. Il y aurait utilité pour la femme (sinon pour la famille entière) à être prévenue de ses erreurs et de ses fautes dans la gestion. Sans doute, on ne pourrait supprimer la capacité de la femme. Il faudrait que « le mari de son côté, ait la faculté, même alors d'intervenir et de signaler le danger. » Comment organiser ces mesures ? OEuvre difficile dans le silence de la loi. Ce sera au magistrat de prévenir les inconvénients par des « mesures spéciales », d'ailleurs inopposables aux tiers de bonne foi.

(1) MARCADÉ, VI, p. 12. n. 11, de l'art. 1537. — MOURLON, II, p. 136, n. 332. — GUILLOUARD, III, 1682.
(2) IV, 173.

Malgré l'autorité du jurisconsulte qui a émis cette théorie, malgré les exemples de l'ancien droit (1) il m'est impossible d'admettre un pareil principe. Je ne vois pas du tout quelle pourrait être cette organisation dont parle M. Demolombe. Sans doute, l'autorité maritale s'exerçant sur la personne de la femme permettra au chef du ménage une influence souvent très bonne ; en fait, à moins de mauvaise intelligence des époux, la femme ne fera rien sans son avis. Le défaut de direction pourrait, cela est vrai, pousser la femme à commettre quelques fautes très préjudiciables. Mais le mari aussi peut se ruiner. La femme peut seulement garantir, et difficilement, ses biens personnels. De plus, il est impossible en présence des textes formels des art. 1449 et 1536, d'admettre au pouvoir de la femme une limitation inutile si elle n'est pas opposable aux tiers, inique et ruineuse pour son crédit au cas contraire.

La jurisprudence, un moment favorable à l'opinion de M. Demolombe, semble depuis revenue à une appréciation plus exacte (2).

Nous admettrons donc que la femme peut jouir avec la plus entière liberté de tous les pouvoirs que nous lui avons reconnus sous le régime de séparation de biens, et l'on vient de voir combien ces droits sont étendus sur certains points tout au moins.

C'est en effet ce qu'il y a de particulier dans l'organisation si incomplète et si indécise que notre Code civil im-

(1) *Sic.* POTHIER : *Du contrat de mariage,* nos 16 et 17. — LEBRUN : *De la Communauté,* liv. II, ch. I. Sect. I, n. 13.

(2) Dans le premier sens. Caen, 9 déc. 1836. Sir. 37, 2, 164, et Angers, 6 mai 1828. — Dal. 30, 2, 18. *Contrà,* Dijon, 15 fév. 1844. — Sir. 44, 2, 552.

pose au régime de séparation de biens. Là, comme dans
les autres parties du Code, on voit la protection de la loi
réservée à la fortune immobilière, et les capitaux mobiliers abandonnés à la libre disposition de la femme. Mais
surtout, l'insuffisance des textes et les controverses qui
en résultent nécessairement (1) viennent mettre un obs-
tacle presque infranchissable à la construction d'une théorie logique et cohérente, pour ainsi dire, du régime de séparation de biens. C'est une tâche devant laquelle les
Commentateurs du Code ont reculé ; tous se sont bornés
à énumérer des séries d'actes, et à tirer argument des
textes pour les permettre ou pour les défendre. On a vu
à combien de difficultés pouvait donner lieu l'interprétation de la loi, combien il était difficile de fixer les bornes
de cette « entière administration » dont parle l'article 1536
et quelles divergences en résultent dans la doctrine et
dans la jurisprudence. Cela a son intérêt pour notre sujet
même. La conséquence naturelle de ces indécisions se
manifeste en effet dans la pratique par une rigueur plus
grande contre la femme. Dans le doute, on exigera presque toujours de celle-ci qu'elle produise une autorisation
dont le défaut pourrait occasionner une nullité ; les hommes d'affaires prudents n'y manqueront pas. D'ailleurs il
n'y a pas de questions dont ait plus à se préoccuper le

---

(1) Je me suis arrêté seulement aux questions que j'ai estimées
les plus importantes. Mais il n'est pas un droit de la femme sous ce
régime, dont l'étendue ne puisse être et ne soit en effet discutée. Voulant surtout examiner la condition de fait de la femme dans notre
législation actuelle, sur tous les points où j'ai énuméré sans discuter
les attributions à elle confiées, je me suis arrêté à l'opinion commune ;
mais je crois indispensable de rappeler, qu'en l'absence de textes et
de principes précis toutes ces solutions sont sujettes à controverse.

gros public, étranger aux distinctions et aux subtilités juridiques que de celles qui touchent à la capacité et au régime matrimonial.

Par la nature même de ses pouvoirs, la femme séparée de biens aura journellement à traiter avec des commerçants et des industriels, à discuter avec des gens que leur situation écarte de l'étude abstraite des textes. Ils ont besoin pour se déterminer d'un motif simple, dont les diverses conséquences s'harmonisent ; il faut que dans toutes les hypothèses, les conclusions soient semblables ; que l'on puisse raisonner de l'une à l'autre par analogie. Devant un système compliqué, une organisation dont toutes les parties sont divergentes, sinon contradictoires, la défiance s'éveille ; on réclame des sûretés, on exige les preuves de la capacité alléguée, et l'on ne traite qu'à ce prix.

Telle est bien la situation bizarre qui est faite à la femme séparée de biens. En dehors des actes de pure administration, on lui reconnaît une série de droits qui paraissent lui conférer les pouvoirs les plus étendus. On lui permet d'aliéner ses valeurs mobilières, qui sont peut-être toute sa fortune, d'en acheter d'autres dont la sécurité sera douteuse. On ne lui permet pas d'aliéner seule le plus petit lopin de terre ! C'est là, il est vrai, une bizarrerie qui se rencontre à chaque pas dans notre législation. Ce n'est pas la seule que nous trouvions ici. Cette femme qui peut aliéner seule tout son capital mobilier, — ce qui entraîne en fait la possibilité de le donner de la main à la main comme bon lui semble, — ne pourra obliger ce mobilier que dans la mesure où l'exige son droit d'administration. En revanche, son engagement n'aura pas d'effet seulement sur ses meubles, tous ses biens seront exposés à

être saisis et vendus par autorité de justice, — à condition
toutefois que le prix en doive être également réparti par
contribution entre tous les créanciers de la femme. Celle-
ci ne peut en effet consentir une hypothèque, et cependant, ce n'est pas l'hypothèque qui fait naître le danger ;
elle donne seulement à un créancier le droit de préférence (1) ; c'est l'obligation même qu'elle garantit qui
engage l'immeuble et qui menace le droit de propriété
du débiteur. Enfin n'y a t-il pas quelque chose de contradictoire entre la « libre jouissance » et les pouvoirs étendus qu'on reconnaît à la femme, et la situation qui lui est
faite dans la maison de son mari ? Comment concilier
l'obligation où elle se trouve de verser à son mari sa part
contributoire aux dépenses de la famille, avec le rôle
naturel qui lui est tracé, de veiller elle-même à la tenue
de la maison et de pourvoir aux dépenses du ménage (2) ?

Et alors nous voyons la femme séparée, sur des interprétations divergentes de textes obscurs, d'après les opinions personnelles, les sentiments souvent arbitraires des
interprètes ou des magistrats, passer de la liberté la plus
entière pour des actes dangereux au dernier point et
portant sur toute sa fortune, à une incapacité complète
pour des opérations souvent sans importance et sans
danger.

Tous les auteurs critiquent ce régime comme contraire

---

(1) Dans certaines circonstances l'hypothèque peut avoir le danger
de faciliter à un débiteur le moyen d'emprunter, en lui permettant
de trouver des capitaux qu'on lui aurait refusés sans cette sûreté.
L'hypothèque présenterait-elle donc les mêmes inconvénients pour la
femme séparée, quand on admet qu'elle peut s'obliger seulement
dans la mesure nécessitée par son administration ?

(2) Voy. plus loin, 2e partie, chapitre I, section III.

à l'esprit d'union qui doit être la base d'un bon ménage. Je crois aussi qu'un régime de communauté convient mieux à la façon dont nous entendons le lien conjugal. Cependant le régime de séparation de biens pourrait, il me semble, rendre en pratique de grands services si une organisation plus rationnelle, si une législation plus précise posaient des règles nettes et concordantes, et supprimaient entre les conjoints des causes trop multiples de conflits et de discordes.

L'on se plaît trop en effet à répéter que la séparation de biens est le régime des classes riches. D'abord, ce régime n'est pas aussi répandu qu'on veut bien le dire, entre conjoints fortunés ; de plus, il y a des circonstances où son adoption est raisonnable et où il rendrait bien plus de services s'il était mieux compris. Il en est ainsi d'abord quand une femme fait un commerce séparé, et aussi en cas de second mariage d'un veuf ou d'une veuve ayant des enfants du premier lit. Dans cette hypothèse, assez fréquente en pratique, tout autre régime aurait pour conséquence de modifier la composition du patrimoine des conjoints ; il en résulterait pour les enfants du premier lit des conséquences que les parents cherchent très souvent à éviter. Le régime de séparation de biens a l'avantage de sauvegarder les droits de ceux-ci dans la mesure du possible. Il est très fâcheux que leur délicatesse oblige les parents à se soumettre à un régime si confus qu'il en devient presque impraticable.

Or en effet, c'est ce qui se produit. La situation de la femme séparée de biens est tellement contraire à la nature du mariage, les principes de ce régime sont si embrouillés, que « d'ordinaire le fait se trouve en opposition avec le droit » et la loi elle-même, chose remarquable, est obligée de prévoir cette circonstance pour en régler les conséquences (1). C'est l'objet de l'article 1539 C.C. destiné à régler la situation des époux, lorsque la femme, sans qu'il soit intervenu à ce sujet aucune convention avec le mari, lui laisse en fait l'administration et la jouissance de ses biens personnels. Le seul fait que la loi ait dû viser le cas où l'on déroge à ses dispositions, est suffisamment explicite, et doit indiquer dans quelles conditions, en pratique, fonctionne ce régime de séparation de biens.

On pourrait supposer que la femme a donné au mari le mandat exprès de gérer les biens dont elle s'était réservé l'administration par contrat. Le mari serait alors un mandataire ordinaire ; il devrait se conformer aux conditions imposées. Il n'y aura rien de changé aux droits de la femme.

Mais telle n'est pas la situation que vise l'article 1539 et qui est seule pratique. D'ordinaire, après avoir accepté par contrat de mariage le régime de la séparation de biens, les conjoints laissent de côté les règles trop sévères et trop compliquées du Code civil, et, non pas intentionnellement, mais par la force des choses, ils arrivent à vivre dans une communauté de fait, bien différente du régime auquel ils sont soumis en droit. Le résultat est intéressant à noter, d'abord parce qu'il permet de comprendre le fonctionnement réel de la séparation contractuelle, ensuite parce qu'il fait apprécier comment l'esprit public dans notre pays entend les relations pécuniaires qui naissent du mariage.

Il n'y aura pas entre les époux la moindre convention

_____

(1) Laurent. *Principes* XXIII. 452.

à ce sujet ; mais, tout naturellement, la femme laissera le
soin de l'administration à son mari, ou plutôt les deux
époux administreront à eux deux. Le Code civil, il est
vrai, et les auteurs après lui, admettent que la femme
laissera agir le mari seul. Il pourra en être parfois ainsi,
je ne crois pas que cela soit le cas le plus général. Souvent le mari seul comparaîtra aux actes et agira, sans que
la femme se désintéresse de sa gestion. Le mari fera profiter la femme de son expérience des affaires ou de son
habileté. La femme même, parfois, voudra affecter une
ignorance et un mépris des affaires juridiques, contredits
souvent par le vif attachement que portent les personnes
de son sexe à leurs droits de propriété et à leur autorité.
Presque toujours donc, le mari sera un véritable mandataire, même quand aucune convention expresse n'aura été
formée entre les deux époux. C'est là une opinion généralement repoussée par les auteurs (1). Il semblerait, pour
eux, que la femme, absorbée par d'autres soins ou sentant
son incapacité, abandonne au mari plutôt qu'elle ne lui
confie une administration peu en harmonie avec ses goûts
et son tempérament. Qu'il y ait du vrai dans ce point de
vue, je ne veux pas le contester, mais je crois qu'il ne faut
pas le considérer exclusivement. Il ne faut pas oublier
qu'il s'agit non pas d'un empiétement du mari profitant
de la négligence de sa femme, non pas d'une abdication
de celle-ci, mais d'une confusion des pouvoirs de chacun
des époux qui démontre, au contraire, la bonne intelligence
de ceux-ci. Si la femme cède au mari la direction apparente de ses affaires personnelles, c'est sans doute qu'elle

(1) Voy. notamment LAURENT XXIII. 452. et GUILLOUARD III.
1648.

a pris dans le ménage une place qui la fait collaborer à l'administration même des biens propres du mari. En fait, là où le mari gère les biens de sa femme séparée, l'on voit toujours cette dernière tenir la maison, élever ses enfants, faire pour la famille les dépenses nécessaires, avoir en fait cette direction du ménage que l'art. 1537 semblait attribuer au mari.

En réalité, le régime matrimonial auquel les époux s'étaient soumis avait, sur bien des points, bouleversé l'exercice de leurs attributions naturelles. D'un commun accord, chacun reprend dans la famille le rôle convenant le mieux à ses aptitudes propres. Mais il ne peut le faire que du consentement de l'autre, dont l'adhésion au moins tacite est toujours nécessaire pour maintenir cette situation nouvelle.

C'est ce qui explique la disposition de l'article 1539, si extraordinaire au premier abord, si contraire aux principes que viennent de poser les articles précédents. La femme a entendu, d'après son contrat de mariage, garder le droit d'administrer ses biens propres et d'en jouir, à la charge de fournir pour les besoins du ménage une part de ses revenus. Et par cela seul que le mari a en fait la jouissance des biens de sa femme, voilà que celle-ci est censée l'avoir autorisé à dépenser à sa guise tous les revenus pourvu qu'il représente les fruits existants, soit sur la demande de sa femme, soit à la dissolution du mariage ! Mais d'abord à quoi reconnaître que l'on est dans les termes de l'art. 1539 ?

Est-ce que, à moins de mauvaise intelligence entre les époux, l'un d'eux pourra jouir des biens sans que l'autre en jouisse aussi ; est-ce que, selon les circonstances, chacun d'eux n'interviendra pas à l'administration ? Mais

surtout que l'on examine les avantages énormes faits
au mari quand on admet cette combinaison, considérée
comme la plus répandue pour ne pas dire la seule pratique.
Sans doute, le mari n'aura qu'un pouvoir révocable ; et
dans bien des cas, cela n'est pas douteux, cette considération l'empêchera d'abuser de sa liberté. Mais, soit
négligence, soit crainte de querelles dans le ménage, il
semble rare que les femmes retirent à leurs maris le
pouvoir qu'elle lui ont une fois laissé prendre. Or, précisément sous ce régime où la part faite au mari semble le
plus minime, elle serait des plus importantes ; et l'on se
trouverait ramené à une situation presque identique à celle
que présente le régime sans communauté. Dans les deux
régimes, chaque époux conserve propres tous ses biens
présents et futurs : les dettes de chacun d'eux restent à sa
charge ; enfin, les biens de la femme sont toujours aliénables. Mais deux différences les distinguent : dans le régime de non communauté, le mari est chargé de l'administration des biens de la femme, sous l'obligation de
supporter les frais du ménage (1530-1531 C. C.) ; et les
économies qu'il réalise, lui appartiennent en propre. La
situation est exactement opposée sous la séparation de
biens telle qu'elle est régie par le Code. Mais, de ces différences, l'une disparaît par l'abandon au mari de l'administration et de la jouissance que s'était réservées la femme
séparée. La dernière ne doit-elle pas être, à son tour, supprimée par interprétation de l'article 1530 ? Le mari doit
seulement la représentation des fruits existants au moment
où cesse le pouvoir qui lui a été confié, « et il n'est point
comptable de ceux qui ont été consommés jusqu'alors. »
Que faudrait-il décider, relativement aux économies que
le mari a pu faire sur les revenus dont il a joui, et aux va-

leurs à l'achat desquelles il a employé ces économies ? La
question était très discutée dans l'ancien droit. On admettait cependant d'ordinaire que la femme avait le droit de
demander compte des fruits non employés à l'usage commun ; et cette opinion a été soutenue par MM. Rodière et
Pont (1). Cependant malgré l'iniquité qu'il semble y avoir
à permettre au mari de s'enrichir aux dépens de sa femme,
la jurisprudence et les auteurs (2) admettent aujourd'hui
que le mari est dispensé de rendre compte des économies
réalisées sur les revenus de sa femme. On admet que cette
hypothèse rentre dans les termes du Code, que l'art. 1539
oblige seulement le mari à rendre les fruits existants, et
que la vérification de l'emploi qu'il a fait, aurait un caractère vexatoire et blessant. D'ailleurs le mari n'arriverait-
il pas au même résultat en employant seulement les revenus de sa femme aux besoins du ménage et en économi-
sant les siens propres? Or dans ce cas, la femme ne
pourrait rien réclamer.

La conséquence, pas assez remarquée, de ces solutions,
c'est qu'on arrive sous le régime destiné à laisser à la
femme le plus de liberté et le plus d'avantages, à lui faire
la situation la plus sacrifiée. Que l'on ne dise pas avec
M. Laurent (3) que « si la femme y perd, les enfants en
profiteront, car le mari ne s'enrichit, dans le cours naturel des choses, que dans l'intérêt des enfants. » Peut-être
n'y a-t-il pas d'enfants nés du mariage ; très souvent au
contraire, la séparation de biens a pour but de sauvegar-

---

(1) *Cont. de mar.*, t. II, 699.
(2) Trib. Pau, 25 fév. 1858, confirmé par la Cour de Pau du 12
av. 1859 et la Cour de Cass. le 17 janv. 1860. — DALLOZ, 60. 1. 66.
— LAURENT, XXIII. 453. — GUILLOUARD, III. 1685.
(3) *Loc. cit.*

der les droits d'enfants nés d'un premier lit. Et puis quelle
que soit l'affection de la mère pour ses enfants, quelle que
soit sa persuasion que le mari amasse dans l'intérêt de
leurs descendants communs, on ne voit pas pourquoi ce
serait elle qui devrait être dépouillée, pourquoi, en attendant la dévolution de sa succession à ses héritiers, elle ne
jouirait pas elle-même des économies faites sur ses revenus.
Admettre que la femme, en renonçant à son pouvoir d'administration en faveur de son mari, lui permet de faire siens
les produits des biens réservés par contrat est tout à fait
incompréhensible, si l'on croit que cet abandon est fait
sans réserve. Sans doute, je l'ai indiqué plus haut, la faculté pour la femme de reprendre la gestion de sa fortune
la protégera contre les abus de pouvoir du mari ; non pas
que la femme ait souvent recours à ce moyen ; seulement le
mari sera retenu par la crainte de se voir retirer les pouvoirs qui lui ont été confiés. Mais surtout, par suite de ce
droit de révocation, la situation visée par l'art. 1539, tant
qu'elle dure, suppose la bonne intelligence des époux. Si
le mari gérait seul les biens personnels de sa femme séparée, si celle-ci n'acquérait aucune influence sur les biens
du mari, il serait exorbitant d'attribuer à ce dernier tous
les bénéfices qu'il peut réaliser. Il y aurait là quelque
chose d'inique, et qu'expliquerait mal, dans le silence des
époux, la présomption d'une volonté de la femme. Celle-
ci quand le contrat de mariage est muet ne contribue aux
charges du ménage que jusqu'à concurrence du tiers de
ses revenus. Et parce que l'administration lui pèse, qu'elle
s'en décharge sur le mari, l'on pourrait supposer qu'elle lui
fait, sans rien dire, l'abandon des deux autres tiers. Ce serait
bien payer les services rendus ! Quand c'est par un mandat exprès que la femme confie à son mari la gestion de ses

biens, elle est moins généreuse d'ordinaire, et stipule que
l'excédent de ses revenus sera économisé et placé à son
profit. Et il en est ainsi non seulement quand ce mandat
est donné par contrat de mariage (certains auteurs soutiennent (1) qu'il est alors irrévocable et la femme serait
sans défense); — mais l'on retrouve la même stipulation si une convention expresse intervient au cours du
mariage. Il faut même noter que les époux stipulent quelquefois par contrat de mariage, avec le régime de sépa-
tion de biens, une sorte de société d'acquêts qui se borne
alors à comprendre les économies des époux après qu'ils ont
pourvu aux charges du mariage. Cette clause a été expressément validée par la jurisprudence belge (2) et admise
implicitement par un arrêt de la Cour de Dijon du 21 avril
1869 (3) ; — et les formulaires des notaires contiennent des
modèles pour ces stipulations (4).

Tout s'explique au contraire parfaitement si l'on admet,
sinon le concours apparent, au moins l'accord préalable
des deux époux pour les actes importants. Ce que la femme
n'a pas stipulé expressément, faute d'une convention spéciale, les deux époux le font d'un commun accord. Si le
mari ne dépense pas pour les besoins de la famille tous
les revenus, — et en fait, il ne s'inquiète guère de savoir
s'il emploie les fruits de l'un ou de l'autre conjoint, — les
économies le plus souvent se partagent, sont placées au

---

(1) TROPLONG, 3710. — RODIÈRE et PONT, 73.

(2) Trib. Verviers, 12 août 1885. — Pasicrisie belge, 85, p. 361.
Voy. aussi Civ. Brux., 17 mai 1883 ; Mon. Not. belg. 83, p. 166 *bis*,
note 3.

(3) DALLOZ, 74. 5. 104.

(4) Voy. DEFRÈNOIS, éd. 1893, t. III, form. 1275 et texte, nos 6215
et 6216.

nom de chacun des époux, ou souvent de tous les deux
conjointement ; l'on arrive en fait au même résultat que
si l'on avait adopté une société d'acquêts accessoirement
au régime de la séparation de biens (1). Avec cette différence toutefois que sur les biens placés en son nom, la
femme peut, en révoquant les pouvoirs confiés au mari,
reprendre la libre administration qu'entraîne la séparation
de biens. Dans une pareille organisation, quoi de plus naturel et de plus simple que de dispenser le mari de rendre
un compte exact de ses économies ? Si la femme subit un
préjudice, il ne faut pas forcément en accuser sa négligence ou son incapacité. Le plus souvent, le bénéfice réalisé par le mari le sera du consentement de la femme.
Admettre qu'elle puisse abandonner tous ses droits, se
laisser annihiler, c'est pour moi, aller contre l'idée même
du régime de séparation de biens. Il ne suffit pas pour
motiver une pareille abdication de déclarer un tel régime
contraire à la nature du mariage. Ce qui est contraire à la
nature du mariage, c'est la séparation des intérêts entre
les conjoints ; ce n'est pas l'indépendance de la femme, au
moins dans les limites étroites où le Code civil permet
de la stipuler. En renonçant momentanément à une partie
de ses droits, la femme ne renonce pas forcément à tous ;
on pourrait même se demander si elle ne reçoit pas un équi-
valent dans le rôle qu'elle prend alors dans la maison, sans

---

(1) Je reconnais que cet état de fait n'est pas imposé par la loi. La
femme peut l'obtenir par son influence personnelle ou en menaçant
le mari de reprendre l'exercice de ses droits ; si elle ne l'a pas fait,
elle ne peut réclamer comme le faisaient les demandeurs dans l'espèce de l'affaire relatée dans DALLOZ (61. 1. 66) qu'il y ait après coup,
un partage d'économies ; elle aurait dû le stipuler ou l'obtenir au
moment où elle laissait le mari jouir et administrer à sa place.

parler des créances qu'elle acquiert contre le mari, et des conséquences de l'hypothèque légale qui les garantit.

Pour moi, il y a un régime de fait fondé en dehors de la loi sur la bonne intelligence des époux et ne se maintenant que par leur consentement de tous les instants. Ce résultat peut être obtenu ou bien par une abdication complète de l'un des conjoints qui va mal avec l'esprit de la séparation de biens conventionnelle, ou bien par un accord entre les époux pour tous les actes juridiques importants. Je n'hésite pas à croire que c'est là le caractère dominant, dans cette transformation pratique de la séparation de biens.

Remarquons-le, cet accord des époux sera quelque chose de tout différent du concours exigé par M. Laurent, dans son avant-projet, pour l'administration de la communauté et dont j'ai eu à parler plus haut (1). Pour M. Laurent les deux époux doivent figurer à chaque acte juridique; ici, un seul comparaît et agit, et par une transformation bizarre, le plus souvent, c'est celui qui n'a pas légalement le droit d'agir. Dans le système de M. Laurent, en cas de désaccord des époux, la justice décide quelle opinion sera suivie; au contraire, la femme séparée de biens n'a qu'à révoquer les pouvoirs qu'elle a confiés à son mari pour faire prédominer sa volonté en reprenant l'administration de ses biens.

Il ne me paraît donc pas exact de considérer la femme séparée de biens, comme renonçant, dans la pratique, à l'indépendance et aux pouvoirs qu'elle tient de son contrat de mariage.

D'après le droit strict, le régime de la séparation de

_____

(1) Voy. *suprà*, page 20.

biens crée l'indépendance de la femme dans les limites où elle ne peut nuire aux intérêts du mari et de la famille. Mais indépendance ne veut pas dire indifférence. Le bon accord des époux les détermine à agir de concert, et à se partager, dans le ménage, les attributions selon leurs capacités respectives; mais en ce faisant, aucun ne s'efface, aucun ne prend tous les pouvoirs, chacun d'eux reste soumis, de la part de l'autre, à un contrôle que je crois certain, et sanctionné par la possibilité d'en revenir au régime du Code civil.

On ne peut donc pas prétendre atténuer, par ces considérations pratiques, les conséquences qu'il faut tirer en faveur des droits de la femme, de l'admission par le Code civil de la séparation de biens conventionnelle. Son adoption par contrat de mariage quelle que soit la manière dont ses règles sont ensuite appliquées, donne à la femme mariée une situation pécuniaire très indépendante. Si ce régime est exceptionnel dans notre droit, son étude offre pourtant un double intérêt. D'abord la manière dont il est appliqué dans la pratique nous fait concevoir comment on apprécie d'ordinaire l'influence du mariage sur les relations pécuniaires des époux ; ensuite, on y voit les limites souvent peu précises et peu rationnelles, mais toujours assez larges dans lesquelles notre droit permet d'étendre les pouvoirs des femmes.

Certaines législations étrangères leur sont encore plus favorables.

Dans les pays anglo-saxons, l'indépendance de la femme, sa liberté de gérer ses biens est complète. Ce n'est pas ici le lieu de rappeler par quelle évolution, en Angleterre, la femme est passée de l'incapacité la plus absolue, (exception

faite pour les immeubles possédés à titre de *real property,*)
d'abord à la gestion par une sorte de fidéi-commissaire (*trustee*) de biens séparés (*separate estate*), régime applicable
seulement aux classes aisées, — puis à l'indépendance absolue qui est admise aujourd'hui. Il faut remarquer cependant que c'est à l'état de dépendance complète où la femme
mariée est restée si longtemps en Angleterre que l'on doit
probablement attribuer cette transformation radicale. Avant
1870 en effet, le système de la *Common law* rendait le mari
propriétaire des biens meubles de sa femme, et des gains
qu'elle faisait pendant le mariage, et lui confiait l'administration et la jouissance des immeubles de celle-ci. Ces
immeubles étaient inaliénables même avec le concours
de la femme ; elle n'avait pas de personnalité juridique. A
peine avait-elle, comme compensation à titre de douaire
(*dower*), le tiers des biens délaissés par le mari. On voit
combien était défavorable à la femme cette situation qui
fut l'objet des critiques de Stuart Mill dont j'ai parlé plus
haut. (1)

Au contraire, pour la femme mariée depuis le 1er janvier 1883, sont propres tous les biens immobiliers ou
même mobiliers, y compris les créances, qu'elle possède
lors du mariage ou qu'elle acquiert dans la suite à titre
d'héritage ou de bénéfices professionnels quelconques. Sur
tous ces biens, « la femme mariée est capable de la même
manière que si elle n'était pas mariée, et sans avoir besoin
de l'intervention du *trustee* qu'exigeaient les Cours d'é-
quité ». Elle a donc seule les droits d'administration et de
disposition à titre onéreux ou à titre gratuit sur ses immeubles ou sur ses meubles. Elle peut obliger ses propres
par contrat, sauf le cas où des stipulations contraires lui

(1) Voir *supra*, page 14.

ont retiré, lors du mariage, le droit d'aliéner ou d'obliger ses biens, — et ester seule en justice sans aucune autorisation ; elle peut même en principe plaider contre son mari ou témoigner contre lui. Seule aussi, elle reste tenue de ses dettes antérieures au mariage.

« On le voit, la loi anglaise après avoir pendant longtemps durement asservi la femme mariée, lui accorde maintenant une liberté presque sans bornes (1). » Le régime anglais est le même que celui des paraphernaux, dans nos anciens pays de droit écrit. Car cette liberté de la femme n'est jamais entravée par la nécessité de l'autorisation du mari ou de la justice. L'act du 18 août 1882 en établissant ainsi une indépendance absolue de la femme, est allé beaucoup plus loin que ne le demandait Stuart Mill quand il s'était fait le champion des droits de la femme dans le ménage ; il a aussi une tout autre importance que l'ancienne règle des pays de droit écrit, puisqu'il s'étend à tous les biens de la femme, et que, si l'on trouve dans la clause de *restriction against anticipation,* quelque chose d'analogue à notre inaliénabilité dotale, il n'y a, dans le régime anglais, rien qui ressemble aux larges pouvoirs du mari sur les biens dotaux.

Je ne crois pas qu'il existe une législation qui se soit montrée aussi favorable à l'indépendance des femmes mariées que celle de l'Angleterre. J'excepte bien entendu, la législation des États-Unis, entr'autres celle des États de New-Yorck et de Massachussets, qui a servi de modèle à la loi anglaise de 1882, et la loi pour l'Écosse de 1881 qui y établit le même régime.

(1) Voy. Esmein sur *la Condition privée de la femme* de Gide p. 264.

Quelle en est la valeur ? Quels résultats cette réforme
a-t-elle donnés ? Voilà ce qu'il serait curieux de savoir. Ce
système n'est pas sans défaut. Le législateur anglais l'a
bien compris, et il a cru nécessaire de prévenir certains
dangers résultant d'une liberté excessive. Une double
fraude était possible : le mari pouvait faire passer ses
biens à sa femme, il pouvait se déclarer son débiteur, le
tout au détriment de ses créanciers. Aussi l'*act* de 1882 a
pris des mesures assez restrictives pour empêcher presque complètement les contrats entre époux. Il faut noter
d'ailleurs, avec M. Lehr (1), que la nouvelle loi n'a pas
absolument et expressément abrogé les anciens principes
antérieurs à 1870 ; ils subsistent au moins de nom et ont
encore leur importance au point de vue des droits succes-
soraux du mari sur les biens de sa femme (2).

Ce régime, d'ailleurs, est le régime de droit commun ;
mais les époux peuvent l'écarter par contrat de mariage.
Il serait très intéressant de rechercher dans quelle mesure le régime de séparation que je viens de décrire
sommairement est appliqué en Angleterre et aux États-
Unis. D'après M. Pavitt (3), sollicitor à Londres, il semblerait qu'en Angleterre le contrat de mariage laisse à
la femme, le plus souvent, la jouissance de ses revenus, c'est-à-dire l'indépendance presque complète. Ce
régime de séparation et de liberté absolues est tout à
fait conforme aux mœurs américaines. J'aurais voulu
savoir comment il fonctionnait dans la pratique anglaise.
Lors de la discussion de la loi de 1882, la presse

(1) *Eléments de Droit civil anglais*, p. 73.
(2) Voy. Esmein, *op. cit.*, p. 268 et 269.
(3) *Le Droit anglais codifié*, p. 34.

et le public avaient fait bon accueil à la transformation proposée.

Cette révolution radicale dans une matière aussi délicate et liée aussi intimement à toutes les règles qui sont à la base de notre ordre social, avait été moins goûtée des jurisconsultes. Il semblerait à la fois très logique et très curieux qu'à ces règles nouvelles, concernant la fortune des époux, corresponde une conception nouvelle aussi du mariage lui-même. Malheureusement, il n'est pas facile d'apprécier déjà le résultat de la loi de 1882. Elle devait s'appliquer seulement aux mariages contractés depuis le 1er janvier 1883. Et pour des situations aussi complexes, pour des règles de droit tenant d'aussi près aux mœurs, il est presque impossible d'apprécier en 12 ans les résultats obtenus. Sans doute, une transformation dans les mœurs a été nécessaire pour permettre une telle réforme ; mais l'on a vu de quelle extrémité l'on est parti, quel était juridiquement le sort de la femme en Angleterre il y a trente ans. Quand les mœurs ont été en contradiction avec les lois, celles-ci n'ont plus résisté à la pression de l'opinion publique, et le bouleversement a été d'autant plus radical qu'il avait été plus tardif. Mais c'est le propre de tout mouvement brusque d'entraîner une réaction ; il n'y aurait donc rien d'étonnant à voir la pratique, sinon la loi, modifier, puis mettre un peu de côté, certaines règles trop absolues de l'*act* de 1882. La séparation complète des intérêts des époux qui est peut-être en harmonie avec les mœurs américaines va moins, semble-t-il, avec le sentiment de la famille et le respect des traditions qu'affichent nos voisins d'Outre-Manche. Il faut tenir compte des complications et des confusions résultant en l'état actuel du fonctionnement simultané de deux législa-

tions, l'une pour les mariages antérieurs à mil huit cent
quatre-vingt-trois, l'autre pour les unions contractées
depuis cette époque. Et alors on pourrait être amené à
se demander si la séparation absolue de biens qui domine
en Angleterre n'y subit pas en fait les mêmes modifications que notre séparation de biens sous le Code civil.
C'est une hypothèse qui peut paraître logique et plus conforme à la nature du mariage que l'indépendance des
époux. Il faut toutefois constater que ce dernier régime
s'harmonise avec les mœurs de nos voisins, mieux qu'il
ne ferait avec les nôtres. Quand les femmes anglaises
arrivent au mariage, la liberté dont elles ont joui jeunes
filles, leur a donné un caractère plus formé, un tempérament plus hostile à l'assujettissement par le mari, une
expérience enfin, et une conscience de leurs droits plus
marquée que chez les femmes de notre pays. En outre,
qu'elles aient besoin d'être guidées dans la gestion de leurs
intérêts, elles trouveront dans leur propre famille le secours que, dans notre pays, les femmes demandent d'ordinaire à leurs maris. L'intervention d'un parent de la
femme pour la diriger dans ses affaires, intervention qui,
chez nous, paraîtrait blessante, est entrée dans les mœurs
britanniques. C'est une conséquence remarquable du régime admis avant 1870 et 1882 par les Cours d'équité et
réglée par tous les contrats de mariage. L'ancien *trustée*
a presque disparu. Mais l'habitude prise de son intervention a rendu possible une situation assurément bizarre, en
permettant à la femme de confier à un autre un rôle qui
nous paraît normalement réservé au mari, et qui doit
d'ailleurs assez souvent lui être rendu.

Quoi qu'il en soit, et même si la femme anglaise renon-
çait à une partie de son indépendance au profit du mari,

il n'y aurait là, il faut le reconnaître, qu'un sacrifice volontaire : c'est une situation qu'elle pourrait faire cesser à son gré, pour reprendre le rôle que lui accorde la loi et la liberté de la femme non mariée.

Séparation de bien absolue, libre administration par la femme de ses biens personnels, telle est aussi la règle admise en Russie (1) ; elle semble se rapprocher singulièrement de celle que nous venons de voir en Angleterre. Cependant, entre les deux législations, une différence capitale : dans le droit anglais rien de pareil à notre autorisation maritale n'entrave la liberté de la femme ; au contraire dans le droit russe comme dans notre droit, la femme doit « obéissance » à son mari (2) et elle est obligée d'obtenir son autorisation « pour différentes affaires et actes de la vie civile (3) » qui sont en principe les actes d'aliénation et de disposition (4). A défaut de cette autorisation du mari, la femme peut s'adresser à la justice. Elle en est dispensée si elle est marchande publique pour les actes relatifs à son négoce. En somme, ce régime de droit commun diffère peu dans ses grandes lignes du régime de séparation de biens tel que le conçoit la loi française. Par une coïncidence qui vaut d'être notée, comme notre séparation de biens, le régime russe subit en pratique des transformations qui ont pour but de rendre à chaque époux un rôle plus conforme à sa situation naturelle (5). Cela est d'autant plus explicable que, en dehors des causes intrinsèques qui rendent d'une

(1) *Svod*, t. X. Ed. 1874. Art. 115.
(2) *Eod. loc.*, art. 107.
(3) *Eod. loc.*, art. 214.
(4) Loi 23 juin 1825, art. 184.
(5) Voy. LEHR : *Eléments de droit civil russe*, t. I, p. 11 et s.

application si difficile la séparation de biens, deux raisons
particulières peuvent en Russie porter les conjoints à
laisser de côté, les règles du *Svod* (1). D'abord la règle
de l'obéissance de la femme est observée en Russie,
surtout dans les basses classes, avec une assez grande
rigueur, qu'expliquent l'état de civilisation peu avancée et
l'ignorance d'une grande partie des moujiks russes. Par
suite, et cette raison provient du même état social que la
première, par suite du régime presque patriarcal sous
lequel vit une grande partie du peuple russe, l'on ne
comprendrait pas cette autonomie, cette distinction des
biens du mari et de la femme. D'autre part la séparation
de biens est en Russie le régime de droit commun ; or
si dans les classes assez aisées pour faire un contrat de
mariage où est stipulée la séparation de biens, l'on n'arrive
presque jamais dans notre pays à appliquer exactement
un régime intentionnellement choisi, comment obtien-
drait-on ce résultat si peu conforme aux règles du mariage,
quand il s'agit de dispositions qui frappent la masse du
peuple et qui sont reçues comme droit commun?

Aussi les articles du *Svod* paraissent être restés en
cette matière à l'état de lettre morte ou de simple conception théorique. En réalité, les époux jouissent en commun des biens appartenant à chacun d'eux, et cette
communauté de fait est tellement enracinée dans les
mœurs qu'on ne songe presque jamais à régler par un

---

(1) Le *Svod Zakonov* est une compilation publiée en 1833 par
l'empereur Nicolas 1er, sorte de résumé méthodique d'une collection
générale des lois (*Sobraniézakonov*), prescrite d'abord par ce souverain. Le *Svod* est en vigueur comme loi de l'empire depuis 1835, il y
en a eu de très nombreuses éditions.

contrat formel les relations matrimoniales quant aux biens (1).

Il y a donc en fait, entre les époux, en Russie « plutôt un régime de communauté qu'un régime de séparation de biens (2), » ou mieux (car le mot de communauté semble supposer une masse de biens appartenant aux deux époux) la gestion de tous les biens de la famille appartient aux deux conjoints. Non pas que, sur un pied d'égalité, ils concourent à tous les actes, comme le souhaite pour la Belgique le projet de M. Laurent; mais il semble qu'il y ait en Russie, sous le régime de droit commun, comme en France en cas de séparation de biens conventionnelle, une tendance à confier à chaque époux le rôle que la nature lui assigne; j'en trouve la preuve dans un arrêt de la Cour de justice de Saint-Pétersbourg (3) qui regarde la femme comme ayant reçu du mari un mandat tacite d'obliger celui-ci en contractant pour les besoins du ménage.

A côté des pays où le régime de séparation de biens constitue le droit commun, s'en trouvent beaucoup d'autres où la femme peut, selon le régime matrimonial qu'elle adopte, se réserver l'administration et la jouissance de tout ou partie de ses biens. Il me semble inutile de parler des législations qui permettent de stipuler une séparation de biens analogue à celle que réglemente notre Code civil. Mais je crois nécessaire de rappeler la situation faite à la femme par plusieurs régimes allemands et par le projet de Code civil pour l'empire d'Allemagne.

(1) LEHR, op. cit., t. I, n. 28.
(2) GUILLOUARD, I, 50.
(3) Journal judic. 1873, 130.

Il est assez généralement reçu que, dans les pays germaniques, les pouvoirs de la femme mariée sur les biens de la famille sont minimes (1). Je crois qu'on exagère beaucoup la rigueur de sa situation. Je ne veux pas entrer dans le détail de législations variées et nombreuses. Mais on peut considérer les principales. Sous le régime de l'union des biens (*Gütterverbindung*), si les patrimoines des époux ne se confondent pas en une communauté, tous les biens des époux sont confiés au mari qui administre le patrimoine de sa femme, aliène même ses meubles en tenant compte de leur valeur (2), a la jouissance de tous ses biens, des produits de son travail, et devient propriétaire des acquêts. La femme ne peut contracter de dettes que pour les besoins du ménage (3). — Sans doute, mais la femme conserve la libre disposition des épargnes (*Spargut*) qu'elle apporte en se mariant : bijoux, meubles ou argent, ou au cours du mariage, les cadeaux du mari et les *épingles* (*Nagengeld*), et surtout des biens meubles ou immeubles qu'elle s'est expressément réservés (*Vorbehaltenes Frauengut*) lors du mariage. De tous ces biens, elle peut disposer à son gré, sans autorisation du mari, même pour les aliéner ou les hypothéquer (4).

Sous le régime de communauté, il est vrai, les biens de la femme qui lui restent propres, — et il peut s'en trouver de tels, même sous le régime de communauté universelle — sont soumis à l'administration du mari. *A fortiori*, en

(1) Voy. LEHR. *Eléments de Droit Civil germanique*. Ed. 1875, p. 332 et s. — BUFNOIR. — *Bulletin Soc. lég. comparée*. Année 1876, p. 163 et s. — GUILLOUARD, I, 40 et s.

(2) Landrecht prussien, II, 1, § 247.

(3) Landrecht prussien, II, 1, § 321.

(4) Landrecht prussien, II, 1, § 221 et s.

est-il de même sous le régime de l'usufruit marital (*System des Ehemænlichen Nieszbrauchs*) et sous le régime dotal, sans distinguer même entre les biens dotaux et les biens paraphernaux (1).

Mais le régime légal qu'admet, à défaut de conventions contraires, le projet de Code civil pour l'empire d'Allemagne ou régime de communauté d'administration (*Werwaltungsgemeinschaft*) va faire à la femme un patrimoine qu'elle pourra gérer librement. D'ordinaire on considère ce régime comme ayant la plus grande analogie avec le régime sans communauté du droit français (2), et en effet (art. 1283 du projet) les biens appartenant à la femme au jour du mariage et ceux qu'elle acquiert pendant sa durée sont, en principe, soumis à la jouissance et à l'administration du mari. Mais la règle ne va pas sans de nombreuses exceptions, et nous retrouvons ici les biens réservés (*Vorbehaltsgut*) du régime d'union des biens. Les biens réservés, ce sont tous ceux que le contrat de mariage a soustraits à l'administration et à la jouissance du mari ; ceux que la femme a acquis par succession ou legs, ou à titre de légitime, ou par donation entre vifs, lorsque telle a été l'intention de son auteur exprimée par testament ou par l'acte de donation ; ceux qu'elle a acquis par acte entre vifs sans l'assentiment ou sur refus de l'assentiment du mari ; ceux qu'elle a acquis par son travail en dehors de la collaboration personnelle dont elle est tenue envers le mari, ou par l'exercice d'une profession ou d'une industrie indépendantes ; enfin ceux qui sont, dans son patrimoine, la représentation d'une valeur provenant de biens réservés

---

(1) LEHR. *op, cit.*, p. 370.
(2) Voy. BUFNOIR. *Bull. Soc. lég, comparée*, 1890, p. 685.

(art. 1286-1290). Quelle différence avec la restriction modeste de l'art. 1534 C. C. qui permet seulement à la femme dans le régime sans communauté, de stipuler le droit de toucher « sur ses seules quittances, certaines portions de ses revenus, pour son entretien et ses besoins personnels » ! Le régime destiné à devenir le droit commun de l'Allemagne permet tant de restrictions que, dans certains cas, les biens apportés en dot au mari pour supporter les besoins du ménage, le *Ehegut* disparaît complètement. On arrive presque à une séparation de biens. Ce serait même la séparation de biens absolue dans les classes ouvrières, où les époux, d'ordinaire, n'ont pour tout bien que les produits de leur travail, puisque les salaires de la femme sont soustraits au pouvoir du mari (1).

Et, qu'on le remarque, sur les biens dont la femme garde l'administration d'après le projet de Code civil allemand, elle a la même indépendance que si elle n'était pas mariée Elle peut même disposer de ses biens sans l'autorisation de son mari, car elle n'est frappée d'aucune incapacité à raison de son mariage. Cela n'empêche d'ailleurs pas le projet de Code civil allemand d'autoriser la stipulation d'un régime de séparation de biens, bien plus absolu que le nôtre, par suite de la liberté plus grande laissée en Allemagne à la femme mariée. (Art. 1338 à 1340 du projet).

La comparaison du régime de communauté d'administration avec le régime adopté par l'Angleterre est le signe d'une tendance remarquable au développement du droit pécuniaire des femmes, et qui se manifeste surtout dans les pays du Nord de l'Europe, où elle concorde avec leur

(1) M. Léon MICHEL à son cours, 1894-1895.

indépendance personnelle, sinon toujours complète, au moins très large. Que l'on remarque dans le projet de Code allemand le droit pour la femme d'acquérir pour elle seule à défaut du consentement du mari et même malgré sa défense ! C'est le même mouvement des esprits qui a motivé certaines dispositions plus modérées de la loi suédoise du 11 décembre 1874 (1). On donne aux femmes mariées la faculté de conserver l'administration de leurs propres biens pendant le mariage et d'ester en justice pour ce qui concerne ces biens.

Il peut se faire, et je le crois, que ces régimes soient appliqués en fait avec des tempéraments. Cependant le fait seul de l'adoption de pareilles dispositions, le succès que les lois ou les projets concernant l'indépendance de la femme trouvent dans le public et dans la presse, dénotent une marche considérable des idées sur ce point. Même si en fait, il se produit sur tous les biens séparés la confusion de pouvoirs que j'ai notée en France et en Russie, même si le concours du mari est accepté et réclamé par la femme, il n'y a pas moins une tendance générale à faire à la femme mariée une place très large dans la gestion du patrimoine de la famille. Cela pourra servir à expliquer la transformation qu'a subi sa situation dans notre droit et l'évolution qui s'est produite sur ce point, au cours de ce siècle.

§ II. — **Les biens paraphernaux.**

J'ai examiné dans le paragraphe précédent la situation de la femme mariée sous le régime de la séparation de biens. L'on a vu que la femme conservait alors l'adminis-

_____

(1) *Bulletin Lég. Etr. de la Soc. lég. comparée*, A. 1875, p. 566.

tration de ses biens propres mais restait soumise à la nécessité de l'autorisation maritale, pour les aliéner comme
pour ester en justice.

Ce sont à peu près les mêmes dispositions qui régissent,
sous le régime dotal, les biens de la femme qui n'ont pas
été constitués en dot ou biens paraphernaux. « La femme
a l'administration et la jouissance de ses biens paraphernaux; — mais elle ne peut les aliéner ni paraître en
jugement à raison des dits, sans l'autorisation du mari ou,
à son refus, dans la permission de la justice. » (art. 1576
C. C.)

Il semble bien que notre article ait l'intention d'adopter
les mêmes règles pour les paraphernaux et pour la séparation de biens. Or, le point a son importance. On a vu
combien de difficultés se présentaient, dès qu'on voulait
fixer d'une façon précise la limite des droits de disposition et des droits d'administration. Si le législateur
avait soumis à des règles identiques les biens de la femme
séparée, et les paraphernaux de la femme dotale, il n'y
aurait qu'à renvoyer à ce qui a été dit de la séparation de
biens, et les solutions adoptées dans un cas, devraient
exactement s'appliquer dans l'autre. Cette solution semblerait logique.

Malheureusement, un doute vient de la comparaison
de l'art. 1576 avec les articles 1536 et 1538. Ces derniers
confèrent à la femme l'entière administration de ses biens,
la libre jouissance de ses revenus. L'article 1576 ne parle
pas d'une « libre » administration. On admet d'ordinaire (1) que cette différence est peu importante, la femme
dans les deux cas n'ayant besoin d'autorisation que pour

(1) Voy. LAURENT. XXIII, 585.

les actes de disposition. On verra qu'il y a pourtant quelque intérêt à faire cette remarque.

Mais pour quels actes d'aliénation, cette autorisation est-elle nécessaire? C'est ici que naît la difficulté. J'ai admis plus haut avec la majorité des auteurs que, sous le régime de séparation de biens contractuelle, comme en cas de séparation judiciaire, la femme pouvait aliéner ses meubles sans aucune autorisation (1). Doit-il en être de même des meubles paraphernaux de la femme dotale ? La raison de douter, c'est que, dans le silence des art. 1536 et 1538, on pouvait adopter la règle posée dans un cas identique par l'article 1449. Mais un texte formel interdit à la femme toute aliénation de ses paraphernaux sans distinguer entre les meubles et les immeubles. Et surtout, l'article 1576 ne se borne pas à dire que la femme ne peut aliéner ses biens paraphernaux sans autorisation du mari ; il dit, dans le même contexte, que la femme ne peut paraître en jugement, à raison *des dits biens*, sans y être autorisée. Or il est certain que la femme ne peut plaider sans autorisation ; elle ne le peut pas plus pour les meubles que pour les immeubles (2). Cela semble incontestable.

Et cependant, l'on ne voit pas de motif bien sérieux pour distinguer entre les pouvoirs de la femme séparée de biens et ceux de la femme dotale sur ses paraphernaux. On comprendrait une différence qui serait due à l'origine diverse des deux institutions. Mais dans l'ancien droit des pays de droit écrit, la femme jouissait sur ses biens parapher-

---

(1) Voy. *supra*, p. 59 et s.

(2) LAURENT, XXIII, 586. — *Sic*. ODIER, III, 1449, et RODIÈRE ET PONT, III, 2003-2005, et les autorités qu'ils citent.

naux d'un pouvoir de disposition absolu et n'était pas
soumise à l'autorité du mari. Pourquoi le législateur en
appliquant aux femmes du midi de la France la sévérité
des coutumes du Nord, aurait-il aggravé cette sévérité ?
Comment croire qu'il a voulu faire de ces deux situations
analogues quelque chose de différent ? Pourtant l'objection de texte subsiste. Elle n'embarrasse pas les auteurs
qui, avec M. Guillouard (1), reconnaissent à la femme séparée, le droit d'aliéner son mobilier seulement pour cause
d'administration. Dans ce cas, bien évidemment, on oppose
à la deuxième partie de l'art. 1576, la première partie qui
permet à la femme d'administrer ses biens, et la question
n'offre plus de difficulté. Mais j'ai été plus loin. J'ai admis (2) que la femme séparée pouvait aliéner librement tous
ses meubles de la manière la plus large et sans aucune
distinction. Allons-nous donc être arrêtés par le texte de
l'art. 1576 ? MM. Aubry et Rau considèrent (3) que l'on
peut écarter ici la prohibition soutenue par M. Laurent.
Ils se basent sur une théorie que j'ai exposée plus haut (4)
et à laquelle je me suis rangé, d'après laquelle l'aliénation des meubles rentre dans les limites d'une libre administration, telle qu'elle est confiée aux femmes mariées
quand elles jouissent elles-mêmes de leurs biens. Ils en
tirent cette conséquence que le législateur a eu seulement en vue dans le deuxième alinéa de l'art. 1576, l'aliénation des immeubles ; le droit de disposer des meubles
sans autorisation serait en dehors de la prohibition. Bien

(1) III, 1193, 1674, et 2176.
(2) Voy. *suprà*, page 60 et s.
(3) § 541, texte et note 10.
(4) Voy. *suprà*, page 62.

que cette solution soit admise par la majorité des auteurs (1),
bien que je sois un peu lié par le système, admis par
moi, qui fait du droit d'aliéner les meubles, une dépendance des pouvoirs de libre administration, je trouve que
la question ne va pas sans difficultés. Sans doute on ne
voit pas de motif rationnel pour distinguer entre les biens
de la femme séparée et les paraphernaux. Mais l'art. 1576
est bien formel. Non seulement, il interdit à la femme
d'ester en justice à raison des mêmes biens qu'il lui défend d'aliéner, mais ces biens qu'elle ne peut aliéner, ce
sont aussi ceux là mêmes dont le premier alinéa lui confie
l'administration et la jouissance. « La femme a l'administration et la jouissance de ses *biens paraphernaux*; —
mais elle ne peut *les aliéner...* ». Peut-on dire que le
texte ne vise que les immeubles ? Ou donc la femme
prendrait-elle le droit d'administrer les meubles paraphernaux ? Et puis, je viens de le noter (2), notre article ne
dit plus « libre administration » ni « entière administration ». Doit-on attribuer toutes ces anomalies à un défaut
de rédaction ?

Les raisons de douter sont donc très graves. Aussi je ne
crois pas prudent, dans le doute, de permettre à la femme
mariée sous le régime dotal, d'aliéner seule ses meubles paraphernaux, exception faite des aliénations nécessaires pro-
mises à tout administrateur. C'est à contre cœur que je
constate ce résultat; mais je veux surtout rechercher la
condition de fait de la femme ; je ne crois pas que, dans
la pratique, les hommes d'affaires sérieux acceptent de
courir un tel aléa et consentent à se passer d'une auto-

(1) Voy. les autorités dans AUBRY ET RAU, *loc. cit.*
(2) Voy. *suprà*, page 101.

risation pour l'aliénation des meubles paraphernaux.

Il faut observer cependant que les travaux préparatoires du Code civil semblent favorables à l'opinion la plus libérale. Le projet de Code civil présenté au Conseil d'Etat le 6 vendémiaire An XII (29 septembre 1803) par M. Berlier au nom de la section de législation contenait un article 141 dont le premier alinéa était ainsi conçu : « Dans aucun cas, ni à la faveur d'aucune stipulation, la femme, même celle qui jouit de ses biens comme paraphernaux, ne peut aliéner *ses immeubles,* sans le consentement spécial de son mari, ou, à son refus, sans être autorisée par justice. » (1) Il n'était rien dit des meubles. Et l'art. 144 pour l'organisation de la séparation de biens, renvoyait à toutes les règles posées pour les biens paraphernaux (2). Ces articles ne furent pas discutés. Le Conseil d'Etat ayant adopté la règle de l'inaliénabilité dotale qu'avait repoussée le projet de la section de législation, un nouveau projet fut présenté par M. Berlier le 4 Brumaire An XII (27 octobre 1803). Un chapitre spécial était réservé pour le régime dotal, et l'article 185 de ce nouveau projet était déjà rédigé comme l'art. 1576 C. c. sans que rien indique le motif de cette modification (3). Cet article fut voté tel quel par le conseil d'Etat (4). Sa transformation était-elle volontaire ? il semblerait que oui. Pourtant M. Berlier dans l'exposé des motifs qu'il présenta au Corps Législatif le 10 pluviose An XII (31 janvier 1804) voit dans cette disposition une simple application de l'art. 211

---

(1) Fenet, XIII, p. 521.
(2) *Op. cit.*, p. 522.
(3) *Op. cit.*, p. 593.
(4) *Op. cit.*, p. 600.

C. C. (1). C'était bien le motif qui avait inspiré sa première rédaction. C'est également celui que présenta à deux reprises Duveyrier dans son rapport au Tribunat du 19 pluviose An XII (9 février 1804) (2). — Enfin le tribun Siméon dans son discours au Corps législatif du 20 pluviose An XII (11 fév. 1804) dit expressément : « La puissance maritale à laquelle il n'est pas permis de se soustraire pour tout ce qui sort des bornes de l'administration, exige que la femme soit autorisée par son mari ou par justice, même à raison de ses paraphernaux, comme doit l'être, hors du régime dotal, la femme séparée de biens. La réserve des paraphernaux est une séparation de biens limitée (3). »

L'on voit quels doutes sont possibles sur la question. Il semble bien que l'on ait eu surtout l'idée de soumettre les paraphernaux au même régime que les biens de la femme séparée. Malheureusement, on relève dans les textes des divergences que l'on ne peut expliquer. Et puis sous une Constitution où le Corps législatif votait sans expliquer les sentiments de ses membres, faut-il supposer que le législateur a voulu adopter l'opinion des rapporteurs ou celle toute différente énoncée au texte ? Il semble, il est vrai, bien illogique de faire une différence entre la séparation de biens et la paraphernalité, étant donnée surtout la liberté dont jouissait la femme sur ses biens extradotaux dans les pays de droit écrit. Mais du moment où l'on retirait à la femme ses anciens pouvoirs, il pouvait paraître logique de limiter l'étendue de ses droits dans un régime où, pour une part de ses biens, la femme a besoin

(1) *Op. cit.*, p. 685.
(2) *Op. cit.*, p. 708 et 763.
(3) *Op. cit.*, p. 827.

des protections de la loi, plus que dans le cas où le contrat de mariage lui-même proclame et pose en principe la capacité de la femme.

La question est d'autant plus délicate que, pour les autres droits, on admet une parfaite identité entre la situation de la femme séparée sur ses propres et celle de la femme dotale sur ses paraphernaux. Comme, en dehors de la question des aliénations, les textes sont muets, on admet sur tous les autres points que « la réserve des paraphernaux est, comme le disait le tribun Siméon, une séparation de biens limitée. » Il faut entendre limitée à certains biens, et encore n'en est-il pas ainsi quand tous les biens sont paraphernaux. Ici l'intention du législateur paraît suffisante pour justifier l'assimilation, en l'absence d'un texte contraire. On permet donc d'ordinaire à la femme de toucher ses revenus, d'en disposer, de faire des acquisitions pour le placement de ses fonds, sauf à savoir si l'on permettra les acquisitions immobilières, enfin de s'obliger dans les mesures de son administration. Sur tous ces points, je renvoie à ce que j'ai dit du régime de séparation de biens (1).

Je ne me dissimule pas l'incohérence qu'il y a à admettre sur presque tous les points les règles de la séparation de biens et à les rejeter dès qu'il s'agit de l'aliénation des meubles. Cette solution d'ailleurs n'a pas pour conséquence d'entraver l'administration de la femme, puisqu'on lui permet toujours de faire seule les aliénations nécessaires. Évidemment en pratique, il en résultera une diminution de ses pouvoirs. Cependant, il ne paraît

---

(1) Voy. AUBRY ET RAU, V. § 541, 4° et 5° et les auteurs qu'ils citent. LAURENT, XXIII, 586 et s.

pas que cela soit entre les époux une cause de conflit, car je ne connais pas de décision judiciaire sur ce point.

Cela s'explique d'ailleurs par la situation de fait où la femme est placée. Ce que nous avons vu se passer sous le régime de la séparation de biens va se produire de même pour les biens paraphernaux de la femme dotale. A côté du régime légal, les mœurs, et si j'ose ainsi dire, la coutume ont édifié une autre organisation, ont modifié les règles auxquelles sont soumis par contrat les patrimoines des époux. Presque toujours le mari aura en fait l'administration des biens que la femme s'est réservés. J'ai montré plus haut que, sous le régime de séparation de biens contractuelle, c'était le cas le plus pratique. C'est encore bien plus vrai s'il s'agit des paraphernaux d'une femme dotale.

D'abord, en vertu de son origine et des traditions provinciales, le régime dotal est surtout pratiqué dans le midi de la France, et, M. Paul Gide l'a démontré dans son Étude sur la condition de la femme, la tendance à l'émancipation de la femme augmente quand on se dirige vers le nord de l'Europe, pour diminuer à mesure qu'on se rapproche du bassin de la Méditerranée. Et puis surtout, et j'ai déjà fait allusion à cette situation, quand les époux se sont mariés sous le régime de séparation de biens, cela n'a pu être que pour augmenter les droits de la femme, et cela indique qu'ils l'ont jugée capable d'exercer les pouvoirs à elle confiés. Au contraire, la constitution de biens paraphernaux sous le régime dotal a presque toujours pour but de soustraire aux rigueurs de l'inaliénabilité une partie du patrimoine. La paraphernalité de tous les biens est une hypothèse d'Ecole. Généralement on veut protéger une partie des biens, les mettre à

l'abri des conséquences que peuvent avoir les entraînements de la femme, et, pour ce faire, on adopte le régime
dotal. Pour le surplus des biens, à l'égard desquels on
trouve la protection trop sévère, et sur lesquels on veut
conserver une certaine liberté d'action, ils restent paraphernaux. Il y a d'ailleurs quelque contradiction à considérer sur certains biens la femme comme incapable, comme
ayant besoin d'une protection, assez nécessaire pour justifier des règles contraires au crédit, à l'intérêt général,
nuisibles même souvent au développement de la fortune
des époux, — et d'autre part, à confier à cette femme, sur
le surplus des biens, des pouvoirs d'administration fort
larges, que le régime de droit commun ne lui donnerait
pas. Et ces pouvoirs exorbitants, dans certaines provinces
de France, ce n'est pas à quelques femmes choisies pour
leur capacité spéciale, leur habileté particulière qu'on les
accorde ; c'est le système auquel sont soumises presque
toutes les femmes, au moins presque toutes celles qui font
un contrat de mariage, c'est-à-dire qui ont des biens sur
lesquels exercer ces droits.

C'est pourquoi, si, très souvent, le mari reçoit de la
femme séparée contractuellement, le mandat d'administrer pour elle ses biens réservés, la situation doit logiquement être plus fréquente encore quand il s'agit de la
gestion des biens paraphernaux. Et le Code civil qui avait
prévu cette intervention en cas de séparation dans l'article 1539, consacre les articles 1577 à 1580 au rôle joué
par le mari sur les biens paraphernaux.

Les règles posées dans les deux cas sont d'ailleurs
analogues. Je crois cependant qu'en fait une différence
pourra parfois exister entre les deux régimes. J'ai montré
que, en cas de séparation de biens, il ne fallait pas consi-

dérer la femme qui fait exercer par son mari ses pouvoirs d'administration comme abdiquant ses droits (1). J'ai fait voir comment elle profitait de l'expérience et du savoir-faire de son mari, mais en bénéficiant en sens inverse d'une confusion de pouvoirs ; et, en réalité, la situation pouvait s'analyser dans une action commune des deux époux pour tous les actes intéressant le patrimoine de la famille.

Sous le régime dotal, la situation de la femme sur ses paraphernaux sera parfois moins favorable. Sans doute, dans ce cas encore, les pouvoirs exercés par le mari ne le seront jamais qu'à titre précaire, la femme aura tou-jours la ressource de réclamer le retour au régime établi par la loi, et le mari sera obligé de faire droit à sa de-mande. Seulement j'ai observé que l'adoption même de la séparation de biens manifestait un état d'esprit dont il fallait tenir compte pour l'appréciation des rapports des époux. La femme a stipulé à son profit toutes les libertés que notre législation juge compatibles avec l'état de ma-riage. Croit-on qu'elle y renoncera ensuite d'une façon complète sans rien réserver ni rien exiger en retour ? La femme dotale au contraire a cru nécessaire de se protéger en recourant à une incapacité fictive. Elle n'a pas con-fiance en elle. Ajoutez à cela la dépendance plus grande de son sexe, qu'on admet dans les pays de régime dotal, et l'on en vient à décider que la femme doit fréquemment dans notre hypothèse se trouver dans une situa-tion plus dépendante que sous le régime de sépara-tion de biens. En fait, dans une grande partie des ménages soumis au régime dotal, on ne pense à distin-guer les biens paraphernaux des biens dotaux qu'au

(1) Voy. *suprà*, page 83.

H. BASSET   8

point de vue des droits d'aliénation, et le mari seul administre les uns et les autres (1). C'est peut-être pour cela que le Code civil qui n'avait consacré qu'un article (1539) à l'administration par le mari des biens de la femme séparée traite dans quatre articles de l'intervention du mari dans la gestion des biens paraphernaux. L'un d'eux, l'art. 1578 reproduit presque textuellement l'art. 1539 et attribue au mari qui jouit des paraphernaux sans un mandat exprès les fruits consommés au cours de son administration. Les deux suivants développent des principes admis déjà sans texte spécial en cas de séparation de biens, et que le législateur a cru nécessaire de poser ici d'une manière expresse. Il s'agit de rendre le mari comptable de tous les fruits, s'il jouit des paraphernaux malgré l'opposition de la femme (art. 1579), et de lui imposer au cours de sa jouissance toutes les obligations de l'usufruitier (art. 1580). La précaution que prend ici le législateur de régler si complètement ce régime de fait, ne vient-elle pas nous prouver que la femme le plus souvent n'aura pas le pouvoir ou la volonté de l'organiser elle-même ? Si l'on admet en cas de séparation, une gestion en commun par les deux époux, fondée sur leur bon accord, on doit

---

(1) Je crois que telle est la situation la plus répandue ; je ne dis pas qu'elle soit générale. A partir du moment où les époux s'écartent des règles du Code, toutes les combinaisons sont possibles, et toutes se rencontrent ; bien entendu, l'on ne peut songer à faire une statistique pour apprécier lesquelles sont surtout usitées. C'est d'après les renseignements d'hommes d'affaires expérimentés que j'ai essayé de tracer cet aperçu du fonctionnement pratique de la paraphernalité. L'on ne peut trouver d'autres documents. La jurisprudence est forcément muette : la femme aura bien rarement besoin de recourir à la justice pour faire cesser la jouissance du mari, et tant que dure le consentement de la femme, il n'est tenu de rendre aucun compte.

envisager tout autrement une situation où la loi est obligée
d'intervenir pour empêcher les empiètements du mari, et
pour régler les conditions de sa gestion. Cela suppose que
la femme est placée dans une situation inférieure, qu'elle
ne peut se défendre elle-même, qu'elle n'est pas en mesure de participer à la gestion du mari ; et comme, en
droit pur, la femme peut réclamer des prérogatives assez
larges, c'est donc que les mœurs tendent à confier au
mari le mandat d'administrer pour sa femme les biens à
elle réservés. Ce mandat peut d'ailleurs être exprès, vu
l'hypothèse que vise l'art. 1577 ; il peut même être donné
par contrat de mariage, et l'on admet alors qu'il est irrévocable (1). Ce n'est pas le cas ordinaire ; généralement il
y a mandat tacite ; ou mieux le mari prend tout simplement l'administration des paraphernaux ; il suffit que la
femme n'y fasse pas d'opposition (2).

La situation devient particulièrement remarquable
lorsque, et c'est là le cas le plus fréquent, les époux en se
soumettant au régime dotal, ont stipulé comme le permet
l'art. 1581 C. C. une société d'acquêts. La communauté
d'acquêts étant purement accessoire au régime dotal, ce
sont les règles de ce dernier que l'on doit faire prédominer en cas de conflit, et, en principe, la société d'acquêts
n'a aucune influence sur la condition des biens dotaux ou
paraphernaux.

En particulier, la jurisprudence et de nombreux auteurs
admettent que, à moins d'une clause contraire dans le

____

(1) Voy. AUBRY et RAU, V § 541. 6°.
(2) Voy. 1578. C. C. « Si le mari *a joui* des biens paraphernaux de
sa femme, *sans mandat* et néanmoins *sans opposition* de sa part...»
Comp. l'art. 1539 : « Lorsque *la femme* séparée *a laissé* la jouissance de ses biens à son mari... »

contrat de mariage, la femme garde l'administration et la
jouissance de ses paraphernaux ; la seule restriction qu'on
lui impose, c'est de verser au mari, chef de la communauté d'acquêts, les économies qu'elle fait sur les revenus
de ses paraphernaux ; ces économies appartiennent à la
société d'acquêts (1) ; mais cette opinion est aujourd'hui
vivement combattue par MM. Colmet de Santerre et Laurent (2).

L'opinion générale se fonde d'abord sur le principe que,
en cas de régime dotal assorti d'une société d'acquêts, ce
sont les règles du premier qui doivent prévaloir, et l'on
ajoute souvent que la communauté d'acquêts, jointe au régime dotal, est introduite dans l'intérêt de la femme ; « s'il
n'y avait pas de société d'acquêts, dit M. Guillouard, toutes
les économies appartiendraient au mari, sauf celles faites
sur les paraphernaux, et la société d'acquêts a pour résultat d'appeler la femme ou ses héritiers à les partager. »

J'avoue que malgré toute sa force cette argumentation
ne me satisfait que médiocrement. Sans doute, l'on doit
de préférence adopter les règles du régime dotal. Il faut
cependant que la société d'acquêts qui est accessoirement
stipulée, puisse fonctionner d'une façon logique. Or, avec
le premier système, tous les revenus du mari tombent
dans la communauté d'acquêts ; il en est de même des
revenus des biens dotaux ; mais les biens paraphernaux

---

(1) Sériziat, no 387, — Odier, III. 1516. — Rodière et Pont,
III, 2034-2035. — Aubry et Rau, V § 541 *bis*. Texte et n. 4. —
Guillouard, IV, 2220 et s. — Cass., 15 juillet 1846. — Sir. 46, 1,
349. Agen, 16 nov. 1852. — Sir. 52, 2, 591. Cass., 14 nov. 1864.
— Sir. 65, 1, 31. Riom, 31 janv. 1866. — Sir. 67, 2, 87.

(2) Colmet de Santerre, VI. 232 *bis*, I. — Laurent, XXIII,
591.

sont en dehors. La femme peut les administrer, en jouir ; si elle fait des économies, elles tombent il est vrai en communauté. Mais ce n'est guère favoriser l'économie de la femme que de lui dire : « Tu peux dépenser à ta guise tous tes revenus, mais si tu ne le fais pas, nous partage-rons ce qui restera. » Trop souvent, la femme sera por-tée à dépenser le tout. Plus fréquemment encore, il lui arrivera de faire une bourse personnelle ; elle mettra de côté ses économies, elle n'en fera pas profiter la commu-nauté. Cependant elle bénéficiera comme commune des revenus du mari. Celui-ci pourra protester, réclamer ; comment prouvera-t-il les économies de la femme ? il ne peut pourtant pas la forcer à faire des économies. On se trouve en présence d'une femme qui peut profiter des bé-néfices d'une société dans laquelle elle ne met rien si elle ne veut rien y mettre. Rien, c'est trop dire. Évidemment elle ne peut empêcher les revenus de ses biens dotaux de tomber dans la communauté. Mais il peut se faire que presque tous les biens soient paraphernaux. Je conviens que cela sera peu fréquent. Qui peut dire cependant dans quelle proportion les biens seront dotaux, dans quelle proportion, paraphernaux ? Cela varie selon les stipula-tions des époux, et le plus souvent dans un même ménage au cours même du mariage (1). Alors comment va-t-on ré-gler sur quels biens la femme prendra les fonds néces-saires à ses besoins personnels ? Si presque tous ses biens

---

(1) C'est sans doute pour cela que M. TROPLONG (nos 1864 et 1900) tout en réservant à la femme l'administration des paraphernaux expressément réservés comme tels par contrat, confie au mari la gestion des paraphernaux adventices qui surviennent sans que la femme l'ait prévu. Ce système, peut-être excellent en législation, a le tort d'être absolument arbitraire.

sont paraphernaux, ce sera probablement sur ceux-ci. Il faudra souvent aussi que la communauté subvienne à une partie de ses besoins. On prendra en tout cas presque toujours sur la communauté les fonds nécessaires aux dépenses communes, dont la femme profite avec le mari, frais de loyer, de nourriture, etc. La femme emploiera alors tous les revenus de ses paraphernaux à des dépenses exclusivement personnelles. Les défenseurs de ce système ont bien raison de dire que la société d'acquêts est stipulée dans l'intérêt de la femme ! Ajoutez le droit de renoncer à la communauté, on arrive à ce résultat : la femme est une associée qui ne met dans la société que ce qu'elle veut, n'engage pas sa responsabilité et prend la moitié des bénéfices !

Je ne suis pas bien convaincu que le seul but des époux en adoptant la communauté d'acquêts accessoirement au régime dotal, soit de faire à la femme un sort aussi beau. On peut juger convenable, quand les biens dotaux constituent la plus grande partie de la fortune, de ne pas dépouiller complètement la femme, de ses revenus au profit du mari. La dotalité d'ordinaire est stipulée surtout pour soumettre les biens à l'inaliénabilité ou à une clause de remploi opposable aux tiers ; et non pour donner des bénéfices au mari. Mais quand il y a aussi des paraphernaux, la stipulation d'une société d'acquêts pourrait fort bien avoir pour but d'éviter toutes les complications que je viens d'indiquer. Il faudrait simplement entendre cette stipulation comme transportant au mari l'administration et la jouissance des paraphernaux. Cette solution a d'abord l'avantage d'être conforme au texte : l'art. 1581 renvoie aux art. 1498 et 1499, et sous le régime de la communauté d'acquêts, le

mari a l'administration des biens de la femme. D'autre
part, cette règle était admise par l'art. 42 de la coutume
de Bordeaux (1). En empruntant à cette coutume la disposition dont il s'agit, le Code civil a dû la transporter
telle qu'elle était comprise dans le pays où elle a pris
son origine. Et quoi de plus simple et de plus logique que
le régime ainsi conçu ? Le mari prend l'administration
de tous les biens de la famille, pourvoit à tous les besoins,
et les économies se partagent. Il n'y a plus à se demander
si telles dépenses seront supportées par telle ou telle
masse de biens ; il ne faut plus craindre que l'un des
époux s'enrichisse aux dépens de l'autre (2). Tout concourt au bien général. Mais, dit-on, que faites-vous du
régime dotal ? Vous violez toutes ses règles, vous allez
contre le but des parties. Cela serait vrai si l'on considérait que l'intention des époux a été de donner au mari
la jouissance des biens dotaux, à la femme celle des biens
paraphernaux. Mais, pour ma part, je suis convaincu que
la femme cherche avant tout dans la dotalité une protection, et que les biens paraphernaux sont seulement ceux
qui sont exempts de cette protection. La différence du
régime auquel ils sont soumis, avec celui des biens régis
par le droit commun, ne se motive que par une raison
historique. La communauté était inconnue du droit

(1) Voy. TESSIER : *De la Société d'acquêts*. Ed. DELOYNES, n° 81,
page 8 et n° 84, p. 153. Il faut reconnaître que cet article de la coutume de Bordeaux n'était pas admis dans tout le ressort du Parlement,
ce qui peut diminuer la valeur de cet argument historique.

(2) Les partisans de l'opinion que j'expose, ajoutent que diviser la
gestion des patrimoines, c'est risquer de diminuer les profits communs.
C'est fort possible ; mais alors il faudrait toujours supprimer le droit
pour la femme de se réserver tout ou partie de l'administration de
ses biens.

romain et de la majorité des pays de droit écrit : on avait
donc laissé la plus grande latitude à la femme sur les
biens dont elle ne donnait pas la jouissance et l'administration à son mari : il n'y avait pas de milieu.

Il ne faut donc pas dire que le système de MM. Colmet
de Santerre et Laurent aille contre les règles essentielles
du régime dotal. Il laisse toujours subsister la différence
capitale des biens dotaux et paraphernaux. Le sort des
premiers n'est modifié que dans l'affectation des revenus,
ce qui est permis par l'article 1581. Si l'on modifie les
règles sur l'administration des paraphernaux, on ne touche
pas à un principe essentiel, car les art. 1577 à 1580 montrent suffisamment combien le législateur s'attache peu à
conserver les droits de la femme sur ces biens.

C'est donc à tort selon moi que la jurisprudence a maintenu à la femme l'administration de ses paraphernaux en
cas de stipulation accessoire d'une communauté d'acquêts.
Il m'est surtout impossible d'admettre la doctrine de la
Cour de Cassation dans un arrêt du 24 novembre 1864 (1).
La Chambre civile a admis que la femme gardait l'administration, bien que le contrat de mariage fît tomber dans
la communauté d'acquêts, non plus les économies, mais
les revenus même des paraphernaux. Comme le remarque
M. Laurent (2), « en vertu de la société d'acquêts, le mari
a la jouissance de tous les biens de la femme, il doit donc
en avoir l'administration ».

Mais cette jurisprudence ne va-t-elle pas avoir un résultat ? Ne va-t-elle pas déterminer toute la pratique ?
C'est d'ordinaire ce qui se produit. Je ne crois pas qu'il y

_____

(1) Sir. 55, 1, 31.
(2) Voy. *loc. cit.*

ait rien de pareil ici, la question est en effet, ordinairement réglée par le contrat de mariage; c'est du moins ce
que recommande le Dictionnaire du notariat (1). Parfois,
l'on peut se ranger à l'opinion de la jurisprudence (2) ;
mais rien n'empêche, et je crois plus équitable de rédiger
une clause dans le sens qu'admet M. Colmet de Santerre.
Il suffit en effet qu'il y ait eu un mandat même tacite
de la femme au mari, pour que la situation change. J'ai
dit combien fréquente était cette intervention du mari dans
le régime dotal ordinaire. A *fortiori* doit-il en être ainsi,
quand il est mitigé d'une société d'acquêts. Je viens d'indiquer toutes les raisons pour lesquelles dans ce cas spécialement, la femme devait renoncer à une séparation d'intérêts incommode et peu justifiée. De l'adoption même de
la société d'acquêts, doit résulter semble-t-il ce retour au
droit commun du mariage.

Mais admettons avec la jurisprudence et les auteurs que
cette conséquence soit inexacte ; en pratique, les époux
se conforment je crois à l'opinion émise par M. Colmet de
Santerre. Il suffit pour cela de leur consentement à tous
les deux. Il y aura une différence que je ne me dissimule
pas entre la solution que j'ai préconisée et celle à laquelle
on arrive avec l'autre système. Dans mon opinion, à moins
de stipulation contraire par contrat de mariage, la femme
ne pourra retirer au mari les pouvoirs d'administration
qu'il tient de l'adoption de la société d'acquêts. Avec la
solution de la jurisprudence, le mari n'administrera jamais
qu'à titre précaire pour le compte de sa femme ; celle-ci

---

(1) Verbo *Régime dotal*, n. 457.
(2) *Sic* AMIAUD, V⁰ *Contrat de mariage*, § 11, XI. 2ᵉ form.
Art. 5.

pourra toujours lui retirer le mandat exprès ou tacite qu'elle lui a confié. Non seulement c'est là pour la femme une liberté qui a son prix en elle-même, mais, de plus, il en résultera un tempérament considérable apporté à la liberté du mari; cela entraîne à peu près forcément la nécessité du consentement de la femme à presque tous les actes de gestion. Assurément, une pareille situation peut se rencontrer. Je ne crois pas cependant que les choses se passent ainsi d'ordinaire. Si l'on consulte les décisions de la jurisprudence sur la matière, on n'en trouve qu'une seule qui suppose un pareil régime : c'est un arrêt de la Cour de Cassation du 15 juillet 1846 (1). Dans l'espèce dont il s'agissait, les époux étaient mariés sous le régime dotal avec société d'acquêts; la femme qui avait laissé durant de longues années à son mari l'administration et la jouissance d'un bien paraphernal obtint de reprendre l'exercice des droits que lui accordait l'art. 1576 C. C. C'est à ma connaissance le seul cas où la jurisprudence ait eu à trancher la question par suite d'un conflit entre époux. Il semble bien pourtant qu'il en soit de même dans l'espèce sur laquelle a statué un arrêt de la Cour de Riom du 31 janvier 1866 (2). Là encore le procès était engagé entre les deux époux. Mais le contrat de mariage visait spécialement le point en litige et conférait expressément à la femme le pouvoir de faire l'acte d'administration que le mari entendait effectuer comme chef de la communauté d'acquêts. Dans d'autres arrêts au contraire, ce sont des ayant-cause de la femme qui, pour éviter d'être inquiétés, défendent les droits de leur auteur. C'est ainsi que la Cour d'Agen, le

(1) Sir. 46, 1, 849.
(2) Sir. 67, 2, 87.

17 novembre 1852 (1) a eu à statuer sur une demande en mainlevée de saisie-arrêt formée contre le mari saisissant par le débiteur d'une femme mariée sous le régime dotal avec société d'acquêts, la créance de la femme étant paraphernale. — Enfin, dans l'arrêt de la Cour de Cassation du 24 novembre 1864 dont j'ai parlé plus haut, aucun des époux n'était mis en cause. La femme avait donné seule à bail un de ses biens paraphernaux ; le mari dans la suite, s'étant donné comme administrateur des biens de la femme à cause de la communauté d'acquêts stipulée, avait donné à bail le même bien à une autre personne. Je rappelle que dans l'espèce le contrat de mariage faisait tomber en communauté, non pas les économies faites sur les revenus des paraphernaux, mais ces revenus eux-mêmes, ce qui semblait sous-entendre le droit pour le mari de jouir et d'administrer. Mais on remarquera que celui-ci entendait s'en servir pour déposséder un ayant-cause de la femme, lequel avait longtemps tenu à bail le bien dont il s'agissait, à la connaissance du mari et sans réclamation de sa part.

A mon avis, les contestations sur ce point, doivent être assez rares entre les époux, ou plutôt elles ne se produiront qu'accessoirement à un conflit plus grave. C'est volontairement que la femme a laissé au mari des pouvoirs qu'elle pouvait se réserver. Peu importe que sa volonté résulte d'un mandat donné au cours du mariage ou de l'adoption même de la communauté d'acquêts. La femme n'avait qu'à le vouloir pour garder l'administration de ses paraphernaux, dût-elle pour cela insérer une clause spéciale dans le contrat. Pour que la femme retire

(1) Sir. 52, 2. 591.

au mari les pouvoirs qu'elle lui a conférés, il faut une
raison sérieuse ; elle ne risquera pas, pour un caprice, de
compromettre l'harmonie du ménage,

Ce qui déterminera la femme d'ordinaire, ce sera la
mauvaise administration du mari ou bien la mésintelligence complète entre les époux. Dans le premier cas, cette
mauvaise administration s'étendra naturellement à la
société d'acquêts et surtout aux biens dotaux de la femme.
Celle-ci ne voudra pas seulement sauvegarder ses droits
sur ses paraphernaux, elle demandera la séparation de
biens. Si au contraire, il y a entre les époux un désaccord
d'ordre moral, assez sérieux pour que les époux portent
la question sur un pareil terrain, ce sera presque toujours
par le divorce ou par la séparation de corps qu'il faudra
trancher la situation.

Heureusement, les choses vont rarement aussi loin.
C'est par exception que l'on voit les conflits entre époux
entraîner des contestations sur les pouvoirs pécuniaires
de l'un ou de l'autre. Pour l'administration des paraphernaux de la femme dotale, comme pour celle des biens
propres de la femme séparée par contrat, il faut compter
sur le bon accord des époux : avec cette différence toutefois que le rôle de la femme semble plus considérable sur
ses biens séparés que sur ses paraphernaux. Je n'entends
pas dire qu'en fait, il en soit forcément ainsi ; le contraire
est possible. Mais je crois avoir démontré qu'on ne devait
pas forcément, comme l'admettent bien des auteurs, assimiler les deux situations. Non pas que la femme dotale
soit dépourvue de toute influence. Dans les ménages unis,
le mari ne fera probablement rien d'important sans consulter sa femme ou l'en prévenir. Il en est ainsi sous

tous les régimes. *A fortiori* en est-il de même quand il s'agit des biens paraphernaux.

§ 3. — Clauses de réserve d'administration ou de jouissance

Ainsi que je l'ai indiqué plus haut (1), non seulement les futurs époux peuvent, par contrat de mariage, stipuler la séparation de biens, ou, sous le régime dotal, constituer à la femme des biens paraphernaux, mais rien ne les empêche de stipuler ces droits pour la femme seulement sur une partie de ses biens. A plus forte raison doit-on permettre à celle-ci de se réserver seulement la jouissance d'une partie de ses biens, ou de stipuler qu'elle touchera chaque année et sur ses seules quittances une part de ses revenus pour ses besoins personnels. C'est ce que dit l'article 1534 C. C. pour le régime exclusif de communauté et il n'y a pas lieu de distinguer. L'ancien droit était en ce sens, et tous les auteurs l'admettent (2).

L'étendue des droits ainsi accordés à la femme varie selon les conventions contenues au contrat de mariage. Parfois en effet, celui-ci indique exactement dans quelle mesure la liberté d'action est rendue à la femme. Mais dans quelles limites, pourra-t-on dispenser la femme de l'autorisation du mari ou de la justice ? Et si le contrat est muet sur la portée des pouvoirs qu'il confère, comment faudra-t-il l'entendre ?

Il paraît évident que ces conventions ne pourront attribuer à la femme des pouvoirs plus étendus que ceux

---

(1) Voy. *suprà*, page 54.

(2) GUILLOUARD, I, 119 et les autorités qu'il cite. LAURENT, XXII, 122. — Cpr. Cass.,26 août 1836. Sir. 36, 1, 913.

qu'elle a sous le régime de séparation de biens. Ce sont
les règles de ce régime que la législation a considérées
comme l'extrême limite de la capacité de la femme mariée.
Au delà on tombe sous le coup des prohibitions portées
au titre du mariage. C'est ce qui découle de l'art. 223 du
Code civil. Cet article interdit toute autorisation générale
même stipulée par contrat de mariage, sauf pour l'administration des biens de la femme. Malgré l'impropriété de
ses termes, cette disposition rapprochée des art. 1449,
1536 et 1576 semble avoir cette portée (1). Comment interpréter les clauses dont il s'agit ? Ici commence la difficulté. D'après les termes du contrat, il faudra rechercher
la volonté des époux. On peut cependant ramener ces stipulations à deux classes bien distinctes. Tantôt la femme
se réserve complètement l'administration de certains biens,
il y a pour ainsi dire une séparation de biens partielle,
tantôt elle se contente de stipuler la jouissance d'une partie
des revenus, par exemple, comme le suppose l'art. 1534,
le droit de toucher, sur les revenus de ses propres, certaines sommes pour ses besoins personnels.

La différence de ces deux situations est manifeste.

Dans le premier cas, il y a pour ainsi dire une séparation de biens partielle jointe à la communauté. Pour les
biens que la femme s'est réservés, on appliquera les règles
de la séparation de biens. La femme administre à son
gré ; et les revenus lui restent propres. Généralement, ils
seront affectés à ses besoins personnels par le contrat de
mariage lui-même : je crois qu'il faudrait le sous-entendre
si rien n'avait été stipulé. Une question peut se poser : il
s'agit de savoir si la femme doit contribuer aux charges

---

(1) Voy. AUBRY, et RAU, V § 472. Tex. et n. 69.

du ménage. Cela, évidemment dépendra des circonstances.
Parfois le revenu des biens que la femme s'est réservés,
fournira assez exactement aux dépenses personnelles de
la femme, eu égard à la fortune de la famille. D'autres fois,
la femme aura pu se réserver la majeure partie de ses biens
propres ; dans certains cas, ces biens pourront être la seule
ressource de la famille, le surplus de la fortune du ménage ayant été dissipé ou perdu. Dans ce dernier cas, pas
de doute : la femme doit supporter toutes les charges. Mais
que faut-il décider dans le silence du contrat de mariage
si les revenus des biens réservés, sans constituer toutes
les ressources du ménage, excèdent sensiblement les besoins personnels de la femme ? Les auteurs ne se posent
pas la question. Il semblerait équitable d'appliquer les règles posées par l'art. 1448 pour la séparation de biens judiciaire, d'admettre que la femme contribue aux charges
du mariage proportionnellement à ses facultés et à celles
du mari. Seulement, il faudrait très probablement de fréquentes décisions judiciaires ; et d'autre part, comme ce
régime est un régime conventionnel, c'est aux règles de
la séparation de biens conventionnelle qu'il faudrait recourir. Or, à défaut de stipulation dans le contrat de mariage, l'article 1537 décide que la contribution de la femme
sera du tiers de son revenu. Bien qu'on semble lié par les
textes, j'ai quelque peine à admettre cette solution.

Cette règle déjà arbitraire sous le régime de la séparation de biens semble vouloir avantager la femme. Or en
cas de réserve de l'administration de certains biens, la
femme, qui doit déjà suffire à ses besoins personnels, pourra
si elle donne en outre le tiers de ses revenus se trouver
dans une situation plus gênée en se réservant des biens
dont les revenus excèdent ses besoins, que si elle s'était

bornée davantage dans ses prétentions. En fait, la question
se posera très rarement, parce que généralement on stipule ces réserves en calculant assez exactement les revenus qu'on veut attribuer à la femme, et surtout parce que
le contrat de mariage règlera presque toujours la situation
de façon qu'on n'ait qu'à se conformer à ses dispositions
(art. 1537 C.C.). Qu'adviendra-t-il si la femme sur les
revenus des biens qu'elle s'est réservés fait des économies? La question était autrefois discutée. On admet
aujourd'hui par assimilation avec le régime de séparation
que ces économies seront propres à la femme. C'était déjà
l'avis de Pothier (1) et la solution contraire pousserait la
femme à la dépense, sinon à une fraude, bien facile en
dehors de tout contrôle. De là, une différence qu'il est bon
de noter entre ce régime et celui que l'on admet d'ordinaire
pour les économies des paraphernaux en cas de de régime
dotal assorti d'une société d'acquêts. On l'a vu, en effet,
dans ce cas, la jurisprudence et beaucoup d'auteurs, dont
j'ai combattu l'avis, admettent que la femme administre
et touche ses revenus, et doit seulement verser ses économies à la société d'acquêts ; il faut remarquer que l'on
donne ici une solution différente. — D'ailleurs très souvent,
en fait, la femme emploiera ses économies pour les besoins
communs. On voit même les formulaires des notaires (2)
contenir des modèles de clause où il est indiqué que les
économies auront nature de propre, mais sans que la
femme ait un recours contre le mari ou la communauté
dans les cas où elle emploierait ces revenus en tout ou
partie aux dépenses du ménage. A côté de ces réserves

(1) *Communauté*, 466.
(2) Defrénois, Ed. 1893, III, form. 1280 et texte 6299.

d'administration et de jouissance il faut placer comme je l'ai indiqué, les clauses par lesquelles la femme stipule simplement, comme le prévoit l'article 1534, le droit de toucher annuellement sur ses seules quittances certaines portions de ses revenus pour son entretien et ses besoins personnels. Cette clause est unanimement validée sous le régime de communauté. Elle peut cependant paraître peu logique. Certains auteurs (1) considèrent que l'on confie l'administration au mari, parce qu'il est naturel que celui qui jouit, administre. Je ne veux pas ici aborder l'examen de cette théorie. Mais même en l'admettant, on expliquerait fort bien la situation par un mandat de gérer donné au mari, supposé mieux placé pour le faire. En fait, un mandat de ce genre, exprès ou tacite, est très souvent donné au cours du mariage quand la femme s'est réservé certains biens. Il est évident que la femme qui s'est réservé le droit de toucher certaines sommes n'a de pouvoir que pour dépenser librement ce qu'elle a touché. La question peut se poser de savoir ce qu'il arrive des économies qui sont réalisées. Il faut admettre comme plus haut que le contrat de mariage réglera souvent cette situation, et qu'à défaut les économies seront propres à la femme. Entre les deux sortes de clause que j'examine dans ce paragraphe, il y a des différences sur les moyens pour la femme d'acquérir les revenus : dans les deux cas, il y a même liberté pour les dépenses. C'est ce qui rend ces deux sortes de stipulations plus voisines qu'elles n'en ont l'air, car la seconde fournit à la femme presque autant de bénéfices. Ces revenus pourront, ce n'est pas forcé, se trouver amoindris. Mais souvent les femmes se soucient peu de l'administra-

(1) Voy. not. LAURENT, *Principes*, XXII, 121.

tion. Il faut cependant noter une différence énorme si
les biens dont l'administration est réservée sont des capitaux mobiliers, puisque la femme peut les aliéner librement au moins dans le système auquel je me suis rangé.
La différence se fait aussi sentir sous le régime dotal
pour les droits que la femme s'est réservés sur les biens
dotaux. Rien n'interdit d'insérer au contrat, au profit de
la femme, la réserve de toucher sur ses seules quittances,
une partie des revenus des biens dotaux (art. 1549, 3ᵉ
alinéa). La situation est alors la même que sous le régime
de communauté, à cette différence près que les revenus
de ces biens restent dotaux c'est-à-dire inaliénables et
insaisissables, sauf pour les fournisseurs envers qui la
femme s'est engagée pour des objets nécessaires à son
entretien (1). Au contraire, la question est très vivement
controversée de savoir si la femme peut stipuler qu'elle
gardera l'administration et la jouissance de ses biens
dotaux.

La jurisprudence admet depuis très longtemps (2) la
validité de cette clause qui a encore été reconnue par un
arrêt de la Chambre civile du 17 février 1886 (3) rendu sur
les conclusions conformes de M. l'avocat général Desjar-
dins. La Cour de Cassation fonde son opinion sur la liberté
des conventions matrimoniales. Les époux peuvent stipuler toutes les clauses qui ne sont pas contraires aux bonnes
mœurs. Or la clause dont il s'agit « ne saurait être consi-

(1) *Sic* GUILLOUARD, IV, 1795. — Voy. les arrêts cités p. 125,
notes 1 et 2.
(2) Cass. Civ. 1ᵉʳ mars 1807. — DALLOZ Alph., Vᵒ *Cont. de mariage*, nᵒ 110.
(3) Sir. 86, 1, 161 avec notes contraires de M. LYON-CAEN. — Dal.
86, 1, 249, avec une note dans le sens de l'arrêt.

dérée comme contraire à la dignité et à la suprématie du
mari dans le mariage, et par suite comme contraire aux
bonnes mœurs ; » de plus, elle n'est interdite par aucun
texte. Cet arrêt a soulevé dans la doctrine de très vives
critiques. Pour M. Lyon-Caen (1) la prohibition résulte de
la tradition et des dispositions du Code civil. Tout d'abord,
jamais le Droit Romain ni la pratique des pays de droit
écrit n'ont accepté une pareille clause ; pour supposer
que le Code civil ait modifié les règles anciennes, il faudrait se baser sur un texte. La jurisprudence allègue la
liberté des conventions matrimoniales, mais au contraire
l'art. 1549 donne *au mari seul* l'administration des biens
dotaux et ne permet de dérogation que pour confier à la
femme le droit de toucher une partie de ses revenus sur
ses seules quittances pour ses besoins personnels. Enfin
Tronchet au Conseil d'Etat, lors de la discussion de l'art.
1388 C.C., disait : « On confiera sans doute au mari l'administration soit de la communauté, soit *de la dot* ; or per-
mettrait-on de changer cette disposition par une clause
particulière et de stipuler que la femme la régira » (2), ce
qui indique bien quel était l'esprit du législateur. De plus,
fait remarquer M. Labbé (3) « il est permis de frapper d'inaliénabilité les immeubles, les biens dotaux. La dot est ce que
la femme apporte au mari pour le support des charges du
mariage (art. 1540 C. C.). Les biens dont la femme conserve
l'administration et la jouissance sont-ils des biens dotaux ?
Non point dans le langage de la loi qui est le langage traditionnel. » La clause, dans cette théorie, est donc nulle,

(1) Voy. la note sous l'arrêt précité.
(2) FENET, XIII, p. 538.
(3) *Revue critique*, 87, p. 442 et s.

pour violation des art. 1388 et 1549 (1). Mais le système
de la jurisprudence a aussi trouvé des défenseurs (2).
Sans contester que, de droit commun, l'administration des
biens dotaux appartienne au mari, on peut soutenir que
cette disposition n'est pas d'ordre public. Sans doute, des
règles différentes n'étaient pas connues dans l'ancien droit
et dans le droit romain. Mais elles n'étaient pas défendues.
M. Lyon-Caen est obligé de reconnaître que la clause dont
il s'agit n'a rien de contraire aux bonnes mœurs, et il
admet qu'elle ne présente aucun inconvénient pratique (3).
Le mari n'est pas le *chef* de la dot il est seulement le *chef*
de la communauté. Une dérogation au droit commun ne
violerait donc pas les principes de l'art. 1388 du Code civil.
Quant à l'opinion de Tronchet, elle peut être isolée.
D'ailleurs, elle a été émise sur le premier projet de Code
civil présenté au Conseil d'état, qui n'admettait pas l'inaliénabilité de la dot, c'est-à-dire à un moment où l'on se
faisait du régime dotal une conception très différente de
celle qui a prévalu. On ajoute souvent que la situation créée
par cette clause est exactement celle dans laquelle se trouve
une femme dotale après une séparation de biens judiciaire.
On lui rend l'administration de ses biens qui restent inaliénables. Je ne suis pas, je l'avoue, très convaincu de la
portée de cet argument. MM. Lyon-Caen et Labbé font

---

(1) Voy. dans ce sens, les autorités citées par M. Lyon-Caen dans
la note dont il s'agit.

(2) Merlin, *Répert.*, V° *Dot*, § V. 3. — Rodière et Pont, I, 70
et III, 1726. — Guillouard, IV, 1792 et s. Cpr. Laurent, XXI,
126.

(3) *Contrà*, l'abbé. *Loc. cit.* M. Labbé se contente de parler
des inconvénients de l'inaliénabilité que selon lui il ne faudrait pas
étendre.

observer qu'on se trouve alors dans une situation extraordinaire causée par un accident regrettable. La Cour de
Cassation d'ailleurs ne se sert pas de cet argument. Enfin
M. Guillouard voit dans cette clause une séparation de biens
virtuelle jointe au régime dotal ! Or il admet (1) que les
époux peuvent adopter expressément un régime dotal par-
tiel combiné avec la séparation de biens ; et il autorise la
femme à stipuler qu'elle sera séparée de biens « mais que ses
immeubles où même ses meubles seront inaliénables comme
sous le régime dotal. » Je ne suis pas très convaincu de
l'exactitude de cette observation ; cependant l'argumentation de M. Guillouard vaut d'être citée : « Sans doute, l'art.
1540 définit la dot, le bien apporté par la femme au mari
pour supporter les charges du ménage ; mais nous croyons
que ce n'est là qu'un caractère *naturel* et non un caractère *essentiel* de la dot..... « La principale destination
« d'une dot » dit très bien Denisart (2) « n'est pas d'être
« donnée en jouissance au mari mais d'être employée aux
« charges du mariage..... » Mais que la dot soit confiée
au mari ou à la femme, elle n'en peut pas moins remplir
cette destination ; il faut donc qu'on puisse la rendre inaliénable dans cette hypothèse comme dans l'autre.

En réalité, M. Guillouard pose ici la question sur son
vrai terrain. Elle a en effet un intérêt plus large qu'il
ne semble. Non seulement elle se présente quand les époux
sont mariés sous le régime dotal ; mais, comme sous tous
les régimes on peut stipuler que certains biens seront
dotaux, l'on permettra à la femme avec la jurisprudence
de stipuler quand elle le voudra à la fois une indépen-

(1) IV. 1700.
(2) V. *Dot*, § XIV.

dance presque complète à l'égard de son mari et son irres-
ponsabilité à l'égard de ses créanciers. C'est la séparation
de biens avec inaliénabilité de ses biens réservés. Doit-on
admettre un tel régime ? L'opinion de chaque auteur est
fondée sur un postulat que M. Guillouard discute. Chacun établit la solution qu'il donne à notre question, sur
l'opinion qu'il a de l'inaliénabilité, de son but et de sa
raison d'être. On en vient, tout naturellement, à poser pour
les règles d'inaliénabilité une question analogue à celle
que M. Guillouard indiquait au sujet de la dot. M. Guillouard se demandait : la dot est-elle donnée en jouissance
au mari, ou affectée aux charges du mariage ? Il faut se
demander maintenant si l'inaliénabilité est une protection
donnée·à la femme ou une protection donnée à la famille.
Au fond, c'est la même question examinée à un autre
point de vue. Si la dot est laissée au mari, l'inaliénabilité
aura pour but de protéger la femme contre les abus que
pourrait commettre le chef de famille. Et au contraire,
l'inaliénabilité aura surtout pour but de constituer une
garantie pour la famille tout entière quand on admettra
que la dot est destinée principalement à subvenir aux
charges du ménage.

La théorie traditionnelle admettait certainement le premier système. L'inaliénabilité avait pour but de protéger
la femme contre ses entraînements, sa faiblesse et son
incapacité. Tel n'était pas le fondement des dispositions
du droit romain classique ; il s'agissait alors de donner à
la femme une garantie contre le pouvoir excessif du mari
devenu propriétaire de la dot. Depuis Justinien et dans
notre ancien droit, il ne s'agit plus que de défendre la
femme contre elle-même. Et telle a, très probablement,
été l'idée du législateur. Mais alors, ainsi que je l'ai déjà

indiqué, pourquoi ne pas étendre la protection à toute la
fortune de la femme ; pourquoi surtout lui accorder sur
les paraphernaux les droits d'administration que l'on
accorde aux femmes sous le régime le plus libéral, sous
la séparation de biens ? Cette inconséquence ouvre la
porte à une autre interprétation. Aux attaques dirigées
au cours de ce siècle contre le régime dotal, on a répondu
souvent par une théorie nouvelle qui a sans doute inspiré
la jurisprudence dont je viens de parler. La transformation
a été simple. Le régime dotal est au fond le plus souvent
dans la pratique, un régime de défiance contre le mari.
Pour ne pas lui retirer absolument tout moyen d'action
sur le patrimoine, on écarte la dotalité de tous les biens
présents et à venir ; mais d'autre part, on veut constituer
comme un fonds de réserve, une masse de biens mise à
l'abri de son influence et destinée, si le mari dilapide ses
biens personnels ou les paraphernaux, à subvenir aux
charges du ménage. En un mot c'est la dernière ressource
de la famille, une sorte d'assurance contre la mauvaise
fortune. Et ce caractère a si bien prédominé parfois qu'on
voit dans certains cas ce régime, basé sur la défiance
contre le mari, être réclamé par le futur époux lui-même.
S'il est dans le commerce, s'il se livre à des affaires chan-
ceuses et aléatoires, il demandera parfois à faire mettre
hors du gage des créanciers certains biens qui permettront à la famille de vivre si les affaires tentées par son
chef étaient malheureuses. L'on voit alors le régime dotal
jouer un rôle analogue à celui de cette institution américaine le *homestead* que l'on veut introduire en France.
Je n'ai pas à apprécier si l'essor que de telles institutions procurent au commerce en développant l'esprit
d'initiative peut être mis en balance avec les fâcheuses

conséquences morales et sociales qui découlent de ces
restrictions à la responsabilité personnelle. Ce que j'ai
seulement à noter ici c'est que la jurisprudence, liée par
les principes du Code, ne peut arriver à un tel résultat que
pour les biens de la femme. C'est très probablement
pour obéir à cette tendance, qu'elle a favorisé comme elle
l'a fait les règles de l'inaliénabilité et qu'elle a permis de
les étendre à tous les régimes et même à la séparation de
biens.

Quoiqu'il faille penser de la valeur de cette solution
assurément très défendable, elle a pour conséquence pratique de permettre en fait la stipulation par la femme que
ses biens dotaux resteront soumis à son administration,
ou, ce qui revient au même, que les biens dont elle se
réserve l'administration et la jouissance seront inaliénables, imprescriptibles et insaisissables. Cette clause doit,
semble-t-il, être assez fréquente avec cette tendance actuelle aux limitations de responsabilité qui est peut-être
une des causes du succès des Sociétés par actions. Mais,
s'il y a là de quoi donner un regain de vie au régime dotal, il n'est pas dans l'usage d'y joindre pour la femme,
le droit d'administrer ses biens. J'ai montré combien peu
important semblait souvent le pouvoir d'administration
laissé aux femmes dotales sur leurs biens paraphernaux.
Cependant, quand l'on fait du régime dotal une sorte
d'assurance contre la mauvaise fortune, quand l'inaliénabilité n'a pour but que de justifier l'insaisissabilité, l'on
comprendrait fort bien que la femme se bornât à demander au régime dotal la protection contre les tiers, et ne
crût pas nécessaire d'emprunter aussi les règles très sévères de ce régime relativement aux pouvoirs d'administration du mari.

La difficulté dans une telle hypothèse est de savoir comment sera réglée cette administration donnée à la femme. Je n'ai pas vu poser la question. On peut cependant se demander notamment quel sort sera fait aux biens mobiliers confiés à l'administration de la femme et frappés de dotalité. Avec le système de la jurisprudence sur l'inaliénabilité de la dot mobilière, le mari est libre de disposer de chaque objet pourvu que la créance en restitution de la femme ne soit pas compromise. Ici, comme en cas de séparation de biens judiciaire, l'on est, je crois, forcé d'admettre une inaliénabilité absolue. Cette situation très fâcheuse en cas de séparation judiciaire, l'est encore plus quand la disposition est non plus accidentelle, mais régulièrement établie pour tout le cours du mariage (1). Cet inconvénient est un des principaux obstacles à la généralisation de ces sortes de stipulations. La jurisprudence admet aussi que les sommes que la femme a le droit de toucher seule, sont dotales et insaisissables (2).

Quant aux économies que la femme réalise sur les revenus de ses biens, elles lui appartiennent, car elle a le droit d'en disposer à son gré. C'est ce qu'a décidé la Cour de Cassation le 31 juillet 1861 (3). Dans l'espèce, les époux avaient stipulé accessoirement au régime dotal une société d'acquêts. Les demandeurs soutenaient que la dépense faite par la femme sur ses revenus devait avoir pour but d'acquitter les charges du mariage, et que le

(1) La situation trouve un remède il est vrai, dans les clauses d'aliénation sauf remploi, qui s'étendent en pratique à la fortune mobilière avec les mêmes caractères que pour la dot immobilière ainsi que j'aurai à l'indiquer plus loin.

(2) Cass., 23 août 1839. Sir. 59, 1, 792.

(3) Sir. 62, 1, 529.

surplus de ces revenus devait revenir au mari ou plutôt à
la communauté d'acquêts, laquelle sans cela comprendrait
seulement les acquisitions faites sur les économies du
mari. La Cour suprême a repoussé cette prétention ; mais
j'ai des doutes sur l'exactitude de cette solution. D'abord,
la difficulté de surveiller l'emploi fait par la femme de ses
revenus n'empêche pas quand il s'agit des biens paraphernaux de faire tomber les économies de la femme dans la
société d'acquêts. Pourtant la jurisprudence admet que
la femme garde dans ce cas l'administration. L'arrêt de
1861 semble peu équitable en ne faisant tomber en communauté d'acquêts que les économies du mari. Enfin sa
solution cadre mal avec le principe qui justifie l'extension
par la jurisprudence des règles de l'inaliénabilité, en se
basant sur ce que cette protection est accordée dans
l'intérêt de la famille tout entière.

La difficulté vient de ce que, pour éviter les pouvoirs
du mari sur la dot, on suppose que la femme se réserve
la libre administration des biens inaliénables. L'on obtient
avec plus de simplicité, le résultat cherché, en modérant
dans la pratique la liberté de la femme, de la manière que
j'ai indiquée pour la séparation de biens. La femme
stipule qu'elle conservera l'administration des biens
dotaux ; puis en fait, durant le mariage, elle laisse exercer
par son mari la plupart des droits qu'elle s'est réservés.
Il lui suffit de pouvoir si elle le croit utile user de son
droit strict, pour empêcher les abus du mari. Si de plus,
il y a une communauté (et d'ordinaire, il y aura société
d'acquêts) le contrat de mariage stipulera presque toujours que l'on versera à cette communauté les économies réalisées sur les revenus de la femme.

Pour conclure, l'on peut donner une idée juste, je crois,

de toutes les clauses destinées à réserver à la femme des pouvoirs exceptionnels sur ses biens propres, en disant que l'on voit d'ordinaire, dans ces stipulations, moins une réglementation du régime sous lequel vivront les conjoints que des armes défensives contre les abus du mari. Mais comme l'état de lutte n'est pas ordinaire entre les époux, la femme renonce le plus souvent à user de ses prérogatives. La bonne intelligence des conjoints peut souvent n'être que plus solide pour être fondée sur la connaissance des moyens d'action auxquels chacun d'eux pourrait recourir si l'accord venait à cesser.

Appendice. — *Stipulation dans une donation ou un legs au profit de la femme que celle-ci administrera seule les biens donnés ou légués ou en touchera les revenus sur ses seules quittances.*

J'ai supposé au cours de cette section que les droits d'administration de la femme sur ses biens propres lui provenaient d'une stipulation par contrat de mariage. Ce n'est pas le seul cas où l'on permette d'attribuer à la femme de tels pouvoirs. Des clauses du contrat de mariage qui confient à la femme l'administration et la jouissance de ses biens propres, il faut rapprocher celles qui peuvent être insérées dans le même but dans des actes de disposition à titre gratuit faits au profit de la femme.

Il faut supposer une donation ou un legs fait au profit de la femme au cours du mariage, avec indication, s'il s'agit de meubles, que ces biens lui resteront propres, comme le permet l'article 1401, 1° du Code civil. Tout le monde admet aujourd'hui (1) et la jurisprudence est inva-

(1) Voy. AUBRY et RAU, V § 507. Texte et note 20 et les arrêts et

riable en ce sens, que le disposant pourra aussi imposer à
sa libéralité la condition que la femme touchera sur ses
simples quittances les revenus des biens donnés ou légués.
Et l'on doit admettre qu'il est même permis de lui en confier l'administration.

La validité de cette clause a néanmoins été contestée (1).
Je ne crois pas cependant que l'on puisse y voir une
atteinte portée à la puissance maritale. J'ai montré que
les droits du mari sur les propres de sa femme n'étaient
pas d'ordre public, et le Code même permet d'y déroger.
A peine pourrait-on soutenir qu'il y a là un changement
aux conventions matrimoniales. En tout cas, si l'on trouve
fâcheuse pour le mari une disposition qui donne à sa
femme une indépendance plus grande qu'il n'eût voulu,
il faut remarquer que la femme a besoin pour accepter
cette libéralité de l'autorisation du mari ou du juge.
Ceux-ci apprécieront d'abord l'esprit de la donation ou du
legs (2) mais aussi sans doute les conditions du bon accord
des époux.

La question peut seulement se poser de savoir si cette
clause est licite quand les biens soustraits ainsi au pouvoir
du mari venaient d'une personne dont la femme bénéficiaire
était héritière à réserve. C'est l'objet d'une vive controverse
au cas où une disposition à titre gratuit d'objets mobiliers
est accompagnée d'une clause d'exclusion de la communauté. Je ne peux entrer dans les détails de cette question

les auteurs qu'ils citent. *Adde* : LAURENT, XI, 447. — GUILLOUARD,
I, 402.

(1) Voy. DELVINCOURT, III, p. 13. — BELLOT DES MINIÈRES, I,
p. 300.

(2) Voy. LAURENT, *loc. cit.* et Paris, 5 mars 1846. — Sir. 46, 2,
149.

qui est en dehors de mon sujet. Je constate qu'on ne la pose pas d'ordinaire quand il s'agit seulement d'enlever au mari un droit d'administration ou de jouissance. Il me semble qu'il y a même raison de discuter. Comme la solution est tirée de considérations sur la nature de la réserve, elle sera la même dans les deux hypothèses. On pourrait pourtant soutenir que la question ne se pose pas, le mari n'étant pas lésé dans ses intérêts pécuniaires ; car si la communauté perd les revenus attribués à la femme, elle est déchargée en revanche des frais d'entretien de celle-ci. Mais, qu'on le remarque, les revenus réservés à la femme peuvent être très supérieurs à ses besoins ; et par analogie avec le cas de séparation de biens, il faut décider que les économies qu'elle réalise lui appartiennent. Enfin le disposant peut même avoir stipulé que les revenus de la femme seront capitalisés et placés au nom de celle-ci.

La femme pourrait-elle, dans le cas qui m'occupe, confier au mari l'administration que le donateur ou le testateur lui a réservée ? Cela dépendra des circonstances et des termes employés par le disposant. Si celui-ci a expressément posé comme condition que le mari n'aurait pas l'administration, il faudra s'y conformer. Je ne pense pas que cela puisse empêcher la femme de donner accidentellement un mandat spécial au mari pour tel ou tel acte. Mais il sera prudent de donner un mandat exprès et de ne pas renouveler trop souvent cette opération. Même dans le silence de l'acte de libéralité il semblera généralement plus conforme à l'intention du donateur ou du testateur que la femme n'abandonne pas l'administration au mari. De la part d'un tiers, le plus souvent, cette réserve est l'indice d'une antipathie ou d'une défiance pour le mari ; et la situation est bien différente de celle que crée la stipula-

tion de la femme, et où il faut voir surtout un moyen de
défense éventuel.

SECTION II

POUVOIRS RENDUS A LA FEMME PAR DÉCISION DE JUSTICE

Avant la loi du 6 février 1893, l'objet de cette deuxième
section aurait été presque nul. Ce n'est guère que « pour
ordre » que j'aurais dû mentionner une distinction entre
le cas où les pouvoirs exceptionnels de la femme sur ses
propres lui sont attribués par le contrat de mariage ou
par une intervention de la justice. Jusqu'à cette époque
en effet, tant que le mariage n'était pas dissous par le
divorce, on ne pouvait en relâcher les liens, au moins au
point de vue pécuniaire, que suivant des règles peu différentes de celles de la séparation de biens conventionnelle.

Les règles incomplètes, l'organisation peu harmonieuse
de la séparation de biens judiciaire, s'appliquaient aussi
à la séparation de corps. La femme séparée de corps restait en principe frappée de l'incapacité générale qui naît
du mariage.

La loi de 1893, bien qu'elle traite aussi de différentes
autres questions, les unes spéciales à la séparation de
corps, les autres, communes au divorce et à la séparation de corps, a pour principal objet d'ajouter, aux droits
que la femme séparée de corps devait à la séparation de
biens accessoire, le rétablissement de sa pleine capacité
civile, en la dispensant de recourir à l'autorisation du mari
et de la justice. Je n'aurai à parler de la loi de 1893 qu'à
raison des conséquences en résultant pour la femme sur
ses biens. Auparavant, il faudra que j'indique les carac-

lières particuliers de la séparation de biens judiciaire au point de vue des pouvoirs de la femme.

§ Ier. — La séparation de biens judiciaire

J'ai déjà indiqué à propos de la séparation de biens conventionnelle (1), la similitude presque complète des règles auxquelles dans ces deux situations le Code civil soumet l'administration de la femme. Bien que la question ait été discutée, j'ai cru trouver la justification de l'opinion générale dans la comparaison des art. 1536 et 1538 avec l'art. 1449. Que la séparation de biens soit judiciaire ou conventionnelle donc, même prohibition de tout acte de disposition des immeubles et mêmes pouvoirs de libre administration, entraînant le droit d'aliéner les meubles (2) à titre onéreux, le droit d'acquérir à condition de ne pas s'obliger (avec la même controverse sur le droit d'acquérir des immeubles) et le droit de s'obliger même sur ses immeubles pour les besoins de son administration. En un mot, en s'en tenant au régime tel qu'il est conçu en droit pur, on retrouve exactement la même organisation avec les mêmes bizarreries et les mêmes incohérences que j'ai déjà signalées. Je me contente donc de renvoyer au développement et aux discussions du paragraphe 1er de la première section. Il faut noter que tous les actes de la femme au cours de la séparation sont maintenus, même si les époux consentent, dans les formes légales, à mettre fin à la séparation de biens judiciaire. En droit, une seule différence dans la situation de la

(1) Voy. *suprà*, p. 58.
(2) C'est pour la séparation de biens judiciaire que l'art. 1449 accorde à la femme cette faculté.

femme, selon que la séparation est judiciaire ou conventionnelle. Quand les époux adoptent par contrat de mariage le régime de la séparation de biens, ils fixent d'ordinaire dans quelle proportion la femme devra contribuer
aux charges du mariage. A défaut d'une clause spéciale,
l'art. 1537 fixe la part de la femme au tiers de son revenu.
La règle posée en cas de séparation de biens judiciaire
est plus équitable. L'art. 1448 dans ce cas déclare que
la femme sera tenue *proportionnellement* à ses revenus.
Cette différence se justifie peu. On cherche à l'expliquer
par l'intérêt qu'ont les ménages unis à ne pas faire intervenir les tribunaux pour régler les devoirs de chaque
époux, et par l'impossibilité de fixer autrement la part
contributive de la femme si le contrat de mariage est
muet. La même raison n'existait évidemment pas en cas
de séparation judiciaire. Le tribunal qui prononce la séparation règlera du coup la proportion dans laquelle les
conjoints devront supporter les dépenses faites dans l'intérêt commun ou dans celui des enfants. D'ailleurs cette
décision n'est point immuable. Elle pourra être modifiée
par la justice selon les augmentations ou les diminutions
du patrimoine de chaque époux. La femme pourra être
obligée, si le mari est ruiné, de supporter toutes les
charges.

Il ne faut pas cependant exagérer la ressemblance entre
la séparation de biens judiciaire et la séparation contractuelle, y voir, comme on est porté à le faire, une véritable
identité. Ces deux ordres de disposition répondent à des
besoins différents.

La séparation de biens judiciaire est un moyen donné
à la femme de sauvegarder ses intérêts quand au cours
du mariage ses biens sont en péril, quand les affaires du

mari sont en désordre. Ce n'est pas, comme la séparation conventionnelle, un moyen préventif d'éviter les fautes du mari ; c'est un moyen de se garantir contre les conséquences de son incapacité ou de ses abus constatés. En particulier, l'art. 1563 C. C., permet sous le régime dotal de demander la séparation de biens. Il y a lieu alors à une combinaison entre les règles des deux régimes, d'où naît une situation toute nouvelle. Sans doute, la femme reprend l'administration de sa dot, mais ses biens restent en même temps soumis aux règles du contrat de mariage. Le point n'aurait que peu d'importance si l'on admettait avec la majorité de la doctrine, que la dot mobilière reste aliénable. Mais en pratique, avec la jurisprudence constante qui admet l'inaliénabilité de la dot mobilière (1), on arrive à retirer à la femme séparée le droit d'aliéner les meubles que lui accordait l'art 1449, 2ᵉ alinéa. Or pour la jurisprudence, tandis qu' « en thèse générale la dot mobilière est inaliénable en ce sens seulement que la femme ne peut renoncer soit à son recours contre le mari, soit à l'hypothèque légale attachée à son recours... après la séparation de biens la dot reste absolument inaliénable pour la femme qui en reprend la libre administration, sans pouvoir s'obliger sur le capital social ni l'aliéner (2) ». La jurisprudence est absolument constante sur ce point. Elle est vivement attaquée par MM. Laurent et Guillouard (3). Ils se fondent sur l'expression de libre adminis-

---

(1) Je suis obligé de passer assez rapidement sur toutes ces questions relatives à la combinaison du régime dotal et de la séparation de biens ; on ne peut les approfondir qu'en étudiant très à fond le régime dotal lui-même ce qui m'entraînerait trop loin.

(2) Cass. 3 fév. 1879. — Sir. 79, 1, 353 et notes. — Voir les autres arrêts cités par M. Guillouard, IV, 2105, p. 418, note 2.

(3) Laurent, XXIII, 556. — Guillouard, IV, 2105.

tration qu'emploie la loi et sur la qualité de propriétaire
qu'on reconnaît à la femme. Ils font remarquer que le
mari peut n'avoir pas de biens sur lesquels la femme exerce
son recours quand il a aliéné la dot mobilière, et surtout
que cette aliénation peut, dans certains cas, être nécessitée
par la conservation même de la dot. J'avoue que cette dernière considération me paraît particulièrement forte. Cependant, il est peu probable qu'elle suffise à déterminer
un changement de front de la jurisprudence, et à produire
une transformation aussi considérable dans l'organisation
systématique que nos tribunaux ont donné à la dot mobilière.

La jurisprudence semble même admettre que la femme
dotale séparée peut engager par ses obligations les revenus de la dot seulement dans les limites où ils excèdent les
besoins du ménage (1) car la dot ne perd pas par la séparation son caractère essentiel, qui est de subvenir aux charges du mariage. Il faut noter que ce droit de disposition
se réduirait à rien si l'on admettait avec M. Colmet de
Santerre (2) que la femme dotale même séparée doit fournir au mari, chargé de subvenir aux dépenses du ménage,
tous ses revenus dotaux, qu'elle devait lui remettre avant
la séparation. Cette opinion est généralement repoussée (3) : car la situation est la même que sous le régime de
communauté, et il paraît plus équitable d'appliquer ici la
proportionnalité de contribution entre les époux, qui est
de règle en cas de séparation de biens judiciaire.

---

(1) Cass. 12 mars 1866. — Sir. 66, 1, 159. Cass. 27 juil. 1875. —
Dal. 75, 1, 401. Cass. 27 juil. 1880. — Sir. 80, 1, 360, et les auteurs
et arrêts cités par GUILLOUARD, IV, 2084-1.

(2) VI, 235 bis, II.

(3) Voy. GUILLOUARD, IV, 2106.

La question a même été controversée de savoir si la femme dotale séparée de biens ne devait pas être astreinte à faire emploi des reprises ou des capitaux qui lui sont remboursés par le mari ou par des tiers, alors même que le contrat de mariage ne prescrivait pas un tel emploi. Je n'ai pas ici à exposer cette discussion. Il me suffit de noter que la femme, d'après la jurisprudence et la doctrine actuelles, n'est assujettie dans ce cas ni à justifier d'un emploi, ni à fournir une caution (1). Et l'on déclare avec raison cette prétention arbitraire, l'on fait remarquer la généralité de l'art. 1449 qui rend à la femme séparée la libre administration de ses biens, et l'on constate que rien n'autorise à attribuer une incapacité particulière à la femme mariée sous le régime dotal.

En fait, il faut remarquer que la femme dotale sera presque toujours soumise à l'obligation de faire emploi par le contrat de mariage. La femme reprend la gestion avec les conditions imposées au mari. Or, le régime dotal pur est inconnu à la pratique. Il est toujours mitigé d'une clause d'aliénation sous la condition de remploi ; et l'emploi est toujours stipulé pour toutes les sommes touchées au cours du mariage. Cette faculté d'aliéner sauf remploi s'applique même à la dot mobilière, et, j'aurai plus tard à revenir sur ce point, la clause usitée dans les contrats de mariage (2) pour ces sortes de stipulations, exige ordinairement le concours des deux époux. Aliénation de la dot immobilière ou de la dot mobilière, emploi ou remploi des capitaux touchés, toutes ces opérations sont permises par les con-

---

(1) Voy. les arrêts et les auteurs cités par GUILLOUARD, IV, 2105.

(2) Voy. DEFRÉNOIS, Ed. 1893, III, form. 1276, art. 6, variantes de la p. 117.

ventions matrimoniales, mais du consentement des deux
époux. C'est donc encore avec le consentement de son
mari que la femme dotale séparée de biens judiciairement
devra procéder à ces opérations.

Si l'on ajoute qu'elle doit verser au mari, sinon tous
ses revenus, au moins la part nécessaire à l'entretien du
ménage, on constatera que la séparation de biens a fort
peu modifié sa liberté et ses attributions. Ce qu'elle aura
repris, c'est *la pure* administration de ses biens et non
pas *la libre* administration dont parle l'article 1449. On
pourrait tout au plus constater que la femme peut aliéner
indirectement ; l'art. 1561 décide en effet que les biens
dotaux deviennent prescriptibles après la séparation de
biens. Cette décision n'est pas dangereuse en ce qui
concerne les immeubles, le minimum de la prescription
étant de dix ans, ce qui ne rend pas l'acquisition bien facile. Il est donc raisonnable, je crois, de considérer d'après
la pratique, la femme dotale séparée de biens comme réduite à l'exercice des droits de simple administration.
Elle doit encore à la séparation de biens l'avantage de tirer par une gestion habile de son patrimoine le maximum de
produits, ou au moins d'éviter les pertes qu'entraînait la
négligence ou l'incapacité du mari. Enfin quand on admet
contrairement à l'avis de M. Colmet de Santerre que la
femme n'est pas obligée de verser au mari tous les produits de sa dot, elle peut faire des économies sur le surplus, sauf à savoir d'ailleurs, si, avec la généralité des
clauses d'emploi contenues dans le contrat de mariage, la
femme ne doit pas en faire emploi avec le consentement
du mari.

On est loin, on le voit, des pouvoirs considérables que
la séparation de biens confère d'ordinaire à la femme, et

que j'ai indiqués à propos de la séparation contractuelle.
Et la différence selon que la femme s'était mariée en communauté ou sous le régime dotal sera d'autant plus grande
que nous allons voir une autre conséquence de la situation à laquelle répond la séparation judiciaire.

J'ai dit plus haut (1) combien il était fréquent en pratique de voir la femme mariée sous le régime de la séparation
de biens conventionnelle laisser le mari durant le mariage
exercer les droits de jouissance et d'administration qu'elle
s'était réservés. Bien différente sera presque toujours la
conduite de la femme séparée judiciairement. Tandis que,
en cas de séparation conventionnelle, la femme a voulu se
procurer des garanties contre le mari sans que rien le
plus souvent ait troublé la concorde qui doit régner entre
les époux, la séparation de biens judiciaire suppose généralement entr'eux un violent conflit. La femme d'ordinaire ne se décide à recourir à ce remède énergique qu'après
avoir épuisé tous les moyens de conciliation. Si la discorde n'est pas antérieure à la demande en séparation,
elle naîtra bien souvent du fait même que la femme, en
publiant le mauvais état des affaires du mari, a porté la
première atteinte à son crédit. Et c'est pour éviter de
nuire à l'union des ménages que l'art. 1446, dérogeant à
l'article 1166, empêche les créanciers de la femme de
demander à son défaut la séparation. Cette situation n'est
pas il est vrai la seule possible. Parfois c'est le mari lui-
même qui conseille à la femme dans l'intérêt de la famille
de sauvegarder ses intérêts mis en péril par le mauvais
état des affaires du chef du ménage. Dans ce cas, on comprend encore, bien que le mari ait peu mérité cette con-

(1) Voy. p. 81 et s.

fiance, que la femme lui donne l'administration de ses
biens, encore sera-t-il plus prudent de n'en rien faire. Mais
d'ailleurs le plus souvent, la demande en séparation ou
la liquidation des droits de la femme amèneront des tirail-
lements. Alors on verra la femme conserver l'administration et la jouissance dans les termes de son droit
strict. Aussi le Code civil quand il s'agit de la séparation
judiciaire ne prévoit-il pas, comme il le fait en cas de séparation contractuelle, la substitution à ses règles strictes,
d'un régime fondé sur le bon accord des époux.

Ce n'est donc d'ordinaire que lorsqu'il y aura eu séparation judiciaire que nous verrons la femme profiter de
toutes les libertés que lui vaut la séparation de biens.
On va voir combien plus indépendante encore est la femme
après la séparation de corps.

§ II. La séparation de corps

L'art. 3 alinéa 3 de la loi du 6 février 1893, dispose :
« La séparation de corps emporte toujours la séparation
de biens... Elle a en outre pour effet de rendre à la femme,
le plein exercice de sa capacité civile, sans qu'elle ait besoin de recourir à l'autorisation de son mari ou de justice. »

« C'est ici, dit M. Bufnoir (1) la partie capitale de la loi
où il est remédié à l'une des imperfections les plus graves
du régime du Code civil, en matière de séparation de
corps. » Avant la loi de 1893 en effet, la séparation de
corps entraînait seulement la séparation de biens. J'ai
montré combien ce régime laissait encore de place à l'au-

_____

(1) *Annuaire de lég. franc. publié par la Soc. lég.comp.* Lois
de 1893, p. 54.

torité du mari ; comment aussi le peu de précision de ses
règles amenait souvent les tiers à exiger dans le doute une
autorisation. En cas de séparation de corps la situation devenait presque intolérable ; par suite de la rupture complète qui se produit en pareil cas, la dépendance où restait
la femme à l'égard d'un mari avec lequel elle n'avait plus
ni liens d'affection, ni communauté de vie, devenait peu
justifiable. Bien plus, le mari trop souvent abusait de
cette situation pour faire payer à beaux deniers comptants,
une autorisation que la justice aurait peut-être refusée ou
plutôt qu'elle aurait fait attendre longtemps et dont l'ob-
tention aurait exigé des frais assez considérables (1).

Le but de la loi de 1893 était de remédier à ces inconvénients. Après bien des hésitations (2), le législateur s'est
décidé à admettre le parti le plus absolu, en rendant à la
femme sa pleine capacité civile, son indépendance complète.

Le principe de cette loi a pu être discuté (3) en tant
qu'il portait atteinte à l'autorité du mari sur la personne
de la femme, alors que le lien conjugal n'était pas com-
complètement rompu. Il faut remarquer toutefois que la
loi nouvelle a exigé que toute signification faite à la
femme séparée en matière de questions d'état soit également adressée au mari à peine de nullité (4). Tout le monde

(1) Cf. les paroles de M. E. LABICHE à la Séance du Sénat du
25 janvier 1887.

(2) Voir not. pour l'historique de cette loi, l'explication de M. CA-
BOUAT, prof. à la Faculté de Caen dans les *Lois Nouvelles* de 1893,
p 261 et s.

(3) CABOUAT, *op. cit.*, p. 309 et *Rev. crit.* A. 1889, p. 703 et s. —
BUFNOIR, *loc. cit.*

(4) Art. 1er, 2e al. Il y a là en effet des questions qui intéressent
toute la famille. Il y a par suite pour le mari un droit d'intervention
où M. BUFNOIR (*loc. cit.*) voit « un vestige de l'autorité maritale ».

a été d'accord pour approuver la situation faite à la femme relativement à ses biens.

La femme séparée de corps est aujourd'hui maîtresse de son patrimoine, indépendante, libre de toute intervention. Plus de ces distinctions subtiles et un peu arbitraires entre les actes soumis ou non à l'autorisation. La femme séparée de corps se trouve aujourd'hui en France dans la même situation que les femmes anglaises sous le régime de droit commun. D'elle aussi, on peut dire qu'elle a les mêmes pouvoirs que si elle n'était pas mariée. Elle est débarrassée des entraves qui résultaient des articles 215, 217 et 1449, C. C. Elle peut faire tous les actes juridiques, même relatifs à ses immeubles, aliéner, acquérir, s'obliger, ester en justice, user des voies d'exécution forcée, acquiescer, transiger ou compromettre sans être soumise à aucune surveillance.

Une seule difficulté s'élève; il s'agit de savoir dans quelle mesure les conventions matrimoniales adoptées par les époux peuvent modifier la capacité reconnue à la femme séparée de corps. Sous le régime de la séparation de biens, et même avec la communauté légale ou conventionnelle ou sous le régime exclusif de communauté, les droits de la femme ne sont limités que par ceux du mari. L'autorité de celui-ci supprimée, la femme reprend son entière liberté. Mais que faut-il penser des règles restrictives de la liberté de la femme qui peuvent émaner de la stipulation du régime dotal ? Devra-t-on les maintenir après la séparation de corps ? La question est délicate et la loi est muette. M. Naquet avait déclaré au Sénat dans la séance du 19 janv. 1887 qu'après la séparation de corps, le régime dotal stipulé disparaissait. Dans la séance du lendemain, on revint sur cette affirmation.

M. Léon Renault, sans trouver de contradicteurs, fit remarquer que, si l'on supprime la règle de l'autorisation, « il n'en résultera pas forcément que les contrats de mariage disparaîtront, seront anéantis ; ces contrats de mariage ne peuvent disparaître qu'à l'instant où le mariage lui-même est dissous par la mort ou par le divorce. La puissance maritale ne les a pas créés, ce n'est pas elle qui les soutient, elle n'a rien à voir avec eux. » Et la pensée des auteurs de la loi est approuvée par la plupart des commentateurs. Que l'on considère la dotalité comme une indisponibilité ou comme une incapacité de la femme, peu importe ici. Il est certain que l'inaliénabilité a été stipulée pour protéger la femme, donner une garantie à la famille. Le but de la loi n'est pas de supprimer les sûretés exceptionnelles que la femme s'est réservées par contrat, mais seulement d'épargner à la femme l'obligation de demander au mari une autorisation devenue sans fondement. Il faut donc admettre que le régime dotal survit après la séparation de corps, et c'est l'avis de tous les commentateurs de la loi de 1893 (1).

Si l'on peut être lié par les travaux préparatoires pour l'interprétation de la loi, la solution que tout le monde adopte me paraît assez critiquable en législation. Qu'il ne faille pas confondre l'incapacité qui pèse de droit commun sur la femme mariée, avec les règles restrictives émanant de la dotalité, je l'admets. Mais il faudrait savoir si la séparation de corps ne devrait pas logiquement faire cesser aussi les effets des conventions matrimoniales. On me dira que la pensée du législateur a été seulement de mettre la femme à l'abri des abus de son mari. Il m'aurait

---

(1) Voy. CABOUAT, *op. cit.*, p. 330, et les autorités qu'il cite : *adde*, MARGAT, Th. de Doctorat, p. 88.

paru plus logique de faire cesser tous les effets du
mariage quant au patrimoine des époux. La séparation
de corps différerait encore du divorce : d'abord par
l'impossibilité de se remarier, et c'est la considération qui
détermine d'ordinaire le choix entre les deux institutions ;
et puis le fait que le lien du mariage n'est pas entièrement
aboli entraîne le maintien du devoir de fidélité (d'ailleurs
dépourvu pour le mari de sanction pénale) et du devoir
de secours entraînant le droit éventuel de chacun à une
pension alimentaire. Joignons la disposition de la loi de
1893 qui exige la remise au mari d'une copie de toute
signification faite à la femme sur une question d'état.
Nous aurons ainsi un régime très logique. Mais du
moment où le mari perd toute autorité pécuniaire,
pourquoi maintenir l'inaliénabilité dotale ? pourquoi
imposer à la femme une pareille entrave, d'autant plus
gênante que, d'après la jurisprudence, la dot mobilière devient alors totalement inaliénable ? La stipulation du régime
dotal est pour la femme un aveu de sa propre faiblesse,
un acte de défiance à l'égard d'elle-même. Mais contre qui
est dirigée la protection de la loi ? Contre le mari. C'est
l'influence exagérée du mari que la femme veut éviter.
C'est contre lui qu'elle se sent incapable de résister. Et
si le mari demande parfois lui-même le régime dotal,
n'est-ce pas pour rendre par avance inutiles les sollicitations auxquelles le mauvais état de ses affaires pourrait le pousser. Et, en effet, c'est durant le mariage
seulement que la femme peut apporter elle-même ces
limites à ses droits pécuniaires. S'il s'agissait de protéger la faiblesse de son sexe, comprendrait-on cette restriction ? Or, je le demande, en cas de séparation de
corps, au moment où la femme est affranchie sur ses

biens de toute autorité maritale, quel danger court-elle
de ce chef, de quelle protection a-t-elle besoin, quels
périls menacent la famille? Les pouvoirs du mari comme
chef n'existent plus; son influence est peu à craindre; en
quoi, au point de vue de la condition des patrimoines,
la situation diffère-t-elle de celle qui se produit en cas de
divorce? Dans ce cas, dit-on, le lien du mariage est complètement rompu. Il reste cependant comme en cas de
séparation de corps les enfants dont les intérêts doivent
être protégés. J'aurais donc préféré que le législateur
allant jusqu'au bout de sa réforme déclarât que la séparation de corps mettait désormais fin à tous les effets
pécuniaires du mariage. Bien des complications auraient
été ainsi évitées.

En effet, si le régime dotal survit à la séparation, il est
maintenu avec les mêmes règles qu'au temps de l'union
des époux. Or dans un certain nombre d'hypothèses (art.
1555, 1556 et 1558 C. C.) les biens dotaux sont décla-
rés aliénables soit avec l'autorisation du mari, soit avec
celle de la justice. Comment appliquer ces textes dans
notre matière? Les travaux préparatoires sont muets; on
ne peut guère songer à dispenser la femme de l'autorisation de la justice exigée par l'art. 1558; c'est une conséquence logique du maintien de la dotalité. Et cette solution fut indiquée par M. Arnault dans son rapport à la
Chambre des Députés. — Mais la femme pourra-t-elle
seule donner ses immeubles dotaux pour l'établissement
de ses enfants d'un premier lit ou des enfants communs
contrairement aux articles 1555 et 1556. La question est
très discutable. Va-t-on tirer argument du silence de
M. Arnault sur ce point, ou dire que la capacité de la
femme lui est rendue ici par la loi du 6 février 1893? Mais

on n'a pas voulu toucher au régime dotal, donc au régime
dotal avec ses exceptions ; et en effet, l'une d'elles a été
maintenue par M. Arnault. C'est la solution admise généralement (1) et résultant du maintien des conventions matrimoniales. Le résultat, il faut l'avouer, est des plus
bizarres. La femme séparée de corps, devra dans ces cas
et par exception recourir à cette autorisation du mari qui
a amené tant de conflits et d'abus et que le législateur a
voulu supprimer. Chose notable, c'est précisément dans
les cas les plus favorables, et où la loi elle-même a fait
fléchir les rigueurs de l'inaliénabilité, que la liberté d'action de la femme va subir ces entraves.

Il ne faut pas oublier en effet que le régime dotal, tel
que le décrit et le réglemente le Code civil est à peu près
inconnu à la pratique. La clause de style insérée par les
notaires dans tous les contrats de mariage où la dotalité
est stipulée permet l'aliénation sauf remploi. La femme
reçoit, dans le contrat, le droit de procéder à un certain
nombre d'actes, à condition d'employer les sommes qui lui
reviendront de ces opérations, en l'achat d'immeubles ou
de valeurs désignées. En se conformant à cette condition,
la femme peut faire la plupart des actes même de disposition, sans autre restriction d'ordinaire que la nécessité
du consentement de son mari (2).

---

(1) Voy. CABOUAT, *op. cit.*. p. 332. *Contrà*, MARGAT. *op. cit.*

(2) Parfois aussi le contrat de mariage exige l'assentiment d'autres
personnes, le père de la femme ou certains proches parents. Même
après la séparation de corps, leur concours doit être exigé. En remar-
quant que la clause du style emploie l'expression : « La future épouse,
pourra avec l'autorisation de son mari..... », on pourrait se demander si le consentement du futur époux n'est pas requis au même titre.
Non pas que les notaires rédacteurs aient prévu l'hypothèse de la
séparation de corps, la formule était usitée bien avant 1893. Mais en

La femme est affranchie en cas de séparation de corps de cette dernière exigence (1), fondée seulement à ce qu'il semble sur les principes ordinaires de l'autorité maritale. Elle recouvre donc dans ce cas, une indépendance assez grande. Sans doute, elle est encore obligée à faire emploi ; mais sauf cette restriction, elle acquiert toute liberté, d'ordinaire, sauf pour les actes à titre gratuit. Il faut même noter que, en présence des termes fort larges des clauses dont il s'agit, la femme jouit généralement des mêmes droits sur sa dot mobilière, sous les mêmes conditions. Et cela, je l'avoue, diminue en partie, la portée des critiques que j'ai faites au maintien de la dotalité après la séparation de corps. Il n'en reste pas moins des dispositions peu harmonieuses, une gêne illogique imposée à la femme, des règles rigoureuses peu justifiées après la rupture de tout rapport pécuniaire avec le mari.

C'est bien ce dernier caractère en effet qui, à part les quelques exceptions indiquées pour le régime dotal, prédomine dans la situation actuelle de la femme séparée de

mentionnant le consentement du mari, sans parler de l'autorisation judiciaire, l'on a pu vouloir exclure cette dernière, et exiger toujours le concours du mari. Dans ce cas, et surtout si le consentement d'autres personnes est exigé, l'on pourrait soutenir que celui du mari l'est au même titre, comme condition à l'aliénabilité, et qu'il est nécessaire même après la séparation de corps. Il est plus probable cependant que cette clause est une redondance comme il s'en voit trop souvent dans les actes juridiques, et fait un simple renvoi aux règles de l'autorité maritale en négligeant le cas plus rare où l'on doit recourir à la justice. L'on peut en ce sens tirer argument du mot « autorisation » dont on se sert le plus souvent. (Voy. DEFRÉNOIS. Ed. 1893, III, for. 1276, art. 6.) Dans le doute, il serait cependant peut-être plus prudent de demander le concours du mari ; et c'est ce qui aura souvent lieu, je crois, dans la pratique.

(1) Voy. CABOUAT, *op. cit.*, p. 333.

corps. Et il est bon de noter, comme un signe des tendances actuelles, l'étendue des droits que la législation nouvelle accorde à la femme. « Le régime nouveau de la séparation de corps ouvre une large brèche dans une institution que les mœurs ont acceptée pour ainsi dire de confiance (1). » Et, chose remarquable, le principe de cette œuvre qui n'a pas été achevée sans de nombreuses hésitations, n'a soulevé que des louanges. Non seulement la loi de 1893 a été prônée par les adversaires du divorce qui ont vu dans cette réforme un moyen d'en arrêter le développement, mais elle a été acceptée par les défenseurs même des lois de 1884 et 1886, effrayés de l'abus qu'on faisait d'une institution qui brise complètement les liens du mariage. Les auteurs juridiques même, ordinairement portés à la défense des principes reçus, ont approuvé cette dérogation aux règles de l'autorité maritale. Certains mêmes ont réclamé l'extension de cette liberté nouvelle au cas de séparation de biens. « Il semble, dit M. Bufnoir (1), que cela devrait aller de soi en cas de séparation de biens judiciaire ; sans doute, elle laisse subsister la communauté d'existence et on peut être tenté de dire qu'à cette association subsistante, il faut un chef. Cependant cette association a pris fin pour ce qui est des biens, et n'y a-t-il pas quelque contradiction à maintenir la haute direction des intérêts de la femme au mari qui s'est montré incapable dans le gouvernement de ses propres affaires et des affaires communes ? »

Quant à la séparation de biens conventionnelle et quant aux biens paraphernaux, s'il n'y a pas la même raison, l'on fait observer que, dans notre ancien droit, les pays de droit écrit affranchissaient les paraphernaux de l'au-

---

(1) Bufnoir, *Bul. lég. fr. de la Soc. lég. comp.* A. 1893, p. 37.

torité maritale. Il est juste d'ajouter qu'il s'agissait d'ordinaire d'une fraction des biens seulement.

Sans apprécier pour le moment la valeur de cette réforme appliquée aux régimes conventionnels, je veux seulement constater en France la manifestation d'un mouvement favorable à l'indépendance civile des femmes mariées, sinon égal, au moins analogue à celui que j'ai indiqué à l'étranger. L'on a pu, à la vérité dans un cas exceptionnel, déroger à un principe au respect duquel on a, durant tout ce siècle, cru l'ordre public intéressé. A peine le premier coup porté, on parle d'augmenter encore le champ ouvert aux exceptions. Il ne faudrait pas s'étonner de voir assez rapidement toute une révolution dans les idées reçues aboutir à l'établissement du régime de séparation de biens absolue avec suppression de toute autorité maritale sur le patrimoine, sinon sur la personne de la femme. Non pas qu'en France ce régime ait des chances de devenir de droit commun ; mais il suffirait qu'il soit possible de stipuler en faveur des femmes mariées une pareille indépendance pour modifier profondément l'idée qu'on se fait communément de leur rôle et de leur situation dans le ménage.

Si ce résultat se produit, cette transformation sera fondée, et sur la conception qu'on se fera alors du mariage, et surtout sur les résultats que donnera en pratique la loi de 1893.

SECTION III

EXERCICE PAR LA FEMME D'UNE PROFESSION SÉPARÉE

La loi de 1893 sur la séparation de corps nous a montré la tendance actuelle au développement de la capacité de la femme. Depuis longtemps déjà, les principes rigides du Droit civil étaient sapés sur ce point comme sur bien d'autres par les règles libérales que les nécessités pratiques avaient fait prévaloir dans le droit commercial sur la capacité des femmes qui exercent un commerce séparé.

En effet, « la femme mariée marchande publique, est réputée non mariée pour les faits relatifs à son commerce » (1). C'est ce qui résulte des articles 220 C. C. et 5 et 7 du Code de commerce.

Ce qu'il y a de remarquable dans la liberté alors donnée à la femme mariée, c'est qu'elle lui est en principe accordée par le mari. « La femme ne peut être marchande publique sans le consentement de son mari. » (art. 4 du C. com.) Il s'agit là, par dérogation à l'article 223 du Code civil, d'une autorisation générale ; c'est au moins ce que l'on admet, malgré l'expression contraire des art. 220 du C. civil et 5 du C. com. L'on est aussi d'accord pour décider que cet assentiment du mari peut être tacite. D'ailleurs, le consentement du mari peut n'être pas suffisant (2). Je crois qu'il est toujours nécessaire. Le contraire est, il est vrai, soutenu par quelques auteurs et même par plusieurs arrêts (3), en se fondant surtout sur des considérations pratiques, et dans des circonstances très favorables. L'on a dit parfois que le recours à la justice était de droit toutes les fois que le mari ne pou-

---

(1) LYON-CAEN et RENAULT, *Traité* I, 252 et les précédents historiques cités par ces auteurs.

(2) Par exemple quand l'un des époux ou tous les deux sont mineurs. LYON-CAEN et RENAULT, *Traité*, I, 246-249.

(3) Grenoble, 27 janvier 1863. — DAL. 63, 5, 38. Paris, 3 janv. 1868. — DAL. 68, 2, 28.

vait ou ne voulait autoriser. D'autres auteurs distinguent
entre le refus et l'incapacité, et ne permettent le recours
à la justice que dans ce dernier cas. D'autres encore font
exception seulement quand il s'agit de femmes séparées
de biens. M. Demante (1) avait pensé qu'il fallait la restreindre au cas de séparation de corps; la loi de 1893 a
sur ce point rendu inutile cette protection pour la femme.
Je crois impossible cependant, en présence du texte du
Code de commerce, et des travaux préparatoires, d'admettre une intervention judiciaire. L'on comprend parfaitement d'ailleurs, que la justice ne soit pas appelée à
connaître des aptitudes d'une femme, de l'intérêt et des
convenances de la famille et du mari en pareil cas. Il y a
là des considérations dont le mari doit être seul juge, et
la situation est bien différente de celle où les tribunaux
sont appelés à apprécier un acte isolé (2). Et puis, comment concilier le droit que l'on accorderait à la justice
avec la faculté que tout le monde reconnaît au mari de
révoquer l'autorisation donnée à la femme, sauf pour
celle-ci la faculté de réclamer un délai pour terminer ses
opérations en cours. Il paraît difficile d'admettre que le
mari puisse à son gré mettre à néant le jugement qui
autorise la femme à faire le commerce (3); faut-il dire
avec M. Demolombe (4) que le mari peut obtenir la révocation en la demandant à la justice? Un conflit n'en est
pas moins à craindre. D'ailleurs, en changeant de domi-

(1) *Cours analytique*, I, 302 *bis*, I, 302 *bis*, V.
(2) LYON-CAEN et RENAULT : *Traité*, I, 240 et les auteurs et jugements cités en note.
(3) Voy. cep. AUBRY et RAU, V § 472. Texte et n. 83, qui lui donnent ce droit dans certains cas.
(4) IV. 325.

cile et en contraignant sa femme à le suivre, le mari a toujours le moyen d'empêcher la femme de continuer une exploitation commerciale ou industrielle qui lui déplaît.

Sous la condition du consentement persistant du mari, la femme pourra faire tous les actes nécessaires ou utiles à son commerce. Mais sa situation, sinon sa capacité, sera très variable suivant le régime adopté, suivant les fonds avec lesquels la femme fera le commerce, ou plutôt selon que le fonds de commerce lui demeurera propre ou que son mari y acquerra des droits. La question est peu étudiée. Les commentateurs du Code de commerce se bornent à rechercher quel est l'effet à l'égard des tiers, de la capacité de la femme commerçante. Et c'est pour étudier les règles de l'obligation aux dettes qu'ils recherchent l'influence des conventions matrimoniales sur la situation de la femme marchande publique. Je crois utile au point de vue des relations entre les époux, d'indiquer qui est appelé à profiter des bénéfices du commerce ou du prix de la vente du fonds.

La solution varie selon le régime matrimonial des époux et aussi dans une certaine mesure, selon la provenance des capitaux que la femme emploie à son commerce.

Si la femme est séparée de biens, pas de difficultés. Empruntât-elle au mari ou à un tiers les capitaux nécessaires, le fonds est à elle ; elle seule profite de la plus-value ou des bénéfices (1). Aussi la séparation de biens est-elle le régime qu'adoptent de préférence les femmes qui font déjà le commerce lors de leur mariage. — Même

_____

(1) Sa part contributoire aux charges du ménage s'en trouvera cependant augmentée le plus souvent.

solution si la femme, mariée sous le régime dotal, se sert pour son commerce de ses paraphernaux (1).

Mais généralement la situation est bien différente. Avec quels capitaux la femme va-t-elle pouvoir faire le commerce ? Comme le démontre fort bien M. Thaller (2) : sous tous les autres régimes, le mari a l'administration et la jouissance de tous les biens du ménage, et la femme, en principe, doit lui verser les produits de son commerce. C'est le mari, le plus souvent, qui fournira des capitaux à sa femme en les prenant sur les biens de la famille, mais il n'y a pas là un simple prêt : le mari a en même temps confié à la femme dans l'intérêt de la famille, le pouvoir d'administration qui lui était attribué. Et c'est encore ce qu'il fera quand la femme se procurera en dehors de lui, des fonds par un emprunt à un tiers ou par une commandite (3). Outre l'autorisation à la femme de s'obliger, le mari consent à lui laisser exercer des pouvoirs d'administration. Les biens empruntés par la femme devraient sans cela être administrés par le mari. M. Thaller croit voir là un mandat ; il en tire cette conséquence que le mari est commerçant au même titre que la femme et tenu comme elle ; comme elle, car, en effet, la femme, à la différence des mandataires ordinaires, s'engage aussi, se fait caution de son mari. La conclusion c'est qu'il doit y avoir entre les époux une sorte de société commerciale, en dehors de

(1) Il peut en être autrement quand les époux ont stipulé accessoirement une société d'acquêts, au moins si l'on admet que le mari reprend alors l'administration des paraphernaux.

(2) Voy. *Etude sur la faillite des différents commerçants. Rev. crit. de légis.*, 1882. p. 578 et 742. 1883, p. 35 et 133.

(3) Voy. sur la façon pour la femme de se procurer des capitaux, BOISTEL, 100 *ter*.

la communauté et dans laquelle la femme reçoit du mari
son co-associé, le mandat de gérer le fonds de commerce (1).
Cette théorie est fortement combattue par MM. Lyon-Caen
et Renault (2) qui montrent d'après l'art. 5 du Code de commerce la femme considérée comme préposée du mari,
seulement quand elle ne fait pas un commerce distinct, et
qui relèvent la différence de solution donnée par M. Thaller
quand la femme fait le commerce sur des biens dont la
gestion lui est conservée.

Je crois pour ma part que la vérité est entre ces deux
systèmes extrêmes. Aller jusqu'à faire du mari, contrairement à l'intention des époux, un commerçant, parce
que sa femme fait le commerce et qu'il peut en profiter, me paraît bien hardi ; la femme d'ordinaire se
comporte bien en maîtresse et non en mandataire. Et
d'autre part, il faut reconnaître une différence entre le
cas ou la femme emploie à son exploitation des biens
séparés et profite seule des bénéfices, et celui où elle ne
peut agir qu'en faisant profiter le mari de ces bénéfices,
et parce que le mari lui a abandonné ses droits de jouissance et d'administration. Mais, puisque M. Thaller parle
de société entre les époux, n'y aurait-il pas, plutôt qu'une
société en nom collectif, une société en commandite pour
ainsi dire, où la femme serait l'associé indéfiniment responsable et le mari ou la communauté, le bailleur de fonds.
Il ne faut pas exagérer cette analogie. Pourtant le mari
(et je ne distingue pas ici s'il agit en tant que commun ou
à raison de ses droits personnels), le mari tire un profit
personnel du commerce de la femme. Et c'est apparem-

(1) *Op. cit.*, 1882, p. 607, n° 16, et 1883, p. 35, n° 24.
(2) *Traité*, I, 261.

ment pour obtenir ce bénéfice qu'il confie à la femme ses droits d'administration et de jouissance sur les capitaux employés dans le commerce. Mais ce sont là affaires entre les deux époux. A l'égard des tiers, la femme seule est commerçante, et c'est je crois ce qu'il faut admettre par argument de l'art. 5 du Code de commerce. Je restreins donc l'application de la théorie de M. Thaller aux rapports des époux entre eux. Mais sur ce terrain, je la crois incontestable. Si leur union est réglée par la communauté, qu'elle soit légale ou conventionnelle, les bénéfices du commerce tombent en communauté. La question, au contraire, est vivement controversée de savoir à qui ils doivent être attribués, quand les époux ont adopté le régime exclusif de communauté ou le régime dotal. Un premier système considérant l'industrie comme un capital regarde ces produits comme de véritables fruits dont on fait profiter le mari à raison de son usufruit des biens de la femme. Ce système a été repoussé par les auteurs les plus modernes (1) ; ceux-ci considèrent que l'assimilation de l'industrie à un capital, admise en économie politique ne l'est pas dans les matières exclusivement juridiques, à plus forte raison ne peut-on assimiler les produits du commerce à des fruits. Enfin, ces auteurs sont déterminés par la considération de l'injustice qu'il y aurait à dépouiller la

---

(1) Voy. Lyon-Caen et Renault : *Traité*, I, 264 et les auteurs cités p. 228, n. 1. *Adde* : Guillouard, III, 560. — On ne connaît pas de décision de Jurisprudence. Voir sur les produits du travail littéraire ou artistique, Seine, 17 déc. 1869. *Rev. du Notariat*, 1870, 2623 et l'arrêt de Paris du 18 mai 1877, dans la fameuse affaire Michelet, *Journ. Le Droit* du 12 juin 1877. Et sous le régime dotal : Toulouse, 17 déc. 1831. — Sir. 31, 2, 583, Nîmes, 13 août 1837. — Sir. 58, 2, 360. Toulouse, 26 fév. 1861. — Sir. 61. 2, 327. Aix, 10 juillet 1869. — Sir. 72, 2, 175.

femme sans compensation. M. Thaller (1) admet la première solution mais par d'autres motifs. Pour lui, sous le
régime sans communauté, le mari peut percevoir tous les
acquêts même autres que les fruits. Et la femme ne peut
d'ailleurs faire le commerce que grâce au mandat à elle
donné par le mari, le contrat de mariage ne lui ayant laissé
qu'une nue-propriété inerte. Au contraire, sous le régime
dotal, les produits seraient bien soumis à la jouissance du
mari, mais seraient peut-être restituables (2).

Quoi qu'il faille penser de cette controverse, je dois noter qu'elle a moins d'intérêt pratique qu'on ne pourrait le
croire. En effet, même les auteurs qui retirent au mari
tout droit aux produits de l'industrie de la femme, admettent que la question se pose seulement relativement aux
biens acquis sur les économies effectuées par la femme
sur ses bénéfices. Ils décident qu' « elle ne peut demander
aucun compte des sommes qui, d'après les circonstances,
sont à considérer comme ayant été abandonnées au mari,
pour subvenir aux charges du mariage, ni, à plus forte
raison, de celles qu'elle a elle-même employées aux besoins
du ménage (3) ». De sorte qu'en fait, presque toujours le
mari bénéficiera des produits du commerce de la femme.

On le voit, la plupart du temps, la femme marchande
publique travaille moins pour elle que pour le mari et
pour la famille. Est-ce à dire que, sauf sous les régimes
de séparation, elle n'agisse que pour exercer dans ce cas
spécial, des pouvoirs réservés au mari, et qu'elle n'ait à
attendre aucun bénéfice personnel ? S'il en était ainsi, c'est
seulement à la deuxième partie de mon travail que j'aurais

(1) *Revue crit.*, 1883, p. 52, nº 29.
(2) *Op. cit.*, 1883, p. 142, nº 32.
(3) Aubry et Rau, V § 531, 7.

eu à mentionner les droits de la femme mariée qui exerce
un commerce séparé (1). Mais il n'en est pas ainsi. Presque
toujours, en dehors de l'intérêt de la femme à la fortune
de la famille elle a un intérêt personnel à la prospérité
de son commerce. Les seuls bénéfices d'une exploitation
ne se trouvent pas en effet dans les produits périodiques
qu'on a seulement considérés jusqu'ici. Le fonds de commerce lui-même est susceptible de plus-value. Quel patrimoine devra en profiter ?

Si la femme est mariée sous la communauté légale, le
fonds de commerce comme tout bien meuble appartient à
la communauté (1401-1° C. C.), sauf récompense si les
fonds ont été fournis par les patrimoines de l'un ou de
l'autre conjoint. Supposons au contraire les époux mariés
sous la communauté d'acquêts. Le fonds de commerce
pourra demeurer propre à la femme. C'est pour elle que
sera dans ce cas la plus-value s'il y en a une. A ce titre, la
femme agira pour elle sous l'autorisation du mari, et dans
cette mesure, le mot d'autorisation est le mot propre. Elle
représentera au contraire le mari en tant qu'elle exercera
les pouvoirs d'administration de ce dernier et qu'elle acquerra pour la communauté les produits périodiques. La
situation sera la même sous le régime sans communauté
et sous le régime dotal ; au moins en tant que le fonds
appartient à la femme. Et peu importe que les capitaux
aient été fournis par le mari sur sa propre fortune. Il sera
traité comme un créancier ordinaire.

Quel est l'intérêt de ces distinctions ? Il se trouvera
d'abord, ce n'est pas douteux, lorsqu'il faudra à la cessa-

---

(1) J'aurai d'ailleurs dans cette 2e partie à rappeler ce que j'ai dit
sur le mandat donné par le mari à la femme commerçante.

tion du mariage, liquider les reprises de la femme ou la communauté, et savoir à qui attribuer le fonds encore existant ou la plus-value produite par son aliénation. Mais même au point de vue de la gestion, la question a de l'importance. La femme, en effet, dirige à son gré l'établissement commercial. Selon l'intérêt qu'elle y aura, elle pourra se livrer à des opérations plus ou moins hasardeuses. Quand le fonds, quand tous les capitaux employés viendront de son mari, elle craindra moins de risquer le tout pour le tout. Quand au contraire, le fonds lui appartiendra, elle cherchera moins les profits chanceux que l'établissement d'une maison sérieuse et jouissant d'une bonne renommée.

Or, quel que soit le choix de la femme entre ces deux plans de conduite, elle pourra mettre à exécution celui qu'elle aura préféré. J'ai déjà indiqué que la femme, pour son commerce, était aussi libre que si elle n'était pas mariée, pouvait acheter, vendre, échanger ses biens, meubles et immeubles, hypothéquer ces derniers, sans toutefois pourvoir déroger aux règles de la dotalité quand elle est soumise à ce régime (art. 7), transiger, avoir même un domicile séparé de celui de son mari. Deux limitations seulement à sa capacité ; tout d'abord pour ester en justice, la femme mariée commerçante redevient incapable (art. 215, C. C) ; il lui faut l'autorisation du mari ou de la justice, rigueur peu justifiable, souvent dangereuse, et qu'en fait les tribunaux de commerce écartent, si la femme est défenderesse et si le mari assigné en même temps qu'elle ne se présente pas, en donnant eux-mêmes l'autorisation (1). Cette exigence n'est d'ailleurs pas étendue aux actes

(1) Cass., 17 août 1813. — Sir. chron. Cass., 21 fév. 1853. — Sir. 53, 1, 169.

conservatoires, protêts, saisies-arrêts, etc. La deuxième restriction c'est que les pouvoirs de la femme existent seulement pour les besoins de son commerce. Les juges du fait apprécient s'il en est ainsi. C'est dans cette mesure qu'il faudra lui permettre toutes les opérations immobilières ordinairement interdites même en cas de séparation de biens, et que les intérêts du commerce font ici valider; c'est dans cette mesure aussi qu'on pourra lui reconnaître le droit de cautionner un tiers. — Comme des questions de convenance entrent en ligne de compte autant que l'intérêt commercial dans la formation d'une société, la jurisprudence et la majorité des auteurs exigent pour ce cas l'autorisation du mari.

Dans les limites où la femme marchande jouit de cette liberté d'action, quelle en est la portée ? Quels sont les effets de son engagement ? Évidemment, elle oblige tout son patrimoine, exception faite pour les biens dotaux. Mais dans quelle mesure ses engagements obligent-ils le patrimoine du mari ou les biens communs? La question est très différente de celle que j'ai vue plus haut. J'ai examiné les effets entre époux de la situation de la femme ; bien que les auteurs n'examinent qu'incidemment cette question, elle est tout à fait distincte de celle à laquelle j'arrive, et qui est seulement une question d'obligation aux dettes. Cependant les solutions sont évidemment concordantes et l'on doit faire les mêmes distinctions selon les régimes. En cas de séparation de biens, ou si la femme fait le commerce avec ses paraphernaux, ses actes n'auront naturellement aucune influence sur les biens du mari.

Sous le régime de communauté, et ici il n'y a plus lieu de distinguer la communauté légale de la communauté

d'acquèts, le mari est tenu des obligations de la femme
pour le tout, sur les biens de la communauté et sur ses
biens personnels (art.1409, 2° et 1419, C.C.) D'ailleurs après
la dissolution du mariage et le partage de la communauté
il ne serait plus tenu que pour moitié ; car il n'est à mon
avis tenu qu'en qualité de commun. Il en serait autrement
si l'on admettait avec M. Thaller que la femme aux yeux
même des tiers n'agit que pour représenter le mari. Le
point présente aussi de l'intérêt quand il s'agit de fixer quelle
juridiction, civile ou commerciale, est compétente pour
condamner le mari. Sous le régime dotal, si la femme ne
s'est constitué en dot que ses biens présents, fit-elle le
commerce avec ses biens dotaux, les produits sont paraphernaux, si on les lui abandonne. Si l'on admet que le
mari doive en profiter, comme aussi dans le cas où la
femme a stipulé la dotalité de ses biens à venir, ou dans
le régime sans communauté, le mari devrait logiquement
être tenu de toutes les dettes. Lui seul, alors, en serait
tenu sous le régime dotal ; dans le régime sans communauté
la femme engage aussi personnellement des biens propres. Si au contraire, on admet que les produits du commerce profitent à la femme seule, seule aussi elle sera
tenue des dettes. C'est ce qu'on admet d'ordinaire par interprétation de l'art. 5 C. Co. (1). En cas de dotalité de
tous biens présents et à venir on arrive à refuser toute
garantie aux créanciers, ce qui revient à interdire le commerce à la femme, car le commerce vit de crédit. Sous le
régime sans communauté, on admet que l'autorisation du
mari a du moins pour effet, de permettre aux créanciers
de la femme de saisir la pleine propriété des biens de
celle-ci, le mari ayant abdiqué son droit de jouissance.

(1) LYON-CAEN et RENAULT, Précis I, 196. Voir *infrà*, p. 267.

Dans cette théorie d'ailleurs, si les bénéfices sont capitalisés, les capitaux restent à la femme. Mais le mari n'a-t-il pas le droit d'en jouir ? Et ne doit-il pas alors supporter au moins l'intérêt des dettes ? M. Demolombe (1) l'a soutenu, au moins sous le régime exclusif de communauté, mais en repoussant cette solution sous le régime dotal. Dans ce dernier cas en effet, on admet la possibilité pour la femme d'avoir des paraphernaux. Rien de pareil dans le régime sans communauté, où de plus, le mari, par suite de l'autorisation qu'il a donnée, a permis à la femme d'engager la pleine propriété de ses biens, ce qui peut l'atteindre dans sa jouissance. MM. Lyon-Caen et Renault sans envisager spécialement la question sous le régime dotal, admettent que le mari jouit des capitaux économisés sur le bénéfice, tout en semblant professer qu'il n'est même pas tenu des revenus des dettes.

Il me suffit de noter que, même aux yeux des auteurs qui abandonnent à la femme la propriété des capitaux gagnés par son travail, elle n'acquiert sur ces économies aucun droit particulier d'administration et de jouissance. La solution sur ce point est la même, que les bénéfices de la femme proviennent d'une exploitation commerciale, ou de toute autre profession séparée, ou encore des talents littéraires et artistiques de la femme. La controverse existe aussi sur ces matières, de l'attribution de la propriété de ces profits, au moins sous les régimes dotal et exclusif de communauté. On donne ordinairement les mêmes solutions que pour les bénéfices commerciaux ; et cependant on n'a plus alors à s'appuyer sur cette considération que le mari subit, comme lorsque la femme est

(1) DEMOLOMBE, IV. 315-316.
(2) Traité, I, n. 264 et 266.

marchande, le préjudice de sa renonciation sur les capitaux fournis à celle-ci à ses droits de jouissance et d'administration, et, dans les limites où je l'ai indiqué, de l'obligation aux dettes de la femme.

Au point de vue où je me place, j'ai donc à constater que l'exercice d'une profession séparée ne vaut à la femme un accroissement de pouvoirs que si elle est marchande publique, c'est-à-dire si le mari a consenti à cette augmentation de sa capacité, et seulement dans les limites où l'exige son commerce. Mais dans cette mesure, à part la nécessité peu justifiée d'une autorisation pour ester en justice, la femme jouit de la liberté la plus entière; les distinctions arbitraires admises en cas de séparation de biens n'ont plus leur place ici. Nous n'avons trouvé qu'une situation analogue, c'est celle de la femme séparée de corps. En fait, cependant, une double différence résultera, d'abord du bon accord des époux et par suite de l'influence que pourra garder le mari, ensuite de la difficulté pour tous les actes qui ne seront pas purement commerciaux, d'apprécier s'ils sont faits ou non dans le seul intérêt du commerce. Cette considération fera bien souvent exiger, pour les aliénations immobilières et les constitutions d'hypothèque, l'autorisation maritale dont les affranchissait l'article 7 du Code de commerce.

CHAPITRE II

POUVOIRS QUE LE DROIT COMMUN RECONNAIT A LA FEMME SUR SES BIENS PERSONNELS

Jé viens de montrer dans le chapitre précédent, jusqu'à quelle limite la convention des parties, ou des circonstances exceptionnelles pouvaient étendre les pouvoirs de la femme mariée sur ses biens personnels.

Tout le monde reconnaît d'ailleurs la possibilité de pareilles situations. On remarque moins au contraire, le rôle que la femme, même sous le régime de la communauté, est encore appelée à jouer dans la gestion de ses biens propres. On la considère ordinairement sous les régimes les plus pratiqués, comme annihilée au point de vue juridique. De ce que la jouissance des biens propres à la femme, passe à la communauté, de ce que leur administration est confiée au mari, il ne faut pas conclure que la femme soit entièrement dépouillée de l'exercice de tous ses droits. Evidemment il serait absurde de nier que la femme se trouve reléguée à une situation de second plan, écartée de la plupart des actes d'administration, même concernant ses propres biens. D'ailleurs là même où nous allons la voir rentrer en scène, il lui faudra presque toujours pour agir, le consentement de son mari, auquel il pourrait être, il est vrai, suppléé par l'autorisation de la justice. Mais ces réserves faites, je crois qu'on peut obser-

ver en étudiant la condition de la femme, un certain
nombre de situations où elle a, même au point de vue
pécuniaire, une action à exercer. Tout d'abord, les pouvoirs d'administration du mari ont des limites, et pour
les actes réputés les plus importants, il ne pourra rien
faire sans le consentement de la femme. D'autre part
celle-ci n'est pas entièrement à la merci du chef du ménage ; et s'il remplit ses devoirs d'administrateur avec
quelque négligence, la femme a la liberté de prendre les
mesures conservatoires nécessaires à la sûreté de son patrimoine, et à un point de vue plus spécial, notre législation
n'interdisant pas en principe les contrats entre époux, la
femme aura particulièrement à défendre ses droits quand
elle traitera avec son mari. Enfin, un certain nombre de
droits attachés à la personne de la femme peuvent avoir
leur contre-coup sur ses intérêts pécuniaires. J'aurai donc
à examiner successivement ces différents points.

Il paraît naturel après avoir exposé dans mon Chapitre I
quelles circonstances donnent à la femme une situation
exceptionnellement favorable de mettre en regard les restrictions à ses pouvoirs qui peuvent provenir des conventions matrimoniales par la stipulation du régime dotal.
En étudiant de quelle manière est organisée en pratique
la dotalité, je montrerai que les clauses insérées dans le
contrat de mariage ont pour résultat de diminuer considérablement, au moins au point de vue des droits de la
femme, la différence qui sépare le régime dotal décrit
dans le Code civil des régimes coutumiers. C'est ce que
je tâcherai d'exposer dans un appendice à ce chapitre.

SECTION PREMIÈRE

LES ACTES QUI DÉPASSENT LES POUVOIRS D'ADMINISTRATION DU MARI SUR LES BIENS PROPRES DE LA FEMME

Les pouvoirs d'administration du mari sur les biens propres de la femme subissent régulièrement des limitations, soit en ce qui concerne les actes de disposition, soit même relativement aux actes d'administration. Enfin le contrat de mariage vient assez fréquemment apporter des dérogations aux règles du droit commun.

Si le mari a, sous les régimes de communauté, l'administration des biens propres de sa femme, « c'est que la communauté en a la jouissance, et il est naturel que celui qui jouit administre (1). » Mais le mari est administrateur de la fortune d'autrui. Outre la responsabilité qui en résulte pour lui, ses pouvoirs sont limités aux actes de simple administration. C'est ce que l'on peut conclure de l'article 1428 du Code civil. La femme au contraire reste propriétaire, elle peut disposer de ses biens à condition d'être relevée de son incapacité de femme mariée, — à condition aussi de respecter le droit de jouissance de la communauté. Cela explique pourquoi la justice ne peut l'autoriser à céder que la nue-propriété. Le mari, au contraire, par son consentement, peut permettre l'aliénation en toute propriété. Il ne subira pas de préjudice si l'acte est à titre onéreux car le droit de jouissance de la commu-

(1) LAURENT, *Principes*, XXII, 121. — M. TROPLONG, (II, 974) fait reposer au contraire le droit d'administration sur la puissance maritale, et dans l'ancien droit c'était l'opinion de plusieurs auteurs. Cela me semble incompatible avec la faculté pour la femme d'enlever par contrat de mariage ce pouvoir à son mari.

nauté sera reporté sur le prix. Aussi le plus souvent, ce
sera le concours du mari et de la femme qui fera l'aliénation des biens propres de celle-ci ; et même généralement,
pour profiter de l'habileté du mari et de son habitude
des affaires, la femme restera au second plan. C'est sans
doute pour cela que l'article 1428, 3ᵉ alinéa, dispose que le
mari « ne peut aliéner les immeubles personnels de la
femme sans son consentement. » L'expression est sans
doute juridiquement peu exacte, car c'est la femme qui
est propriétaire. C'est donc elle qui, dans l'aliénation,
joue le rôle prépondérant, le mari semblant n'être là que
pour l'habiliter. Cependant je ne suis pas convaincu qu'il
faille, pour expliquer cette phrase, supposer un mandat
de la femme au mari comme on l'admet généralement en
doctrine (1). Dans la pratique notariale, on fait très souvent vendre même les biens propres de la femme par les
deux époux conjointement. Cette coutume est vivement
critiquée. Elle me paraît cependant assez logique, car la
femme vend la nue-propriété de son propre, et le mari,
non seulement figure à l'acte pour autoriser la femme
mais joue dans l'aliénation un rôle actif, puisqu'il renonce
au droit de jouissance de la communauté sur le bien
vendu ou plutôt qu'il l'aliène contre le droit de jouissance
du prix. (2)

Cette interdiction d'aliéner adressée au mari seul, s'entend très largement en matière immobilière ; on admet

(1) GUILLOUARD, II. 801.

(2) La majorité des auteurs (V. LAURENT, XXX, 210) admet que le
mari ne peut céder le droit de jouissance, car c'est une dot, son droit
est grevé de charges. Mais il faut évidemment faire exception pour
le cas où cette cession est accessoire à la cession de la propriété par la
femme, surtout quand l'acte est à titre onéreux et que la communauté doit jouir du prix.

qu'elle s'applique à toute cession de droits immobiliers ;
par exemple, on interdit au mari de consentir sur un
immeuble de sa femme, à l'ouverture d'une mine ou d'une
carrière (1).

Si le mari a violé cette prohibition, la femme peut revendiquer l'immeuble, quand il a été vendu comme propre
de la femme. Et si le mari a donné l'immeuble comme sien,
la question est des plus controversées de savoir dans
quelle mesure la femme peut revendiquer, si elle accepte
la communauté. Cette question est étrangère à mon sujet.
Mais la solution qu'on lui donne, influe sur le point de savoir si la femme peut revendiquer durant le mariage. Si
l'on refuse à la femme le droit de revendiquer l'immeuble
en tout ou en partie quand elle accepte la communauté,
on arrive à lui refuser le droit de revendiquer au cours
du mariage, puisqu'il faut pour savoir si elle le peut,
attendre qu'elle ait pris parti (2). En sens inverse quand

---

(1) LAURENT, XII, 154. — GUILLOUARD, II, 800, et les auteurs et
l'arrêt cités, p. 286, n. 1. — Il est intéressant de rapprocher de cette
disposition, l'alinéa 2 de l'art. 1508, relatif aux effets de l'ameublissement indéterminé. « Le mari ne peut ... aliéner en tout ou en
partie sans le consentement de sa femme, les immeubles sur lesquels
est établi l'ameublissement indéterminé ; mais il peut les hypothéquer
jusqu'à concurrence de cet ameublissement ». Le motif fort simple,
c'est que là encore la femme reste propriétaire (1508. 1er al.). La
même solution est donnée en cas d'ameublissement d'immeuble déterminé jusqu'à concurrence d'une certaine somme, par l'art. 1507,
al. 3. Dans les hypothèses d'ameublissement, le mari qui ne peut
aliéner, peut hypothéquer ces biens de la femme sans son concours,
car c'est pour lui le seul moyen de tirer parti de la valeur dont l'ameublissement a enrichi la communauté. Au contraire sur les immeubles
non ameublis, il n'y a pas de motif pour déroger à l'art. 2124 ; le
mari n'ayant pas pouvoir d'aliéner ces immeubles, n'aura pas davantage celui de les hypothéquer.

(2) LAURENT, XXII, 158.

on permet à la femme de revendiquer même en cas d'acceptation de la communauté, on lui permet logiquement de revendiquer même au cours du mariage. Cependant on exige (1) que la femme ait pour cela l'autorisation du mari ; de peur de troubler la bonne harmonie du ménage, on n'admet pas que son autorisation soit suppléée par celle de la justice. D'autant plus que, si le mari ne veut pas reprendre l'administration du bien vendu, la femme ne peut ni l'y contraindre, ni reprendre une administration dont elle s'est dessaisie par contrat de mariage. Comme le mari aurait à donner des dommages-intérêts, il sera peu fréquent de lui voir donner son consentement ; c'est là une forte restriction à la liberté reconnue à la femme. Elle pourra cependant avoir à en profiter en cas de plus-value de l'immeuble. M. Troplong (2) avait ainsi d'après la considération du droit de jouissance refusé à la femme toute action pendant le mariage. Pour lui, elle n'avait pas d'intérêt, car la prescription ne court pas contre elle durant le mariage et les fruits appartiennent à la communauté ; « le mari est censé avoir vendu le droit qu'il y a, et elle ne peut critiquer l'aliénation qu'il plaît au mari d'en faire. » Outre qu'il est fort douteux pour moi que le mari puisse céder ses droits de jouissance en dehors d'une cession de la propriété complète il y a eu vente aussi du droit de la femme, et elle a le droit de la faire annuler même si elle n'est pas obligée de le faire (3).

Il faut donc admettre que, du moins si l'acceptation de la communauté n'empêche pas en tout ou en partie la revendication, la femme a le droit au cours du mariage,

(1) Voy. not. GUILLOUARD, II, 810-811.
(2) II, 988.
(3) AUBRY et RAU, V § 510. T. et n. 25.

de revendiquer, avec l'autorisation du mari, son immeuble propre aliéné par celui-ci, que cet immeuble ait été ou non présenté dans la vente, comme un propre de la femme.

Mais l'art. 1428 n'a interdit que les aliénations d'immeubles. Le mari va-t-il pouvoir aliéner seul les biens meubles de la femme ? MM. Aubry et Rau (1) l'ont soutenu. Ils tirent argument du silence de l'art. 1428, alors qu'il peut se trouver des propres même sous la communauté légale ; ils font observer que le pouvoir d'aliéner des meubles, peut être pour le mari, administrateur des propres, un moyen de faire prospérer l'association. Et puis, le mari peut toucher les créances de la femme, recevoir même un paiement par subrogation ; enfin, c'était l'opinion admise par les auteurs de l'ancien droit auxquels ils renvoient. Il faut remarquer qu'en fait les acquéreurs, s'ils sont de bonne foi, seront protégés contre toute action de la femme par l'exception « en fait de meubles, possession vaut titre ». Il ne restera donc plus à la femme qu'une action en dommages-intérêts contre le mari. Cette opinion est restée isolée (2). En principe, le propriétaire seul peut aliéner, l'administrateur du bien d'autrui ne le peut pas. Un argument *a contrario* ne peut pas fonder une exception à cette règle. Si l'ancien droit reconnaissait un tel droit au mari, c'est que la communauté était propriétaire de ces meubles, à la charge d'en restituer la valeur d'après Pothier, ou d'après Bourjon, « parce que en matière de meubles, la possession vaut titre ». Il n'y a certes pas là de quoi nous déterminer aujourd'hui. Qu'il y ait parfois intérêt à aliéner les meubles, c'est certain ;

_____

(1) V. § 522. Texte et n. 33.
(2) Voy. dans le sens du 2ᵉ système les arrêts et les auteurs cités par GUILLOUARD, II, 814.

mais dans ce cas, la femme donnera son consentement.
Enfin si le pouvoir du mari pour toucher les créances de
sa femme peut parfois entraîner des fraudes, de même
que la règle de l'art. 2279, ce n'est pas une raison pour
renoncer aux principes. Dans bien d'autres cas, le mari
aura besoin du concours de la femme, et le sachant, il
n'essaiera pas de s'en passer. Il faut pourtant faire une
exception pour un assez grand nombre d'hypothèses. Et
ainsi que le fait remarquer M. Colmet de Santerre (1),
c'est peut-être ce qui explique le silence de l'art. 1428 ;
cela peut se produire quand il s'agit de choses qui se
consomment par le premier usage et que le mari peut
aliéner comme quasi-usufruitier ; il en est de même quand
l'aliénation constitue un acte d'administration.

Il faut remarquer avec MM. Aubry et Rau combien il
semble peu logique de refuser au mari, le droit d'aliéner
les meubles de la femme, quand l'art. 1428, 2ᵉ al. lui permet d'exercer seul toutes les actions mobilières qui appartiennent à celle-ci. Je répondrai avec M. Laurent (2) que
c'est là une exception contraire aux principes et au droit
de propriété et qu'on ne peut l'étendre sans texte spécial.

L'anomalie n'en est pas moins curieuse car l'on admet
d'ordinaire pour les immeubles, des règles différentes. Le
mari ne peut pas les aliéner, mais il ne peut non plus
d'après l'opinion commune, exercer les actions y relatives,
au moins les actions pétitoires ; car les actions possessoires, actes conservatoires et urgents, lui sont confiées par
l'art. 1428-2.

La règle que j'indique en ce qui concerne les actions
pétitoires immobilières, a pourtant été contestée autre-

(1) VI, 71 *bis*, X.
(2) XII, 162.

fois par Toullier (1), et plusieurs arrêts de la Cour de Cassation ont admis (2) que le mari administrateur des biens de la femme, responsable de tout dépérissement, pouvait par analogie avec ce qui se passe sous le régime dotal, exercer ces actions ; seulement la femme n'était point liée dans l'instance ; le jugement rendu contre son mari seul ne devait pas lui être opposé.

Cette opinion est aujourd'hui rejetée par tous les auteurs et par la jurisprudence (3). Il est inconséquent de permettre au mari d'agir comme administrateur des biens de la femme, et de déclarer que celle-ci n'est pas liée par le jugement intervenu ; on fait observer que jamais les administrateurs du bien d'autrui n'ont l'exercice des actions pétitoires immobilières. Mais cependant on permet au mari d'agir seul, même au pétitoire, dans la mesure de la jouissance qui appartient à la communauté sur les propres de la femme. C'est le droit de tout usufruitier ; et sans cela la mauvaise volonté de la femme pourrait nuire à ses droits. L'opinion contraire a été pourtant soutenue par Duranton (4), faute de distinction dans les textes.

Les solutions qui viennent d'être notées sur les actions de la femme en général, sont confirmées par la disposition de l'art. 818 C. C. relativement aux demandes en partage des successions échues à la femme. Abstraction faite des biens qui tombent en communauté, « le mari ne peut... provoquer le partage sans le concours de la femme ; il peut seulement, s'il a le droit de jouir de ses biens, de-

_____

(1) XII, 384 et s.

(2) Cass. 14 nov. 1831. — Sir. 32, 1, 388, et 15 mai 1832. — Sir. 32, 1, 390.

(3) Voy. GUILLOUARD, II, 819 et les auteurs et arrêts qu'il rapporte.

(4) XIX, 316.

mander un partage provisionnel. — Les cohéritiers de
la femme ne peuvent provoquer le partage définitif qu'en
mettant en cause le mari et la femme. » A la femme seule,
comme propriétaire, le droit de demander le partage, ou d'y
figurer s'il doit être définitif ; ce qui n'empêche pas le mari
d'agir de son côté à raison de son droit de jouissance, pour
obtenir un partage provisionnel. Il faut noter cependant
cette différence entre l'action en partage et les autres actions de la femme que le mari a, d'après l'art. 1428-2, le
droit d'exercer seul les actions pétitoires mobilières de la
femme, tandis qu'il ne peut agir seul, pour une succession
même mobilière quand c'est la femme qui en profite seule,
par exemple quand les époux sont mariés sous la communauté d'acquêts. D'ailleurs, il faut remarquer que « la
capacité relative à l'exercice de l'action en partage est indépendante de la nature mobilière ou immobilière des biens
à partager. (1) »

L'intervention de la femme sera donc nécessaire à l'exercice de toutes les actions pétitoires immobilières, et des
actions en partage concernant ses biens propres. C'est
même elle qui y jouera le principal rôle, bien que pour
l'action en partage, l'art. 818, comme l'article 1428 al. 3
parle du « concours » de la femme. Dans cette hypothèse
aussi le mari agit en réalité avec la femme, à raison du droit
de jouissance de la communauté, et ne figure pas seulement
pour l'habiliter.

Les droits de la femme ne se bornent pas uniquement
aux prérogatives qui semblent indispensables au maintien
de l'intégrité de son patrimoine. De même que la femme a
seule le droit d'aliéner ses biens propres, seule aussi, à la
condition d'être autorisée du mari ou de la justice, elle a

(1) Demolombe, XV, 579.

le droit d'acquérir des biens pour son compte personnel, soit à titre gratuit, soit à titre onéreux.

Que se passe-t-il quand une succession échoit à la femme et que celle-ci est en désaccord avec son mari sur l'acceptation ou la renonciation (1)?

Le principe se trouve dans l'article 776 C. C. C'est la femme qui a le droit d'accepter avec l'autorisation du mari ou de la justice. Il semble donc qu'elle ait la liberté de choisir même malgré son mari, pourvu qu'elle ait l'adhésion des tribunaux. Mais une difficulté très sérieuse s'élève par suite de la nécessité de combiner les droits de la femme avec ceux que peut avoir la communauté à raison de son droit de jouissance.

Deux hypothèses sont possibles : ou bien la femme refuse et son mari veut accepter, ou la femme accepte la succession que son mari est d'avis de refuser.

D'après les termes employés par M. Guillouard (2), on pourrait croire que le mari a le droit d'agir, indépendamment de sa femme, comme administrateur des propres de celle-ci. Il n'en est rien. Il n'est question que d'assurer à la communauté la jouissance à laquelle elle a droit. Dans la première hypothèse, la question est des plus controversée de savoir comment sera assuré ce droit, quelle action sera donnée au mari (3). Mais les différents systèmes sont unanimes à reconnaître que la renonciation de la femme est à son égard définitive. Soit que l'on permette ou non au mari d'agir de son côté, l'on ne peut

---

(1) Il ne faut pas confondre cette question avec celle que je viens d'examiner relativement à l'action en partage. Les deux points sont bien différents ; des auteurs les ont confondus ce qui a augmenté encore la difficulté du sujet.

(2) II, 770.

(3) Voy. la controverse dans GUILLOUARD, *loc. cit.*

forcer la femme à recevoir des biens dont elle ne
veut pas, et surtout à supporter des obligations qu'elle n'a
pas acceptées, et que le mari ne peut lui imposer. Il importe donc peu à mon sujet de savoir si l'on permettra au
mari d'agir, et comment.

Au contraire, si la femme accepte la succession malgré
le refus du mari, avec l'autorisation de la justice, une
difficulté se présente qui n'est guère examinée par les
auteurs. Si la succession est mobilière, demande M. Laurent (1), que deviennent les biens sous la communauté
légale? J'ajouterai : que devient sous tous les régimes, la
jouissance des biens qui restent propres à la femme? On
admet d'ordinaire sans aucune discussion que l'actif
mobilier, que le droit de jouissance qui devait tomber en
communauté y tombe sans difficulté (2). Au contraire, la
communauté n'est pas tenue des dettes. C'est donc faire
acquérir à la communauté en vertu d'actes de la femme
désavoués par le mari. M. Laurent admet d'autant moins
la valeur d'une telle solution que pour lui, durant le
mariage, la femme est étrangère à la communauté. Mais
même si l'on regarde la femme comme associée, il paraît
discutable en présence des pouvoirs considérables que le
Code civil accorde au mari sur la communauté, que la
femme, incapable d'obliger cette communauté, puisse
acquérir pour elle sans l'autorisation et contre le gré du
mari. Même en admettant que la femme n'oblige en rien
la communauté par son acquisition, peut-elle imposer au
mari la jouissance, l'administration et surtout la propriété d'un bien au sujet duquel le refus d'autorisation
indique la volonté de s'abstenir? Le mari ne peut refuser

(1) XXI, 436.
(2) AUBRY et RAU, V § 513. Texte et note 4 et les auteurs cités.

son consentement que pour ce motif, ou pour obtenir
le bénéfice de la succession sans être personnellement
tenu des dettes. Le mari pouvait obtenir ce dernier
résultat par l'acceptation bénéficiaire. S'il répudie la succession, c'est donc qu'il n'en veut pas, soit que les biens
recueillis lui semblent ne devoir procurer aucun bénéfice,
soit même que des raisons d'ordre moral et personnel le
poussent à refuser. — En tout cas, on lui imposera les
charges de la gestion, et s'il ne fait pas inventaire, il
pourra être tenu sur ses biens des dettes successorales.
— Toutes ces considérations d'équité viennent se heurter
au texte du Code qui fait tomber en communauté tous les
droits mobiliers présents et futurs des époux sans que
rien dans l'article 1401 ni ailleurs fasse allusion à la
condition sous-entendue par M. Laurent, à savoir que
les biens échus à la femme pendant le mariage soient
acceptés par le mari. Le silence du Code est d'autant plus
étonnant que dans l'ancien droit la question était controversée. Renusson (1) indique la question en se demandant
si le mari était tenu des dettes de la succession acceptées
par sa femme avec autorisation de justice. L'opinion générale admettait d'ailleurs que la communauté profitait des
biens, sans être tenue des dettes de la succession autrement que sur les biens recueillis. Cependant des auteurs
soutenaient l'opinion reprise par M. Laurent. Les biens
de la succession servaient d'abord à payer les dettes. Le
surplus des biens meubles devait rester à la femme pour
le tout. Seulement, par une inconséquence bizarre, en
admettant qu'on dérogeât aux règles ordinaires en excluant
de la communauté les biens meubles qui auraient dû y

---

(1) *De la Communauté*, 1ʳᵉ partie. Ch. XII. 19 et s. Ed. Sérieux,
p. 87 et s.

tomber, on ne faisait pas la même réserve pour la jouissance de tous les biens de la succession, qui était
donnée au mari. M. Laurent ne dit rien du régime auquel
sont soumis les biens meubles qu'il refuse de laisser
tomber en communauté ; il n'examine l'attribution du
droit de jouissance ni pour ces biens, ni pour les biens
propres de la femme Pour être logique, on doit faire
découler des motifs indiqués plus haut, cette conséquence
que l'on ne peut imposer au mari la jouissance et l'administration. Et comme il faut bien attribuer ces pouvoirs
à quelqu'un, on serait obligé de les abandonner à la
femme. On arrive alors à ce résultat étrange, de créer
sans texte sous la communauté et par suite du désaccord
des époux, une véritable séparation partielle de biens.
Cela me paraît inadmissible. Bien que les résultats soient
parfois critiquables, il est, je crois, plus sûr de s'en tenir
aux principes de l'article 1401. C'est déjà semble-t-il
reconnaître à la femme un pouvoir suffisant que de lui
permettre malgré le mari et avec l'autorisation de justice, d'augmenter ses propres en acceptant la succession,
et en même temps d'obliger ses biens personnels aux
dettes qui en résultent.

Ce n'est pas seulement quand il s'agit de recueillir une
succession, que les droits de la femme relativement à
l'acquisition de biens à elles propres, peuvent contrecarrer
les pouvoirs du mari. Dans une hypothèse particulière
son droit d'acquérir se manifeste par la possibilité d'une
option entre l'acquisition pour elle-même ou l'abandon
des biens à la communauté. Je veux parler du retrait
d'indivision qui lui est accordé par l'article 1408, 2° C. C.
La particularité qui distingue cette hypothèse, c'est que
le mari doit seul et en son nom personnel ou pour la

communauté, s'être rendu acquéreur de tout ou partie
d'un immeuble dont sa femme avait une part indivise.
Peu importe, il est vrai, d'après l'opinion générale, que
le mari se soit donné comme mandataire de la femme, si
en fait, il ne l'a pas été (1). La femme a toujours une option. Quand elle l'a exercée, plus de difficulté au point de
vue qui m'occupe. C'est une acquisition faite selon les règles ordinaires pour elle et par elle. Il faut seulement en
savoir les effets.

Mais, tant que la femme n'a pas exercé cette option,
quelle est la situation qui va se présenter? La question
est des plus intéressantes ; car la femme, si même elle a
le droit, ce qui est contesté, d'agir au cours de la communauté, n'est pas obligée de le faire ; elle ne doit s'expliquer qu'à la dissolution de la communauté, et on lui
accorde trente ans pour agir si le mari ou ses héritiers
ne l'ont pas forcée à prendre parti. D'après un système autrefois admis, rapporté par M. Troplong (2) et adopté notamment par un arrêt de la Cour de Grenoble du 18 août
1854 (3), il faudrait admettre que la seule possibilité pour
la femme d'exercer l'option à elle accordée par l'art. 1408,
2e alinéa, a pour conséquence d'attribuer immédiatement
à la portion ainsi acquise le caractère de propre de la
femme, sauf le droit pour elle d'abandonner ensuite le
bien à la communauté. On se fonde dans ce système
sur ce que le mari a acquis pour sa femme ; l'on tire argument, dans l'ancien droit, de l'avis de Lebrun ; et

---

(1) Voy. dans GUILLOUARD (II, 535), l'arrêt et les auteurs cités à
l'appui de cette opinion, combattue seulement par Troplong.

(2) I, no 648 et s.

(3) Sir. 55. 2. 91 et note indiquant la doctrine et la jurisprudence
favorables à cette opinion.

rapprochant la disposition de l'art. 1408, 2° alinéa, des
principes sur l'effet rétroactif du partage, et de la disposition du 1ᵉʳ alinéa de l'art. 1408, on arrive à cette conclusion que le mari ne peut ni vendre ni hypothéquer
l'immeuble ainsi acquis, ce qui serait contraire au droit
de la femme. On admettait cependant, et c'est là un vice
de ce système, que les aliénations et hypothèques consenties par le mari pouvaient être maintenues si la femme
abandonnait le bien à la communauté. La doctrine la plus
moderne, avec quelques arrêts (1), rejette cette théorie.
Car, en principe, les immeubles acquis pendant le mariage
tombent en communauté (art 1401, 3°). Et le texte de
l'art. 1408 permet à la femme de retirer l'immeuble de
la communauté. Ajoutons que le mari a, par hypothèse,
acheté en son *nom personnel* et non pas pour la femme.

Seulement, si le mari est propriétaire *pendente conditione*, en résulte-t-il que ses actes d'aliénation soient
valables si la femme exerce le retrait d'indivision? La
question est des plus controversées. M. Laurent (2) estime
que l'immeuble est propre seulement à partir du retrait.
Le retrait est un achat; et c'est logique quand le mari a
acquis tout l'immeuble. Il en est toutefois autrement si
la femme a conservé une part indivise. Alors le retrait
serait un partage et comme tel aurait un effet rétroactif.
Faute de texte, on ne doit pas admettre que le mari soit
propriétaire sous condition résolutoire.

L'opinion contraire est pourtant admise par la jurisprudence et la majorité des auteurs (3); le texte qu'on ré-

(1) Voy. GUILLOUARD, II, 556 et les autorités citées. *Adde*, Cass.
25 juillet 1840. — DALL., vᵒ *Cont. de mariage*, 837.

(2) XXI, 348 et s.

(3) Voy. GUILLOUARD, II, 559.

clame c'est l'art. 1408, 2°, qui, en reconnaissant à la femme un droit d'option, indique que le bien ne tombe en communauté que si la femme n'exerce pas le retrait. Dès lors, la condition de l'immeuble est en suspens. Et c'est d'ailleurs le seul moyen de donner effet aux droits de la femme (surtout quand on ne lui permet d'exercer le retrait qu'à la dissolution du mariage). Sans cela, le mari pourrait le rendre illusoire par des aliénations ou des hypothèques. J'ajouterai qu'on a ainsi l'avantage de donner une solution unique, que le mari ait acquis tout ou partie de l'immeuble indivis, et d'éviter une distinction que la loi ne connaît pas. Seulement, qu'on le remarque, on arrive dans ce système exactement aux mêmes solutions que les auteurs pour lesquels le bien était, avant le retrait, propre à la femme. On a l'avantage d'être plus logique, plus respectueux du texte, en laissant au mari au moins une propriété sous condition, et l'on évite une inconséquence. Comme je l'ai indiqué, Troplong admettait *utilitatis causa* que les droits conférés par le mari étaient maintenus si la femme abandonnait l'effet à la communauté. Solution inadmissible pour qui décide que la femme était propriétaire, très logique, au contraire, si le bien appartient à la communauté *pendente conditione.*

Cependant, dans certaines circonstances, la femme devrait respecter les actes du mari. Sans parler de l'hypothèse peu pratique d'une clause du contrat de mariage permettant au mari de vendre et d'hypothéquer seul les biens de sa femme, et *a fortiori* les biens dont il s'agit, il peut se faire que la femme ait ratifié, soit après coup, soit en concourant à l'acte même, la vente ou la constitution d'hypothèque émanant du mari. La validité de cette opération ne peut faire de doute si l'on permet avec la doctrine la plus récente (1) et un arrêt de la Cour de Cassation que la femme peut, durant le mariage, exercer l'option accordée par l'art. 1408 et renoncer définitivement au retrait. C'est, je crois, le seul moyen de permettre sur l'immeuble des actes de disposition. Si la femme n'y adhère pas, le mari ne pouvant consentir que des droits résolubles ne trouvera ni acquéreur ni prêteur (2). D'autre part, exiger de la femme qu'elle renonce à son droit de retrait, c'est la priver parfois d'un bénéfice ou froisser des sentiments respectables. Il est fâcheux d'en venir là pour une simple constitution d'hypothèque. Pourrait-on simplement faire engager la femme à respecter, si elle exerce le retrait, l'hypothèque consentie par son mari ? Ce serait peut-être hypothéquer un bien à venir, acte nul d'après l'art. 2129 ; ou plutôt, si l'on considère la femme comme propriétaire sous une condition suspensive correspondant à la condition résolutoire qui affecte le droit de la communauté, l'hypothèque serait, comme le droit de propriété, soumise à une condition, et à une condition purement potestative. On tombe sous le coup de l'art. 1174 C. c. J'ai des doutes très sérieux sur la solution de cette question que je n'ai vue étudiée nulle part. Si l'acte de la femme pris isolément, semble ne devoir pas être validé, en le rapprochant de l'acte du mari, il semble bien qu'on doive, par la réunion de la propriété sous condition suspensive et de la propriété

---

(1) Voy. GUILLOUARD, II, 551, les auteurs et l'arrêt de la C. de Cass. qu'il cite.

(2) La femme en exerçant le retrait doit rendre au moins à la communauté le prix d'acquisition. Mais, cela est fâcheux, je ne vois pas comment l'on pourrait juridiquement donner un privilège sur ce prix aux ayant-cause du mari dépouillés par le retrait. Les auteurs n'examinent pas cette question.

sous condition résolutoire, permettre les mêmes engagements que sur une propriété non démembrée. Le mari
est propriétaire ou bien c'est la femme ; tous deux ensemble
consentent l'hypothèque : si l'un des engagements est nul,
l'autre devra valoir.

En tout cas, la femme, si on lui permet d'exercer son
option au cours de la communauté, pourra naturellement
s'il lui plaît, exercer le retrait et consentir elle-même
l'hypothèque.

En résumé, dans tous les cas où le retrait d'indivision
est possible, il entraîne sinon forcément en droit, au moins
en fait, le concours de la femme à tous les actes de disposition sur les biens sujets au retrait.

La limitation au droit du mari concernant la disposition
des biens propres de sa femme, ne serait pas complète,
s'il avait le pouvoir de les obliger. Mais, de même que la
femme a seule le pouvoir d'aliéner ses biens propres,
seule aussi, elle a le droit de les obliger par ses engagements. Le plus souvent, la femme empruntera avec l'autorisation du mari ; dans ce cas, elle engagera aussi la communauté (1409-2°, C.C.) et le mari comme commun (1419,
C.C.) ; ou plutôt les deux époux emprunteront solidairement (1). S'ils empruntaient conjointement, la femme
ne serait tenue que pour moitié à l'égard des créanciers.
Dans tous ces cas, la femme engage la pleine propriété.
Elle ne peut au contraire obliger par ses dettes que la
nue-propriété de ses biens si elle s'oblige sans autorisation
par un quasi-contrat, un délit ou un quasi-délit, ou si
elle contracte avec l'autorisation de la justice ; il faut respecter le droit de jouissance de la communauté. C'est

(1) Il faudra voir alors lequel des époux devra définitivement supporter la dette. Cette question délicate n'a pas sa place ici.

également à la femme qu'il appartient d'hypothéquer ses propres, ou de constituer sur ses biens une servitude (1). Cependant, si le mari n'a pas, en principe, le droit d'obliger les propres de sa femme, il faut excepter le cas où les besoins de l'administration exigent un engagement du mari. C'est ainsi qu'il peut assurer contre l'incendie les immeubles de la femme, et par suite, à mon avis, obliger les biens de la femme au paiement des indemnités. Le tribunal d'Agen a même jugé le 24 Décembre 1891 (2) que cet acte était obligatoire pour la femme, même après la dissolution de la communauté, et qu'elle était obligée de continuer l'assurance contractée par son mari.

Cela m'amène naturellement à étudier quelle est la portée du droit d'administration reconnu au mari sur les biens de sa femme, quelles sont les bornes de ses pouvoirs et dans quelle mesure les actes qu'il fait à ce titre sont valables en dehors du consentement de la femme.

Les bornes des pouvoirs d'administration du mari sont celles que le législateur impose à tout administrateur de la fortune d'autrui. Tandis que tous les actes de simple administration sont évidemment permis au mari, quelques autres, qui engagent l'avenir, peuvent présenter certaines difficultés. On a déjà vu qu'il pouvait en être ainsi pour l'assurance des immeubles de la femme. La question se pose avec plus d'intérêt encore pour les baux. Le mari pour trouver un locataire ou un fermier est obligé de consentir des baux pour une période assez longue qui peut dépasser la durée de son administration. L'art. 1429 ne lui

_____

(1) AUBRY et RAU, V § 510. Texte et n. 28, Cf. LAURENT, XXII, 172,

(2) *France jud.* 92, 2, 207. Cf. GUILLOUARD, Ed. 1895, II, 769. I.

permet de faire seul comme administrateur que les baux
de neuf ans. C'est le même terme qui est imposé au tuteur
(art. 1718), au mineur émancipé (art. 481), à l'usufruitier
(art. 595). Mais comme les baux peuvent avoir besoin
d'être renouvelés à l'avance, pour donner plus de sécurité aux preneurs, l'art. 1430 permet au mari de les renouveler pour neuf ans, trois ans avant l'expiration du
premier bail s'il s'agit de biens ruraux, deux ans seulement pour les maisons. Ce dernier délai sera ordinairement très suffisant. Il n'en est pas de même dans toute
occasion du temps fixé comme limite au droit du mari de
donner à bail les biens de la femme. La période de neuf
ans est fort ordinaire pour les appartements. Mais un fermier qui veut faire des améliorations, un commerçant que
ruinerait un changement de boutique, un industriel surtout qui a besoin de faire les frais d'un aménagement spécial des locaux peuvent avoir besoin d'un plus long délai.
Or, l'article 1429 est relatif aux « baux que le mari seul
a faits » ; ce qui suppose que si la femme concourt au
bail, on n'est plus soumis à ces règles restrictives ; la
femme propriétaire a un droit absolu de disposition. Seulement, la communauté ayant la jouissance des biens de
la femme, celle-ci ne pourrait pas seule consentir le bail :
il y faudra le concours des époux (1).

Le mari pourrait-il donner quittance par anticipation
ou céder les loyers et les fermages à échoir des biens de
la femme ? Évidemment s'il touche ainsi des sommes qui
n'échoient qu'après la dissolution de la communauté il en
doit récompense. Mais quel est le droit de la femme à l'é-
gard des cessionnaires ou des locataires ? Quand soutien-
dra-t-elle que le mari a outrepassé ses droits ? Dans cer

(1) LAURENT, XXII, 140.

taines circonstances, l'acte du mari sera un acte d'administration. Il en est ainsi par exemple si le mari, conformément à l'usage du pays, avait stipulé que les loyers seraient payés d'avance, ou si, pour se procurer des ressources dans un besoin urgent, il a fait une cession anticipée de loyers ; mais d'après l'opinion générale (1), ce droit n'appartiendra au mari que dans des occasions exceptionnelles laissées à l'appréciation des tribunaux. Le contraire a été soutenu par M. Rodière (2) ; voulant écarter l'arbitraire du juge dans l'appréciation des actes d'administration, il propose d'appliquer par analogie la loi sur la transcription du 23 mars 1855. Non pas que la situation soit la même. La loi de 1855 doit protéger les tiers, et la femme n'est pas un tiers à l'égard du mari, Mais de cette disposition il faut conclure que les cessions ou quittances de loyers de moins de trois ans, ne sont que des actes d'administration. — Il m'est impossible d'admettre cette théorie. La loi sur la transcription oblige à publier les actes assez importants pour influer sur le crédit mais n'a pas pour but de fixer les actes permis à un administrateur. Nous venons de voir que l'on considérait comme actes d'administration, les baux de neuf ans et au-dessous. La loi de 1855 exige seulement la transcription des baux de dix-huit ans. Dépouiller la femme de trois ans de ses revenus au moment où la mort du mari diminue généralement ses ressources et la grève de frais considérables, pourrait être dangereux. Quant aux tiers, si le pouvoir discrétionnaire laissé aux juges, leur paraît manquer de

(1) Cass. Civ. 18 août 1868. Sir. 69, 1. 17. — AUBRY et RAU, V § 510. Texte et n. 21. — LAURENT XXII, 139. — GUILLOUARD, II. 795 et s.

(2) Notes sous l'arrêt précité. Sir. 69, 1, 17.

sécurité, ils ont un remède bien simple : c'est d'exiger le
concours de la femme. A elle d'apprécier quand il sera utile
à son mari. Je ne pourrai pour ma part que me féliciter de
ce que l'incertitude des pouvoirs du mari, nécessite pour
de tels actes, si dangereux et si rares, l'intervention de
la femme.

A ces différents titres les pouvoirs du mari comme administrateur sont donc soumis à des limitations assez considérables. L'intervention de la femme doit-elle se borner
cependant aux cas où la loi la rend nécessaire ? D'abord le
mari pourra la lui demander très souvent pour obtenir
un engagement personnel. De plus, il semble presque
impossible de ne pas lui reconnaître le moyen de surveiller en quelque sorte la gestion du mari et de prendre à
son défaut les mesures nécessaires. La loi n'en dit rien.
Cependant la femme a des intérêts à sauvegarder. Elle
peut avoir à demander la séparation de biens. Il faut bien
qu'elle puisse apprécier la gestion de son mari. On admet
d'après l'ancien droit (1) que la femme peut intervenir
au procès engagé sur ses propres par le mari pour éviter
une collusion de ce dernier et du défendeur. La jurisprudence décide même que, sauf sous le régime dotal, la
femme peut exercer elle-même toutes ses actions avec l'autorisation du mari. « Attendu, dit la Cour de Poitiers (2),
que sous le régime de communauté... l'art. 1428... s'est
borné à donner au mari la faculté d'exercer seul ces actions sans dépouiller par une disposition spéciale, dérogeant aux règles du droit commun, tracées précédemment
dans les art. 215 et suiv., la femme du droit de les faire
valoir par elle-même, avec l'autorisation de son mari et

(1) LAURENT, *Principes*, XXII. 175.
(2) Poitiers, 16 fév. 1885. DALL. 86, 2, 38.

de la justice ». D'ailleurs, et je reviendrai sur ce point, la femme peut faire des actes conservatoires comme tous les incapables. Mais ne peut-elle aller plus loin, et faire les actes d'administration que l'on confie d'ordinaire au mari, si celui-ci n'agit pas ? Par exemple, va-t-on permettre à la femme d'exercer avec l'autorisation de la justice, à défaut de celle du mari, une action mobilière ou possessoire ? On l'admet assez généralement (1). On se fonde sur ce que l'art. 1428, au lieu de déclarer comme l'article 1549 que *le mari seul* a droit de poursuivre, dit que le mari *peut exercer seul* ces actions. Simple faculté pour lui par conséquent, qui ne lui crée aucun droit exclusif. J'ai quelques doutes pour ma part sur la valeur de cette solution. La faculté que l'art. 1428 accorde au mari, c'est d'agir seul, c'est-à-dire sans le concours de la femme, et non pas, de laisser agir la femme. Quoi qu'en dise M. Laurent, l'administration n'est pas « une obligation imposée au mari dans l'intérêt de la femme. » Le même auteur pose en principe (2) que l'administration est confiée au mari à raison de la jouissance de la communauté. Il ne faut pas considérer l'administration uniquement comme une charge, dire que le mari supporte cette charge, parce qu'il jouit des bénéfices. Et même si l'administration est une charge, elle a pour résultat de faciliter et de permettre la jouissance plutôt que de conserver le fonds (3). La femme pourra nuire par son intervention à la jouissance de la communauté. Pour lui permettre de se substituer au mari, il faudrait lui accorder

(1) Voy. RODIÈRE et PONT, II. 906 et les auteurs cités à l'appui. *Adde*, LAURENT, *loc. cit.*

(2) XXII. 121.

(3) Cela est certain puisque je mets à part les actes conservatoires.

un droit pareil, même dans l'administration de la communauté. Je crois qu'il faut restreindre davantage la liberté d'action laissée à la femme.

Il n'y en a pas moins sous le régime légal un assez grand nombre de restrictions imposées aux pouvoirs du mari sur les biens de la femme, au profit de cette dernière. Les pouvoirs de la femme ne peuvent-ils pas cependant être augmentés par les conventions matrimoniales ? Et je ne parle pas des cas examinés plus haut où l'on enlève au mari l'administration et la jouissance des propres de la femme. Je veux ici parler de clauses par lesquelles le mari est soumis, pour les actes d'administration, à la nécessité d'obtenir le consentement de la femme. Il ne peut naturellement être question d'exiger ce concours pour tous les actes d'administration ; ces actes « étant très fréquents, et pour ainsi dire de tous les jours, il pourrait en résulter pour les époux des collisions incessantes et qui troubleraient nécessairement l'harmonie si désirable de l'union conjugale » (1). Et puis l'administration est le fait d'un seul. D'autre part, M. Laurent, dans son avant-projet de Code civil, en demandant le concours des époux pour l'administration des biens communs, est obligé de charger les tribunaux de régler leurs conflits.

Mais si la règle du concours est difficile à admettre dans tous les cas, elle se concevrait parfaitement pour les actes les plus importants, pour ceux qui engagent la femme, même après la fin de la communauté, comme les baux. Pourra-t-on stipuler une telle clause dans le contrat de mariage ? M. Guillouard (2) ne le croit pas. « L'article 1388 déclare qu'il n'est pas permis de déroger aux droits

(1) RODIÈRE et PONT, III. 1739.
(2) I. 120. I.

du mari comme chef et il est difficile de supposer une clause plus compromettante pour son autorité que cette clause qui subordonnerait ses pouvoirs à la volonté de la femme. » La situation est bien différente en cas de séparation de biens. Les droits du mari sont réduits à une part du patrimoine, mais sur cette part son autorité n'est point compromise. La situation subordonnée où se trouverait le mari serait incompatible avec sa dignité, funeste à son autorité dans le ménage. Enfin, la loi ne permet nulle part une telle division de pouvoirs.

L'opinion contraire a été, semble-t-il, soutenue par MM. Rodière et Pont (1). Mais ces auteurs n'insistent pas sur cette question. Pour moi, comme j'admets (2) que les droits d'administration du mari sur les biens de la femme, lui appartiennent, non pas comme chef de ménage, mais à raison du droit de jouissance de la communauté, je ne crois pas que l'art. 1388 fournisse un argument contre cette solution. Il faut bien reconnaître toutefois que la situation résultant d'une telle stipulation est peu conforme à l'idée qu'on se fait des pouvoirs du mari et de son rôle dans le ménage. C'est peut-être pour cela que la question est peu pratique. Au point de vue théorique, si on écarte la prohibition de l'art. 1388, il faut, je crois, valider la clause en vertu du principe de la liberté des conventions matrimoniales. Je ne me fais pas d'illusion sur les inconvénients que présente pour les époux une telle clause, mais c'est à eux à les éviter en n'insérant pas cette stipulation. Et c'est ce qu'ils font toujours.

La question se pose presque dans les mêmes termes de

(1) I. 68.
(2) Voy. *suprà*, p. 53.

savoir si la femme peut, en cas d'ameublissement parfait d'un de ses immeubles, stipuler que le mari ne pourra aliéner les biens ameublis de la femme, qu'avec le consentement de celle-ci. Ici, la question est tout autre ; les immeubles de la femme tombent en communauté, et les droits du mari sur la communauté lui appartiennent comme chef ; l'art. 1388 défend d'y déroger. Mais pour qu'il en soit ainsi, il faut, ou que les époux se soient soumis à la communauté universelle, ou que la femme ait ameubli en totalité un ou plusieurs immeubles. « Si l'immeuble n'est ameubli que pour une certaine somme, le mari ne peut l'aliéner qu'avec le consentement de la femme ; mais il peut l'hypothéquer sans son consentement jusqu'à concurrence seulement de la portion ameublie. » (1507, al. 3. C. C.). De même, si l'époux a apporté en communauté tous ses immeubles jusqu'à concurrence d'une certaine somme, « l'ameublissement indéterminé ne rend point la communauté propriétaire des immeubles qui en sont frappés. » (1508, al. 1). Et, comme dans le cas précédent, le mari ne peut aliéner les immeubles ameublis par la femme sans son consentement ; il peut seulement les hypothéquer. Je n'ai pas à apprécier la valeur de la terminologie du Code qui met dans deux classes différentes les formes d'ameublissement que je viens d'indiquer. J'ai seulement à faire observer que les effets de l'ameublissement sont exactement les mêmes, que l'on ameublisse jusqu'à concurrence d'une certaine somme des immeubles désignés ou tous les immeubles de la femme (1).

L'on admet que la femme reste alors propriétaire de ses immeubles. La communauté acquiert seulement une

(1) Guillouard, III. 1559.

créance immobilière. Et pendant le mariage, il n'y a qu'un moyen de réaliser ce droit ; c'est d'hypothéquer le bien jusqu'à concurrence de la somme pour laquelle il est ameubli, ce qui est permis au mari. A la femme, il appartient encore d'aliéner son immeuble (1). Et à mon avis, elle jouit de tous les droits qu'elle a d'ordinaire sur ses propres. La seule conséquence de cette clause en outre de l'obligation de fournir des immeubles à la communauté est, pendant le mariage, de permettre au mari, par une dérogation notable à l'art. 2124, d'hypothéquer ce immeubles. C'est ce que dit l'art. 1508, 1er alinéa. Et je crois prudent de s'en tenir au texte, tout en permettant aux parties de faire toute autre convention par contrat de mariage.

Une clause plus pratique que la précédente vient parfois transformer les règles ordinaires de la gestion des propres de la femme. Je veux parler de la clause de remploi conventionnel des propres de la femme, quand le remploi est obligatoire pour le mari. Pour qu'il en soit ainsi, il faut que la volonté de l'exiger ressorte du contrat de mariage, sans quoi on peut considérer cette stipula-

(1) M. COLMET DE SANTERRE (VI, 171 bis, XXVI et s.), prétend de plus que la communauté acquiert un droit réel opposable aux tiers et sujet à transcription. La femme aurait pu sans cela, en exerçant avec l'autorisation de la justice ses droits sur son immeuble, nuire à la communauté. (Sic. GUILLOUARD, III, 1576), M. LAURENT. (XXIII, 284), repousse avec raison cette prétention. Il se fonde sur la tradition, POTHIER (Communauté, 313) ne reconnaissant à la communauté qu'*un simple droit de créance* et une *simple action*, et sur le texte de l'art. 1508, d'après lequel l'ameublissement se réduit à *obliger* l'époux à comprendre dans la masse quelques-uns de ses immeubles. Si le mari se trouve menacé par le droit de disposition de la femme, il n'avait qu'à demander un ameublissement en propriété. La clause d'ailleurs est peu pratique.

tion comme un renvoi aux règles du remploi légal prévu par les art. 1434 et 1435 C. C.

Si le remploi est facultatif, il modifiera peu la situation de la femme. Pour aliéner, il faudra son consentement ; il le faudra encore pour qu'elle acquière comme propre le bien qui lui est donné en remploi. C'est l'application des règles générales. Sans doute, si la femme accepte seulement après coup l'offre de remploi que lui fait le mari, elle aura eu pendant quelque temps, un droit d'option ; pendant cette période, le prix sera tombé en communauté, la femme en sera créancière ; puis, par l'acceptation du remploi, il y aura en quelque sorte dation en paiement. J'aurai à examiner ce point dans la section que je consacre aux contrats entre époux. D'ailleurs l'hypothèse d'acceptation *ex intervallo* est fort peu pratique. D'ordinaire l'acquisition du bien destiné à servir de remploi, est faite concurremment par le mari et par la femme ; et l'opération précède quelquefois, mais au moins suit de très près l'aliénation. Cette aliénation d'ordinaire n'est motivée que par la possibilité de faire une acquisition en remploi.

La situation est à mon avis très différente quand le remploi est obligatoire. Il n'en serait pas ainsi bien entendu si l'on admettait que cette clause a uniquement pour but de rendre inutile l'acceptation du remploi par la femme, qui aurait donné par le contrat de mariage un mandat en ce sens à son mari. Je crois avec beaucoup d'auteurs (1) que si le contrat de mariage n'en ordonne autrement, la clause a simplement pour but d'imposer au mari le devoir de procurer un remploi, de le contraindre

(1) Voy. les auteurs pour et contre cités par GUILLOUARD, II, 500, *adde*, contre l'opinion que je soutiens, LAURENT, XXI, 390.

à faire ce que les art. 1434 et 1435 lui permettaient ; et
pas du tout de forcer la femme, qu'on a l'intention de
garantir, à devenir propriétaire malgré elle, même si l acquisition du mari est désavantageuse. M. Laurent insiste
sur ce que le mari est mandataire de la femme, et par
suite doit l'obliger. Admettons qu'il y ait un mandat.
Pourquoi serait-ce le mandat d'acquérir pour la femme
plutôt que celui de rechercher un bien à présenter à son
acceptation ? Comment surtout, soutenir que la clause n'a
aucun sens quand on admet — et c'est ce que fait M. Laurent — que cette clause procure à la femme une action
contre le mari pour le contraindre au remploi.

Or, et c'est ce qui importe à mon sujet, l'on admet, du
moins si un délai a été fixé, que la femme, même pendant
le mariage, a une action pour contraindre le mari (1). Le
contraire avait été soutenu par Troplong (2), sous le prétexte que la femme trouvait des garanties dans les sanc-
tions ordinaires : recours sur les biens du mari, hypothèque légale, et que cette action nuisait à la bonne harmonie de la famille. Mais cette remarque porte à faux, car
on ne peut refuser tout droit à la femme, et cette contestation sur un point spécial sera moins dangereuse et moins
scandaleuse qu'une action en séparation de biens qui étend
le conflit à tous les rapports pécuniaires des époux et en-
venime bien davantage leurs relations personnelles. Et
Troplong se contredit lui-même en permettant à la femme,
d'ajouter par contrat de mariage une clause pénale à la
condition d'emploi. Il faut donc admettre que la femme
aura une action. La seule possibilité d'exercer cette sanc-

(1) COLMET DE SANTERRE, VI, 71 bis. IV. — LAURENT, XXI, 386,
GUILLOUARD, II, 503.
(2) II. 1073-1074.

tion suffira d'ordinaire à lui assurer l'exécution de la condition d'emploi.

Mais la question se complique si le contrat de mariage ne fixe pas de délai pour effectuer le remploi. D'après M. Laurent (1), le mari est obligé, dès qu'une occasion se présente, de faire le remploi, et il peut être actionné par la femme s'il ne satisfait pas à son obligation ; c'est le terme tacite convenu par les époux. L'opinion la plus généralement admise (2) accorde au contraire au mari jusqu'à la dissolution de la communauté pour faire le remploi, en se fondant sur l'article 1176 C.C. Je crois que cette deuxième interprétation sera généralement contraire à l'intention des parties, et l'art. 1176 me paraît étranger à la question. Cet article vise une obligation sous condition suspensive et maintient l'obligation s'il n'y a pas de délai fixé pour que la condition se réalise, jusqu'à ce qu'il soit certain qu'elle ne se réalisera pas. Je ne vois pas le moindre rapport entre ce texte et la question de savoir si la femme peut obliger le mari, quand une occasion s'en présente, à remplir une obligation à lui imposée par le contrat de mariage ; et quand l'absence de tout délai préfix a eu seulement pour but, selon toute apparence, de permettre d'attendre une occasion favorable.

SECTION II

MESURES CONSERVATOIRES

Le principe de l'autorité maritale « n'empêche pas que la femme ne puisse, sans l'autorisation de son mari, faire

(1) XXI, 386.
(2) Voy. GUILLOUARD, II, 501.

tous les actes, et prendre toutes les mesures qui ont uniquement pour objet la conservation ou la sûreté de ses droits (1) ».

La légitimité de cette prérogative vient d'abord de ce que tous les incapables peuvent faire de tels actes pour la défense de leurs droits ; ensuite, l'incapacité de la femme doit à mon avis, être restreinte aux limites fixées par la loi dans les art. 215 et 217 C. C. A vrai dire, il n'y a pas ici une simple règle de capacité. Les actes conservatoires, en effet, sont des actes d'administration : il est certain qu'à ce titre, ils sont compris dans les pouvoirs de la femme séparée de biens. Mais on ne remarque pas assez que sous les régimes qui confient au mari l'administration des biens de la femme, le pouvoir ainsi donné à celle-ci est une limitation très importante aux droits du mari (2), en même temps qu'une garantie contre les abus qu'il pourrait commettre. Il est cependant indubitable que l'on doive reconnaître à la femme le pouvoir de faire seule les actes dont il s'agit. D'abord parce que l'on ne peut admettre que ses biens soient laissés au mari sans qu'on donne contre lui des garanties ; et parce que l'on accorde à la femme une protection bien plus énergique et plus contraire aux règles ordinaires du mariage, la séparation de biens judiciaire, et qu'*a fortiori* on doit autoriser les actes

---

(1) AUBRY ET RAU, V, § 472, p. 143.

(2) DEMOLOMBE (IV, 131), considère que les actes conservatoires ne peuvent aucunement nuire au mari. S'il en est ainsi de certains de ces actes, pour lesquels cependant l'action de la femme peut contrarier les plans et les intentions du mari, l'on ne peut contester, je le montrerai plus loin, le grave préjudice que cause au mari l'inscription de l'hypothèque légale, en ruinant son crédit et en empêchant en fait toute aliénation.

conservatoires. De plus, il faut tenir compte de l'urgence qu'il y a souvent à agir. Enfin pour un certain nombre d'actes, le droit de la femme découle du texte même de la loi. Il suffit de renvoyer aux articles 940, 2139 et 2194 C. C. L'art. 242 du même code donne une autorisation analogue en cas d'action en divorce.

En dehors des actes conservatoires proprement dits, des actions sont ouvertes à la femme pour faire respecter ses droits quand le mari abuse de ses pouvoirs. Sans recourir à la séparation de biens, la femme peut protester contre les abus d'autorité du mari, attaquer les actes qui excèdent ses pouvoirs, exercer au besoin une véritable revendication : il faut rapprocher de ces droits des femmes mariées, ceux qu'elles ont particulièrement à exercer si le mari commerçant tombe en faillite conformément aux art. 557 à 564 du Code de Commerce.

A vrai dire, l'on ne peut considérer cette deuxième catégorie de droits comme rentrant dans les pouvoirs de la femme concernant les actes conservatoires. Il faut cependant, je crois, rapprocher tous les cas où la femme, pour la défense de son patrimoine, peut suppléer à l'inaction du mari ou même s'opposer à ses abus. Dans l'une et l'autre hypothèse, il y a un empiétement permis à la femme sur les prérogatives que, trop facilement, l'on accorde au seul mari. Rien n'est plus contraire aux idées reçues ; pourtant il m'est impossible de ne pas conclure de l'existence de tous les droits que je vais examiner, à la possibilité pour la femme d'un contrôle de l'administration du mari ; non pas certes d'un contrôle obligatoire et réglementé, emportant pour le mari l'obligation de rendre des comptes périodiques, comme il est permis au conseil de famille de l'imposer au tuteur. Mais il faut admettre que la femme

n'est pas étrangère à l'administration de ses biens et
qu'elle peut prendre des mesures de défense, plus ou
moins énergiques selon les circonstances, en tous cas
toujours suffisantes pour lui constituer une situation forte,
bien différente de la position dépendante et amoindrie où
on la représente d'ordinaire.

Quels sont donc ces actes qui sont permis à la femme en
dehors de son mari? Il y a d'abord les actes conservatoires
proprement dits. En première ligne, les actes conservatoires
de la vie ordinaire, réparations urgentes, etc., autorisées
dans une sage mesure ; puis, parmi les actes juridiques, les
inventaires destinés à constater la consistance des biens,
et tous les actes nécessaires à l'interruption de la prescription, sommation, protêts, etc.; pour ces derniers, le
droit de la femme peut se déduire *à contrario* de ce que
la prescription court contre elle pendant le mariage
(art. 2254, C. C.) (1). De même, les actes destinés à pourvoir à des mesures pressantes, référés, saisies-arrêts (2);
la cour de Bruxelles a même décidé (3) que la femme
pouvait sans autorisation interjeter appel, bien que ce
soit là un acte de poursuite ; mais il y a lieu de surseoir
à la poursuite jusqu'à ce que l'appelante soit pourvue
de l'autorisation; l'appel a seulement pour but de conserver le droit de la femme. Je crois qu'il faudrait de
même permettre à celle-ci de faire seule la défense permise à tout créancier pour s'opposer à un partage fait

(1) On peut rapprocher l'art. 1676, C. C. qui en accordant un délai
de deux ans pour les demandes en rescision pour lésion, énonce que
ce délai court contre les femmes mariées.

(2) Au moins les premiers actes qui n'ont pour but que d'empêcher
les tiers saisis de payer. La femme ne pourrait faire seule la procédure
destinée à se faire attribuer la somme saisie-arrêtée.

(3) Bruxelles, 31 déc. 1852. Pasicrisie belge, 1854, p. 251.

par son débiteur hors de sa présence. Pour tous ces actes,
la loi n'exige même pas l'autorisation de la justice. Si
l'on admettait avec la majorité des auteurs que la femme
peut, à défaut du mari, exercer l'administration de ses
biens, notamment intenter des actions mobilières et possessoires (1), il faut noter qu'elle aurait besoin de l'autorisation de la justice. J'ai pour ma part repoussé cette
solution et je ne crois pas qu'il faille arbitrairement
augmenter les prérogatives de la femme au détriment des
droits du mari et de la jouissance de la communauté.
Mais si l'on admet l'opinion générale, il y aura lieu de
rapprocher ce droit de la femme de toutes les autres
facultés qui lui sont concédées pour veiller à la conservation de son patrimoine. J'admettrais au contraire
parfaitement que la femme puisse intervenir aux instances
judiciaires engagées par le mari et relatives à ses biens
personnels, à condition que la femme ne conclût pas, et
n'assistât au procès que dans un but de contrôle.

D'autres actes encore sont permis à la femme par les
auteurs. On l'autorise par exemple à faire la transcription de son acte de mariage, prescrite, par l'art. 171, à
tout Français rentrant en France après s'être marié à
l'étranger. De même, l'art. 940 lui permet expressément
de transcrire, conformément à l'article 939, les donations
à elle faites de biens susceptibles d'hypothèques.

L'art. 2194 lui permet aussi de requérir inscription sur
les biens de son mari en cas de purge des hypothèques
légales non inscrites. Même en dehors des cas de purge,
au cours du mariage, la femme a la faculté d'inscrire son
hypothèque légale si elle le juge à propos (2139 Code
civil). On considère d'ordinaire que c'est là un simple

----

(1) Voy. *suprà*, page 195.

acte conservatoire. Cette inscription a cependant un
retentissement énorme sur le crédit du mari. Je ne parle
pas seulement du préjudice moral que peut lui causer
une pareille mesure, surtout quand elle est prise en dehors d'une purge, à raison de la rareté pratique de ces
inscriptions. Cela suppose généralement des doutes de
la femme sur la solvabilité de son mari ; et qui semble
mieux placé pour être bien renseigné ? Cela indique aussi
souvent au sein de la famille une mésintelligence qu'il
est peu utile de publier. Mais même à s'en tenir au résultat direct, cette inscription va avoir des conséquences
déplorables. J'aurai plus loin à revenir sur les effets de
l'hypothèque légale de la femme relativement aux pouvoirs du mari sur ses propres biens. Je peux dès maintenant indiquer que l'inscription prise en cas de purge par
la femme du vendeur aura pour résultat, si celle-ci a des
créances déjà nées, de lui valoir une collocation ; mais
comme sa créance n'est pas exigible, l'acquéreur gardera
ou consignera le prix jusqu'à concurrence de la créance
de la femme si elle est déterminée ; si la créance est indéterminée ou conditionnelle, l'acquéreur gardera ou consignera le prix *tout entier*, ou bien le paiera aux créanciers
inscrits qui donneront des garanties pour assurer la restitution à la femme de ce qui lui sera dû. Comme il est peu fréquent que la femme n'ait pas de créances déjà nées, que ces
créances sont rarement toutes déterminées, le mari ne touchera pas le prix en vue duquel il avait vendu l'immeuble. Le
résultat cherché sera manqué. Si l'hypothèque de la femme
a été inscrite avant toute aliénation par le mari, le résultat sera plus fâcheux encore, tant que la femme ne donnera pas mainlevée de cette inscription. Non seulement,
en effet, le mari n'aura pas intérêt à vendre, à peu près

sûr qu'il sera de ne pas toucher le prix, même à la suite
d'une purge, mais encore s'il veut emprunter sur son immeuble, il ne trouvera pas de prêteur. On n'emprunte
guère, en dehors des prêts commerciaux, sans fournir une
hypothèque. Que vaudra l'hypothèque donnée par le mari
si elle est primée, pour une créance indéterminée, par
l'hypothèque légale de la femme? Je sais bien que la menace immanente de cette hypothèque légale peut toujours
nuire au crédit du mari, si l'on ne cherche pas un remède
dans une renonciation de la femme. Le rang de l'hypothèque légale n'est pas changé par l'inscription. Ce n'est
pas, à vrai dire, — en dehors de la purge où l'inscription
est la marque du refus d'abdiquer, — l'inscription de l'hypothèque, mais le refus de renonciation qui est dangereux pour les créanciers du mari. Seulement, le fait de
prévenir les créanciers du danger qui les menace, aura
pour conséquence de les effrayer en dénotant la mauvaise
intelligence des époux ou le mauvais état des affaires du
mari, et en faisant prévoir le refus de la femme à toute
demande de renonciation. En un mot, les biens du mari
deviennent inaliénables, son crédit est ruiné; tels sont les
effets terribles de cet acte conservatoire que l'on permet
à la femme comme étant absolument sans danger.

Est-ce seulement son hypothèque légale que la femme
aura le droit d'inscrire ? Ne pourrait-elle prendre à son
profit inscription d'hypothèques conventionnelles ? Bien
entendu aucun doute n'est possible pour les renouvelle-
ments. On décide même que l'inscription d'hypothèque est
un acte conservatoire. Celui qui fait inscrire en effet ne
s'oblige pas, ne contracte pas, c'est une simple formalité.
M. Laurent fait observer que « la loi autorise les tiers
à faire inscrire l'hypothèque au nom du créancier sans

même parler d'un mandat ; il suffit que celui qui requiert l'inscription soit porteur des pièces qu'il doit... représenter au Conservateur. » (art. 2148 C. C.) (1).

Il faudra également permettre à la femme de requérir la transcription des actes soumis à cette formalité par la loi du 23 mars 1855. Quand la transcription a pour but de conserver le privilège de la femme dont on a vendu l'immeuble, cela découle de la solution donnée pour l'inscription hypothécaire. Si, au contraire, la femme est acquéreur, on peut tirer argument de l'art. 940 relatif à la transcription des donations, et bien que la femme soit obligée au paiement des frais, il y a là évidemment un acte conservatoire qui doit être permis aux incapables ; la femme n'aura donc pas besoin d'autorisation (2).

Toutes les fois où la femme exerce elle-même des mesures conservatoires, cela suppose, ou pour le mari l'impossibilité d'agir, ou entre les époux des relations tendues nécessitant l'intervention de la femme pour des opérations auxquelles elle reste d'ordinaire étrangère.

Mais a fortiori est-on obligé de lui accorder une protection spéciale et une liberté nécessaire quand le conflit arrive à l'état aigu entre les époux et se manifeste par une demande en divorce. Loin de se montrer plus large, la loi va imposer à la femme, en l'obligeant à demander une autorisation judiciaire, un rôle plus modeste. L'art. 270 C. C. qui prévoyait autrefois la question avait donné lieu à d'assez nombreuses difficultés. Il a été remplacé, dans la refonte de la procédure du divorce opérée par la loi du 18 avril 1886, et le nouvel article 242 règle d'une façon plus précise les mesures conservatoires permises en cas

(1) *Principes*, XXXI, 5, Cpr. AUBRY ET RAU, III, § 270, 2.
(2) *Sic*. MOURLON. *Transcription*, I, 245.

de demande en divorce (1). Tout d'abord, et comme il y a
urgence, l'art. 242 permet de prendre des mesures conservatoires dès l'ordonnance rendue par le Président, conformément à l'art. 235, sur la requête introductive de la
demande et fixant la date où les parties comparaîtront
devant lui. C'est d'ailleurs à ce moment qu'il peut fixer au
demandeur une résidence provisoire (art. 236). Mais il ne
s'agit pas pour les époux de prendre de leur propre autorité des mesures conservatoires, il faut « l'autorisation du
juge donnée à charge d'en référer. » La question est d'ailleurs fort douteuse de savoir si « le juge » est ici le Président ou le Tribunal tout entier et à qui l'on devra « en
référer (2) ». Mais il importe seulement ici de noter la
nécessité d'après la loi nouvelle d'une autorisation de la
justice pour les actes que permettait librement l'ancien
art. 270.

Quelles sont les mesures qui peuvent être ainsi fixées ?
La loi dit « des mesures conservatoires, notamment requérir l'apposition des scellés sur les biens de la communauté. » Il s'agit en effet d'assurer la conservation du
mobilier commun. Mais comme la procédure du divorce est
longue, on ne peut laisser les biens indisponibles. « Les
scellés sont levés à la requête de la partie la plus diligente,
les objets et valeurs sont inventoriés et prisés, l'époux
qui est en possession en est constitué gardien judiciaire

(1) Voy. l'étude de M. CARPENTIER sur la loi du 18 av. 1886,
p. 120 et s. ; parue aussi dans les *Lois Nouvelles*, a. 1886, p. 41 et s.
et spécialement, p. 166 et s.

(2) Il est probable que la loi a employé l'expression « à charge d'en
référer » avec le sens qu'elle a au Palais ; l'autorisation n'étant pas
donnée contradictoirement, on permet de s'adresser au juge pour obtenir s'il y a lieu la rétractation ou la modification de la décision. *Sic.*
VRAYE ET GODE, II, 597.

à moins qu'il n'en soit décidé autrement. » Différents arrêts (1) décident que l'inventaire ne doit pas comprendre
les papiers domestiques qui n'ont pas un intérêt pécuniaire pour la femme. D'ailleurs la loi permet, sans pré-
ciser, les mesures conservatoires. On peut donc en prendre de plus douces : ainsi faire l'inventaire immédiatement
sans mettre de scellés. La femme pourrait intervenir à
un remboursement (2). Peut-on aller plus loin ? La question est délicate. M. Carpentier indique différents arrêts
qui permettent soit d'exiger la communication des livres
de commerce du mari, soit de faire nommer un séquestre
judiciaire à ses biens, si le mari abuse de ses pouvoirs
d'administration, soit de pratiquer des saisies-arrêts entre
les mains des débiteurs du mari pour faire verser les fonds
à la Caisse des dépôts et consignations. En tout cas, comme
il faut une autorisation de la justice pour toutes ces mesures conservatoires, il y a moins de danger pour l'autre
partie, et l'on peut se montrer assez large.

Qu'on le remarque, tous les moyens de défense que la
loi accorde aux époux ne sont pas obligatoires. C'est une
pure faculté pour la femme de demander par exemple l'apposition des scellés et l'inventaire. Elle pourrait renoncer
à ce droit même après en avoir réclamé l'exercice (3),
tout dépendant de sa volonté. C'est ce qui fait que malgré l'autorisation de la justice à elle imposée, il y a vraiment un droit pour la femme de défendre ses biens personnels, une prérogative importante ; cela est d'autant
plus évident que l'autorisation de la justice exigée par

(1) Voy. la jurisprudence dans CARPENTIER, *loc. cit*.
(2) LAURENT, III, 268. La décision donnée sous l'art. 270, peut encore s'appliquer.
(3) Cpr: Cass. 29 juillet 1884. — Sir. 85, 1. 154.

l'art. 242 n'est pas imposée seulement à la femme à raison d'une incapacité spéciale, mais aussi au mari quand c'est lui qui requiert ces mesures de défense. J'observerai en outre que ce droit n'est pas limité aux femmes communes, mais appartient à toutes celles des biens desquelles le mari a la jouissance en tout ou en partie. Le point était douteux avant la loi de 1886.

On demandait aussi sous l'ancien art. 270 si la disposition s'appliquait à la séparation de corps (1). L'art. 307 aujourd'hui renvoie expréssement à toutes les dispositions des articles 236 à 244.

Si la femme demande seulement la séparation de biens, durant le cours de l'instance elle sera aussi autorisée à faire des actes conservatoires. C'est ce qu'il faut conclure de l'art. 869 du Code de procédure civile. Mais quels sont ces actes? Ce sont à peu près ceux que nous avons vu permettre en cas de demande en divorce. L'apposition des scellés et l'inventaire, comme le fait remarquer M. Guillouard (2), sont bien plus nécessaires quand le mari est en passe de se ruiner que dans le cas d'un conflit personnel entre les époux. Et quels actes seraient regardés comme conservatoires sinon ceux-là? On permet de même à la femme les saisies-arrêts sur les débiteurs de la communauté et la consignation des sommes dépendant de la communauté. Dutruc a soutenu (3) que l'on ne pouvait nommer un séquestre auquel serait confié l'administration des biens de la communauté. Cette opinion est générale-

(1) La jurisprudence et la doctrine admettaient généralement l'extension. Mais *contrà*. LAURENT, III, 323 et suiv.

(2) III, 1119.

(3) *Séparation de biens*, 138.

ment repoussée (1), car on permet d'ordinaire de nommer
un sequestre même quand la possession des biens n'est
pas litigieuse, si les juges en voient la nécessité. Or, en
cas de séparation de biens, des fraudes du mari sont à
prévoir ; il faut les éviter. Le mari sera assez protégé par
l'intervention de la justice.

Mais faudra-t-il admettre la nécessité de cette autorisation pour tous les actes conservatoires ? La question est
discutée (2) ; l'article 869 ne dit rien, mais on peut tirer
argument de la disposition prise en matière de divorce
où la question était discutée aussi et a été tranchée par
la loi de 1886 dans le sens de la nécessité d'une autorisation, et il est plus prudent de donner ici la même solution.
D'autre part, en comparant la situation avec celle de la
femme en dehors de toute instance contre le mari, on
constate que l'on impose ainsi à celle-ci dans de pareils
conflits, des règles particulièrement rigoureuses. Quels
motifs ont déterminé le législateur à exiger l'autorisation
quand il s'agit d'une instance en divorce, et ces motifs
s'appliquent-ils à la demande en séparation de biens?
D'après MM. Vraye et Gode(3), si les mesures dont il s'a-
git « avaient été laissées à l'arbitraire des époux, il eût
été à craindre que ceux-ci n'allassent trop loin. Au lieu
de mesures conservatoires, l'époux se serait empressé
de prendre toutes sortes de mesures vexatoires à l'égard
de son conjoint. » Je ne suis pas convaincu de l'excellence
de cette argumentation. Le nombre des actes conservatoires est assez strictement limité ; je ne crois pas que
dans un conflit porté devant les tribunaux, il y ait plus

(1) Voy. GUILLOUARD, III, 1121.
(2) RODIÈRE ET PONT, 829.
(3) *Le divorce et la séparation de corps*, II, 595.

d'abus à craindre que dans les cas fréquents où la mésintelligence des époux se manifeste par une séparation de fait et non par une action en justice. MM. Vraye et Gode reconnaissent d'ailleurs que pour certains actes conservatoires, comme l'apposition des scellés, le retard ainsi occasionné peut être funeste. Cependant le motif donné à la disposition de l'art. 242 peut aussi bien s'appliquer à la séparation de biens, qui entraîne d'ordinaire des dissentiments assez vifs dans le ménage ; et cette règle a du être volontairement insérée parce que la solution contraire était admise avant la loi de 1886 dans le silence de l'article 270.

J'ai rapproché des actes conservatoires proprement dits, les moyens d'action qui ont été reconnus à la femme pour protéger ses biens propres contre les abus d'autorité du mari et qui constituaient en même temps des exceptions à la règle de l'administration et de la jouissance du mari. Le plus énergique de ces remèdes, c'est évidemment la séparation de biens. C'est là un privilège accordé à la femme et qu'elle peut exercer seule, toutes les fois que sa dot est mise en péril, c'est-à-dire « non seulement au cas où par suite du désordre des affaires du mari, ses biens seront devenus insuffisants pour garantir pleinement la restitution de la partie des apports de la femme qui lui était restée propre ou dont elle s'était éventuellement réservé la reprise, mais encore dans le cas où les valeurs qui sont entrées de son chef dans la communauté se trouvent notablement entamées par la mauvaise administration du mari, et même dans celui où il est à craindre que les revenus de la dot, non encore compromise quant aux fonds, soient détournés de leur destination légale (1) ».

(1) AUBRY ET RAU, V. § 516.

Il est vrai que l'art. 865 C. P. C. exige préalablement à la demande en séparation de biens, une autorisation du Président. Mais comme il est dit que celui-ci *devra* la donner, la loi n'a pas pour but de soumettre la volonté de la femme à un contrôle quelconque (1). Et cela résulte certainement des observations du Tribunat (2). Cette disposition, d'une utilité d'ailleurs contestable ne peut donc plus avoir pour but que de permettre au Président avant de donner l'autorisation de « faire les observations qui lui paraîtront convenables. »

J'ai déjà indiqué quels étaient les effets de la séparation de biens prononcée sur les pouvoirs de la femme (3), et, dans quelles limites, elle pouvait au cours de l'instance prendre des mesures conservatoires (4) Mais la possibilité même de demander la séparation de biens, va procurer à la femme certains avantages. D'abord c'est un motif très sérieux pour admettre que la femme a le droit d'exercer une sorte de surveillance sur l'administration du mari. Comment sans cela lui serait-il possible d'apprécier à quel

(1) Je n'ai pas à m'occuper ici des mesures prises pour porter la demande à la connaissance des créanciers, ni du droit pour eux d'intervenir pour empêcher une séparation prononcée à leur préjudice, ou de se pourvoir contre la séparation prononcée (1166 et 1447, C. C. 871, C. P. C.) Je ne nie pas que cela ne suffise dans bien des cas à empêcher des séparations de biens, et surtout à détourner la femme de faire une demande. Mais il faut supposer qu'il s'agit d'une séparation frauduleuse pour laquelle les deux époux sont d'accord. C'était un procédé fort employé dans l'ancien droit. Les dispositions dont il s'agit ont fait cesser cette pratique. Ce que je dis est donc vrai pour les séparations demandées conformément au but de la loi, à cause du péril de la dot.

(2) Voy. LOCRÉ, XXIII, 58.

(3) Voy. *suprà*, page 143 et s.

(4) Voy. page 213.

moment se produit une des nombreuses circonstances qui
permettent de demander la séparation de biens? Et puis
surtout, c'est pour elle une arme puissante contre le mari,
un moyen de pression auquel il ne pourra guère résister.
Naturellement il faut pour que la femme puisse s'en servir que sa demande ait quelque chance d'aboutir, c'est-à-
dire que la dot soit mise en péril par les agissements ou
la négligence du mari. Pour une contestation sans importance sur un détail d'administration, la femme ne pourra
recourir à ce moyen d'action; et d'ailleurs elle reculerait
bien certainement devant le péril qu'une telle procédure
ferait courir à la bonne harmonie du ménage. Mais s'il
s'agit d'actes importants, et si la femme a contre le mari
des moyens suffisants pour obtenir de la justice la séparation, la seule menace de former une demande suffira le
plus souvent pour déterminer le mari à en passer par la
volonté de la femme. Il y a là un résultat qui mérite, il
me semble, d'être indiqué et sur lequel on n'insiste pas
assez quand on apprécie la condition de la femme dans
le mariage.

La femme, sans recourir à ce moyen extrême, pourrait-
elle, au cours du mariage, critiquer les actes du mari qui
outrepassent, sur les biens propres de la femme, ses droits
d'administration? J'ai déjà vu plus haut (4) la controverse
qui se pose pour savoir si la femme peut durant le mariage
faire annuler la vente que le mari a consentie du bien
propre de celle-ci. La question est des plus douteuses,
étant donné qu'il faut, si du moins l'acceptation de la communauté par la femme lui défend de revendiquer, lui
interdire toute action tant qu'elle n'a pas renoncé. J'ai fait
observer du reste combien le pouvoir de la femme se

(4) Voy. page 177.

trouvait limité par suite de l'exigence en pareil cas du
consentement du mari, à l'exclusion de toute autorisation
judiciaire. On arrive ainsi à supprimer presque complètement, en fait, pour la femme la possibilité d'agir, le mari
refusant son concours pour éviter les dommages-intérêts
dont il serait tenu.

Qu'on le remarque d'ailleurs si, dans ces limites, l'on
croit devoir permettre à la femme d'agir, il faudra étendre la solution à toutes les actions qu'elle pourra intenter
pour se soustraire aux actes du mari ; et la cause de la
femme sera particulièrement favorable si, par voie d'exception ou de tierce opposition, elle défend l'intégrité de son
patrimoine. Si on lui permet la revendication, on doit de
même l'autoriser à se soustraire aux conséquences des
actes qui dépassaient le pouvoir du mari, soit que celui-ci
ait hypothéqué les biens de la femme, soit qu'il ait constitué sur ces biens des servitudes. De même si le mari
avait engagé une action pétitoire immobilière pour la
femme, et qu'il ait échoué, celle-ci exerçant à son tour
la même action ne pourrait pas, semble-t-il, se voir opposer
l'exception de chose jugée. Ces hypothèses d'ailleurs sont
peu pratiques ; pour la constitution d'une hypothèque,
comme pour l'exercice d'une action judiciaire, la loi exige
l'intervention d'hommes d'affaires dont la prudence évitera de pareilles irrégularités.

On considère d'ordinaire la question comme se posant
d'une manière bien différente sous le régime dotal. La
majorité des auteurs (1) enseignent que la femme ne peut
agir qu'après la dissolution du mariage ou la séparation
de biens. La question se pose après une aliénation faite
malgré l'inaliénabilité. Mais peu importe de quelle ma-

_____

(1) Voy. les autorités citées par GUILLOUARD, IV. 1894.

nière le mari a dépassé ses droits ; la solution est la
la même si, le contrat de mariage ayant permis selon
l'usage l'aliénation sauf remploi, le mari aliène un bien
dotal sans le concours de la femme. On se fonde dans l'o-
pinion générale sur le texte de l'art. 1560 qui certainement
n'a pas dû avoir pour but de donner à la femme le droit d'a-
gir, sauf après la séparation de biens. L'on tire de plus argument de ce fait que le mari a sous le régime dotal l'exercice
de toutes les actions de la femme. Cette argumentation est
dirigée contre une opinion soutenue autrefois par Toullier (1) et adoptée par certains arrêts (2). Ce système fondé
sur le droit romain (3) et sur l'équité, permettait à la
femme d'agir, mais sauf autorisation du mari ou de justice.

L'on ne peut à mon avis pour donner une solution sous
le régime dotal, faire abstraction du système adopté sous
la communauté. Evidemment, l'on ne trouve pas ici la
question de savoir si la femme est ou non engagée à
garantir la vente par l'acceptation de la communauté ; et
encore pourrait-il en être autrement dans l'hypothèse
très pratique de stipulation d'une société d'acquêts. Mais
puisque dans l'intérêt de la bonne harmonie du ménage,
et aussi faute de pouvoir imposer au mari la jouissance et
l'administration qu'il refuse, on admet que la femme en
communauté ne peut agir sans l'autorisation de celui-ci,
comme les mêmes raisons s'appliquent au régime dotal,
il faudrait en tout cas interdire aussi à la femme d'agir
sans le consentement du mari.

D'autre part, M. Guillouard admet, et un arrêt de la

(1) XIV. 228.
(2) Voy. not. Rouen, 3 août 1833. Sir. 41. 2. 70.
(3) Loi 29 au Code, *de jure dotium*, V. 12.

Cour de Cassation a décidé (1) que « si le mari et la femme agissaient conjointement..... il n'y aurait aucune fin de non-recevoir contre l'action ainsi intentée. »

Les deux solutions ne sont pas identiques sans doute. Dans un cas, le mari ne figure que pour habiliter la femme, ce qui suffit d'ailleurs à l'engager en tant que commun au paiement des frais du procès si la femme le perd, dans l'autre cas il est partie. En fait, la différence est assez peu sensible. Ce qu'il importe surtout de constater ici, c'est que les moyens d'action, d'ailleurs douteux, qui peuvent appartenir à la femme, en dehors de la séparation de biens, d'après le Droit Civil, contre les actes abusifs du mari, ne peuvent jamais entrer en jeu qu'avec l'autorisation de celui-ci ; en sorte que, au lieu d'être une sauvegarde contre lui, ce ne peut être qu'un moyen d'agir contre les tiers. S'il s'agit de diriger une action contre le gré du mari, et c'est le cas le plus fréquent, il faut nécessairement recourir à la séparation de biens.

Cette règle ne reçoit exception que dans une seule hypothèse. Il s'agit du cas où le mari commerçant tombe en faillite ; et encore dans la pratique, on ne conçoit guère que la femme ne demande pas alors la séparation de biens. Mais théoriquement, le droit d'agir appartient à la femme, même en dehors de toute séparation « car elle a un droit absolu à soustraire sa fortune propre aux créanciers de son mari, et à empêcher qu'elle ne soit englobée dans la faillite. Une fois la distinction faite, rien ne lui défend de laisser à son mari la gestion de cette fortune, dans les termes de leur contrat de mariage, si elle a confiance en lui. (2) » C'est ce qu'il faut conclure du silence

(1) GUILLOUARD, loc. cit. Cass. 30 mars 1874. — Sir. 74. 1. 333.
(2) BOISTEL, n° 1012. D'ailleurs la loi de 1838 qui a refondu la

des art. 557 et suiv., du Code de commerce et ce qui explique
que l'art. 1446 C. c. permette aux créanciers de la femme,
auxquels il est interdit de demander la séparation de biens,
d'exercer les droits de leur débitrice en cas de faillite de
son mari.

De là résulte pour la femme une situation particulière.
Elle reprend, si elle n'est pas séparée de biens, des droits
qu'elle n'avait pas d'après son régime matrimonial, et
c'est ce qu'on ne remarque pas. Tel n'a pas été en effet
le but de la loi. Loin de favoriser la femme le législateur de 1838 après celui de 1807 a voulu protéger les
créanciers du failli, lésés avant la promulgation du Code
de commerce par les abus résultant à leur préjudice du
concert de la femme et du mari. On a voulu empêcher
les fraudes par lesquelles les femmes revendiquaient et
retiraient du gage des créanciers, des biens appartenant
en réalité au mari, ou bien exerçaient, au préjudice de
la masse, leur hypothèque légale sur des biens acquis
avec l'argent des créanciers (1). Dans ce but, le Code
de Commerce (art. 557 et suiv.), d'abord impose à la
femme des conditions particulièrement dures pour la
preuve de son droit de propriété sur les biens qu'elle re-
vendique, ensuite restreint, tant au point de vue des biens
qui y sont soumis, qu'à celui des créances garanties,
l'exercice de son hypothèque légale, enfin va jusqu'à priver la femme, si le mari était commerçant lors du mariage

législation des faillites n'a apporté que des modifications de détail
aux règles admises par le Code en 1807 (Voy. RENOUARD, II, p. 283)
et l'art. 545 ancien disposait : « Les femmes mariées sous le régime
dotal, les femmes séparées de biens et les femmes communes en biens
qui... » sans distinguer.

(1) Voy. LYON-CAEN et RENAULT, *Précis*, II, 3041 et suiv.

ou l'est devenu dans l'année, des avantages à elle faits par le contrat de mariage.

Ce qu'il y a de particulier dans cette situation c'est, ainsi que je l'ai dit, que la loi ne distingue pas, selon que la femme demande ou non la séparation de biens. Si la séparation a été prononcée, la poursuite de la femme a seulement pour but d'exercer ses reprises conformément à l'art. 1444 C. C. Mais tant que dure l'instance, si une demande a été formée, et même en dehors de toute instance, les dispositions du Code de Commerce supposent l'exercice par la femme d'actions qui dépassent les pouvoirs à elle reconnus ordinairement, même pour les actes conservatoires. Comme en fait, d'ordinaire, la séparation est déjà prononcée, l'on ne considère que les restrictions ainsi apportées aux droits de la femme.

Sans doute, l'art. 559 du Code de commerce déroge au droit commun quand il érige en présomption légale que « les biens acquis par la femme du failli appartiennent à son mari, ont été payés de ses deniers et doivent être réunis à la masse de son actif, sauf à la femme à fournir la preuve du contraire ». On déroge encore aux règles ordinairement reçues, en exigeant pour la propriété des meubles un acte authentique (art. 560 C. Com.), pour les emplois et remplois des règles restrictives (558 C. Com.). Mais la première dérogation, c'est de permettre à une femme commune ou dotale de revendiquer les biens dont l'administration et la jouissance appartiennent au mari, d'exercer des actions pour lesquelles elle est d'ordinaire soumise à la nécessité d'une autorisation, quand elles ne sont pas entièrement réservées au mari. De même les restrictions apportées à l'hypothèque légale de la femme vont avoir pour résultat de la rendre, pour une partie des créances qu'elle peut avoir contre son mari, créancière chirographaire, au moins si elle prouve sa créance dans les termes du droit commun (1), ce qui va l'astreindre à toutes les obligations des créanciers compris dans la masse. Il est à remarquer que ces dérogations considérables au droit commun ont passé inaperçues. Je ne crois pas que dans l'ancien droit, la femme ait pu agir elle-même. Rien ne permet de le supposer dans l'ordonnance de 1673 (2). D'autre part, les travaux préparatoires indiquent qu'on a eu une seule idée : éviter les fraudes commises dans les faillites en se servant des droits de la femme; empêcher que le luxe mal acquis de celle-ci offense l'infortune des créanciers lésés. Et toute la discussion est dominée par le mot de Napoléon : « Il serait à désirer que la femme dans tous les cas, partageât le malheur de son mari (3). »

Cependant, dans tous les articles de la section consacrée aux droits des femmes, c'est la femme seule que l'on met en scène, et comme si elle avait obtenu la séparation de biens. Va-t-on cependant, dans ce cas, exiger de la femme l'autorisation du mari ou de la justice? Cela me paraît découler des principes ordinaires de l'incapacité des femmes mariées. Malgré cette exigence, et au moins si l'autorisation émane de la justice, il y a, à n'en pas douter, un droit exorbitant pour la femme. Parfois le mari entraîné par des opérations malheureuses, obligé de cesser ses paiements est mis en liquidation judiciaire, et il est le premier à tâcher de payer tous ses créanciers. Quelquefois s'il n'a

(1) LYON-CAEN et RENAULT, *Précis*, II, 3054.

(2) Ordon. 1673. Titre XI, art. VIII, et BOUTARIC, Ed. 1743, p. 112 et suiv.

(3) LOCRÉ. XIX, p. 38 et les délibérations et rapports auxquels il renvoie.

pas d'enfants il pourra vouloir sacrifier les droits de la femme à la conservation de son honneur commercial. Comment régler cette situation ? Il y a là une masse de difficultés qui ne sont pas prévues.

La solution n'offre d'ailleurs qu'un médiocre intérêt pratique, car l'on ne comprend guère que la cessation des paiements du mari ne détermine pas la femme à demander la séparation de biens. L'hypothèse où, en fait, ces difficultés peuvent se présenter, c'est quand la femme est mariée sous le régime de la séparation de biens conventionnelle. Ici la revendication par la femme de ses biens propres n'est pas motivée par la liquidation de ses reprises. Elle dépasse les pouvoirs ordinaires de la femme séparée. Dans ce cas, la femme pourra prendre toutes les mesures prévues par le Code de commerce en se faisant autoriser par le mari ou la justice.

SECTION III

CONTRATS ENTRE ÉPOUX

La question a été très fortement discutée de savoir si les contrats entre époux doivent en principe être prohibés. Tandis que le droit romain avait admis le principe de la liberté contractuelle entre époux, notre ancien droit français, à partir du moment où il avait prohibé les donations entre époux, avait, pour éviter tout avantage indirect et pour assurer la conservation des biens dans les familles interdit même les contrats à titre onéreux entre époux (1),

(1) Voy. POTHIER. *Traité des donat. entre mari et femme*, n. 78.

sauf quelques dérogations nécessaires pour le partage (1) ou pour les remplois (2). La coutume de Bourgogne (3) permettait même les contrats entre époux autorisés par leurs héritiers présomptifs.

Sur la question, le Code civil est muet : rien dans les travaux préparatoires ne laisse voir qu'on ait entendu régler la question des contrats entre époux. L'on remarque seulement que certains actes sont absolument prohibés, d'autres au contraire, prévus ou validés par le Code ; d'autres encore sont passés sous silence.

Il me faudra donc indiquer rapidement quels contrats sont permis entre les époux, soit qu'ils aient été autorisés par le Code, soit, s'il y a lieu, dans le silence des textes. Mais surtout, je dois me demander quelle est la situation de la femme pour de pareils contrats.

Il faut observer tout d'abord que dans le cas où les contrats sont permis entre époux, la liberté de ceux-ci est toujours limitée par le principe de l'immutabilité des conventions matrimoniales. Mais dans quelle mesure? La question est délicate et il n'est pas possible d'y donner une solution générale. Il y a là une question de fait à apprécier dans chaque espèce ; la solution en sera différente aussi selon qu'il s'agira de tel ou tel contrat. Et la considération de cette règle permettra de valider ou d'interdire les contrats qui n'ont pas été prévus.

Mais d'autre part, et le point doit particulièrement être examiné ici, comment peut-on concilier le rôle fait à la femme dans un contrat avec le mari et les principes relatifs à l'autorité de celui-ci. On considère d'ordinaire les

---

(1) DUMOULIN sur l'art. 156 de l'ancienne coutume de Paris, nº 3.
(2) *Cout. de Normandie*, art. 411.
(3) Art. 26.

deux co-contractants comme placés sur un pied de parfaite
égalité. La femme, elle, « doit obéissance à son mari »
(213 C.C.). D'autre part, la femme a besoin pour traiter
d'une autorisation. Dans les contrats entre époux, l'autorisation du mari sera suffisante pour habiliter la femme (1)
et naturellement on ne recourra jamais à la justice. Ou le
mari acceptera le contrat et il autorisera sa femme, ou il
n'y aura rien de fait. La fortune de la femme est donc
livrée sans contrôle et sans protection à un conjoint peut-
être habile et intéressé. Il y a là quelque chose qui ne va
pas avec l'opinion admise dans notre droit que l'autorisation maritale n'est pas seulement fondée sur les droits du
mari comme chef, mais sert de plus à protéger la faiblesse
ou l'incapacité de la femme. Si l'on admet avec une opinion
trop répandue, que la femme dans le ménage est annihilée par le mari, que ce dernier a seul une personnalité
active, une volonté, et l'entente des actes juridiques, la
situation faite à la femme qui traite avec son mari est
inconcevable; cela est si vrai que certains en ont tiré argument contre la validité des contrats entre époux quand ils
ne sont pas exceptionnellement autorisés par une disposition spéciale (2). Mais c'est là certes bien exagérer l'incapacité de la femme dans ses rapports avec le mari.
Comme le fait remarquer Demolombe (3), le Code permet
à n'en pas douter, dans certains cas, des contrats entre
époux. L'aurait-il fait si les dangers de la situation étaient
aussi redoutables que l'on veut le supposer ? De plus, le

(1) Le Code civil italien (art. 136) assujettit au contraire à l'autorisation de la justice tous les actes qui mettent les époux en conflit
d'intérêts.

(2) Cpr. ROLL. DE VILLARGUES, V° *Transaction*, 32. — MARBEAU)
Transaction, 100.

(3) IV. 239.

rapprochement des art. 1123 et 217 indique que dans toutes
les circonstances, la femme peut contracter avec l'autorisation de son mari, sans distinguer si c'est aussi avec lui
qu'elle traite. A vrai dire, il ne faut pas exagérer dans
l'autorisation maritale, la part qui est faite au besoin de
protéger la femme. La femme en droit français n'est soumise à une incapacité spéciale que si elle est mariée et
parce que elle est mariée. Cependant certaines dispositions de notre Code ont bien certainement pour
but de protéger la femme contre la faiblesse et l'inexpérience de son sexe. Ces considérations n'ont pas de place
ici, car on ne peut dans le silence de la loi, exiger comme
le voudraient certains auteurs (1) l'autorisation de la justice. Certes, il ne faut pas oublier que l'autorisation est le
couronnement de l'acte accompli par la femme, qu'en
fait et en droit, c'est elle qui doit avoir le rôle principal.
Cependant, et c'est ce qu'il faut noter, tandis que la femme
peut se reposer sur son mari de la direction de ses affaires
personnelles quand elle contracte avec un tiers, et trouve
alors en lui un défenseur naturel, c'est, au contraire, un ad-
versaire qu'elle a devant elle si elle contracte avec son mari.

Au fond, dans ce cas, c'est par un respect peut-être
exagéré des formes et des principes juridiques, que l'on
regarde le mari comme donnant à sa femme l'autorisation requise par le texte du Code. Les deux rôles qu'il
joue dans le même acte sont pour ainsi dire, contradictoires. Je ne crois pas cependant que l'on puisse craindre
une contrainte de la volonté de la femme par le mari.
Naturellement, des influences de fait sont possibles qui
peuvent déterminer le consentement de la femme (2).

(1) DURANTON, II, 473. — VAZEILLES, II, 354.
(2) D'ailleurs, si lors du mariage, la femme ou ses parents, ont

Mais, dans tout contrat, il peut se produire qu'une des
parties cède à des considérations personnelles tout à fait
étrangères à l'affaire, objet de la convention. Il suffit
qu'en droit la femme ait le moyen de résister pour que
son indépendance soit suffisamment garantie, et c'est là
l'essentiel. En fait, le contrat ne vaut que par le libre
concours de la volonté des conjoints.

L'on retrouve ici le régime mixte et complexe dont
parle M. Paul Gide (1), le double aspect de la situation
de la femme mariée en communauté. Ce n'est pas seulement en matière hypothécaire que la femme dans notre
droit est entourée « de protections et de privilèges » et
en même temps « capable et indépendante. » Il y a là des
règles qui semblent s'exclure et dont la combinaison
forme un système savant de contre-poids, et au lieu
d'établir l'autorité du mari et la subordination de la
femme, donne à chacun des époux un rôle qui, pour
n'être pas identique, n'est peut-être pas inégal.

C'est le cas en matière de contrats entre époux. Théoriquement, le mari semble avoir un rôle prépondérant ;
dans la lutte d'intérêts, dans la discussion qui précède le
contrat, on est porté à voir dans un camp le mari tout
seul maître de ses forces, libre dans ses décisions : de
l'autre côté, la femme gênée, entravée par les principes
de l'autorité maritale, presque à la merci de son adver-

prévu que le mari pourrait exercer une trop grande influence, le remède est facile ; on n'a qu'à stipuler le régime dotal. Non pas certes
le régime dotal strict du Code civil, le moyen serait trop énergique
et trop gênant, mais le régime dotal de la pratique, le régime dotal
des notaires que j'aurai plus loin à décrire. La femme pourra alors
sans trop de gêne, obtenir au moins que la valeur de la dot soit mise
à l'abri de ces excès d'influence du mari.

(1) *La Condition de la femme*. Ed. Esmein, p. 479 et suiv.

saire. Mais contracter n'est pas livrer bataille ; tout au contraire c'est obtenir un accord de volontés. Or, tant que la volonté de la femme sera contraire à celle de son mari, il n'y aura pas de convention. Dès que tous les deux auront donné leur adhésion, tout sera fini ; et il n'y a pas à apprécier séparément dans le consentement du mari son consentement comme co-contractant et son consentement comme mari qui autorise sa femme. La reconnaissance théorique de l'observance des règles de l'autorisation maritale est une satisfaction platonique donnée à un principe général qui n'a d'ailleurs été nullement établi pour notre cas. Cela ne change rien à la vérité des faits. La femme est placée, pour les conventions qu'elle forme avec son mari, sur le pied de la parfaite égalité qui doit exister entre co-contractants.

Mais dans quels cas se présentera cette situation ? Tous les contrats ne sont pas permis entre époux. Certains sont frappés, je l'ai dit plus haut, d'une prohibition expresse. L'art. 1595 du Code civil prohibe en principe les ventes entre époux, et cette prohibition est fondée sur la crainte des donations déguisées (1) par l'insertion de quittances mensongères. Et l'on ne peut même soutenir que l'acte vaille comme donation déguisée et soit simplement révocable. Même en admettant avec la jurisprudence (2) la validité des donations déguisées, il faut exiger que la donation soit dissimulée sous un acte à titre onéreux permis (3). L'acte sera donc nul, même à l'égard des créanciers, et non pas seule-

(1) PORTALIS, *Exposé des motifs au Corps Législ.* — LOCRÉ, t. 14. VIII, n. 15. — FAURE, *Rapport au Tribunat.* — LOCRÉ, t. 1, IX, n. 13.

(2) Cass. 25 juillet 1876. — Sir. 78, 1, 291.

(3) *Sic.* AUBRY et RAU, IV, p. 352, n. 32. — GUILLOUARD, *Vente,* I, 165. *Contrà,* TOULLIER, XII, p. 41 et TROPLONG, *Vente,* I, p. 185.

ment révocable comme une donation. Comme l'art. 1595 permet exceptionnellement certaines dations en paiement entre époux, il faut aussi en conclure que cette opération leur est d'ordinaire interdite. La question est discutée pour l'échange. Sans doute, l'art. 1707 rend applicables à l'échange les règles de la vente auxquelles il n'est pas dérogé par le Code ; d'autre part, on observe que ces règles ne s'appliquent que si elles sont conformes à la nature de l'échange et que l'échange n'est pas dangereux, puisqu'on peut noter les contre-valeurs fournies. Je crois cependant plus prudent en présence du texte de l'art. 1707, de considérer cet acte comme prohibé entre époux ; d'autant qu'il est rare de voir des échanges sans soulte en argent, et que dans ce cas, la fraude est possible (1). Il semble d'ailleurs qu'on pourrait permettre l'échange dans les cas où l'art. 1595 permet les dations en paiement : pratiquement, si l'aliénation des biens de la femme était soumise à une condition de remploi, en vertu de la disposition très fréquente qui permet d'effectuer ce remploi même en immeubles du mari, on pourrait peut-être admettre la validité d'un échange fait selon les règles de l'aliénation sauf remploi (2).

Les contrats entre époux sont, comme je l'ai indiqué, spécialement validés dans certaines hypothèses. D'abord il faut noter les trois dérogations que l'art. 1595 apporte

_____

(1) *Sic*. Pau, 5 janvier 1885. — Sir. 87, 2, 113, sur les conclusions de M. l'av. général Flandin et avec note conforme de M. Bufnoir. — *Contrà*. PLANIOL, *Rev. Crit.*, 1888, p. 273 et un arrêt de Limoges du 20 déc. 1861 rapporté en sous-note. Sir. 87, 2, 113. Mais l'arrêt de Limoges tâche de ramener l'acte passé dans l'espèce au cas où l'art. 1595 permet par dérogation certaines dations en paiement.

(2) Je ne peux insister sur cette question ; l'opinion contraire est professée par M. BUFNOIR, *loc. cit.*

à sa prohibition des ventes et dations en paiement. De
même l'acceptation des emplois et remplois (art. 1435 du
Code civil); il faut encore citer l'art. 1431 qui permet aux
époux de s'obliger solidairement l'un pour l'autre; l'article 9 de la loi du 23 mars 1855, qui permet à la femme
de renoncer à son hypothèque légale au profit d'un créancier du mari; l'art. 1451 du Code civil qui permet le rétablissement de la communauté après la séparation de biens
judiciaire. L'art. 1577 prévoit le mandat de la femme au
mari et j'en ai déjà parlé plus haut; et l'art. 1420 valide
le mandat donné par le mari à la femme, ainsi que j'aurai
à le rappeler dans ma seconde partie, Enfin, il faut faire
une place à part aux donations entre époux (1091 et suiv.
du Code civil).

Voilà donc un certain nombre de cas où, à n'en pas douter, la femme va se trouver investie de la liberté que je
lui ai reconnue dans ses contrats avec le mari. Mais que
décider des actes que la loi a passés sous silence ? La question a été discutée. On a dans le sens de la prohibition
tiré argument de l'ancien droit français, fait ressortir que
la situation de la femme semblait inférieure et qu'elle était
dépouillée de la protection qu'on lui assure d'ordinaire.
Et alors on a prétendu que l'art. 1595 posait une règle
qu'il fallait étendre, et que s'il visait un acte particulier,
c'était le contrat type renfermant en quelque sorte tous
les autres. Cette opinion est actuellement généralement
rejetée (1). J'ai déjà montré plus haut que c'était une
erreur de se figurer la femme comme placée pour ses
contrats avec le mari dans une situation subordonnée.
D'ailleurs, ce n'était pas ce qui a fait adopter la prohibi-

(1) Voy. les autorités dans ce sens dans GUILLOUARD, *Vente*, I,
145, p. 163, n. 2.

tion dans l'ancien droit : on voulait seulement protéger les intérêts des parents de chaque conjoint. Est-il probable que le principe de la conservation des biens dans la famille, ait fait accepter par le Code civil une prohibition déjà battue en brèche à la fin de l'ancien droit (1)? Enfin le silence de la loi doit être interprété en faveur de la liberté. Les contrats entre époux peuvent d'ailleurs avoir une très grande utilité pratique en permettant de régler au sein de la famille différentes affaires et en permettant aux époux de se rendre des services mutuels sans préjudice pour leurs biens. Il faut donc repousser l'extension de la prohibition des ventes. La loi a voulu seulement interdire à tort ou à raison, un acte particulièrement dangereux et pour les héritiers des époux, et pour leurs créanciers facilement lésés par une vente fictive, sans qu'ils puissent bien souvent démontrer la fraude.

On permettra donc aux époux de faire librement les contrats passés sous silence. Mais, bien entendu, sous la réserve du principe de l'immutabilité des conventions matrimoniales.

Dans un certain nombre de cas, la femme sera aussi libre avec le mari qu'avec un tiers. Elle pourra, si elle administre ses biens propres, consentir un bail au mari et lui faire un prêt à usage et de consommation des objets ou capitaux dont elle a gardé la jouissance (2), emprunter au contraire, et elle le fera souvent si elle est marchande publique, et même garantir son obligation par une hypothèque, bien qu'elle ne puisse vendre au mari, et à la

---

(1) Cpr. LEBRUN, *Communauté.* Liv. II. Chap. I. Sect. III, n. 36.

(2) C'est une hypothèse spéciale de prêt que celle de l'art. 1558, où la femme vend son immeuble dotal pour tirer son mari de prison.

condition que ses immeubles puissent être hypothéqués. Mais dans d'autres situations, on se heurte au principe de l'immutabilité des conventions matrimoniales. J'aurai plus loin à voir quelles en sont les conséquences au point de vue du mandat donné par l'un des époux à l'autre. Dans d'autres circonstances encore, il résulte de ce conflit de principes des difficultés considérables

Les principales se rencontrent au sujet du contrat de société. Bien entendu nul ne prétend interdire dans une société la présence simultanée des deux époux comme commanditaires ou comme actionnaires (1); nul ne veut d'autre part autoriser une société universelle que l'art. 1840 regarde comme acte de libéralité mutuelle et réciproque, ce qui est interdit entre les époux (1097 C. c.)

Pour la jurisprudence et une partie des auteurs (2), la société entre époux est nulle quel que soit le régime adopté. D'abord, à cause du principe de l'immutabilité des conventions matrimoniales; la société remplace par une association un régime de séparation d'intérêts, elle modifie les rapports entre conjoints tels que les avait réglés la communauté quand les époux ont adopté ce régime. D'autre part, pour la jurisprudence, il y aurait incompatibilité entre l'état de mariage et la société. « Attendu, dit la Cour de Cassation, qu'une telle société existant entre époux conférerait à chacun de ses membres, une égalité de droits incompatible avec l'exercice de la puissance maritale (3). »

(1) Note de M. LACOINTA. Sir. 88, 1, 305.
(2) Voy. les arrêts et les auteurs que cite GUILLOUARD, Contrat de mariage, 1, 229 et Sociétés, n° 35. M. PLANIOL, Rev. Crit., 1888, p. 275 et suiv. que M. Guillouard cite dans le sens de son opinion est partisan de la validité des sociétés.
(3) Cass. 8 déc. 1891. DAL. 92, 1, 117, avec une note qui relate la doctrine et la jurisprudence.

Et ce deuxième motif entraîne l'annulation même des sociétés antérieures au mariage (1). Il est facile de voir quels inconvénients pratiques résultent de pareilles solutions. La femme, qui peut faire un commerce séparé, qui peut, avec l'autorisation de son mari, entrer dans une société commerciale dont celui-ci ne fait pas partie, doit rester en dehors d'une pareille exploitation dès que le mari est lui-même associé. Et pourquoi cette sévérité ? Sans doute, la société crée entre les époux des rapports nouveaux, mais il faudrait prouver que ces rapports impliquent un changement aux règles du mariage. M. Planiol (2), partant du principe de la personnalité morale des sociétés, montre que, dès lors, les biens mis en société échappent à l'époux, qu'il soit associé avec son conjoint ou avec tout autre. Les biens extra-sociaux restent soumis au régime matrimonial. On dit en faveur du système de la jurisprudence que les époux n'ayant pas, durant le mariage, l'indépendance réciproque qu'ils avaient lors de la rédaction du contrat de mariage, les intérêts de l'un d'eux peuvent être sacrifiés. Mais alors pourquoi permettre les autres contrats entre époux ? Dans tout contrat, l'intérêt de l'une des parties peut être lésé. Quant au principe de l'autorité maritale, il ne doit pas, semble-t-il, suffire à prohiber entre époux un contrat très utile, utile surtout, même en communauté, s'il y a d'autres associés. La raison semble aussi peu fondée que si l'on prétendait au contraire permettre aux époux de faire des sociétés renversant toutes les règles primordiales du mariage, et toutes les stipulations du contrat de mariage. L'on ne voit pas, en

(1) Nîmes, 18 déc. 1886 rapporté en sous-note dans DALLOZ, 92, 1, 117.

(2) *Rev. Crit.* 1888, p. 275.

raison, pourquoi les époux ne pourraient pas former une
société en nom collectif, dont les bénéfices tomberaient
en communauté, où, même si la femme avait la signature
sociale, elle l'aurait du consentement du mari et comme
sa mandataire, et où l'on exigerait le concours des associés pour ester en justice. Il ne s'agirait que de combiner
les clauses de l'acte de société avec les principes de l'autorité maritale et les conventions matrimoniales des
époux. Sans doute, l'autorisation du mari de faire le commerce, ou le mandat donné à la femme de gérer sont révocables. Mais si une société est formée pour un temps
illimité, tout associé peut la faire cesser par sa seule volonté. Pourquoi ne pas permettre entre époux une société
pour un temps illimité ? Je n'en vois pas de raison. Toutefois, en présence de la jurisprudence invariable qui prohibe les sociétés entre époux, on ne peut, en fait, que
regretter une solution parfois si fâcheuse, et l'on doit
pratiquement considérer ce contrat comme interdit.

Deux contrats permis par le Code civil entre les époux
sont soumis pour des raisons particulières, à une réglementation qui limite les pouvoirs des conjoints. Ce sont
la restriction à l'hypothèque légale de la femme et la donation entre époux.

L'art. 2144 C. C. permet de demander à la justice la
restriction de l'hypothèque légale de la femme aux immeubles suffisants pour la conservation des droits de celle-
ci. C'est la justice qui est appelée à apprécier après avoir
pris l'avis des quatre plus proches parents de la femme.
Mais, la première condition pour réaliser une pareille opération, c'est le consentement de la femme ; et c'est ce
qu'indique le texte dont il s'agit. Je n'ai pas à apprécier
l'utilité de la protection dont on entoure ici la femme et

qui paraît peu en harmonie avec la liberté qu'elle a de
renoncer à son hypothèque légale au profit des tiers
Je veux seulement constater que, préalablement à cette
demande, il y a une convention entre les époux et que
rien ne peut suppléer au consentement de la femme ; que
d'autre part ce consentement est toujours permis à la
femme, quel que soit le régime auquel les époux sont soumis. La Cour de cassation a même indiqué (1) qu'une
demande en supplément était permise à la femme si des
évènements postérieurs rendaient insuffisantes les garanties hypothécaires qui lui étaient laissées. Ceci n'est
admissible en tout cas qu'en respectant les droits des
tiers valablement acquis après la réduction.

Le deuxième contrat pour lequel des dispositions spéciales sont établies, c'est la donation entre époux. Je ne
veux pas ici étudier le caractère de cet acte ni les conditions auxquelles est soumise sa validité, tant au point de
vue de la forme qu'à celui des limitations imposées aux
époux par les règles de la réserve. Ce qu'il faut constater
c'est que, pour ces sortes d'actes, la femme, du moins si
elle est majeure jouit des mêmes droits que le mari. A
la vérité, on exige pour qu'elle fasse une donation à son
mari, l'autorisation de celui-ci (2). Mais, et comme dans
tous les contrats entre époux, il faut voir là un simple
respect des formes, ne répondant au fond à rien de sérieux.
Le mari doit accepter la donation expressément. A quoi
répond la distinction entre son consentement comme
mari et son consentement comme donataire ? D'autre
part toutes les donations entre époux sont révocables.

(1) Cass. 28 avril 1875. Sir. 75, 1, 304 et note.
(2) *Dict. Not.* Don. entr'époux n° 9. ROLL. DE VILLARGUES, *ibid.*
n° 13.

« La révocation pourra toujours être faite par la femme,
sans y être autorisée par le mari, ni par justice. » (art.
1096 C. C.). La femme jouit donc sur ce point de la plus
grande liberté, et on va voir dans la section suivante
qu'il en est de même pour le testament (1).

SECTION IV

DROITS ATTACHÉS A LA PERSONNE

En outre des pouvoirs d'ordre purement pécuniaire que
l'on vient de reconnaître à la femme, quelques-uns des
droits attachés à la personne qu'elle peut exercer vont
avoir leur conséquence et leur retentissement sur le patrimoine.

Je ne veux pas insister sur le droit reconnu à la femme
de faire son testament et de le révoquer sans aucune autorisation (226 et 901, C. C.) Car ici il n'y a pas un acte
qui intéresse la situation respective des époux. Lorsque
le testament aura à produire son effet, la puissance maritale n'existera plus. D'ailleurs la liberté ici reconnue à
la femme ne devrait pas s'étendre à l'institution contractuelle ; cet acte malgré sa ressemblance avec le testament
est une donation et ne peut être fait qu'avec les formes
de ces dernières dispositions.

Les femmes mariées ont des droits d'ordre purement
personnel, d'abord en tant que mères ensuite comme
épouses et à l'encontre de leurs maris.

---

(1) D'ailleurs, en pratique la donation entre époux est destinée à jouer
le rôle d'un testament. Elle n'est presque jamais suivie d'un dessaisissement immédiat, et elle est presque toujours soumise à la condition
de survie. Voy. DEFRÉNOIS. Ed. 1893, II, formules 822 et s.

Quelques-uns des pouvoirs et des devoirs de la femme mariée comme mère légitime ou naturelle vont avoir leur contre-coup sur son patrimoine.

Tout d'abord, la mère peut être obligée à fournir à ses enfants des aliments. Il n'y a point de difficulté quand il s'agit d'enfants communs ; l'obligation alimentaire est alors une charge du mariage supportée par la communauté. Mais supposons qu'il s'agisse d'enfants du premier lit. L'obligation alimentaire n'existe point entre une personne et les alliés de ses ascendants (1). Il a cependant été jugé (2) que le second mari de la mère, qui jouit de la fortune de celle-ci, doit aux enfants du premier mari des aliments proportionnés à la fortune de la mère. Je crois pourtant que c'est contre la mère qu'est intentée cette action alimentaire, que c'est elle qui défend et figure au procès. En tout cas, si elle a des biens dont elle s'est réservé la jouissance, ce sera sur ces biens qu'elle devra payer la pension alimentaire. La solution semble devoir être identique pour un enfant naturel reconnu par la femme avant son mariage.

Mais chacun des époux a le droit au cours du mariage de reconnaître un enfant naturel qu'il aurait eu avant son union. Seulement, cette reconnaissance ne peut nuire ni au conjoint, ni aux enfants nés du mariage, au moins si l'enfant est issu d'un autre que du conjoint (337 C.C.). Comme la loi ne distingue pas, il faut permettre à la femme de faire sans l'autorisation du mari ni de justice, la reconnaissance permise par l'art. 337 (3). On admet que l'enfant naturel reconnu dans ces conditions, s'il ne peut

(1) Voy. LOCRÉ, t. IV, p. 388.
(2) Caen, 17 fév. 1848, Sir. Chron.
(3) DEMOLOMBE, IV, 187.

réclamer, au préjudice des enfants nés du mariage ou du conjoint survivant les droits successifs qu'il tient des art. 757 et 758, a au moins le droit d'obtenir des aliments de l'auteur de la reconnaissance. La reconnaissance faite au cours du mariage par la femme pourra donc avoir, et aura presque toujours pour conséquence, de grever son patrimoine d'une dette d'aliments. L'enfant ne sera pas admis à nuire par ses poursuites au droit de jouissance qui appartient au mari ou à la communauté sur les biens de la femme (1). Mais il pourra durant le mariage poursuivre le paiement des aliments soit sur la nue-propriété des biens de la femme, soit sur les biens dont elle a l'administration et la jouissance, c'est-à-dire sur les biens qui répondent des obligations de la femme mariée quand elle est engagée sans l'autorisation du mari. Il faut observer que l'obligation alimentaire en diminuant la fortune de la femme, surtout si elle n'a pas la jouissance de certains biens et paie sur son capital, va indirectement nuire aux enfants issus du mariage en diminuant la fortune qu'ils devraient recueillir de leur mère. Mais le but de l'article 387 ne peut être de refuser à l'enfant naturel qui a été reconnu pendant le mariage des aliments que l'art. 762 accorde aux enfants adultérins et incestueux. Il en est ainsi au moins, après le décès de l'auteur de la reconnaissance. A la rigueur, il est vrai, selon la remarque de M. Laurent (2) : « l'article 762 ne pourrait pas servir de base à une action entre vifs. » Il est certain que le Code contient ici une lacune ; et cela n'est pas pour étonner étant donnée la façon incomplète et défectueuse dont il a règlementé toutes les

(1) Voy. AUBRY ET RAU, IV, § 568, quater. Texte et notes 10, 11 et 12.

(2) III, 60.

questions qui touchent aux droits des enfants naturels.
En tout cas, la solution est admise par la jurisprudence
et par tous les auteurs (1). L'on peut d'ailleurs faire observer que l'obligation de nourrir et élever son enfant
résulte du fait de la génération ; la reconnaissance ne
fait que la constater. C'est l'acceptation d'un devoir qui
existait antérieurement.

Les droits personnels des femmes contre leurs maris
vont avoir un retentissement bien plus considérable sur
la situation pécuniaire.

Le divorce prononcé, outre quelques déchéances pour
l'époux coupable, va avoir pour résultat de rompre les
liens du mariage, et par suite de rendre à la femme la
pleine capacité et les pouvoirs que le mariage seul lui
avait enlevés. J'ai aussi montré plus haut (2) quelles
étaient les conséquences, au point de vue pécuniaire, de la
séparation de corps. Je n'ai pas à insister ici sur ce point.

Il me faut indiquer que l'on ne trouvera pas en cette
matière l'effet indirect que produit le droit pour la femme
de demander la séparation de biens. Tandis que cette faculté répondant à une mauvaise situation pécuniaire du
mari, permet quelquefois à la femme d'obtenir, par la
menace d'une demande en séparation, une liberté plus
grande (3), ce résultat ne se rencontre pas pour une demande en séparation de corps ou en divorce ; car il s'agit
alors d'un conflit personnel d'une gravité considérable où
les considérations d'ordre pécuniaire ne tiennent qu'une
place minime.

(1) Voy. not. DEMOLOMBE, IV, 17 et Cass. 27 août 1811. — DAL-
LOZ. Répertoire, vº paternité, n. 565.
(2) Voy. *suprà*, page 150 et s.
(3) Voy. page 216.

J'ai également indiqué (1) dans quelles conditions les demandes en divorce ou en séparation pouvaient permettre, au cours d'une instance, des mesures conservatoires pour garantir les droits de la femme.

Ce n'est pas tout. Même après la séparation de corps ou le divorce, une obligation alimentaire peut survivre. En cas de séparation de corps, le mariage n'étant pas dissous, il n'y a à vrai dire que la continuation de l'obligation qui résulte du mariage. En sorte que l'obligation subsiste même au profit de celui contre qui la séparation a été prononcée. Il en serait d'ailleurs exactement de même en cas de séparation de biens. La seule différence, c'est que le devoir d'assistance qui est maintenu dans ce dernier cas, n'existe plus en cas de séparation de corps.

Après le divorce, il semble que l'obligation alimentaire doive disparaître. L'art. 301, cependant, permet à l'époux qui a obtenu le divorce, de demander, s'il y lieu, à celui contre qui le divorce a été prononcé, une pension alimentaire qui ne peut excéder un tiers de ses revenus.

En dehors des cas où il y a une demande en séparation de corps ou en divorce, il peut se produire une séparation de fait entre les époux. La doctrine et la jurisprudence (2) admettent par exception à l'article 214 Code civil, que la femme peut refuser d'habiter avec son mari si celui-ci ne lui offre pas un logement convenable au point de vue matériel et moral. Ce peut être au contraire le mari qui refuse de recevoir sa femme. Dans l'un et l'autre cas, la femme pourra demander une pension alimentaire au mari

___

(1) Voy. pages 210 et 213.

(2) LAURENT, III, 86 et 87 et les arrêts cités en note. Cpr. AUBRY ET RAU, V, § 471. Texte et n. 10.

si elle ne veut pas former une demande en divorce ou en séparation de corps.

Enfin la séparation de fait peut résulter de l'accord des époux. Dans ce cas, aucun des époux ne pourrait demander une pension ; et même si en se séparant l'un des époux s'était engagé à en fournir une, tout en étant obligé pour le passé, il pourrait refuser de la fournir à l'avenir en offrant de reprendre la vie commune (1).

Dans tous les cas où j'ai indiqué ces obligations alimentaires entre époux (le mot même indique qu'il faut faire exception pour le cas de l'art. 301 C. C.) il n'y a certes pas là une obligation nouvelle. C'est la continuation des obligations nées de l'art. 212. Seulement, la séparation, qu'elle soit prononcée en justice ou provienne du fait des époux ou de l'un d'eux, transforme assez profondément la manière dont cette obligation est exécutée pour qu'il y ait là quelque chose à noter. J'ajoute que, lorsque après la séparation judiciaire, les époux ne font pas ménage commun, le mari gardant régulièrement ses droits de jouissance et d'administration sur les biens de la femme, la question est très délicate de savoir dans quelle mesure le mari est tenu des obligations de la femme pour ses besoins personnels. J'aurai à revenir sur ce point dans ma seconde partie quand j'étudierai le caractère des obligations de la femme pour les besoins du ménage.

Appendice. — *La femme sous le régime dotal.*

S'il est dans notre droit, une institution dont l'organisation pratique diffère des règles prévues par la loi, c'est

---

(1) Aubry et Rau, V, § 470. — Laurent, III, 54.

à coup sûr le régime dotal. Grâce à la liberté des conventions matrimoniales qui permettent de n'appliquer que pour partie les dispositions du Code civil relatives à chaque régime, la pratique notariale écarte à peu près toujours les règles strictes de la dotalité et organise à la place du régime offert par le Code à l'adoption des parties un régime nouveau où la place faite à la femme se trouve considérablement augmentée.

Cette transformation du régime dotal a été nécessitée par les accroissements de la fortune mobilière, motivée en second lieu par le triomphe de l'idée que, pour conserver le capital d'une fortune, il fallait savoir et pouvoir se défaire de tel ou tel bien particulier et le remplacer par un autre. Cela ne va pas d'ailleurs sans inconvénients. On a parfois critiqué les auteurs du Code civil d'avoir, à côté du régime légal, réglementé des clauses et des régimes conventionnels, proposés à l'adoption des parties. Rien ne prouve mieux la sagesse du législateur en ce faisant, que ce qui se passe pour le régime dotal depuis le jour où la pratique a été forcée d'abandonner les règles du Code civil.

La première considération qui a guidé la pratique dans cette modification a été le désir de faire plier les rigueurs de l'inaliénabilité devant l'utilité qu'il y avait à modifier la composition du patrimoine frappé de dotalité quand cette opération ne devait pas entraîner une diminution de la fortune. C'était une simple clause d'aliénation sous condition de remploi, et l'on ne permettait en général que le remploi en immeubles (1) ou en placements hypothé-

(1) La doctrine et la jurisprudence rapportées dans GUILLOUARD, IV, 1958 admettaient que, dans le silence du contrat sur les modes de remploi, l'on ne devait permettre que le remploi en immeubles.

çaires. La loi du 2 juillet 1862 (art. 46) (1), en autorisant le remploi des immeubles dotaux en rente trois pour cent sur l'État français à moins *de clause contraire* dans le contrat de mariage, a été la cause d'une première transformation. L'on a été amené en effet à stipuler dans les contrats la faculté d'acquérir en remploi d'autres valeurs mobilières que les rentes françaises, considérées comme présentant la même sécurité : actions de la Banque de France même non immobilisées, obligations des chemins de fer français, du Crédit Foncier, de la Ville de Paris, etc. Comme ces valeurs elles-mêmes pouvaient être aliénées à condition que le prix en fut employé conformément aux prescriptions du contrat de mariage, on en est venu tout naturellement à organiser dans les contrats, une réglementation toute différente du système que la jurisprudence a admis sur l'inaliénablité de la dot mobilière (2). Il n'y avait plus qu'un pas à franchir. Au lieu d'admettre pour les valeurs mobilières deux régimes différents, de leur imposer un régime identique à celui des immeubles dotaux quand ces valeurs étaient acquises en remploi d'immeubles ou d'autres valeurs soumises à ces règles, — et, au contraire, de laisser le surplus du mobilier soumis au système un peu compliqué de la jurisprudence, pourquoi ne pas poser pour toutes les catégories de biens dotaux des règles identiques? L'on pouvait obtenir ainsi avec une simplicité plus grande au moins autant de

---

(1) La loi des 16 septembre et 2 octobre 1871, art. 29, autorise le remploi en rentes françaises de toute nature.

(2) Il serait trop long d'exposer ici toute la controverse sur l'inaliénabilité de la dot mobilière et le régime organisé par la jurisprudence : inaliénabilité par la femme de sa créance en reprises et au contraire droit pour le mari de disposer des objets composant la dot mobilière. Ce système est basé sur la complète incapacité de la femme.

garanties pour la femme; l'on évite de plus, en cas de séparation de biens judiciaire, la situation fâcheuse faite par la jurisprudence à la femme en lui imposant l'inaliénabilité absolue de la dot mobilière. C'est le résultat qui est obtenu dans la formule recommandée par la Chambre des Notaires de Paris :

« Nonobstant le régime dotal ci-dessus adopté, la future « épouse pourra toujours, avec l'autorisation de son « mari, et sans être tenue de remplir aucune formalité « judiciaire......

« ..... 3° Aliéner, échanger ou transférer à l'amiable, soit de gré à gré, soit aux enchères publiques, tous ses biens actuels et futurs, *meubles et immeubles*, rentes, créances, actions, obligations et autres valeurs quelconques.

« Les capitaux provenant de ces ventes, échanges et transferts,...... devront..... être employés comme il va être dit.....

« Les divers emplois et remplois ci dessus ne seront valables qu'autant qu'ils seront acceptés par la femme sous l'autorisation du mari (1) ».

La formule dont je viens d'extraire ces lignes, très complète, rédigée par la Chambre des Notaires de Paris avec le concours de représentants du Trésor et des grandes compagnies financières et industrielles, règle dans le détail toutes les opérations auxquelles peuvent donner lieu les actes qu'elle permet, spécialement les transferts de valeurs mobilières. L'autorité de ses rédacteurs et le soin avec lequel elle a été étudiée lui confèrent une haute valeur. Mais ce serait un tort de croire qu'elle est pour

---

(1) DEFRÉNOIS, Ed. 1893, III, form. 1276, art. 6, 2ᵉ variante (page 117).

celà unanimement adoptée dans les contrats de mariage
contenant stipulation du régime dotal.

D'abord il existe encore des unions qui ont été soumises
au régime dotal à une époque où tout le développement
que j'ai indiqué ne s'était pas encore produit. La formule
de la Chambre des Notaires de Paris n'a pas été rédigée
du premier coup telle qu'on la présente actuellement, et
a subi des modifications. Elle peut d'ailleurs être appelée
à en subir de nouvelles si des besoins se manifestent qui
n'avaient pas été prévus.

D'autre part, beaucoup de notaires, principalement dans
les anciens pays de droit écrit où le régime dotal était
autrefois généralement pratiqué, ont des formules, personnelles ou traditionnelles, auxquelles ils se tiennent
d'ordinaire, soit qu'ils trouvent le modèle proposé par la
Chambre de Paris trop long et trop compliqué dans les
petits contrats, soit que leur clientèle accepte plus facilement des clauses conformes à celles précédemment usitées dans le pays. Je passe volontairement sous silence,
les modifications que, pour chaque contrat, les parties
peuvent demander. Elles seraient presque aussi nombreuses dans un régime tracé par le Code civil. Si les
parties modifient peu les régimes de communauté, c'est
qu'ils sont fondés sur la confiance des époux ; il suffit
donc de régler comme le fait le Code la composition des
patrimoines. Sous un régime de défiance comme la dotalité, il est plus fréquent de voir chacun introduire des rigueurs ou des atténuations spéciales selon les circonstan
ces. Tout en laissant de côté ce motif particulier on est
forcé de constater le manque d'uniformité qui règne dans
les contrats de mariage emportant soumission au régime
dotal.

Cette variété entraîne de nombreux inconvénients.

En premier lieu, il faut constater que des rédactions défectueuses ou obscures se produisent forcément, les notaires n'ayant pas toujours le temps et la liberté d'esprit de peser comme il conviendrait les termes qu'ils emploient ; ceci est particulièrement vrai quand il faut prévoir tous les détails d'un régime compliqué comme le régime dotal, en conformant les dispositions du contrat aux besoins nouveaux qui ont pu se manifester.

Ensuite, les solutions de la jurisprudence sur la matière sont forcément dépourvues de l'autorité qu'elles ont d'ordinaire ; car elles consistent non pas à appliquer des règles fixes et générales, mais à éclairer des clauses particulières que les arrêts ne citent pas intégralement ; en sorte que l'on ne peut guère en tirer argument pour d'autres hypothèses. La plupart du temps d'ailleurs, elles se bornent à suppléer à des lacunes sur des points de détail et ne peuvent être considérées comme des décisions de principes. La doctrine, faute de règles assez précises dans la pratique, se borne le plus souvent à commenter les dispositions du Code, et à exposer les questions qui sont venues devant les tribunaux. Mais il n'y a pas là de quoi construire une théorie générale du régime dotal tel qu'il est actuellement organisé ; car l'intervention de la justice a été surtout nécessitée par des négligences de rédaction accidentelles, qui ne se produisent plus dès qu'elles ont été signalées ; et le résultat que recherchent et qu'atteignent le plus souvent les notaires, c'est d'employer des termes qui ne donnent lieu à aucune contestation. C'est donc aux formules les plus usuelles qu'il faut demander les renseignements que je recherche.

Malgré les divergences que j'ai signalées et qui portent

surtout sur des règlementations de détail, on peut considérer, il me semble, qu'il y a dans les contrats de mariage
contenant adoption du régime dotal, une tendance à
emprunter, sinon dans sa lettre au moins dans son esprit,
la clause recommandée par la Chambre des Notaires de
Paris. J'ai déjà fait prévoir qu'une des réformes principales
avait eu pour but de rendre identique le sort fait aux
biens dotaux, meubles ou immeubles. Là ne se bornent
pas les dérogations que les conventions matrimoniales
apportent aux règles ordinaires du régime dotal ; et l'on
précise d'ordinaire les pouvoirs par lesquels on permet
à la femme dotale, avec l'autorisation du mari et sans formalité judiciaire, de « procéder à tous comptes, liquida-
tions et partages ; accepter toutes donations et toutes successions, traiter, transiger, compromettre..... faire le
partage anticipé de ses biens entre les enfants à naître du
mariage ou leurs descendants (1) ».

On voit combien les dispositions conventionnelles sont
venues modifier les règles rigoureuses du Code civil.
L'inaction absolue qui semblait être le principe du régime
dotal s'est changée en de simples restrictions qui n'empêchent plus l'exercice du droit de propriété, mais le
subordonnent seulement à des conditions destinées à en
prévenir l'abus.

A qui appartiendra cet exercice des droits de propriété ?
La raison le dit, c'est à la femme. Le mari n'est plus dans
notre droit le propriétaire de la dot (2). C'est aussi ce que
disent les contrats de mariage : « Nonobstant le régime
dotal ci-dessus adopté, la *future épouse* pourra toujours,

(1) Formule de la Chambre des Notaires de Paris. DEFRÉNOIS, *loc.
cit.*

(2) *Contrà*, TROPLONG, IV, 3102-3104, mais son opinion est isolée.

avec l'autorisation de son mari... ». Sans doute, sous le régime dotal, le mari a des pouvoirs très étendus ; la femme au contraire est considérée comme incapable. Mais rien ne permettrait au mari de dépasser les pouvoirs très larges d'administration que le Code lui a accordés. L'on admet d'ordinaire que le mari, bien qu'il ait l'exercice même des actions pétitoires immobilières, ne peut intenter sans le consentement de la femme, une action en partage lorsqu'il s'agit de biens dotaux. Tel était l'ancien droit et l'on peut induire de l'art. 818 C.C. que le législateur n'a pas voulu y déroger (1). Quand il s'agit d'actes de disposition, si le Code dans les art. 1554 et 1560 parle d'aliénation faite par le *mari* ou la *femme*, c'est pour prohiber ces actes et pour couper court au droit d'aliénation jadis reconnu au mari, propriétaire de la dot. Pour certains actes de disposition permis, c'est la femme que font agir les articles 1555 et 1556 s'il s'agit de donation permise, et, malgré la rédaction défectueuse de l'art. 1559, c'est le consentement de la femme qui a la place principale dans un échange de biens dotaux.

Si l'aliénation est faite avec autorisation de justice dans les hypothèses de l'art. 1558, c'est à la femme de demander cette autorisation. La cour de Riom a cependant décidé (2) que le mari pouvait au refus de sa femme s'adresser au tribunal pour obtenir la permission d'aliéner. Mais cette opinion est restée isolée. On admet dans la doctrine (3) que la femme peut, même sans l'autorisation

---

(1) *Sic.* GUILLOUARD, IV, 1787. Voir en note la jurisprudence et la doctrine.

(2) 16 janv. 1886 sous Cassation, 19 juil. 1887. Sir. 87, 1, 289.

(3) COLMET DE SANTERRE, VI, 230 bis. I, LAURENT, XXIII, 524. GUILLOUARD, IV, 2007.

du mari, s'adresser à la justice pour obtenir dans les cas dont il s'agit le droit d'aliéner la nue propriété de ses immeubles dotaux.

C'est donc aussi la femme, propriétaire, qui aliéne ses biens dotaux quand le contrat de mariage lui en confère le pouvoir comme le permet l'art. 1557 C.C.

De plus, comme le fait remarquer M. Bufnoir (1) la clause usitée par les notaires de Paris, mettant sur le même pied la dot mobilière et la dot immobilière, il en résulte que le pouvoir d'aliéner la dot mobilière est rendu à la femme que la jurisprudence en avait dépouillée. De même d'ailleurs, dans l'opinion de la doctrine qui regarde la dot mobilière comme aliénable, ce serait naturellement la femme propriétaire de la dot qui aurait le pouvoir de consentir les actes de disposition. Au contraire, la théorie, adoptée par la jurisprudence, de l'inaliénabilité de la dot mobilière, nécessitait l'attribution au mari seul du droit de disposer à son gré des valeurs et objets mobiliers dotaux. Et si cette solution était nécessitée par les besoins pratiques, elle offrait pour la femme des dangers dont son hypothèque légale ne la garantissait pas toujours ; et au point de vue théorique, il était à coup sûr inélégant d'accorder le droit de disposer à un non propriétaire. Que l'on ne dise pas qu'il s'agit seulement des actes d'aliénation permis à un administrateur ; la Cour de Cassation (2) a validé la cession d'une rente viagère dotale moyennant un capital destiné à augmenter les ressources actuelles de la famille. La clause des contrats de mariage qui règle sans distinction la disposition des biens dotaux meubles et immeubles a, entre autres avantages, celui de

(1) A son cours 1893-1894.
(2) Cass. 6 déc. 1859. Sir. 60, 1, 644.

rendre à la femme l'exercice de ses droits de propriété, au moins dans les limites où le contrat de mariage permet d'agir, c'est-à-dire sous condition de remploi.

Pour le remploi, la situation est un peu différente. Ce n'est pas la femme qui fait en son nom l'acquisition des biens ou valeurs dont il s'agit. Il en est du moins ainsi en théorie. Le remploi est réglé selon le principe des articles 1433 à 1435 ; c'est le mari qui fait l'acquisition, qui offre en remploi l'immeuble à la femme, celle-ci n'intervenant que pour l'accepter : « Les divers emplois ou remplois... ne seront valables, dit la formule de la Chambre de Paris, qu'autant qu'ils seront *acceptés par la femme* sous l'autorisation de son mari. » A vrai dire l'acquisition sera toujours en fait opérée du consentement des deux époux. Quand il s'agit sous le régime de communauté d'un remploi facultatif, le mari peut faire une acquisition même avec des deniers provenant de l'aliénation d'un propre de la femme ; si la femme n'accepte pas le remploi, le bien reste à la communauté, mais comme le prix de l'aliénation de la femme y tombe aussi, la communauté peut employer ces fonds à payer l'acquisition ; elle reste débitrice d'une récompense envers la femme ; il y a seulement une offre de dation en paiement qui n'a pas été acceptée. Au contraire, sous le régime dotal, le remploi est obligatoire ; bien plus, les tiers eux-mêmes sont responsables du défaut de remploi, et veillent à ce qu'il y soit procédé ; si le remploi est fait en valeurs de Bourse, il faut que les titres soient inscrits au nom de la la femme avec mention de la dotalité et de l'obligation d'emploi ; d'autre part, si l'emploi n'est pas immédiatement opéré, les fonds doivent être « déposés à la Caisse des consignations, ou entre les mains d'un notaire du

choix des époux (1). » Pour toutes ces raisons, on cherche
à réaliser l'emploi le plus vite possible, et le mari ne se
risque pas à acquérir des biens qu'il serait souvent très
embarrassé de payer si la femme refusait son adhésion. Il
faut donc dire que la femme est, dès le début de l'opération, consentante à l'acquisition, que c'est elle qui achète,
avec des deniers lui appartenant, un bien qui sera sa propriété personnelle. Naturellement, il lui faut pour tous ces
actes l'autorisation du mari, et j'ai même exprimé plus
haut (2) les doutes que j'avais sur la possibilité de faire
suppléer cette autorisation par la justice. Mais en somme,
on peut dire en l'état actuel que, normalement, la femme
dotale exerce elle-même dans les limites où le permet le
contrat de mariage, le droit d'aliéner les biens dotaux et
le droit d'en acquérir.

Est-ce à dire qu'il ne reste rien du régime dotal ? Peut-
on dire qu'on arrive au résultat que je viens d'indiquer
en stipulant, sous un autre régime, que tout ou partie des
biens immeubles de la femme ne pourront être aliénés
qu'à la condition d'en faire remploi et en déclarant cette
condition opposable aux tiers ? Nullement. Du régime dotal
subsistent encore des principes importants. D'abord le
mari garde les pouvoirs plus étendus d'administration
que la loi lui accorde alors sur les biens de la femme ;
et puis, à ne considérer que la condition des biens, si
l'on fait fléchir la règle de l'inaliénabilité, les biens dotaux
ne restent pas moins imprescriptibles (3) et les contrats
de mariage ne suppriment jamais cette protection peu

---

(1) Formule de la Chambre des Notaires de Paris. DEFRÉNOIS, *loc.
cit.*

(2) Page 156, note 2.

(3) AUBRY ET RAU, V, § 537. Texte et note 18.

gênante. De plus, la dot reste insaisissable et ne peut servir de gage aux créanciers de la femme. En effet, les clauses qui tempèrent d'ordinaire le régime dotal sont muettes sur le droit pour la femme d'hypothéquer ses immeubles dotaux. Bien que la question ait été controversée, la jurisprudence et la doctrine les plus récentes admettent que, si les époux se sont réservés seulement le droit d'aliéner le fonds dotal, ils n'ont pas celui de l'hypothéquer (1). D'ailleurs, l'autorisation d'hypothéquer les immeubles dotaux ne comprendrait pas le droit de les obliger par les engagements personnels de la femme (2). L'on a soutenu que si le contrat de mariage permettait, ce qui sera rare, d'aliéner, d'hypothéquer et d'engager les biens dotaux, la femme aurait par suite le droit de renoncer à son hypothèque légale et d'y subroger (3). Comme on entend restrictivement toutes les dérogations conventionnelles au régime auquel les époux se sont soumis, je crois qu'il faut proscrire cette façon d'entendre les conventions des parties. C'est en effet étendre étrangement le sens des mots « aliéner les biens dotaux », et, en même temps, dépouiller la femme de toute protection contrairement à l'esprit du régime dotal (4). De plus, qu'on le remarque, dans les cas les plus fréquents où l'on stipule l'aliénabilité sauf remploi, il n'y aurait pas, il me semble, possibilité de soutenir que la femme peut renoncer à son hypothèque

---

(1) Voir les arrêts et auteurs cités par GUILLOUARD, IV, 1143.

(2) Cass. 3 av. 1849. — Sir. 49, 1, 345. AUBRY ET RAU, V, § 537. Texte et n. 65, GUILLOUARD, IV, 1948.

(3, Cass. 1er juin 1853. — Sir. 53, 1, 730. Bordeaux 16 août 1853. — Sir. 54, 2, 263. TROPLONG, IV, 3397. — P. PONT. Privilèges et hypothèques, n° 453.

(4) AUBRY ET RAU, V, § 537. Texte et note 65 et les arrêts y cités. Sic. GUILLOUARD, IV, 1949.

légale, même si l'on avait ajouté l'autorisation peu usuelle
d'hypothéquer les biens dotaux. Il faut cependant noter
que l'on autorise parfois, par une clause spéciale du
contrat de mariage, la femme à renoncer à son hypothèque
légale ou à y subroger (1). Cette clause est peu usuelle,
car elle prive la femme d'une garantie très importante ;
moins indispensable à vrai dire par suite de la pratique
qui rend à la femme le droit de disposition de la dot
mobilière en soumettant les aliénations à la condition de
faire emploi. Cependant, à raison notamment des pouvoirs
très larges d'administration du mari sur les biens dotaux,
la femme peut avoir des actions à exercer contre lui. En
particulier, si la femme n'a pas exigé que le remploi fût
effectué et que le mari n'ait pas rempli les formalités
prescrites, celui-ci est débiteur du prix du bien dotal
aliéné et peut même être condamné à des dommages-
intérêts (2) car il est tenu, comme administrateur de la
dot, à l'exécution du remploi.

Mais cette situation, tout en assurant à la femme une
protection parfois utile est des plus fâcheuses pour le
crédit du mari. J'aurai plus loin à montrer quel intérêt
il y a à obtenir pour une aliénation ou pour un emprunt,
la renonciation de la femme à son hypothèque légale. La
dotalité rend à peu près impossible pour un mari qui possède des immeubles, tout moyen de s'en servir pour se
procurer des capitaux. Par une contradiction curieuse,
les biens de la femme qui étaient, dans la conception du
Code, complètement inaliénables, ont perdu ce caractère,
et, en revanche, les biens du mari qui semblaient échap-

(1) DEFRÉNOIS. Ed. 1893, III, form. 1276, art. 6, 3e variante 6°.
(2) La doctrine et la jurisprudence sont en ce sens. Voy. GUIL-
LOUARD, IV, 1977.

per à toute indisponibilité deviennent presque inaliénables
et sont dépourvus de toute valeur comme gage hypothécaire. A un certain point de vue, la situation qui en résulte semble assez conforme au but que l'on recherche
souvent aujourd'hui sous le régime dotal : créer dans le
patrimoine une sorte de fonds de réserve qui échappe
aux conséquences des actes des époux et assure, en cas de
mauvaise fortune, l'existence de la famille. Doit-on dire
que les immeubles du mari, contrairement à l'opinion
reçue, entrent, comme ceux de la femme, dans ce patrimoine réservé? Ce serait aller trop loin, car les immeubles
du mari n'en restent pas moins le gage des créanciers
chirographaires. Il y a pourtant du vrai dans cette idée ;
car il est fort rare en dehors des opérations commerciales,
de voir consentir un prêt important sans une garantie
réelle et même si le mari n'est pas obligé de fournir une
hypothèque, on tiendra forcément compte de ce fait que
tous ses biens sont grevés de l'hypothèque légale de la
femme pour une créance indéterminée.

Est-ce à dire qu'il soit dépouillé de tout crédit? Nullement. D'abord le mari aura toujours des biens meubles
qui resteront libres entre ses mains. Parfois même, il
n'aura que des biens meubles. Et puis, souvent, même
sous le régime dotal, on verra la femme intervenir à
l'acte du mari et s'obliger solidairement avec lui. Cela se
produira quand elle aura des paraphernaux. La femme
dotale est incapable de s'obliger seulement en ce qui
concerne les biens dotaux. L'engagement de la femme
qui vaut sur ses paraphernaux, peut encore s'exécuter
d'abord sur les biens personnels de ses héritiers s'ils acceptent sa succession purement et simplement, ensuite
sur les biens que la femme acquiert après la dissolution

du mariage (1). Ces deux dernières considérations ne
suffiraient pas à vrai dire, à déterminer un tiers à traiter
avec la femme; car les événements qui doivent se produire pour obtenir le résultat voulu sont trop aléatoires.
Mais quand la femme a de nombreux paraphernaux, l'on
peut souvent arriver à tourner les prohibitions du régime dotal, le plus souvent en faveur du mari. La femme
n'a pas à emprunter sur ses biens dotaux si elle a des paraphernaux capables de répondre de sa dette. J'ai montré
qu'elle pouvait d'ordinaire aliéner sa dot à charge d'emploi; l'engagement qu'elle prend sur ses biens paraphernaux a seulement pour conséquence de diminuer la responsabilité de l'acquéreur en cas de défaut ou d'insuffisance
du remploi. Au contraire, si c'est le mari qui veut emprunter, empêché qu'il sera de donner une sûreté réelle
par suite de l'hypothèque légale de sa femme, il devra
s'adresser à celle-ci pour obtenir son engagement solidaire
valable sur ses paraphernaux, fréquemment même une
constitution hypothécaire. Et l'intervention de la femme
à la vente d'un immeuble du mari consentie par celui-ci,
sera plus rare et n'évitera pas la purge des hypothèques
légales (2) avec tous les inconvénients qu'elle entraîne et
sur lesquels j'aurai à insister.

Il n'y en a pas moins là pour la femme dotale un moyen
d'action peu remarqué qui lui permet d'intervenir même
dans certains actes du mari ; j'aurai à montrer plus loin
combien ces interventions sont fréquentes sous d'autres

(1) Voy. GUILLOUARD, IV, 2099.

(2) L'acquéreur s'il veut en courir les risques pourrait cependant
s'en dispenser dans le cas où la femme n'ayant à exercer que peu de
créances dotales garanties par de nombreux immeubles du mari, se
serait en même temps engagée envers l'acquéreur sur ses paraphernaux.

régimes. Sous le régime dotal, il ne faudrait pas en exagérer la portée. Sauf quand la femme consent une hypothèque sur un immeuble paraphernal, son engagement ne
donnera que peu de crédit au mari. Or la femme ne pourra
pas souvent donner d'hypothèque. Et quand elle n'aura pas
de paraphernaux, cette possibilité disparaîtra complètement. C'est là, à n'en pas douter, une grave atteinte au
crédit du mari. Et la situation qui lui est faite est d'autant
plus fâcheuse que la femme, en reprenant la disposition de
sa dot mobilière sous condition de remploi, se trouve
avoir moins de créances à exercer contre son mari et moins
besoin de protection.

M. Gide (1), pour combiner les règles protectrices du
régime dotal avec les intérêts bien entendus du mari, pro-
posait d'admettre en France la règle posée par l'art. 1405
du Code Civil italien et de permettre à la femme autorisée
de la justice, soit d'aliéner même sans remploi, soit d'engager le bien dotal, et de subroger à son hypothèque légale.
Il est certain que la protection émanant de l'intervention
judiciaire semble suffisante pour éviter les entraînements
irréfléchis de la femme et sauvegarder les intérêts pécuniaires de la famille sans pour cela empêcher, dans toutes
les circonstances où il serait nécessaire ou simplement
utile de tirer parti des biens dotaux de la femme et des
immeubles du mari. Le remède aurait cependant l'inconvénient de détourner les tribunaux de leurs fonctions naturelles, et de donner aux parties une protection qui exigerait des lenteurs et des frais considérables.

M. Gide demandait en même temps que les biens dotaux fussent toujours aliénables à charge de remploi soit en

(1) *Étude sur la condition privée de la femme.* Éd. Esmein,
p. 494 et s.

immeubles, soit en valeurs d'une sûreté reconnue. En
présence de la pratique actuelle, il ne pourrait y avoir
que des avantages à faire régler la question par un texte
législatif (1), on éviterait ainsi les diversités de réglementation et les erreurs de rédaction qui obscurcissent toute
la matière. Il suffirait alors au notaire de se référer comme
pour les autres régimes à l'organisation établie par le législateur. Et les dispositions pourraient au besoin être
commentées par une jurisprudence et une doctrine ayant
une portée générale.

En tout cas, il ne faudrait pas perdre de vue la place
que la pratique actuelle fait à la femme sous le régime
dotal. Même en mettant à part les droits très étendus que
la femme peut avoir sur ses paraphernaux et la possibilité
qui en résulte parfois pour elle de tourner les rigueurs de
la dotalité et d'intervenir aux actes du mari, elle n'est point,
même sur les biens dotaux, soumise à l'incapacité absolue
qu'on lui attribue d'ordinaire. Le mari a, il est vrai, des
pouvoirs d'administration plus étendus que sous les autres
régimes ; mais, je l'ai montré, dans la mesure où les actes
de disposition sont permis sous le régime dotal, c'est
la femme qui a le pouvoir de les consentir ; c'est elle
aussi, aux termes du contrat de mariage, qui doit accepter les acquisitions en remploi quand elle ne les fait
pas elle-même. En ajoutant que la femme peut au cours
du mariage contraindre le mari à exécuter le remploi (2),
que, par conséquent elle contribue pour sa part à la conservation de la dot, on voit qu'elle a un rôle important à jouer

(1) Peut-être serait-il bon de réserver le droit pour les parties de
stipuler encore le régime dotal tel qu'il est décrit par le Code. Je crois
pourtant qu'on verrait peu de contrats s'y référer.

(2) La jurisprudence et la doctrine sont en ce sens. Voy. GUIL-
LOUARD, IV, 1976.

dans la gestion des biens dotaux. Si donc un parti important explique par une *incapacité personnelle* de la femme les dispositions restrictives de sa liberté qui constituent cette protection, il ne faut pas se méprendre sur ce mot (1). Sans doute, dans l'adoption du régime dotal, il faut toujours noter une défiance envers la femme, la crainte qu'elle n'ait pas la fermeté de résister au mari ; mais la protection qu'on lui donne n'est pas fondée sur l'impossibilité où on la suppose de gérer son patrimoine, faute de l'habileté et de la prudence nécessaires. Après l'avoir mise en garde contre certains dangers, on la laisse maîtresse de régler à son gré la composition de sa fortune, de la modifier autant et aussi souvent qu'il lui plaira. C'est encore un champ d'activité assez large pour mériter d'être indiqué.

(1) L'incapacité absolue, on a voulu parfois l'établir. La Cour de Paris avait validé des clauses de ce genre, par exemple l'interdiction absolue pour la femme de s'obliger pour autrui, de cautionner le mari (6 déc. 1877, DALLOZ, 78, 2, 81. et 17 nov. 1875, DALLOZ, 75, 2, 89). La Cour de Cassation a interdit de dépasser la limite permise par le Code Civil. Il y a là en effet une règle d'ordre public, (22 décembre 1879, DALLOZ, 80, 1, 112).

DEUXIÈME PARTIE

LA FEMME AGISSANT POUR LE COMPTE DU MARI

Je viens de montrer dans la première partie quels pouvoirs avait la femme mariée sur ses biens personnels.

Même sur les biens personnels du mari ou sur les biens communs dont le mari a la gestion au cours du mariage, la femme, nous allons le voir, a des pouvoirs à exercer.

D'abord, on pourrait considérer que la femme a sur la communauté quelques droits qui, pour être moins étendus que ceux du mari, n'en ont pas moins une certaine importance. Ainsi la femme peut, sous certaines conditions, obliger la communauté par ses engagements. Mais les droits de la femme sur les biens communs ne peuvent en principe être exercés qu'avec l'autorisation spéciale du mari. Sans doute cette autorisation n'implique pas forcément l'assistance du chef du ménage ; celui-ci peut, s'il le veut, donner par écrit le consentement requis et la femme alors figure seule aux actes juridiques. Il n'en est pas moins vrai qu'il y a là concours des deux conjoints, leur volonté à tous les deux est nécessaire : ce n'est que dans la troisième partie de mon travail que cette hypothèse trouvera sa place. Une exception pourtant : l'autorisation du mari est générale dans un cas, c'est quand la femme doit exercer la profession de marchande publique. J'ai déjà parlé de la femme commerçante au point de vue des résultats produits sur son patrimoine propre par les actes consentis dans son commerce. Ces engagements peuvent aussi, quand la femme est commune, avoir leur contre-coup sur la communauté. C'est à ce titre que j'aurai à en parler ici.

Les droits de la femme sont particulièrement étendus dans certaines circonstances qui mettent le mari hors d'état d'exercer les prérogatives qui lui appartiennent. Telles sont les hypothèses prévues par l'art. 1427 C. C. ; il en est de même en cas d'absence du mari, si la femme a opté pour la continuation de la communauté, conformément à l'art. 124 C. C. De cette hypothèse, il y a lieu de rapprocher celle où la femme a été nommée tutrice de son mari interdit, ou son conseil judiciaire en cas de prodigalité ou de faiblesse d'esprit de celui-ci. Enfin, dans un but de prévoyance, la femme peut faire seule des dépôts à la Caisse des retraites pour la vieillesse et à la Caisse d'épargne ; ce qui profite aussi au mari.

Ce sont des hypothèses où la femme agit, soit en vertu de droits propres, soit à cause de la désignation faite par le conseil de famille ou le tribunal. En tout cas ces pouvoirs n'émanent pas du mari. Il en est autrement dans d'autres circonstances. La femme peut agir en vertu d'un mandat du mari. Il semble que, dans cette hypothèse, plus encore que si la femme est simplement autorisée, elle doit être considérée comme agissant en vertu de la volonté du mari. Cette opinion est absolument exacte quand la femme agit en vertu d'un mandat spécial. C'est même dans ce cas la volonté du mari qui doit être considérée comme essentielle ; le consentement de la femme est requis seulement pour l'acceptation du mandat ; et l'on conçoit parfaitement que la femme consente à faire pour le compte du mari, surtout s'il ne doit en résulter pour elle aucun préjudice, un acte qu'elle désapprouve, mais qu'elle

reconnaît au mari le droit de faire. Mais là ne se bornent
pas les cas de mandat donnés par le mari à sa femme, et,
à la différence de l'autorisation maritale, le mandat peut
être général, et s'étendre soit à toutes les affaires du chef
de la famille, soit à toute une branche de ces affaires.
Dans ce cas, peu fréquent il est vrai, la femme se trouve
investie des pouvoirs nécessaires pour administrer librement les biens du mari ou de la communauté qui lui ont
été confiés. Le mari, convaincu de la capacité et de l'habileté de sa femme, abandonne pour ainsi dire entre
ses mains une partie de son autorité. C'est ainsi par
exemple que, assez souvent, la femme tient pour le
compte du mari, et sans être elle-même marchande publique, un petit commerce, tandis que le chef de la famille
se livre au dehors de la maison à l'exercice d'une autre
profession. Dans ce cas, le mandat a pour résultat de
laisser à la femme une très grande liberté d'action ; mais
cependant il est encore une émanation de la volonté du
mari. C'est un droit pour celui-ci de le révoquer quand il
lui plaît comme de le donner quand il le juge opportun.
Son consentement pour n'être pas de tous les instants,
pour ne pas s'appliquer spécialement à chaque acte rentrant dans les limites du mandat, n'en est pas moins le
fondement du droit de la femme, à la différence de ce
qui se voit dans les hypothèses où celle-ci agit pour le
compte de son conjoint incapable ou absent.

C'est par un mandat du genre que je viens d'indiquer
que la doctrine et la jurisprudence expliquent le droit universellement reconnu à la femme de contracter pour les
besoins du ménage ou pour ses besoins personnels les
engagements nécessaires, d'acheter les denrées, les vêtements, etc. utiles pour l'entretien de la famille, de traiter

avec les fournisseurs et d'obliger envers eux la communauté et le mari. La difficulté où l'on se trouve d'expliquer le maintien d'un tel droit à la femme quand le mari a entendu révoquer ce mandat, la nécessité où l'on est d'autre part d'admettre, dans de justes limites, le droit pour la femme de faire les opérations nécessaires à son existence, jettent des doutes sur la valeur de cette explication. J'aurai donc à examiner cette situation. Elle me servira de lien naturel entre le cas où les droits de la femme sur les biens de la communauté ou du mari émanent de ce dernier et les hypothèses où la femme tient son pouvoir d'une prérogative propre ou d'une désignation par les autorités compétentes.

CHAPITRE PREMIER

DROITS RÉSULTANT DU CONSENTEMENT DU MARI

On ne peut considérer la femme comme ayant des droits propres valant la peine d'être notés que si, au lieu d'être seulement pour son mari un porte-parole, un employé obéissant, elle garde une certaine initiative, une liberté d'action qui permette de considérer sa personnalité en dehors de celle du mari. Pour qu'il en soit ainsi, il faut que l'autorisation ou le mandat donnés par le mari soient assez larges, que le consentement du mari au lieu d'être donné à chaque acte spécialement s'applique précisément à cette extension des pouvoirs de la femme.

Ordinairement, ce sera sous la forme d'un mandat que le chef de la famille déléguera une partie de ses attributions. J'aurai, ainsi que je l'ai dit, à me demander si l'on doit expliquer de la sorte, conformément à l'opinion générale, l'exercice par la femme des fonctions de ménagère que la nature et le bon sens obligent à lui confier. Mais auparavant, je vais examiner les conséquences sur les biens du mari ou sur les biens communs de l'autorisation générale du mari dans le seul cas où il peut déroger à la spécialité de l'autorisation, c'est-à-dire quand la femme est marchande publique.

SECTION I

LA FEMME MARCHANDE PUBLIQUE

J'ai déjà eu à m'occuper plus haut (1) de l'exercice par la femme d'une profession séparée et en particulier de l'exploitation d'un commerce. J'ai déjà dit quelle était pour ce dernier cas, la liberté accordée à la femme, et comment elle obtenait cette capacité étendue. J'ai seulement à rappeler à cette place que très souvent la femme, même en gérant un commerce en son nom, fait en réalité les affaires de la communauté et du mari. J'ai déjà eu à noter ce point quand il m'a fallu délimiter dans quelle mesure l'exercice du commerce de la femme produisait effet sur le patrimoine propre de celle-ci. Je me contenterai donc ici d'indiquer les conséquences en résultant pour le patrimoine du mari ou pour la communauté.

Il faut d'abord distinguer qui est appelé à recueillir le bénéfice de l'exploitation commerciale, puis se demander quand le mari est tenu des dettes, enfin rechercher à quel patrimoine appartient le fonds de commerce tenu par la femme. La solution de toutes ces questions variera selon le régime auquel seront soumis les époux.

Tandis que les bénéfices périodiques de la maison de commerce doivent profiter à la femme sous le régime de la séparation de biens ou si le fonds est paraphernal, sous le régime de communauté c'est au mari que la femme devra verser les produits de son négoce; sous les régimes

_____

(1) Voy. *suprà*, 1re partie, Chapitre Ier section III, pages 159 et suiv.

dotal et exclusif de communauté, la question, je l'ai dit plus haut, est discutée et l'on admet le plus souvent aujourd'hui que les produits de l'industrie de la femme restent à celle-ci, à moins qu'ils n'aient été en fait abandonnés au mari pour supporter les charges du ménage (1). Or, généralement, ce sera évidemment à cette destination que l'on emploira la majeure partie des bénéfices du commerce; ce sera d'autant plus légitime que le mari abandonne la jouissance des capitaux que sa femme emploie dans son commerce. Les revenus de la femme devait subvenir aux besoins du ménage, le mari ne consentira à s'en priver et ne donnera l'autorisation de faire le commerce que si la femme fournit sur les produits de son négoce de quoi supporter au moins en partie les dépenses de la maison. Il y a cette différence entre ces régimes et celui plus usuel de la communauté que, dans ce dernier cas, les économies appartiennent à la communauté, tandis que, dans l'opinion que j'indique, elles restent à la femme sous le régime dotal ou sous le régime exclusif de communauté.

La communauté qui jouit des produits du commerce est en revanche tenue des dettes que la femme a contractées pour les besoins de son négoce, et le mari en est tenu en tant que commun (Art. 1409, 2° et 1419 C. c.). La femme peut donc dans ce cas et en vertu de l'autorisation générale du mari, obliger la communauté et accessoirement le mari (art. 5. Code Com.). L'engagement de celui-ci serait même principal dans la théorie de M. Thaller que j'ai rapportée plus haut (2) et qui considère la femme commerçante comme mandataire du mari. Sous le régime

(1) Voy. AUBRY ET RAU, V, § 531, p. 516.
(2) Voy. *suprà*, page 162 et s.

dotal, le mari serait logiquement tenu des obligations
commerciales de sa femme, quand on admet qu'il doit
profiter des bénéfices, et ainsi que je l'ai dit, il serait seul
tenu si tous les biens de la femme étaient dotaux. Le mari
serait aussi tenu mais avec sa femme sous le régime sans
communauté, au moins dans le système qui fait profiter
le mari des produits du commerce de la femme. On admet
cependant d'ordinaire par interprétation de l'art. 5 C.
Com. que le mari dans ce cas n'est pas tenu (1), justifiant
ainsi l'opinion qui refuse au mari le droit aux produits du
commerce. Cette solution qui paraît s'imposer est cependant peu élégante à deux points de vue. D'abord personne
ne sera plus tenu des dettes si tous les biens présents et
à venir de la femme sont dotaux, et ce sera lui rendre le
commerce impossible sans l'engagement du mari ; d'autre
part, celui-ci profitera presque toujours d'une part des
produits du négoce qu'il emploiera aux besoins du ménage, et il est dur de réduire les créanciers à recourir à
l'action *de in rem verso,* pour laquelle ils devront faire une
preuve difficile, presque impossible si c'est la femme elle-
même qui a fait ces achats pour le compte du ménage.
Cependant cette solution semble imposée par le texte, et il
ne reste donc plus qu'à se demander si le mari n'est pas au
moins tenu des dettes qui incomberont à la femme. J'ai
déjà examiné cette question ; je n'y reviens pas.

Dans un certain nombre de cas, c'est même à la communauté ou au mari qu'appartient le fonds de commerce.
Il en est ainsi sous le régime de communauté légale. que
le fonds soit apporté en mariage par la femme, ou qu'il
lui survienne pendant le cours de la communauté, ou qu'il

---

(1) Lyon-Caen et Renault : *Précis*, I. n. 196.

soit créé par la femme durant cette période (1). Sous le régime de la communauté d'acquêts, la femme ne sera propriétaire du fonds que dans les conditions où tout autre meuble incorporel lui resterait propre. Tombera en communauté tout fonds qui sera acquis ou fondé au cours du mariage. En combinant les différentes solutions que je viens de donner, on constate que si l'exploitation commerciale de la femme reste sans conséquences pécuniaires pour le patrimoine du mari quand les époux sont séparés de biens ou quand la femme fait le commerce sur ses biens paraphernaux, dans d'autres circonstances la femme exerce de ce chef sur les biens du mari ou de la communauté des pouvoirs fort étendus dont on ne saurait ne pas tenir compte.

Sous le régime sans communauté, ou lorsque la femme ne peut employer à son négoce que des biens dotaux, si la question est controversée d'apprécier les conséquences de cette situation pour le mari, il faut se rappeler que, même en regardant le mari comme étranger au commerce de sa femme, il n'y en aura pas moins pratiquement des versements effectués entre ses mains pour subvenir aux besoins de la famille et remplacer à son profit la jouissance des biens de la femme dont il s'est privé.

Mais sous le régime de communauté, légale ou conventionnelle, on voit la communauté profiter des bénéfices, être tenue des pertes, et même la plupart du temps être propriétaire du fonds de commerce. Dans ce cas, la femme agit pour le compte de la communauté qu'elle représente exactement dans les conditions où se trouve d'ordinaire le mari. Comme il arrive pour celui-ci, elle agit, parle contracte en son propre nom, et par contre-coup, elle agit,

(1) AUBRY ET RAU, V, § 507, texte et n. 16. GUILLOUARD, I, 1380.

parle et contracte pour la communauté tout entière, ce
qui entraîne accessoirement l'obligation de son conjoint au
moins en temps que commun. Le mari, il est vrai, n'a
pas la ressource, ordinairement accordée à la femme, de
se soustraire aux conséquences des actes auxquels elle
n'est pas intervenue personnellement, en renonçant à la
communauté ou en invoquant le bénéfice d'émolument.
Mais c'est qu'il a une arme plus forte dans le droit qui lui
appartient, en retirant son autorisation, de rendre totalement impossible les actes dangereux que la femme pouvait faire en sa qualité de commerçante. Le législateur a
supposé que le mari pourrait mieux que la femme veiller à
ce que ses intérêts et ceux de la communauté ne soient pas
lésés, et les pouvoirs qu'il était à un certain point de vue
nécessaire de lui conserver lui assurent ici une protection
particulièrement forte.

Il semble même que la femme soit à la merci du mari,
et à la vérité, celui-ci peut dans certain cas user de l'influence que lui donne ce droit comme d'un moyen de
contrainte. Mais cela se produira rarement. Le mari en
donnant à sa femme l'autorisation de faire le commerce a
consenti sciemment à lui donner une indépendance qu'il a
jugée profitable au ménage et dont il la savait digne.
D'autre part, il ne voudra pas pour un désaccord sans
importance, modifier un état de choses qui sera profitable au ménage. S'il voulait forcer la main à la femme sur
un point d'une réelle importance, ce serait à elle à apprécier s'il ne convient pas plutôt de laisser révoquer l'autorisation. Le mari reculera le plus souvent devant un moyen
aussi préjudiciable à ses intérêts. La femme gardera donc
dans ce cas, sous un contrôle peu rigoureux, une grande
liberté d'action sur les biens de la communauté.

SECTION II

LA FEMME MANDATAIRE DU MARI

Tout le monde admet la validité d'un mandat entre époux et l'article 1420 du Code civil prévoit expressément l'hypothèse où il est donné par le mari à la femme : « Toute dette qui n'est contractée par la femme qu'en vertu de la procuration générale ou spéciale du mari, est à la charge de la communauté ; et le créancier n'en peut poursuivre le paiement ni contre la femme ni sur ses biens personnels. » Cette règle n'est d'ailleurs qu'une application des principes généraux du mandat conforme aux articles 1984 et 1998 C. C.

Non seulement, le mari peut donner à la femme le mandat d'obliger la communauté, mais il peut la charger d'agir en son nom dans les mêmes conditions qu'il pourrait le faire à l'égard d'un tiers (1), et lui donner mandat pour tous les actes qu'il a le droit de faire comme propriétaire ou à raison de l'administration de la communauté. C'est d'ailleurs ce que suppose l'article 1420 en visant l'hypothèse d'une procuration générale.

Le mandat sera par la nature des choses un contrat assez fréquent entre époux. Le plus souvent, la femme sera seulement chargée d'un mandat spécial ; le mari ne voudra pas se dépouiller de ses droits de chef de famille. La femme dans ce cas aura seulement, en fait comme en droit, à représenter le mari en se conformant à ses instructions.

_____

(1) Voy. GUILLOUARD, II, 875.

Il n'en est pas forcément de même quand le mari lui a donné le mandat général de gérer tout le patrimoine de la famille, ou lui a confié l'administration d'une part déterminée de ses biens. Une procuration aussi étendue n'est donnée ordinairement à d'autres qu'à la femme que dans deux circonstances. Parfois le mandant, éloigné d'un lieu où il a des affaires importantes et compliquées, s'y choisit un mandataire auquel il donne des pouvoirs très étendus pour n'avoir pas besoin de renouveler sa procuration par suite de circonstances imprévues ; mais il reste entendu avec le mandataire que celui-ci ne pourra agir au nom du mandant que conformément aux ordres reçus ; il reste le préposé du mandant. Si par exemple la procuration contient les pouvoirs « d'acquérir de toutes personnes aux prix et conditions que le mandataire avisera tous immeubles en totalité ou pour une part divise ou indivise » cela indique seulement que le mandataire cherchera pour le compte du mandant un immeuble remplissant les conditions convenues entre eux, qu'il le fera agréer par celui-ci et qu'alors seulement il traitera en son nom en vertu du mandat. Si les termes de la procuration sont généraux, le consentement du mandant n'en est pas moins spécial. D'autres fois, au contraire, les pouvoirs donnés au mandataire seront aussi larges dans l'esprit des parties que dans l'acte de procuration. Il en sera ainsi par exemple, si le mandant s'absente et ne peut veiller à ses affaires. Parfois aussi la liberté laissée au mandataire sera fondée sur la confiance que le mandant aura en lui. Une confiance aussi étendue sera assez rare si le mandataire est un étranger, elle se produira plus facilement, par la force des choses, quand ce sera la femme du mandant qui sera appelée à le représenter. Il se présentera donc des cas où le mari chargera la femme d'administrer tout ou partie des biens de la communauté ou de l'un ou l'autre époux. La femme dans ce cas pourra en fait exercer très librement les pouvoirs d'administration qui lui sont d'ordinaire déniés. Particularité curieuse : ce sera justement quand le mari sera présent et par conséquent plus à portée, semble-t-il, de vérifier la gestion de la femme, que cette dernière aura souvent le plus de liberté. Et ceci est facile à comprendre. Le mari absent, donne parfois à contre-cœur un mandat indispensable dans son propre intérêt ; au contraire, quand il délègue à la femme des fonctions qu'il lui aurait été facile de remplir lui-même, c'est qu'il la suppose capable de s'en acquitter d'une manière profitable pour la famille.

Ces situations ont leur importance si l'on veut se rendre un compte exact de la situation faite à la femme dans notre législation et de l'étendue que peut avoir sa liberté d'action. Il ne faudrait pas cependant exagérer l'étendue des droits qui en résultent pour la femme.

Il y a dans notre hypothèse un véritable mandat ; et les conséquences de ce principe sont nombreuses.

Tout d'abord, ce mandat est évidemment révocable, eût-il été consenti par contrat de mariage. La clause insérée dans les conventions matrimoniales des parties ne pourrait valoir que dans cette mesure. L'abandon complet par le mari à la femme du droit d'administrer les biens propres du chef de la famille ou ceux de la communauté, serait évidemment prohibé par l'art. 1388 (1).

---

(1) LAURENT, XXI, 125. — GUILLOUARD, I, 116. Les droits du mari comme chef n'empêchent pas que celui-ci donne le mandat d'administrer la communauté, mais à condition qu'il ne délègue pas ses pouvoirs. LAURENT, XXII, 7.

Le plus souvent, les pouvoirs dont il s'agit seront accordés à la femme, soit pour l'administration de ses biens personnels, soit pour la gestion d'un fonds de commerce dont elle n'est pas titulaire.

Si le mari charge la femme de l'administration des biens propres de celle-ci, il semble qu'on doive arriver au même résultat que si une réserve d'administration était stipulée au profit de la femme dans le contrat de mariage ; d'autant plus que, presque toujours, le mari laissera à la femme le droit de disposer de tout ou partie de ses revenus pour ses besoins ou pour ceux des enfants. En réalité, l'intention des parties est bien dans ce cas de suppléer, après coup, à l'omission dans le contrat d'une disposition en ce sens; c'est du moins ce qu'on peut, à mon avis, conclure de la limitation ordinaire à l'administration des biens de la femme. L'intention des parties est, il est vrai, difficile à savoir, car, le plus souvent, elle ne se manifeste pas expressément; il y a seulement un accord tacite ; mais au point de vue juridique, il faut bien se garder de voir là une autorisation maritale. Si l'on pouvait conclure de l'article 223 à la validité, dans notre cas, d'une autorisation générale, et le point est contestable, on ne pourrait, à coup sûr, valider une telle autorisation si elle était donnée tacitement. Les termes de l'art. 217 s'y opposent absolument, et l'on exige qu'elle se manifeste par l'assistance du mari aux actes de la femme ou par un acte écrit. Au contraire, le mandat aux termes de l'art. 1985 peut être tacite. On peut donc, en considérant comme un mandat le consentement du mari, admettre sa validité. La conséquence en est que la femme, au lieu d'agir en son nom, agit pour le mari. Tandis que, si elle agissait en vertu de l'autorisation de celui-ci, elle obligerait d'abord ses biens propres et ceux de la communauté, et accessoirement seulement ceux du mari en tant que commun, ici elle oblige d'abord le mari et la communauté, et elle-même n'est tenue que si elle ne renonce pas à la communauté ou n'oppose pas le bénéfice d'émolument ; elle ne s'oblige pas personnellement (1).

De même quand la femme gère le commerce du mari. La situation est bien différente de celle que j'ai décrite pour la femme marchande publique. La femme a presque la même liberté sans doute, mais c'est le mari qui est tenu comme débiteur principal, même si le mandat est tacite, même si la femme a signé des effets de commerce pour lui (2). D'autre part, c'est le mari qui est commerçant, et qui, à ce titre, jouit des droits et est tenu des obligations attachées à cette qualité.

L'exercice par la femme d'un mandat pour le compte du mari soulève une question qui se rattache à mon sujet, parce qu'elle jette un jour sur la façon dont on envisage la capacité de la femme. La majorité des auteurs et la jurisprudence (3) admettent que la femme ne doit pas être traitée comme un mandataire ordinaire. D'abord le mari est obligé de gérer et ne peut se décharger de ce devoir. Puis, chargé de protéger sa femme contre son inexpérience, il ne peut la rendre responsable des fautes qu'il devait l'empêcher de commettre ; il est au contraire responsable envers elle des fautes qu'elle même a pu commettre en administrant ses biens personnels au nom de son mari. La femme n'est pas non plus obligée de rendre un compte détaillé avec pièces justificatives ; elle doit

(1) Voy. LAURENT XXII, 7 et 104.
(2) GUILLOUARD, II, 875 et les arrêts et les auteurs cités en note.
(3) Voy. l'état de la doctrine et de la jurisprudence dans GUILLOUARD, II, 876.

seulement rendre compte au mari de tout ce qui lui a profité dans l'exécution du mandat, qui ne doit pas l'enrichir. Un arrêt de la cour d'Aix du 15 janvier 1838 (1) borne
les obligations de la femme mandataire à faire inventaire
et à répondre de tout recel ou divertissement. MM. Rodière
et Pont (2) veulent que la femme ne soit tenue que de
son dol. Et la cour de Bordeaux (3) justifie la faveur faite
à la femme par la confiance et l'affection qui règnent entre les époux et la nature spéciale de la gestion de la
femme.

M. Laurent (4) s'est élevé vivement contre cette distinction qui ne trouve aucun fondement dans la loi. Si le
mari est obligé de gérer, il peut gérer comme il l'entend
même par mandataire. La femme peut, elle, refuser ce
mandat si le mari le lui offre, sauf au juge, quand elle
l'accepte, à apprécier en fait si elle n'a pas eu l'indépendance nécessaire. On ne peut donc appliquer à ce mandat
semblable à tous les autres, que les règles de l'article 1992 ;
la femme doit être responsable et de son dol et de ses
fautes, sauf au juge à modérer l'étendue de sa responsabilité puisque le mandat est gratuit. J'ajouterai que l'on ne
peut, à mon avis, tirer sérieusement argument de l'incapacité de la femme. Le mari, en lui donnant un mandat, la
relève justement de son incapacité, et l'autorise à accepter
une mission qu'il la croit capable de remplir. Si la femme
acceptait avec l'autorisation du mari un mandat pour le
compte d'un tiers, soutiendrait-t-on que la femme ne fût
pas responsable de ses fautes dans la gestion de son mandat ? Cela ne viendrait à l'idée de personne. On revient

(1) Dal. Alph. Vº *Contrat de mariage*, 1606.
(2) II, 791.
(3) Bordeaux. 14 juin 1853. — Dall. 54, 2, 39.
(4) *Principes*, XXII, 102 et 103.

donc à dire comme la cour de Bordeaux, que la nature
des relations qui règnent entre les époux doit modifier
entre eux les règles ordinaires des contrats. On peut le
soutenir. Mais, ainsi que le fait remarquer M. Laurent,
ce reproche, à supposer qu'il soit mérité, va à l'adresse du
législateur. Et il est particulièrement curieux de voir
émettre une pareille opinion précisément au sujet d'un
contrat dont la validité entre époux n'est pas contestée,
et par ceux mêmes qui d'ordinaire valident les contrats
entre époux. Pourquoi donc ici spécialement rechercher
en faveur de la femme une protection à laquelle la loi n'a
pas songé. Cela semble d'autant moins utile que l'art. 1992,
2ᵉ al. permet, si les circonstances le demandent, d'atténuer
la responsabilité de la femme. Aussi je ne vois pas de raison de mettre la femme en dehors du droit commun. Si la
femme peut, en dehors des restrictions du Code, s'engager avec le mari, pourquoi ne s'engagerait-elle pas à ac-
complir ses obligations de mandataire? Pourquoi surtout
la dispenser de rendre des comptes, et que peut avoir à
faire ici l'affection des époux? Si le mari s'en rapporte
à la femme, et ne lui demande pas de comptes : très
bien ; mais je ne vois pas pourquoi il n'aurait pas le
droit d'en demander. La femme est-elle incapable de
tenir des comptes réguliers? On a le tort de voir uniquement dans la femme mandataire du mari, la préposée de celui-ci. Cette situation est vraie à l'égard des
tiers. Mais à l'égard du mari, la femme ici comme
dans les autres contrats est sur le pied de l'égalité.
Et c'est ce qu'il faut admettre sous peine d'une
absurdité. Que l'on soumette si l'on veut, les contrats
entre époux à cette règle : le mari sera tenu de ses engagements, la femme ne sera obligée à rien ; qu'on édicte

contre celle-ci l'incapacité absolue de s'engager envers
le mari, qu'on rende impossible tout contrat entre époux.
Mais tant que ces décisions injustifiées ne seront pas pas-
sées dans nos lois, il me semble impossible de soutenir que
« la femme n'est point un mandataire ordinaire, » et
qu'elle n'est point tenue selon les règles du droit commun.

SECTION III

CONTRATS PASSÉS PAR LA FEMME POUR LES BESOINS DU MÉNAGE

Par la force des choses, la femme est appelée dans une
foule de circonstances à agir sans l'autorisation du mari
pour certains actes de la vie courante. Tout d'abord, il
est indispensable que la femme puisse faire les emplettes
nécessaires à son entretien personnel. Le plus ordinairement, on peut même dire toujours, la femme sera de plus
chargée de régler les dépenses journalières de la maison,
de pourvoir aux besoins des enfants, bref elle a *l'administration du ménage*. La femme est appelée si naturellement à remplir un tel rôle qu'il n'est venu à personne
l'idée de ne pas lui attribuer ces fonctions de ménagère.
On a pu remarquer plus haut que M. Laurent, dans son
avant-projet de Code Civil (1), tout en attribuant aux
deux époux conjointement l'administration de la communauté, réserve justement à la femme le soin de cette administration journalière. Il suffit pour justifier en principe les pouvoirs ainsi accordés à la femme, de considérer ses capacités spéciales et la difficulté qu'éprouverait

(1) Art. 1453 de l'avant-projet et § 9 sous l'art. 1452. — Tome V,
p. 45. — Voy. *suprà*, p. 20.

souvent le mari à concilier de tels soins avec l'exercice
d'une profession absorbante.

Mais comment expliquer juridiquement cette situation
peu conforme à la règle de l'art. 1421, 1er alinéa. Tandis
que le projet de M. Laurent décide que la femme exerce
ces fonctions en vertu d'un pouvoir propre, le Code civil
est muet.

La doctrine et la jurisprudence sont complètement
d'accord pour admettre que ces pouvoirs sont attribués à
la femme par un mandat tacite du mari.

Telle était déjà la doctrine professée dans l'ancien droit.
Dumoulin (1) qualifiait la femme de *procuratrix mariti*
et son opinion a été admise par tous les jurisconsultes
postérieurs. A l'heure actuelle, cette opinion est tellement
accréditée que les arrêts y font allusion comme à un
principe indéniable, que les auteurs mentionnent cette
règle sans la motiver (2). Le mandat pouvant être tacite,
dit M. Laurent (3), c'est le mariage qui produit le consentement tacite des époux à ce mandat. Mais pourquoi un
mandat? Tout le monde se réfère à l'explication de Dumoulin, l'auteur de la théorie. La femme agit pour le mari,
parce que c'était celui-ci, comme chef de la communauté,
qui était tenu de cette dépense. La femme n'en est pas
tenue personnellement, bien que ce soit elle qui traite, et
alors même qu'elle en profite. Si donc la femme ne paie
pas comptant ses acquisitions, si elle contracte des dettes
pour les besoins du ménage, c'est la communauté qui sera

(1) *Commentar. in antiq. Consuet. parisiens.*, tit. X, art. CXII,
CXIV, n. 3.

(2) AUBRY ET RAU, V, § 509. Texte et n. 49. — GUILLOUARD, II,
865. Voir les auteurs et les arrêts cités dans ces deux ouvrages.

(3) *Principes*, XXII, 105 et suiv.

tenue ; le mari sera aussi obligé comme chef de la communauté, mais la femme pourra éviter de répondre de ces dettes, en renonçant à la communauté ou en opposant le bénéfice d'émolument.

Bien entendu, la femme étant supposée la mandataire du mari, ne peut agir dans les conditions indiquées qu'en restant dans les limites où l'on peut admettre le mandat tacite du mari. Et, de l'avis de tous, il ne s'étend qu'à l'achat des choses « ordinaires et nécessaires, selon la condition des personnes. » — « Sans doute, dit M. Guillouard (1), il faudra tenir compte, en cette matière, de la condition des époux, du milieu dans lequel ils vivent et des exigences sociales de ce milieu ; mais il faudra surtout tenir compte de ce que toute dépense exceptionnelle, *ultra modum*, ne peut être ordonnée que par le mari. » Ce sera aux fournisseurs à apprécier ces limites et à refuser de faire un crédit plus considérable, s'ils ne préfèrent s'adresser au mari quand ils croiront avoir atteint les bornes que celui-ci aurait fixées. Leur situation sera sans doute délicate ; souvent, pour conserver une clientèle lucrative, ils n'oseront pas refuser un crédit peut-être excessif ; il en sera justement ainsi des commerçants qui, vendant des objets de luxe, ont à ménager des susceptibilités plus vives. Et puis, il n'est plus toujours bien facile d'estimer de nos jours, dans les grandes villes surtout, si la « condition » d'une acheteuse motive des dépenses plus ou moins considérables, une élégance plus ou moins raffinée.

Il n'est cependant pas, de l'avis général, d'autres moyens de régler une situation aussi délicate, pour laquelle les nécessités de la vie pratique, ont dû faire écarter, par quelque

(1) II, 866.

fiction, les règles rigoureuses du Code civil. Les marchands,
d'ailleurs, ne sont pas toujours dépourvus de tout recours
contre la femme. Certains auteurs (1) admettent que la
femme est soumise à l'action *de in rem verso* toutes les fois
que le mari est dégagé. Ainsi que le font remarquer justement MM. Aubry et Rau (2) il y a là une idée inexacte de la
versio in rem ; il ne suffit pas que la femme reçoive les
fournitures, objet du litige, il faut aussi qu'elle en ait fait
un emploi utile : les fournisseurs ne pourraient donc pas,
à ce titre, recourir contre la femme si les engagements
de celle-ci avaient été réduits comme excessifs. Peut-on
cependant refuser toute action aux créanciers ? C'est ce
que semblent admettre les auteurs qui leur refusent l'action
de in rem verso. La jurisprudence est ordinairement en
ce sens (3). La Cour de Poitiers (4) a cependant décidé
que la femme pouvait être considérée comme s'étant obligée elle-même dans la mesure où le mari n'était pas tenu.
Dans l'espèce, le mari « qui était un huissier expérimenté
et entendu en affaires » dit l'arrêt, avait fait défense aux
fournisseurs de faire crédit à sa femme ; mais il avait
connu le nombre des fournitures et leur valeur, les avait
acceptées, reçues et utilisées dans sa maison. La Cour,
avait vu dans ces circonstances qui rendaient très favorable la cause des fournisseurs, un concours du mari à
l'acte valant autorisation, ainsi que le permet l'article 217.
Cette décision, qui pouvait être très équitable dans l'espèce,
mais qui était juridiquement fort discutable, me paraît

(1) TOULLIER, XII. 272. — RODIÈRE et PONT, II. 797.
(2) V. § 509. Texte et n. 58. *Sic.* GUILLOUARD, II. 873.
(3) Trib. Seine, 14 mars 1889 (2 jugements) DALLOZ, 91, 2, 257,
avec une note de M. DELOYNES. Un arrêt de la Cour de Paris (*loc.
cit.*) est en sens contraire.
(4) 23 déc. 1889. — DALLOZ, 90, 2, 359.

d'ailleurs peu conforme à la théorie « du mandat » dont
se réclamait d'autre part la Cour de Poitiers. Le Tribunal de la Seine a, au contraire, décidé (1) que la femme
n'était pas tenue de ses dépenses excessives, car elle
n'avait pas eu la volonté de s'obliger personnellement. En
somme, cette question sera le plus souvent résolue selon
les circonstances ; aux fournisseurs d'être prudents. Il y
a en cette matière des démarcations et des limites qui
ne relèvent pas du juriste.

Malgré les difficultés qu'on éprouve à apprécier l'étendue du mandat tacite supposé en faveur de la femme, on
peut trouver cette explication assez satisfaisante quand
les époux vivent ensemble et en bonne intelligence ; il
est facile alors d'admettre cette théorie du mandat et rien
ne paraît plus naturel. Mais, que la femme abuse de ses
pouvoirs et que le mari veuille mettre des bornes à ses
dépenses, que ce dernier refuse pour quelque raison de
laisser à la femme ses droits d'administration journalière,
immédiatement tout se complique.

Cependant, à n'en pas douter, si c'est en vertu d'un
mandat du mari que la femme agit pour subvenir aux besoins du ménage, le chef de famille, administrateur de la
communauté, doit avoir le droit de révoquer ce mandat.
Cela est évident.

Mais dès le début une difficulté très pratique se présente. Aux termes de l'art. 2005 « la révocation notifiée
au seul mandataire ne peut être opposée aux tiers qui ont
traité dans l'ignorance de cette révocation, sauf au mandant son recours contre le mandataire ». Or, comment
prévenir ici les tiers qui auront à traiter avec la femme ?
Si celle-ci a des fournisseurs attitrés, le mari pourra leur

(1) Voy. le premier des 2 jugements cités, p. 281, note 3.

faire des défenses individuelles de vendre à la femme ou
de lui faire crédit. J'aurai à voir plus loin si une telle
mesure a toujours toute l'efficacité que l'on pourrait supposer, même à l'égard de ces fournisseurs. Mais d'ailleurs,
le but cherché par le mari ne sera pas atteint. Si les anciens fournisseurs refusent de la servir, la femme s'adres-
sera ailleurs, et, au besoin en acceptant une légère ma-
joration de prix, elle trouvera toujours du crédit si le mari
est solvable. On comprend facilement quel intérêt pécuniaire et moral, le mari peut avoir à empêcher un pareil
état de choses.

Aussi voit-on souvent le mari, au moyen d'une note insérée dans les journaux, prévenir les fournisseurs qu'il refuse
de payer les dettes que pourra contracter sa femme. Moyen
souvent peu efficace, les fournisseurs affirmant presque
toujours n'avoir pas connu la note du mari ; ce qui n'enlève peut-être pas aux tribunaux (1) le droit d'apprécier
si en fait, dans une petite ville par exemple, la publicité
n'a pas été suffisante pour mettre en garde les négociants,
souvent prévenus d'ailleurs par la renommée ; mais rarement il en sera ainsi.

Il y a pourtant des circonstances qui devront forcément appeler l'attention des marchands auxquels la
femme s'adresse, tout au moins si celle-ci n'effectue pas
ses achats au comptant. Parmi ces circonstances, la plus
suspecte est celle où la femme vit, en fait, séparée du
mari.

Je mets bien entendu de côté, l'hypothèse d'une séparation de corps prononcée par la justice. Ce cas doit d'autant moins nous intéresser que, en l'état actuel de la lé-

(1) GUILLOUARD, II. 867.

gislation, la femme recouvre alors une indépendance presque complète. Mais quand le mari a voulu ou a dû accepter que sa femme mène une existence séparée, la question devient particulièrement délicate et une série d'hypothèses se produisent que la théorie du mandat peut difficilement expliquer.

Ainsi que le fait remarquer M. Laurent (1), le mandat tacite suppose un ménage commun, la véritable vie de famille. Pour le mandat tacite, il faut un concours de volontés, et il ne peut y avoir concours de volontés là où les sentiments sont discordants et hostiles. Cela n'empêche pas d'ailleurs le mari d'être tenu de pourvoir aux besoins de sa femme et de ses enfants. La femme a donc à ce titre une action contre le mari, et ses créanciers peuvent l'exercer conformément à l'article 1166 du Code civil. Pour M. Laurent, ils ont encore contre le mari dont ils ont géré l'affaire, l'action *de in rem verso* (2).

Cette opinion ne prévaut pas dans la doctrine. MM. Aubry et Rau semblent admettre et M. Guillouard enseigne positivement que le mari dans ce cas reste tenu comme mandant (3), car le mari, en admettant que sa femme vive séparée de lui, « n'a pu se soustraire à l'obligation qui lui incombe de subvenir à ses besoins ; » en sorte que le mandat tacite est encore plus nécessaire si la femme ne vit pas avec le mari. L'on admet donc que celui-ci, quand il abandonne le domicile conjugal dans les circonstances les plus blessantes pour la femme, n'a pas révoqué le mandat fictif indispensable pour permettre à la femme de

(1) XXII. 109.

(2) Rennes, 26 août 1820. — DALL. Alph., v° *Cont. de mariage*, 1014.

(3) AUBRY et RAU, V § 509. Texte et n. 51. Cpr. V § 472, n. 11. GUILLOUARD, II, 868.

vivre ! Dans une seule hypothèse on consent à admettre la possibilité d'une révocation (1) ; c'est quand la femme a abandonné le domicile conjugal. Encore pourrait-on se demander si le mot de révocation convient bien dans cette hypothèse où le mandat, si mandat il y a, prend fin plutôt par la volonté du mandataire que par celle du mandant. La vérité c'est qu'on veut retirer à la femme le moyen de vivre indépendante. Décider autrement serait enlever au mari la meilleure arme qu'il ait contre elle ; c'est la famine qui ramènera le plus souvent la femme au domicile conjugal. Il faut donc arriver à interdire aux fournisseurs de faire crédit à la femme ; on espère y parvenir en décidant que ni le mari, qui a par hypothèse révoqué son mandat, ni la femme qui n'est pas autorisée et qui n'a pas voulu s'engager personnellement, ne sont tenus des dettes ainsi contractées.

En somme, le motif déterminant dans cette matière, c'est l'intérêt pratique. C'est pour répondre à des nécessités de la vie de tous les jours que les auteurs donnent les solutions auxquelles ils s'arrêtent, et qu'ils s'efforcent de justifier. La question n'en devient pas plus claire. Dans le silence du code, l'on veut à la fois régler toutes les espèces qui se présentent selon ce qui paraît équitable et motiver juridiquement ces décisions en les ramenant toutes à une théorie générale. Il faut avouer qu'on y réussit mal.

Peut-on approuver une explication qui consiste à ramener en apparence un cas particulier à un autre cas déjà connu si l'on est obligé de modifier les règles essentielles de ce dernier pour qu'elles puissent s'appliquer à l'hypothèse que l'on veut expliquer? A quoi sert de dire

_____

(1) GUILLOUARD, II. 869. — DELOYNES, notes au DALL. 91, 2, 257

que le pouvoir de la femme résulte d'un mandat, si précisément ce mandat n'est pas soumis aux principes ordinaires d'un tel contrat. Si du moins cette assimilation avait pour résultat de donner partout des solutions équitables! Il n'en est rien, et la preuve, ce sont les cas fréquents où l'on est obligé de recourir à l'action *de in rem verso* pour justifier des résultats que le bon sens impose.

La confusion qui règne sur ce point dans la jurisprudence est la conséquence inévitable du peu de précision de la doctrine. Les tribunaux ont été naturellement influencés bien souvent par des considérations pratiques auxquelles les auteurs n'ont pas pu échapper. La jurisprudence, tout en admettant la théorie générale du mandat tacite, hésite devant l'application à faire quand les époux vivent séparés de fait. Son indécision se manifeste particulièrement dans une série d'affaires qui se sont présentées devant le tribunal de la Seine et la Cour de Paris, et qui sont rapportées ensemble au Dalloz (1) avec une note de M. De Loynes, professeur à la Faculté de Bordeaux.

Dans la première espèce, une couturière, Mme Pigoury réclamait aux époux Hart, le paiement d'une note de 6,166 francs pour des fournitures faites, — en deux mois et demi — à Mme Hart. Cette dernière vivait hors du domicile conjugal, du consentement du mari, et, au moment des fournitures à elle faites, poursuivait la séparation de corps. Le tribunal de la Seine a jugé le 9 mai 1883, que le mari était tenu, sauf à faire subir une réduction à la note en litige. Sur l'appel interjeté par les époux Hart, la Cour de Paris a au contraire décidé que la femme avait

(1) DALLOZ, 91, 2, 257.

agi sans mandat, soit exprès, soit tacite, de son mari, en
se fondant sur ce que la femme avait refusé de rentrer
au domicile conjugal, avait été l'objet de poursuites cor-
rectionnelles à la suite d'un procès-verbal de constat, et
qu'enfin la cour suprême de New-York avait prononcé
le divorce contre Mme Hart. Mais l'arrêt ne se contentait
pas de supposer une révocation du mandat tacite, fictive-
ment accordé à la femme; il croyait aussi utile de constater que Hart n'avait « tiré aucun profit des marchan-
dises livrées », ce qui permet de supposer que, malgré la
révocation du mandat, on aurait admis la possibilité
d'une action *de in rem verso*.

Le 14 mars 1889, le tribunal de la Seine avait à juger
une affaire analogue. Il s'agissait de fournitures de lin-
gerie faites par Mlle Voytot à Mme d'Avaray, durant que
celle-ci était séparée de fait de son mari au cours d'une
instance en séparation de corps. Le compte présenté
s'élevait à la somme respectable de 7,993 fr. 65 sur lesquels 169 fr. seulement concernaient des dépenses faites
pour l'enfant de M. et Mme d'Avaray. Pour le surplus,
par une inconséquence bizarre, tandis que l'on exemptait
Mme d'Avaray en renvoyant à l'art. 1420, c'est-à-dire à
la fiction du mandat tacite, on déclarait M. d'Avaray
non tenu à raison de l'exagération de la note, de la futi-
lité des dépenses, de l'imprudence de Mlle Voytot. L'on
ne dit pas si la séparation des époux avait eu lieu de leur
consentement mutuel ou si la femme était partie malgré
le mari du domicile conjugal. Toujours est-il que, pour
le tribunal, le mandat tacite subsistait. Et cependant, il
considère comme une faute de la part de Mlle Voytot,
d'avoir fait les fournitures sans prendre l'avis du mari, et
parle de « la nécessité de s'adresser au mari pour des

dépenses de cette nature. » N'est-ce pas aller justement
contre les principes du mandat ? Enfin dans cette espèce, comme dans la précédente, on tire argument de
ce fait « que ces fournitures n'ont profité en quoi que
ce soit à la communauté, que le mari n'en peut dès lors
être rendu responsable. » A moins que ce motif ne soit
une répétition de celui que le tribunal a tiré de l'exagération des dépenses de Mme d'Avaray, il doit vouloir
écarter une action *de in rem verso* dont il reconnaît
implicitement la possibilité dans d'autres circonstances.

Appel fut interjeté par Mlle Voytot. La Cour de Paris,
au contraire de ce qu'avait décidé le tribunal, déclara que
la femme ayant en fait quitté le domicile conjugal, les
fournitures à elle faites l'avaient été sans « l'autorisation
ni le mandat général ou spécial de d'Avaray », et par
suite, déclara mal fondée l'action dirigée contre ce dernier.
C'était donc décider comme le fait M. Laurent que le
mandat tacite doit être regardé comme révoqué en cas de
séparation des époux. Seulement, dans ce cas, M. Laurent
admet que le mari puisse être tenu d'une action *de in
rem verso*. Ici la Cour, considérant sans doute comme le
tribunal que les fournitures en litige, n'ont nullement
profité au mari, ne l'en déclare pas tenu. Mais au lieu
d'admettre avec les premiers juges que les fournitures
ont été « frivoles et hors de proportion avec la fortune
des époux », elle admet qu'elles ont profité personnellement
à la dame d'Avaray (1) condamnée de ce chef à payer la
note dont il s'agit, sauf quelques réductions opérées à
raison de l'exagération de certaines fournitures.

(1) C'est reproduire l'ancienne doctrine de TOULLIER et de RO-
DIÈRE et PONT, si justement critiquée par AUBRY et RAU. Voy. *suprà*, page 281.

On voit quelle confusion règne dans ces décisions. Les tribunaux ne voudraient pas aboutir à des solutions iniques en refusant toute action aux fournisseurs ; et parfois, on l'a vu, le préjudice qui leur serait causé serait considérable. Mais nulle part, on ne trouve de décision ayant vraiment une valeur juridique, de doctrine ferme, suffisant à expliquer et à justifier les solutions adoptées. Parfois, l'on admet la possibilité de révoquer le mandat tacite supposé ; le plus souvent, on le considère comme maintenu. Mais rien de précis ne permet d'affirmer quelle est sur ce point l'opinion de la jurisprudence. Les motifs qu'elle peut tirer de ces considérations juridiques, elle n'y insiste pas, et semble surtout se déterminer par l'appréciation des dépenses, par des considérations de fait. C'est ainsi que la Cour de Dijon, avait décidé le 11 juillet 1872 (1) que le mari restait tenu de dépenses faites par sa femme pour ses besoins et ceux des enfants dans les circonstances suivantes.

Madame de Chanay s'était à l'amiable séparée de son mari et, avec le consentement de celui-ci, s'était retirée en emmenant les enfants du mariage chez son père, où son mari lui servait une pension de quatre mille francs. En août 1870, sans l'autorisation de M. de Chanay, elle était allée s'établir avec les enfants chez le sieur Collet, maître d'hôtel à Lyon, et elle y était restée malgré une ordonnance du président du tribunal de Charolles, qui, sur la demande en séparation de corps formée par M. de Chanay, avait prescrit à Mme de Chanay de se retirer chez son père. Malgré les défenses faites au sieur Collet de faire ni avances ni fournitures à Mme de Chanay, l'hôte-

_____

(1) Sir. 73, 2, 104.

lier avait continué à recevoir et à nourrir ladite dame et ses enfants. Il avait ensuite assigné les époux de Chanay en paiement d'une somme de 6,457 fr. 36. Débouté par le tribunal de Charolles le 6 mai 1872, Collet fit appel et la Cour de Dijon admit sa demande par ces motifs : « Que de Chanay n'a pu avoir un seul instant la pensée, quels qu'aient été les torts qu'il impute à Collet, de s'exonérer entièrement, pour le temps dont il s'agit, de l'obligation que la loi lui impose vis à vis de ses enfants en laissant à la charge de celui-ci tous les soins et les frais de son exécution ; — qu'il n'a voulu sans doute, et ne pouvait d'ailleurs que critiquer les excès ou les abus qui se rencontreraient dans les fournitures faites à cette occasion ; — Considérant d'un autre côté que, pour s'affranchir du paiement des dettes personnelles de sa femme, il faudrait que de Chanay justifiât non seulement qu'il avait interdit à sa femme de la recevoir, mais encore qu'il remplissait ses devoirs en lui fournissant une pension alimentaire..... — qu'il ne peut être dispensé de les (ces dépenses) payer, par cette raison que Collet aurait hébergé la dame de Chanay, alors qu'il le lui avait formellement interdit ; — que ce dernier invoque à juste titre certaines raisons de convenance et d'humanité..... »

A la vérité, cet arrêt fut cassé par la Chambre Civile le 12 janvier 1874 (1). La Cour suprême déclare que les défenses faites à Collet par le sieur de Chanay rendent inadmissible « toute présomption d'un mandat que le mari aurait tacitement donné ou continué à sa femme ; » et que le mari n'étant obligé ni par un contrat ni par un *quasi-contrat*, les motifs de l'arrêt attaqué sont insuffisants. La

(1) Sir. 74. 1, 305.

Cour de Cassation voulait ainsi écarter le motif tiré par la
Cour de Dijon de ce que le mari n'avait, en aucune manière, pourvu aux besoins de sa femme et de ses enfants
pendant leur séjour à l'hôtel ; et l'arrêt de la Cour de Cassation reprochait à la Cour d'appel d'avoir prononcé une
condamnation au prix intégral, « sans déterminer l'existence et la qualité du profit personnel que lui auraient
procuré les fournitures faites à sa femme. » L'auteur de la
note insérée sous cet arrêt dans le recueil de Sirey en conclut logiquement qu'il aurait fallu distinguer entre les
fournitures faites à la femme. La portion qui concernait
les dépenses personnelles de celle-ci ne devait pas in-
comber au mari. La femme, par son abandon du domicile à elle assigné par le mari, avait perdu son droit à
des aliments, à moins qu'elle n'ait eu des raisons sérieuses et valables. Mais le mari aurait dû payer la portion
des fournitures pour l'éducation et l'entretien des enfants. Telle semble bien en effet, avoir été l'opinion de
la Cour de Cassation, et sans doute, elle eût admis la
validité d'une action *de in rem verso*, pour les fournitures qui avaient profité aux enfants et par suite au père
chargé de leur entretien. Or, sans aller jusqu'à soutenir
que la mère était ici mandataire de son mari, il n'en
est pas moins vrai que l'on valide ainsi indirectement une
partie des dépenses par elle faites. Si la mère n'avait pas
été présente, l'hôtelier aurait-il fait crédit à de jeunes
enfants ? se serait-il chargé de subvenir durant longtemps à
leurs dépenses sans consulter le père ? Certes non ; et le père
lui-même n'eût certes pas laissé ses enfants sans ressources s'il n'avait compté sur la mère pour subvenir à
leurs besoins. En sorte que, malgré la révocation du mandat tacite présumé, nous trouvons la femme chargée par

la force des choses de pouvoirs qui dans la rigueur des
principes devaient appartenir au mari, et que la théorie
du mandat est impuissante à expliquer. D'ordinaire cependant c'est dans une pareille hypothèse seulement,
qu'on reconnaît la possibilité pour le mari de révoquer
ce mandat, et cette solution est plutôt dictée par la volonté de punir la femme coupable que par la considération du retrait par le mari des pouvoirs qu'il a fictive-
ment consentis. Or l'on voit que, même dans ce cas, les
nécessités pratiques inévitables viennent empêcher l'application exacte des principes, par où l'on espérait expliquer
le rôle confié à la femme.

Tout le monde est donc arrêté par la même difficulté.
Si le mari donne à sa femme un mandat pour les besoins
du ménage, comment se fait-il que ce mandat ne puisse
être révoqué par lui dans toutes ses conséquences ? Ou
bien l'on est forcé de décider qu'il subsiste dans des cas où
clairement le consentement du mari n'existe plus ; ou bien
l'on est obligé de recourir à une action *de in rem verso*,
et, dans ce cas, je demanderai pourquoi l'on donne une
explication différente des pouvoirs de la femme, selon que
le mari est ou non consentant. Je sais bien qu'il y a, théoriquement, une grande différence entre les principes de
la *versio in rem* et ceux du mandat. Seulement comme en
fait ou limite le mandat tacite qu'on suppose confié à la
femme aux besoins du ménage, comme on réduit sur les
notes des fournisseurs les dépenses excessives et qui
n'auraient pas profité au mari ou à la communauté, la situation diffère peu qu'on l'explique d'une façon ou de
l'autre. Ce mandat du mari semble être le mandat d'obliger
la communauté dans les limites où elle serait tenue *de in
rem verso*. Il pourra y avoir des nuances dans la façon

dont les juges apprécieront, ils pourront se montrer plus ou moins rigoureux ; mais le plus souvent des considérations spéciales à chaque espèce dicteront leurs décisions plutôt que l'existence ou l'absence du consentement du mari.

D'ailleurs, dans les cas de séparation de fait où se pose la question de la révocation du mandat, très souvent, je dirai même le plus souvent, elle ne se posera pas dans les termes où j'ai eu à l'examiner tout d'abord. Si parfois l'un ou l'autre des époux quitte brusquement le domicile conjugal à la suite de circonstances qui indiquent généralement un désaccord complet entre les conjoints, plus souvent, c'est à l'amiable que la séparation a lieu. Lorsque la vie commune devient trop pénible, à la suite de mésintelligence, d'incompatibilité d'humeur, les époux prennent le sage parti de vivre séparés, sans faire intervenir dans leurs querelles de ménage l'autorité judiciaire. Naturellement dans ce cas, on fixe à l'amiable quelles ressources seront attribuées à la femme. Parfois le mari lui rend l'administration de ses propres, au moyen d'une autorisation ou d'un mandat; la situation est la même que dans le cas où la séparation de fait est accompagnée d'une séparation de biens ; parfois aussi il s'engage à servir à la femme une pension alimentaire. Quelle est la valeur de cette convention? je n'ai pas ici à l'apprécier; il me suffit qu'en fait, presque toujours, elle soit observée.

Dans ce cas, le mari ayant fourni à la femme les moyens de subvenir à ses besoins, les fournisseurs qui ont fait crédit à celle-ci auront-ils une action directe contre le mari ? Les auteurs la leur refusent; les uns, sans expliquer leur décision, (1) et sans doute pour un

----

(1) AUBRY et RAU, V § 509. Texte et note 53.

simple motif d'équité. Un autre (1) par les raisons suivantes : les fournisseurs traitant avec une femme mariée
doivent se renseigner sur sa capacité, et si elle vit séparée de son mari, ils ne doivent lui vendre à crédit
qu'après s'être renseignés sur sa situation. Ils n'auraient
même pas contre le mari, l'action *de in rem verso* ; c'est
ce dont personne ne peut douter, et à la vérité, il paraît
étrange de voir un jurisconsulte, après avoir admis qu'il
subsiste un mandat tacite du mari à la femme malgré
la séparation de fait, déclarer ensuite que les fournisseurs
ne peuvent faire crédit à la femme qu'après s'être renseignés sur sa situation. N'est-ce pas reconnaître qu'on
maintient le mandat seulement à défaut par le mari de
subvenir aux besoins de sa femme, pour permettre à
celle-ci de subsister ? Or on n'invoque pas d'ordinaire
un mandat fictif pour fournir aux besoins de ceux auxquels la loi accorde des aliments. Chose très singulière,
le mandat tacite serait maintenu quand le mari a des
devoirs à remplir envers la femme et qu'il n'en manifeste pas l'intention, révoqué quand la femme mérite une
punition ou quand le mari a assuré la satisfaction de
ses besoins.

Il serait plus simple d'admettre que la fiction du mandat ne tient plus dès que la femme a une habitation
séparée. C'est par ce motif que la Cour de Besançon a
repoussé le 25 juillet 1866 (2) les prétentions d'un fournisseur. En fait, la situation était telle que tous les auteurs approuvent cette solution, car le mari faisait une
pension à sa femme pour son entretien et celui de son
fils, et avait de plus, pour dégager sa responsabilité,

(1) GUILLOUARD, II. 870.
(2) DALLOZ. 66, 2, 149.

fait insérer un avis dans les journaux ; mais la Cour ne distinguait pas. Au contraire, le jugement dont il était fait appel rendu par le tribunal de Besançon le 29 novembre 1865 avait spécialement invoqué les circonstances spéciales de l'affaire pour considérer le mandat comme révoqué. Il avait d'ailleurs admis que cette révocation avait été insuffisamment connue du fournisseur, et avait partiellement admis sa demande, rejetée au contraire complètement par la Cour d'appel.

Une autre opinion est admise par un jugement du tribunal de Versailles en date du 16 juillet 1873, confirmé par la Cour de Paris le 11 mai 1874 (1). Dans l'affaire dont il s'agit, le mari, au moment d'une séparation amiable avait promis à sa femme une pension, et avait cessé de la lui servir. « Attendu... disait le jugement de première instance, que, sans qu'il soit besoin de rechercher ici si de semblables engagements sont valables et peuvent produire effet dans les relations de l'un des époux avec son conjoint, il n'est pas douteux que ladite convention comprenne implicitement l'autorisation donnée par le mari à la femme de contracter avec des tiers, ainsi que le *mandat* par lui conféré à la femme d'aliéner et d'engager les biens de la communauté jusqu'à concurrence de la somme déterminée par les besoins de la subsistance de la femme, laquelle est une des charges de la communauté ; qu'il appartient au mari, administrateur de la communauté, de prendre telles mesures qu'il avisera à l'effet de s'acquitter de cette obligation, que l'autorisation et le mandat dont il s'agit sont valables, que ledit mandat est essentiellement révocable, mais qu'il doit produire ses effets tant qu'il n'est pas révoqué. » Le Tribu-

(1) Sir. 74, 2, 169.

nal concluait en refusant de condamner le mari pour
l'avenir à payer une pension, mais en le déclarant tenu
pour le passé. Cette décision fut confirmée par la Cour
d'appel qui adopte les motifs des premiers juges en insis-
tant sur ces points que, malgré la séparation de fait, le
mari restait tenu de fournir à sa femme ce qui était nécessaire à tous ses besoins, et que, d'autre part, jamais le
mari n'avait mis sa femme en demeure de revenir à la
vie commune. Il ne semble pas d'ailleurs que personne
ait considéré dans l'espèce le mandat ordinaire de la
femme comme révoqué, et la Cour a plutôt vu dans la
promesse par le mari d'une pension, une reconnaissance
de ses devoirs envers sa femme, qu'une révocation des
pouvoirs de celle-ci.

Ces décisions, à vrai dire, sont critiquables au point de
vue juridique. Du moment où l'on admet que, dans les
traités qu'elle fait pour les besoins du ménage, la femme
est mandataire du mari, elle ne doit pas s'obliger personnellement. Or, dans l'espèce dont il s'agit, le tribunal de
Versailles parle d'une autorisation donnée implicitement
à la femme ; et ceci n'est pas une simple confusion, car il
condamne ensuite indivisément le mari et la femme au
paiement des sommes réclamées. Solution peu conforme
d'ailleurs à l'art. 217 du Code civil, qui exige pour l'autorisation du mari son concours à l'acte ou son consentement par écrit. Et d'ailleurs, puisqu'on reconnaît à la
charge du mari l'obligation de subvenir aux besoins de
sa femme, même si les époux vivent séparés, à supposer
que la femme puisse s'engager personnellement, ce serait
évidemment sauf son recours contre le mari ou la communauté.

En tout cas, cet arrêt a du moins pour résultat de mon-

trer plus clairement encore à quelles nécessités on entend
pourvoir. Et c'est ce qu'il importe de considérer puisqu'aussi bien la confusion qui règne dans la doctrine
provient seulement de la difficulté de motiver en droit les
solutions qu'imposent les nécessités et les habitudes de
la vie pratique.

En résumé, voici je crois ce qu'on peut déduire des
décisions de la jurisprudence, quand on les considère à ce
point de vue et non pas à celui des théories juridiques.

Le mari doit à sa femme tout ce qui est nécessaire
pour sa subsistance, la femme d'autre part est chargée
de la tenue de la maison et de tous les achats y relatifs.
Dans la limite où ces pouvoirs sont nécessaires à sa subsistance, le mari ne peut, en fait, la relever de ses fonctions que si, d'une part le public est prévenu et ne risque
pas d'être trompé, et si d'autre part la femme n'a rien à
réclamer de son mari, soit que celui-ci ait pourvu à ses
besoins, soit que la femme refuse sans juste cause de demeurer au domicile conjugal. Or, du moment où c'est
l'utilité pratique qui impose en dehors de tout texte législatif des dérogations aux règles du droit strict, il faut
non pas donner une explication *à priori* basée sur un principe juridique dont on déduit les conséquences sans s'inquiéter des faits, mais bien étudier d'abord les besoins
qu'on veut expliquer, et après seulement, tâcher de trouver une théorie qui concorde avec le résultat qu'on désire
atteindre.

Je reprocherai précisément à la théorie unanimement
admise de n'avoir pas été construite de cette manière. Les
auteurs de l'ancien droit ont voulu uniquement dans le
cas le plus ordinaire motiver l'intervention de la femme
Et certes la situation qui en résultait pouvait alors paraî-

tre encore plus étrange qu'aujourd'hui, par suite de la dépendance plus grande où était tenue la femme, par suite aussi de ce qu'elle n'était pas durant le mariage propriétaire de la communauté. Il fallait donc valider ses obligations, condamner « le mari à acquitter les parties des marchands qui ont avancé des choses nécessaires pour la subsistance et l'entretien du ménage (1) ». Aussi déclarait-on que la femme était « réputée procuratrice pour telles emplettes (2) ». Mais la préoccupation de régler la situation entre les époux n'apparaît pas exactement. Tout au plus constate-t-on que l'entretien du ménage est une charge de la communauté, une obligation du mari que l'on ne peut faire supporter à la femme. Et alors pour répondre à ces deux besoins, la présomption du mandat était toute naturelle. Seulement, il ne semble pas que les anciens auteurs aient vu là autre chose qu'une comparaison. Lamoignon, qui, dans ses « Arrêtés » voulait moins innover, que codifier les règles généralement reçues de son temps par les auteurs et les Parlements, se contentait d'édicter que l'obligation de la femme pour les besoins du ménage était valable (3). Bien plus Dumoulin lui-même, le père et l'inventeur de la fiction du mandat, quand il veut expliquer que la femme n'est pas tenue personnellement n'invoque pas la règle que le mandataire ne s'oblige pas. Les défenseurs actuels de la théorie du mandat (4) n'empruntent en effet à Dumoulin que l'un de ses arguments ; et encore ne prouve-t-il pas l'adoption bien complète de cette théorie. Dumoulin se croit obligé

(1) LEBRUN, *Communauté*. Livre II. Ch. II. Sect. II, n. 6.
(2) LEBRUN, *Loc. cit.*
(3) *Arrêtés*. Titre de la communauté de biens, art. 69.
(4) Voy. GUILLOUARD, II, 865.

d'invoquer pour la femme un droit lui provenant de sa qualité même d'épouse : « Videtur quod non teneatur, tum quia est uxor, tum quia erat debitum et onus viri. » Naturellement c'est cette deuxième raison que développe le Jurisconsulte car la première se passe de commentaire ; mais il considère seulement que les acquisitions de la femme ont profité non pas à celle-ci, mais au mari qui était tenu de les faire. N'est-ce pas invoquer les principes de la *versio in rem* autant que ceux du mandat?

Au contraire, dans le droit actuel, la fiction du mandat tacite est devenue pour la doctrine et la jurisprudence une véritable explication ; à force de dire que la femme était mandataire du mari, on a fini par croire à une assimilation complète du rôle de la femme ou d'un mandataire ordinaire. On a prétendu donner le caractère d'une explication scientifique à ce qui n'était peut-être qu'une analogie, et après avoir fondé sur un mandat les pouvoirs de la femme, on a voulu appliquer toutes les règles de ce contrat à une situation qui ne s'y prêtait pas toujours.

J'ai montré comment la jurisprudence, que les auteurs tâchent de justifier, se trouvait forcée d'admettre une action contre le mari dans bien des cas où un mandat eût dû être regardé comme tacitement révoqué. Peu importe, je l'ai noté, que le mari soit tenu par une action *de in rem verso* ou à raison d'un mandat présumé. Pratiquement, le résultat ne change pas. L'on veut seulement poser des règles qui n'aillent pas trop ouvertement contre la fiction d'un mandat tacite. On est obligé de chercher par tous les moyens à détruire des barrières qu'on s'est créées, à échapper aux conséquences fâcheuses du principe qu'on a soi-même établi. Certes, il serait inadmissible de décider qu'un mari n'a qu'à abandonner sa femme et ses

enfants pour n'être plus tenu d'aucun devoir envers eux,
et pour mettre la femme, en révoquant les pouvoirs qu'il
est supposé lui avoir confiés, dans l'impossibilité de pourvoir aux dépenses indispensables. Il importe plus que
jamais de conserver à la femme le droit d'agir ; bien plus,
d'ordinaire, ses pouvoirs doivent être étendus et tout le
monde l'admet ; c'est ainsi que la femme peut, dans ce
cas, se faire consentir un bail pour se procurer un logement nécessaire (1). Mais alors, pourquoi poser en principe que la femme tient seulement son droit de la volonté
du mari ? Et ceci n'est pas vrai seulement dans l'hypothèse assez rare d'une séparation de fait entre les époux.

Puisque le mari, chef du ménage, délègue ses pouvoirs
à la femme, il doit avoir le droit d'apporter les limites
qu'il croit justes aux dépenses dont la femme est chargée.
Je suppose pour éviter toute difficulté que le mari éta-
blisse des bornes raisonnables aux droits de la femme.
Par exemple, et le fait se voit souvent, le mari peut
remettre à sa femme des sommes suffisantes pour acheter
au comptant les objets nécessaires à la famille, en enten-
dant limiter les dépenses de la maison aux sommes ainsi
confiées à la femme. Si la femme fait des comptes chez
les fournisseurs et que les dépenses ainsi engagées n'aient
pas été frivoles (ce qui ne veut pas dire qu'elles soient
forcément vues d'un bon œil par le mari), le mari en
serait encore tenu (2). D'abord, les fournisseurs ne peuvent se renseigner sur ce point. Et même si le mari
faisait des défenses aux fournisseurs, pratiquement, on
l'a vu, il arriverait mal au résultat cherché.

---

(1) GUILLOUARD, II, 874.
(2) AUBRY et RAU. V § 509. Texte et note 54. GUILLOUARD, II, 871.

L'impossibilité où se trouve le mari de limiter comme il l'entend, les pouvoirs de sa femme, constituerait déjà un motif suffisant pour repousser l'hypothèse d'un mandat. Mais, outre que cette fiction répond mal à la façon dont les parties apprécient la situation, je crois pouvoir dire qu'il y a à la base même de cette théorie, une confusion qu'il importe d'éviter. Le fondement de ce système se trouve en effet dans cette remarque de Dumoulin, que la femme, en traitant pour les besoins du ménage, ne profite pas des opérations qu'elle effectue, mais agit pour le compte du mari qui était tenu de pourvoir à ces dépenses.

De l'obligation du mari, a-t-on le droit, comme on le fait, de conclure à la non obligation de la femme? Il me semble qu'une distinction s'impose ici comme dans tout ce qui concerne l'administration de la communauté. Que le mari soit tenu à l'égard de la femme de subvenir aux nécessités de la vie commune, on ne peut en douter. La femme, en fournissant au mari une dot, a payé sa part contributoire, et le mari est chargé, pour ainsi dire à forfait, de toutes les dépenses du ménage. Quand je dis le mari, c'est pour comprendre tous les régimes, puisque sous les régimes de communauté, il est tenu seulement comme chef de la communauté. Quoi qu'il en soit, la femme est toujours exempte *de contribuer* à ces dépenses sur son patrimoine propre. Faut-il admettre par suite qu'elle ne soit pas *obligée* envers les créanciers? Toute autre est la question. Dans l'union conjugale, et surtout quand les époux sont soumis au régime de communauté, il est fréquent de voir l'un des conjoints obligé envers les créanciers pour le montant d'une dette à laquelle il n'est pas tenu de contribuer. Il se peut très bien qu'il soit poursuivi et se trouve forcé de payer, sauf à lui à recou-

rir alors contre son conjoint. Il en est ainsi par exemple
dans tous les cas où le mari, comme chef de la communauté, ou comme administrateur des biens de la femme, se
trouve amené à engager des dépenses qui profitent uniquement aux biens propres de cette dernière. Bien souvent, il ne se produit de ce chef aucune augmentation de
revenu qui vienne donner au mari un intérêt personnel
dans l'affaire. Il n'en est pas moins obligé, sauf à exercer
une récompense contre sa femme. Pourquoi n'en serait-il
pas de même quand celle-ci agit pour le compte du mari?

Je vais ici contre toutes les idées reçues ; mais je ne
vois pas la raison qui a fait admettre ces idées. On me
dira que la femme est souvent moins experte en affaires
que son mari, qu'elle a besoin de protection. Peut-être,
mais la loi n'accorde de protection qu'à ceux qui ne peuvent se défendre. Ainsi, quand le mari gère la communauté, la femme, étant restée étrangère à cette administration, peut se soustraire à ses conséquences en renonçant à la communauté. Mais logiquement, on ne peut lui
accorder la même faveur quand il s'agit d'actes faits par
elle et pour lesquels on lui reconnaît une capacité particulière. La protection qu'on lui accorde dans ce cas me
paraît non seulement inutile, mais même peu morale. Il
peut y avoir pour la femme, précisément si la communauté est mauvaise, une tentation d'accroître son bien-être
et celui de la famille aux dépens de fournisseurs rendus
confiants par la fortune personnelle de la femme. S'il y a
quelqu'un de sacrifié dans la famille, il me semble que
c'est bien plutôt le mari. Sans doute, il est tenu à juste
titre de fournir à la femme et aux enfants le nécessaire.
Mais il lui est, en fait, impossible de surveiller la femme
quand elle s'occupe pour lui des affaires du ménage, et de

se soustraire aux conséquences des engagements de celle-ci. Sans doute, les tribunaux refuseront de valider des dépenses absolument exagérées et inutiles, mais ils seront obligés néanmoins de se montrer assez larges dans leurs appréciations, et très souvent ils devront dépasser les limites que le mari aurait fixées. Celui-ci n'en sera pas moins tenu, et, à la différence de la femme, il ne pourra pas se soustraire à cette obligation en renonçant à la communauté. Bien plus, même si la femme, comme je le crois, se trouvait obligée envers les créanciers, les paiements qu'elle leur ferait de ses deniers n'auraient lieu que sauf récompense contre le mari ou contre la communauté. Et c'est ici que l'on retrouve la protection accordée par la loi aux femmes mariées. Celles-ci en effet plus expertes aux soins du ménage qu'aux affaires proprement dites pourraient se trouver exposées à perdre l'effet utile du recours qu'elles ont à exercer contre le mari ou la communauté. Mais, le plus souvent, cette créance se trouvera garantie par l'hypothèque légale. A la femme d'apprécier si la sûreté qui en résulte pour elle sera suffisante ; il lui sera bien facile d'ordinaire de régler les dépenses de la maison de manière à sauvegarder ses intérêts. Je crois que la femme aura toujours la capacité suffisante pour arriver à un pareil résultat ; et il se présente bien d'autres cas où elle est appelée à apprécier la situation de la famille pour prendre les mesures nécessaires à la conservation de ses biens propres. Il peut se produire cependant que la femme se sente incapable : dans ce cas, elle n'a qu'à adopter le régime dotal ; alors, elle ne pourra pas plus engager les biens dotaux pour les besoins du ménage que pour ses dépenses personnelles. Sous les autres régimes, l'obligation person-

nelle de la femme envers les fournisseurs pour les besoins du ménage me paraît conforme aux nécessités de la
pratique ; et le point est important à noter dans notre matière où toutes les théories juridiques ont pour but de justifier une situation qui s'impose. Sans vouloir revenir sur
ce que j'ai dit relativement aux conséquences pour la
femme du rôle qu'elle joue dans le ménage (1), je note
des tendances très favorables à mon opinion.

Bien que l'opinion contraire soit enseignée généralement, des auteurs (2) ont admis que la femme était tenue
d'une action *de in rem verso* toutes les fois que le mari
était dégagé. Si leur théorie était juridiquement inexacte,
la pensée qui les guidait n'en garde pas moins sa valeur.
De même un arrêt de la Cour de Poitiers du 23 décembre 1889 (3), que j'ai déjà cité, avait considéré la femme
comme s'étant obligée personnellement dans un cas où le
mari avait révoqué le mandat qu'il était censé lui avoir
confié. N'y a-t-il pas, dans ces solutions, la reconnaissance
que la théorie du mandat prise seule, aboutit à des résultats fâcheux. On est blessé de voir des fournisseurs rester
impayés alors que la femme a joui en fait des objets vendus. La situation est encore plus frappante quand il s'agit
non plus de dépenses exagérées que le mari ne devait pas
supporter comme dans l'hypothèse des auteurs et de l'arrêt
cités, mais de dépenses nécessaires dont les tribunaux
reconnaissent la validité. Dire alors que la femme n'est
pas tenue parce qu'elle n'a pas profité des fournitures,
considérer que le mari est seul obligé parce qu'il doit
donner à la famille le nécessaire, c'est, je l'ai demontré,

(1) Voy. *suprà*, page 281.
(2) TOULLIER, XII. 272 ; RODIÈRE et PONT, II. 797.
(3) DALLOZ, 90, 2, 359.

confondre deux questions très distinctes. Il faut donc conclure que la femme, en contractant pour les besoins du ménage, engage ses biens personnels sauf son recours contre le mari, et exception faite cependant pour la femme dotale.

Reste une difficulté dont je ne me dissimule pas la gravité. De quel droit la femme peut-elle s'obliger sans autorisation du mari, de quel droit surtout va-t-elle obliger ce dernier? Dans les cas les plus ordinaires, les époux vivant ensemble et sous un régime de communauté, la situation s'expliquerait encore. On pourrait à la rigueur, ramener les pouvoirs de la femme à ceux qu'elle a d'engager les biens communs comme les biens propres de chacun des époux, d'après l'art. 1419, pourvu qu'elle ait le consentement du mari; et c'est à ce principe plutôt qu'à ceux du mandat fictif, qu'on eut peut-être ramené les pouvoirs de la femme pour les besoins du ménage, sans la confusion que j'ai signalée des règles de l'obligation et de la contribution aux dettes.

Malheureusement, tout comme la théorie du mandat, cette explication serait impuissante à rendre compte de toutes les particularités qui peuvent se produire. Toutes les fois que les époux seraient mariés sans communauté, dans les cas plus fréquents où il faudrait supposer le défaut du consentement du mari, comment expliquer le maintien à la femme de pouvoirs que la force des choses oblige à lui conserver? Je crois qu'il faut être plus hardi, mettre de côté toutes les explications qui font de la femme la préposée du mari, et reconnaître à celle-ci des pouvoirs propres découlant de l'état de mariage (1). Sans doute, il

(1) C'est ce qu'admet le projet de Code civil allemand, art. 1275.

est bien difficile d'admettre sans texte un système qui paraît en contradiction flagrante avec plusieurs dispositions de notre Code. Mais, qu'on le remarque, ces dérogations aux règles du droit strict ce n'est pas notre théorie qui les fait naître. Et puisqu'il y a ici une lacune dans notre législation pourquoi ne pas le reconnaître franchement. Au lieu de voiler par des explications imparfaites un état de choses qui s'impose, il est plus simple de le constater et de suppléer au silence du législateur, même en créant de toutes pièces un système, pourvu qu'il réponde à la réalité.

La réalité c'est que, du mariage, naissent pour les époux des droits et des devoirs ; c'est ainsi que les soins du ménage incombent naturellement à la femme. Il faut qu'elle ait les pouvoirs nécessaires pour remplir sa mission. Parce que le mari a un rôle plus marquant, parce qu'il est chargé de la conduite des affaires et qu'il parle au nom de la famille, on est porté à ne considérer que ses pouvoirs, que ses droits, que ses fonctions. Le rôle de la femme plus effacé, généralement moins important au point de vue juridique, reste ignoré. Comme le mari est le « chef » du ménage on entend faire émaner de lui tous les pouvoirs. C'est rendre toute explication impossible pour le cas où le désaccord règne entre les époux ; c'est aussi créer une fiction contraire à la réalité. Où a-t-on vu le mari donner — même tacitement — un mandat à sa femme pour les besoins du ménage ? Dire avec un auteur (1) que le mariage produit le consentement tacite à ce mandat, c'est reconnaître que les pouvoirs dont il s'agit sont pour la femme de la nature du mariage. Si l'on veut dire que le

_____

(1) LAURENT. *Principes*, XXII. 105.

mari accepte le plus souvent de voir la femme se charger de ces soins, très bien ; mais j'ai montré qu'elle pouvait garder ses attributions malgré son mari, et que ce dernier était à peu près impuissant à poser des limites aux droits de la femme de ce chef. La vérité d'ordre moral, que tout le monde admet lorsqu'il n'y a pas de principes juridiques en jeu, c'est que le mariage n'est pas chez nous une institution autocratique où le mari est tout et la femme rien. C'est une association où les deux conjoints ont chacun leur rôle dissemblable et distinct. A la femme, à la mère de famille revient le soin d'élever les enfants et de tenir la maison. De là découlent pour elle tous les droits accessoires qui lui sont nécessaires ou utiles pour l'accomplissement de sa mission. Il pourra en résulter pour elle le droit d'engager des biens dont elle n'est pas propriétaire. Mais n'est-ce pas la conséquence même du mariage de créer de telles confusions entre les propriétés des époux ? Personne ne se récrie contre les pouvoirs qu'acquiert le mari sur les biens de sa femme ; et nul ne peut nier que le chef de la famille exerce de tels droits même sous le régime de séparation de biens.

Si l'on admet d'autre part que la femme, comme j'ai tâché de le démontrer, par ses engagements pour les besoins du ménage oblige aussi ses biens personnels, on arrive à lui reconnaître, dans cette sphère où elle est maîtresse, des droits à peu près aussi étendus que ceux du mari pour la gestion des affaires de la famille. Cependant, il ne faut pas l'oublier et cela suffit à éviter tout abus, d'une part la femme n'a ces pouvoirs que pour satisfaire selon sa condition aux besoins du ménage ; ensuite la femme exerce ses attributions pour le compte du mari.

Si, à mon avis, elle figure personnellement et non comme mandataire dans ses rapports avec les tiers, c'est en définitive le mari, tenu de fournir aux besoins du ménage, qui supportera les conséquences de la gestion de la femme. De là, dans les ménages unis une entente et un accord qui limitent ici comme ailleurs, les pouvoirs que l'on est bien obligé de confier à un seul des conjoints. De là aussi, malheureusement, si la discorde règne dans la famille, bien des inconvénients et des dangers. Qu'y faire, et comment empêcher que des institutions fondées sur le bon accord des époux ne se faussent, quand cet accord vient à manquer ?

CHAPITRE II

POUVOIRS DE LA FEMME EN VERTU DE PRÉROGATIVES
A ELLE PROPRES OU D'UNE DÉSIGNATION PAR LES
AUTORITÉS COMPÉTENTES.

Dans tous les cas où la femme exerce des droits qui,
dans la rigueur des principes, devraient revenir à son
mari, il n'y a pas forcément, je l'ai indiqué plus haut, consentement du mari. Je viens de montrer d'ailleurs que, là
même où la femme agissait pour le compte du mari avec
l'adhésion de celui-ci, elle gardait dans certaines circonstances une liberté d'action assez considérable. Forcément
ses pouvoirs seront plus étendus encore dans le cas où
elle agira pour le compte du mari en vertu de droits à
elle conférés par les autorités compétentes ou lui appartenant en propre.

Dans cette dernière catégorie, il faudrait, si l'on admet
l'explication que j'ai proposée, faire rentrer les droits de la
femme pour la tenue de la maison et les dépenses du ménage. Elle a encore à ce point de vue des pouvoirs de deux
sortes. D'abord, elle peut être appelée à jouer un rôle dans
des hypothèses où le mari ne peut exercer les droits qui
lui appartiennent. D'autres fois, dans un but de prévoyance, on permet à la femme de faire seule des dépôts
aux Caisses d'épargne ou à la Caisse des Retraites pour

la vieillesse, et le bénéfice de ces opérations appartient
au moins pour partie au mari. Je vais examiner auparavant assez rapidement le cas où la femme est investie d'une
autorité dative sur le patrimoine du mari, en cas de démence, ou même de faiblesse d'esprit ou de prodigalité de
celui-ci.

SECTION I

POUVOIRS ATTRIBUÉS A LA FEMME A RAISON DE L'INCAPACITÉ DU MARI

Toute l'organisation du mariage se trouvant fondée sur
le principe de l'autorité du mari, dès que celui-ci est hors
d'état d'exercer ses droits, l'esprit tout entier de l'institution est faussé. Le mari est déchargé de la gestion de tous
les intérêts pécuniaires de la famille : les biens à lui propres et les propres de la femme, presque toujours aussi
des biens communs, tout était remis entre ses mains. Qu'il
lui devienne impossible, pour une raison ou pour une autre, de s'acquitter de ses devoirs, à qui va-t-on confier le
soin de gérer cette fortune ?

Les solutions sont variables, sans qu'on puisse, me semble-t-il, donner quelque bonne raison pour justifier ces
différences. Tandis que, dans certains cas, la femme exerce
de plein droit tout ou partie des pouvoirs attribués au
mari (1), dans d'autres circonstances l'associée naturelle
du mari incapable, n'est appelée par la loi à exercer aucune action qui dépasse son ressort ordinaire. Tout au
plus, peut-elle être appelée à remplir un rôle de protection
qu'il est aussi bien permis de confier à un étranger. Il
en est ainsi quand le mari vient à être privé de la raison.

(1) Voy. *infrà*, section II.

Tandis que « le mari est, de droit, tuteur de sa femme interdite, » (art. 506, C. C.) l'article 507 décide seulement que « la femme *pourra* être nommée tutrice de son mari. » Naturellement, on explique cette différence par l'argument ordinaire ; on invoque l'inexpérience de la femme en matière d'affaires. Sans nier la valeur de cette observation, je suis obligé de constater que l'on aboutit dans la pratique à des solutions peu élégantes. Les pouvoirs du mari durant autant que la communauté s'il y en a une, c'est le tuteur qui administre et la fortune du mari, et la communauté, et même les propres de la femme. La situation est déjà délicate ; mais dès qu'on veut dépasser les bornes d'un acte d'administration, tout se complique. Quand il s'agit d'un acte de la femme, celle-ci devra se faire autoriser par la justice. Si c'est le tuteur qui doit agir, il lui faudra se conformer aux principes de la tutelle et se pourvoir selon le cas, de l'autorisation du conseil de famille et de l'homologation du tribunal. M. Guillouard (1) très optimiste conclut que, par là « se trouvent atténués les inconvénients de la substitution de l'administration tutélaire à l'administration maritale ». Je ne vois pas bien pour ma part quels avantages résultent de ces complications ; elles me semblent seulement entraîner des lenteurs et des frais très préjudiciables à tout le monde.

En tout cas, il y aura en fait pour la femme à veiller de plus près à ses intérêts personnels. Sans vouloir me demander ici si l'interdiction du mari permet à la femme de demander la séparation de biens, je crois qu'il y a lieu pour elle de former cette demande si le tuteur du mari

(1) II, 696.

administre mal (1). Je n'insiste pas ici sur ce point relatif
aux prérogatives de la femme pour la protection de ses
droits personnels.

La situation de la femme est plus intéressante dans le
cas où, dérogeant à la règle de l'art. 1432 comme le permet l'art. 507, le conseil de famille lui a confié la tutelle
du mari interdit. Bien qu'il paraisse étrange de voir la
femme, jusqu'ici étroitement entravée par les règles de
l'autorité maritale, être chargée à son tour de protéger
celui qui devait lui servir de guide, le cas se présente
assez souvent. Quoique le conseil de famille ait un pouvoir discrétionnaire pour écarter la femme, même sans
énoncer les motifs (2), la crainte des complications que
j'ai signalées, la confiance dans le zèle et l'affection de la
femme font passer sur une légère inexpérience des
affaires. D'ailleurs on a toujours la ressource, à la condition de ne pas porter atteinte aux droits de la femme résultant de ses conventions matrimoniales, de « régler la
forme et les conditions » de son administration. Que le
conseil de famille ait diminué l'étendue des pouvoirs ordinaires d'un tuteur, ou au contraire qu'il les ait augmentés
(ce qui sera plus rare), la réglementation ainsi établie, sur

_____

(1) M. GUILLOUARD (III, 1093) dit que la femme pourrait aussi
provoquer la révocation du tuteur. Elle n'a pas qualité pour le faire
directement, ne faisant pas partie du conseil de famille ; « mais il
y a dans le conseil de famille, trois parents *choisis de son côté* qui
ont qualité pour le faire. » Erreur : du rapprochement des art. 405
et 407, il résulte que le conseil de famille est composé de six parents
« moitié du côté paternel, moitié du côté maternel ». Aucun des membres n'est « choisi du côté de la femme » à moins que celle-ci ne
soit cousine du mari, ce qui n'est pas le cas général.

(2) AUBRY et RAU, I § 126, n. 11.

les points qu'elle aura fixés, se substituera aux principes légaux de la tutelle.

Sous cette réserve, il faudra appliquer à la femme tutrice de son mari interdit les règles ordinaires de la tutelle. Elle aura tous les pouvoirs d'un tuteur avec les limitations que la loi y apporte. Elle prendra l'administration des biens du mari, et même de ceux de la communauté et de ses propres; mais elle administrera au nom du mari et comme tutrice. La singularité d'une pareille situation c'est que la femme garde d'autre part, relativement à l'exercice des droits qui lui appartiennent, l'incapacité dont elle est frappée. La femme joue à la fois deux personnages ; elle prend, selon les cas, les caractères un peu contradictoires de l'un ou de l'autre ; elle change de situation selon qu'elle figure comme tutrice ou comme femme mariée. Il en résulte des conséquences assez bizarres mais très explicables (1). Parfois la femme pourra comme tutrice faire relativement à sa fortune propre tel acte pour lequel elle aurait été incapable comme femme mariée : par exemple, plaider en matière mobilière relativement à ses propres. Mais naturellement c'est surtout sur le patrimoine du mari que se remarqueront les conséquences des pouvoirs exceptionnels à elle attribués. Malgré les limitations que les règles de la tutelle apportent à ses pouvoirs, elle obtient une liberté d'action et une initiative que je devais signaler.

De la tutelle, tout naturellement on rapproche le conseil judiciaire. Si le mari vient à en être pourvu, la femme pourra-t-elle être désignée dans ce cas par la justice,

(1) On pourrait par exemple se demander si la femme peut renoncer à la communauté qu'elle a administrée comme tuteur du mari. Mais ce n'est pas ici le lieu d'aborder pareille question.

comme en cas de démence elle pouvait être investie de la
tutelle ? La négative a été admise par les auteurs et quelques décisions judiciaires (1). J'ai cependant vu des femmes
être investies par les tribunaux des fonctions de conseil
judiciaire de leur mari (2). On considère sans doute
dans ce cas les fonctions de conseil judiciaire comme pouvant être confiées dans les mêmes conditions que la tutelle. Tel n'est pas l'avis du tribunal de la Seine : « Attendu
que c'est en vain qu'on prétend assimiler les fonctions de
tuteur à l'interdit à celles du conseil judiciaire ; qu'en effet
le tuteur doit tout d'abord prendre soin de la personne
de l'interdit, tandis que le conseil judiciaire n'a pour mission que de s'opposer aux prodigalités d'un homme incapable d'administrer sa fortune ; attendu que le tuteur représente l'interdit dans les actes civils, tandis que le conseil judiciaire se borne à assister le prodigue ; que cette
assistance même soit en personne, soit par autorisation
préalable exercée par la femme dans les actes civils passés
par son mari, en portant une atteinte profonde à la puissance maritale de ce dernier aurait en même temps pour
effet d'affaiblir dans l'intérieur de la famille sa puissance
paternelle, qui est d'ordre public ; — attendu que le tuteur
de l'interdit ne jouit pas du pouvoir à peu près discrétionnaire, sauf le cas d'abus évident, conféré au conseil
judiciaire ; — qu'en effet, à côté de lui, la loi a placé un
subrogé-tuteur, et qu'au dessus de lui se trouvent et le
conseil de famille qui règle la forme et les conditions de

(1) DEMOLOMBE, VIII. 698 bis. — LAURENT, V. 349. — Semur,
16 janvier 1861. — Sir. 62, 2, 233. — Seine, 5 août 1881. — Rép.,
DEFRÉNOIS, 576.

(2) Trib. Limoges, 28 mai 1891. Dans ce sens, ROLLAND DE VIL-
LARGUES. Rép. du Notariat, vᵒ Conseil judiciaire, nᵒ 19.

son administration (art. 507) et le tribunal civil dont l'intervention est nécessaire toutes les fois qu'il s'agit d'emprunter ou de transiger au nom de l'interdit, d'aliéner ou d'hypothéquer ses biens ; — attendu qu'au point de vue des intérêts pécuniaires du mari, on ne pourrait sans de graves inconvénients, confier à la femme les fonctions de conseil judiciaire alors qu'elle n'aurait auprès d'elle, pour apprécier son refus ou son consentement d'autorisation ni subrogé-tuteur, ni conseil de famille, et qu'ainsi, il lui serait possible de mettre à l'autorisation sollicitée par son mari, des conditions préjudiciables aux intérêts de ce dernier ; — attendu enfin et surtout, qu'il est impossible de confier à une femme mariée, le droit d'autoriser son mari à faire des actes qu'elle-même ne saurait faire sans l'autorisation de celui-ci, qu'en effet si, aux termes de l'art. 513 du Code Civil le prodigue ne peut plaider, aliéner ou grever ses biens d'hypothèque sans l'assistance de son conseil judiciaire, la femme mariée, même séparée de biens, ne peut, aux termes des art. 215 et 217 du Code Civil, faire les mêmes actes sans l'autorisation de son mari ; qu'en outre, elle ne peut ni transiger, ni emprunter sans le consentement de son mari, ce qui est également interdit au prodigue, sans l'assistance de son conseil judiciaire. » Le Tribunal de la Seine invoque en outre (et c'est le seul motif sur lequel fondent leur opinion MM. Demolombe et Laurent) les principes de l'autorité maritale, qui serait compromise par la nomination de la femme comme conseil judiciaire, et insiste sur les inconvénients qui peuvent se produire en cas de désaccord.

J'avoue que ce dernier point seul me semble mériter d'être pris en considération. Il pourrait se produire entre les époux des incidents fâcheux si la femme résistait aux

volontés de son mari. Mais c'est là une observation qui
s'adresse au législateur. Il en est de même de tous les
motifs que le tribunal tire de la comparaison entre le tuteur à l'interdiction et le conseil judiciaire. A vrai dire,
la critique qu'on fait des pouvoirs du conseil judiciaire
est, dans les termes où elle est exposée, une attaque de
cette institution elle-même. Et je crois sur ce point les
objections du Tribunal de la Seine mal fondées. Les pouvoirs du conseil semblent plus étendus que ceux d'un tuteur ; mais sa situation n'est pas la même. Au lieu d'agir
personnellement, d'être investi de toute l'administration,
le conseil judiciaire a seulement à consentir à quelques
actes dangereux. à assister le prodigue ou le faible d'esprit.
Or celui-ci n'est pas un incapable comme l'interdit. Il
peut veiller à ses propres affaires ; il saura même, bien
souvent, forcer la main au conseil judicaire en engageant
seul des opérations auxquelles celui-ci se trouvera ensuite
mêlé. D'ailleurs, ce qui est en cause ici, ce n'est pas de
savoir les avantages ou les inconvénients du conseil judiciaire. Ce qu'il faut montrer, c'est que la femme ne peut
remplir cette fonction auprès de son mari. On invoque le
respect de l'autorité maritale, on dit que c'est accroître
les pouvoirs de la femme. Il est certain que la situation
est bizarre. Mais l'est-elle moins lorsque la femme est
tutrice de son mari interdit ? N'y a-t-il pas dans ce cas une
atteinte plus sérieuse à l'autorité du mari ? La loi pourtant
permet de confier à la femme la tutelle sans voir là rien
d'attentatoire aux droits du mari. Il semblerait logique
d'admettre une solution identique pour le conseil judiciaire.

Je crois qu'il y aura bien souvent avantage à ne pas
faire intervenir un étranger dans les affaires de la famille.

Le tribunal aura à juger, selon les circonstances, si les avantages l'emportent sur les inconvénients ou inversement. Il devra se montrer très prudent, éviter que sa décision puisse donner lieu à des discussions fâcheuses. Mais je crois que l'on aurait tort d'écarter en principe la femme de ces fonctions. Dans le silence de la loi, il faut admettre que, là où il n'y a pas été dérogé, on doit demander, pour remplir les fonctions de conseil judiciaire, les mêmes conditions que l'on exige des tuteurs à l'interdiction. Je crois qu'il faut étendre l'application de l'art. 507, contrairement à la solution du tribunal de la Seine et de Demolombe. La question est d'ailleurs peu étudiée et peu connue; je suis convaincu qu'en pratique il est assez fréquent de voir confier à la femme les fonctions de conseil judiciaire de son mari. Dans ce cas, tout en gardant relativement à ses droits personnels, son incapacité, elle doit être investie de toutes les fonctions du conseil judiciaire, telles qu'elles sont établies par le Code civil.

SECTION II

POUVOIRS APPARTENANT EN PROPRE A LA FEMME QUAND LE MARI EST DANS L'IMPOSSIBILITÉ D'AGIR

J'ai déjà fait observer quel manque d'harmonie régnait dans toute cette matière. Par une singularité inexplicable, dans les cas où le mari chef de famille se trouve hors d'état de remplir ses fonctions, le rôle de la femme diffère. Si le mari est frappé d'une incapacité juridique par suite de la perte totale ou partielle de ses facultés mentales, la femme peut, mais seulement si bon semble au conseil de

famille, être nommée tutrice de son mari interdit. On veut
même lui refuser la possibilité d'être désignée comme son
conseil judiciaire. Au contraire, quand le mari est absent,
c'est de plein droit que la femme se trouve investie de la
direction des intérêts de la famille. Cette mission ne lui
est pas forcément imposée, mais c'est elle seule qui a le
droit de la refuser. Si elle l'accepte, elle jouira d'une liberté extraordinaire. Tout au contraire, que la femme soit
appelée, dans certaines circonstances que j'aurai à étudier,
à remplacer le mari pour une seule opération, il lui faudra l'autorisation de justice. Pourquoi ces incohérences?
Tout simplement parce qu'on n'a pas coutume de rapprocher ces situations pourtant très analogues. Pour chaque
circonstance où le législateur a cru l'intervention de la
femme nécessaire, il a forgé une réglementation spéciale
et distincte. La variété des situations qui en découlent
rend impossible l'édification de toute théorie générale. Je
n'ai donc qu'à étudier séparément ces différents points.

§ 1er Continuation facultative de la communauté en cas d'absence du mari

Si, durant le mariage, l'absence du mari vient à être
déclarée (1), cet événement entraîne naturellement pour

(1) Il serait intéressant d'étudier la situation faite à la femme durant la période de présomption d'absence qui précède la déclaration
d'absence. Naturellement la femme aura à aviser à la protection de
sa fortune propre. Mais de plus, il pourra se produire, et la disposition
de l'art. 124 pourra déterminer à cette solution, que la femme soit
chargée comme curatrice, et dans les limites fixées par la justice, de
l'administration des biens de son mari. En tout cas on admet qu'elle
a le droit de faire ordonner par la justice les mesures conservatoires
nécessaires, parmi les parties intéressées dont parle l'art. 112. D'ail-

la femme la nécessité de veiller à la conservation de ses
droits, et de prendre en mains les intérêts de la famille.
Outre les obligations d'ordre moral dont elle pourra se
trouver chargée, la femme aura, soit à faire liquider ses
droits et ses reprises, comme si le mariage était rompu
par la mort du mari, soit à accepter la continuation de
la communauté et à prendre l'administration des biens
du mari absent.

C'est là en effet le point remarquable. Aux termes de
l'art. 124, « l'époux commun en biens s'il opte pour la
continuation de la communauté, pourra empêcher l'envoi
provisoire et l'exercice provisoire de tous les droits subordonnés à la condition du décès de l'absent, et prendre ou
conserver par préférence, l'administration des biens de
l'absent... ». Si la femme n'accepte pas la gestion qui lui
est offerte, ou si, n'étant pas mariée en communauté, elle
ne jouit pas de ce droit d'option, elle n'aura qu'à faire
valoir ses droits, sauf à donner caution pour les choses
susceptibles de restitution.

Supposons au contraire que la femme profite de ce
droit d'option. Pour cela que faut-il? En outre de la
volonté de la femme, la seule condition c'est que les
époux soient communs en biens. Pourquoi cette restriction ? C'est ce qu'il est impossible d'expliquer, car, sous
tous les régimes, il peut y avoir même intérêt au maintien
provisoire des conventions matrimoniales. La limitation

leurs, en fait, dès la disparition du mari et avant toute intervention
judiciaire, ce sera elle qui se chargera tout naturellement de l'administration journalière jusqu'au jour où, l'absence se prolongeant, ou
bien des difficultés se présentant, on doit recourir aux tribunaux.
Ceux-ci, bien entendu, laisseront facilement subsister cet état de
choses.

imposée par le Code est d'ailleurs peu gênante ; on permet
l'application de l'art. 124 dès qu'il y a une communauté,
même restreinte, même accessoire au régime dotal ; autant dire toujours ; et c'est une raison de plus pour contester l'utilité de la restriction. Si du moins cette distinction
pouvait s'expliquer par les motifs de l'art. 124 ; il n'en
est rien. Le but du législateur a été avant tout de protéger le conjoint de l'absent contre le préjudice à lui
causé par la présomption de mort attachée à la déclaration d'absence. Or, que les époux soient ou non communs
en biens, tant que le décès du conjoint peut encore être
controuvé, l'époux présent peut avoir intérêt au maintien
de ses conventions matrimoniales.

Le législateur n'a reconnu cet intérêt que dans le cas
où les époux sont communs en biens ; et laissant alors
chacun maître d'apprécier les avantages de la solution
ainsi offerte, il permet au conjoint de l'absent d'invoquer
ses droits acquis à l'encontre des droits éventuels des
héritiers. Mais il ne faut pas oublier que c'est là une faveur accordée à l'époux, une fiction plus qu'une réalité. Des
auteurs ont soutenu le contraire (1). Mais si la disposition de l'art. 124 avait un autre but que de donner la faculté d'empêcher l'envoi en possession provisoire, si la
communauté persistait d'une façon effective jusqu'à la
mort de l'époux présent ou à l'envoi en possession définitif, comment pourrait-on justifier le droit d'option accordé au conjoint de l'absent ? Il faut donc admettre, et
c'est l'opinion générale, « que la communauté continue
provisoirement mais d'une manière hypothétique seule-

_____

(1) DELVINCOURT, 1re part. II, p. 94 et s. BELLOT DES MINIÈRES,
Du Contrat de mariage, II. p. 37 et s.

ment (1). » Elle serait supposée avoir continué si l'absent reparaissait ou ne décédait qu'après l'option de l'époux présent, sinon on admettra qu'elle a été dissoute depuis le décès de l'absent arrivé avant l'option, ou depuis la disparition et les dernières nouvelles. En d'autres termes, il ne faut appliquer la fiction de la continuation de communauté que dans les limites où l'époux présent y a intérêt.

Cet intérêt étant égal que l'époux présent soit le mari ou la femme, on comprend que l'art. 124 ne distingue pas. Si l'étendue des pouvoirs conférés à l'époux présent varie selon que celui-ci est le mari ou la femme, cette dernière a autant de droit à bénéficier de l'option, et c'est ce qu'indiquent les mots « prendre l'administration » que l'on trouve dans notre texte.

La situation a cependant quelque chose de particulier ; non seulement la femme prend l'administration des biens de communauté dont elle est co-propriétaire et de ses biens propres, mais aussi celle des biens personnels du mari, et cela, même si les époux étaient mariés sous le régime dotal assorti d'une société d'acquêts. Que cela soit la conséquence de la continuation de la communauté, c'est possible. Il n'en est pas moins vrai que dans des circonstances très voisines on refuse de donner de plein droit à la femme de tels pouvoirs. Il faut constater que le législateur n'a pas ici redouté les conséquences fâcheuses de la mauvaise gestion de la femme et de son inexpérience des affaires. On lui impose seulement comme au mari l'obligation de faire inventaire ; mais, pas plus que le mari, la femme qui a opté pour la continuation de la com-

---

(1) Aubry et Rau, I, § 155. Texte et note 12 et les auteurs cités.

munauté n'est obligée de fournir caution. Le point a été
autrefois contesté (1). Mais on admet aujourd'hui qu'une
distinction serait contraire au texte de l'art. 124 (2) ; que
la dispense de fournir caution soit d'ailleurs critiquable,
c'est fort possible ; mais en tous cas, si on devait revenir sur cette décision, ce n'est pas seulement dans l'hypothèse où l'administration a été prise par la femme qu'il
y aurait lieu d'accorder des garanties à la famille de l'absent.

Il ne faudrait pas croire cependant que la femme
exerce cette administration légale avec autant de liberté
qu'en aurait le mari. Mais la distinction qu'il y a lieu de
faire ne tient nullement à la considération des capacités
de l'un ou de l'autre sexe. Elle trouve son explication
dans le but même de la disposition qui nous occupe. Le
droit d'obtenir la continuation de la communauté étant
basé sur la nécessité de conserver à l'époux présent,
les avantages de son régime matrimonial, on est obligé
de laisser au mari sur les biens communs les avantages
qu'il avait comme chef de la communauté, sauf à tenir
compte de l'obligation où il pourrait se trouver de rendre
compte de la communauté continuée (3). Pour la femme
au contraire, il suffit de la débarrasser des inconvénients
d'un envoi en possession provisoire. C'est donc assez
faire que de lui attribuer précisément les mêmes droits
qu'aurait un envoyé en possession provisoire d'après
l'article 125 du Code civil. Telle serait d'ailleurs la situation qui serait faite au mari présent en ce qui concerne le
patrimoine propre de sa femme absente.

(1) Voy. not. TOULLIER, I. 466 et 470.
(2) AUBRY et RAU, I, § 155, n. 9 et les auteurs cités dans ce sens.
(3) AUBRY et RAU. I, § 155, n. 6.

Sur un seul point, les droits d'administration légale de la femme subiraient une restriction. La femme pour ester en justice continuerait à avoir besoin de l'autorisation exigée des femmes mariées ; et non seulement, ce qui est logique, pour les actions qui concernent ses propres, mais encore pour les actions relatives aux biens communs et à ceux du mari. Cette opinion est généralement admise (1).

D'ailleurs, la limitation ainsi apportée aux droits de la femme, est destinée à la protéger elle-même. C'est en effet une particularité curieuse de cette matière. Le législateur n'a pas paru se douter qu'en confiant à la femme de l'absent l'administration des biens de celui-ci, il pourrait causer un préjudice au moins indirect à l'absent lui-même s'il revenait, ou à ses héritiers. Non seulement on ne suppose pas que la femme pourrait ne pas se contenter des avantages qu'on lui fait, mais même on n'envisage nullement les dangers que peut faire courir à la fortune de l'absent cette inexpérience des affaires qu'on invoque si facilement dans d'autres cas. La femme, de plein droit, et à la seule condition de le vouloir, peut se charger de cette administration ; bien plus elle est dispensée de fournir caution, et quand on exige d'elle pour ester en justice une autorisation, ce n'est pas dans l'intérêt de l'absent ou de sa famille, c'est dans son intérêt à elle ; on la protège parce qu'elle est femme mariée. Enfin, et l'art. 124

(1) Voy. les auteurs cités par AUBRY et RAU, I. § 155, n. 8. J'ai pourtant quelques doutes sur cette solution. Ne pourrait-on pas distinguer, d'une part, la femme mariée, d'autre part, l'envoyé en possession provisoire à qui l'on permettrait d'intenter les actions mobilières et possessoires ? L'étude de cette question m'entraînerait trop loin. Elle a d'ailleurs peu d'intérêt pratique.

est formel, « la femme en optant pour la continuation de
la communauté conservera le droit d'y renoncer ensuite ».
Ici, la pensée du législateur devient tout à fait incompréhensible. Pourquoi cette protection à la femme ? Nul
ne pourrait le dire. Qu'on lui permette de répudier les
conséquences d'actes de son mari auxquels elle est restée
étrangère, fort bien. Mais ici il s'agit d'opérations qu'elle-
même a exécutées sciemment. On va lui permettre de
courir les bonnes chances et d'éviter les mauvaises. Va-t-
on dire que la femme a pu trouver la communauté obé-
rée et que sa mauvaise situation date de l'administration
du mari ? Sans doute cela est possible. Mais la femme
n'était pas forcée de demander la continuation de la communauté. Si elle l'a fait, c'est en connaissance de cause.
Mille raisons d'ordre personnel ont pu motiver une pareille
décision. Si elle n'a pas été prise à la légère, pourquoi
permettre à la femme d'y revenir ? Quant à admettre que
celle-ci ait pu opter pour la continuation de la communauté sans s'être auparavant demandé quelle était sa valeur, quels avantages elle pouvait attendre de cette opération, cela suppose trop de naïveté, une trop réelle
inexpérience des affaires. Et l'on est en droit de se
demander avec inquiétude quel sera le sort d'un patrimoine que la loi laisse tomber en de telles mains.

La solution de l'art. 124, dernier alinéa, pourrait peut-
être à la rigueur se justifier si l'administration confiée à
la femme était une charge sans bénéfices. Mais même
sans parler de l'avantage résultant de l'exclusion des
ayant-cause de l'absent, ni de la satisfaction intime qui
s'attache à l'exercice de l'autorité (et les femmes souvent
y sont sensibles), la femme profitera de tout ou partie des
fruits de la fortune de l'absent. Il n'est point douteux en

effet que l'époux présent ayant opté pour la continuation de la communauté ne soit appelé par l'art. 127 à profiter des bénéfices accordés à ceux qui ont joui des biens de l'absent. Suivant les époques, elle gagnera les 4/5, les 9/10 ou la totalité des fruits, malgré l'illogisme souvent remarqué qu'il y a à voir augmenter ces droits aux fruits à mesure que, l'absence se prolongeant, le droit de l'époux présent devient plus incertain.

A vrai dire, ce n'est pas l'époux de l'absent qui profite de ces bénéfices mais plutôt la communauté continuée, au moins quand les fruits dont il s'agit devaient tomber en communauté; et dans le cas où l'absent vient à se présenter ou à donner de ses nouvelles, l'on doit alors appliquer l'art. 1401 et faire tomber en communauté, et la portion restituable à l'absent, et celle que l'époux présent devait retenir. On a contesté ce point en argumentant de l'art. 127. Mais l'on admet plus généralement (1). qu'il y a lieu dans cette hypothèse de se conformer aux règles ordinaires de la communauté, celle-ci ayant été continuée à juste titre. Et le système est équitable, car les acquêts de l'absent profiteraient certainement à la communauté. Si le décès de l'absent venait à être prouvé, il faudrait appliquer les mêmes règles aux fruits perçus jusqu'à l'époque de ce décès. Mais ces deux hypothèses sont les plus rares. Ordinairement, celui qui est resté si longtemps sans donner signe de vie ne reparaît pas, et le mystère continue à planer sur sa disparition. Or, dans tous les cas où l'administration provisoire du conjoint présent, de la femme dans l'hypothèse dont je

_____

(1) Voy. les autorités pour et contre dans AUBRY et RAU, I. § 135, n. 14.

m'occupe, n'est pas interrompue par le retour de l'absent ou la nouvelle exacte de son décès, il y aura lieu à l'application stricte de l'art. 127. La communauté est alors en effet supposée dissoute à partir de la disparition ou des dernières nouvelles. De même, il faut encore appliquer l'art. 127 dans le cas où la femme, recevant avis du décès déjà ancien de l'absent, se trouverait avoir exercé l'administration légale après ce décès. La communauté étant dissoute depuis le décès, pour le temps subséquent la femme devrait profiter personnellement de la portion des fruits réservée à l'époux présent. (1)

Enfin un dernier avantage est accordé à la femme comme au mari au cas de continuation provisoire de la communauté. En outre des évènements qui mettent logiquement fin à cette administration légale, preuve de l'existence de l'absent, preuve de son décès, envoi en possession définitif ou mort du conjoint, la situation résultant de l'option du survivant peut prendre fin comme elle est née par sa seule volonté. La continuation de la communauté était une faveur accordée à l'époux présent, libre à lui d'y renoncer puisque son option n'avait pu conférer à personne de droit acquis. Pour justifiée en droit que soit cette solution, elle n'en constitue pas moins en fait un avantage énorme pour l'époux présent. Après avoir accepté une situation qu'il a cru bonne, il pourra s'y soustraire quand les affaires tourneront mal, ou quand il sera ennuyé des fatigues de la gestion. Ce dernier point est surtout vrai pour la femme, protégée contre tout danger par son droit exorbitant de renoncer à une communauté qu'elle a gérée. Elle jouit de plus de la faculté de se débarrasser

(1) AUBRY et RAU, I. § 155. Texte et notes 15 et 16.

de cette administration dès qu'elle sera trop lourde et trop pénible. De quelque manière que prenne fin cette communauté ainsi continuée, il y aura évidemment lieu à une liquidation : selon les circonstances on liquidera la communauté dans l'état où elle se trouve au jour du décès de l'absent, s'il est connu, ou à celui de sa disparition. Mais dans tous les cas, l'on doit respecter les actes régulièrement faits par l'époux présent dans les limites de ses pouvoirs d'administrateur légal. Certes il sera comptable envers les héritiers de l'absent des biens qu'il a gérés à ce titre. La femme sera comptable envers les héritiers du mari, et des biens de celui-ci, et des biens communs à partir du jour où elle en aura pris l'administration. Mais, et c'est ce qu'il importe surtout de remarquer, elle n'est appelée à fournir aucune garantie. Si pour les actes d'aliénation, si pour ester en justice, la femme a besoin de l'intervention de la justice c'est encore elle qui, avec l'autorisation requise sera appelée à agir, et surtout, pour tous les actes d'administration, elle jouira d'une liberté sans contrôle, sous la garantie illusoire d'une responsabilité presque dépourvue de sanction.

§ II. — Droit pour la femme d'engager la communauté avec l'autorisation de justice dans les cas de l'art. 1427.

Aux termes de l'article 1427 du Code civil : « la femme ne peut s'obliger ni engager les biens de la communauté, même pour tirer son mari de prison, ou pour l'établissement de ses enfants, en cas d'absence du mari, qu'après y avoir été autorisée par justice. »

Malgré sa rédaction vicieuse, il n'est point douteux que notre article permette à la femme de s'obliger et d'obliger la communauté avec l'autorisation de la justice, et sans le consentement du mari, par dérogation à la règle de l'article 1426.

« La disposition exceptionnelle de l'art. 1427 est fondée en ce qui touche les dettes contractées par la femme pour tirer son mari de prison, sur ce qu'elle remplit un devoir en s'engageant pour cet objet (art. 212) et sur ce que le mari profite évidemment de son engagement. Quant aux dettes contractées pour l'établissement des enfants communs, la disposition de l'article 1427 repose sur ce qu'en s'engageant dans ce but, la femme remplit une obligation naturelle qui lui est commune avec le mari (1) ».

Bien que le point ait été contesté, j'estime que cette disposition exceptionnelle ne doit pas être étendue en dehors des cas prévus par le Code civil (2).

Il s'agit en somme d'hypothèses où, le mari se trouvant hors d'état de faire le nécessaire, la loi permet à la femme de s'emparer d'une partie de ses attributions ; elle exige comme condition l'autorisation de la justice. Mais on remarquera qu'il s'agit d'obliger la communauté, c'est-à-dire de permettre à la femme, sur un patrimoine dont elle n'est pas appelée à exercer les droits de propriété, des actes qui dépassent les pouvoirs d'un administrateur. La même autorisation serait demandée à la femme qui, en cas d'absence déclarée du mari, aurait opté pour la continuation de la communauté.

Seulement, dans notre hypothèse, la femme n'a directement aucune action sur le patrimoine du mari. C'est seulement par contre-coup et en qualité de commun que

____

(1) AUBRY et RAU, V § 509, n. 38.
(2) Voy. GUILLOUARD, II. 834-835 bis, 836 in fine et 837 (en partie).

celui-ci peut avoir à en supporter les conséquences.

L'art. 1427, au lieu de mettre sur une seule ligne toutes les circonstances qui peuvent placer le mari dans l'impossibilité d'agir et exiger l'intervention de la femme, limite les droits accordés à celle-ci à deux cas spéciaux.

La première hypothèse, intéressante autrefois, a perdu à peu près tout intérêt depuis la loi du 22 juillet 1867 qui a supprimé la contrainte par corps en matière civile, commerciale et contre les étrangers. La femme pourra cependant encore avoir à emprunter « pour tirer son mari de prison », dans le cas où le mari devrait subir la contrainte par corps en matière criminelle, correctionnelle et de simple police. On admet généralement que l'interprétation restrictive donnée de l'article 1427 n'empêche pas d'appliquer sa disposition en cas d'arrestation illégale du mari. Dans ce cas, heureusement fort rare, la femme pourrait, avec l'autorisation de la justice, engager la communauté pour payer la rançon de son mari (1). Il y a à peu près même raison de décider ; pas tout à fait cependant. Le mari qui est en prison pour dettes peut toujours engager la communauté, ou donner pouvoir à un mandataire de l'engager pour le paiement des dettes qu'il a refusé de payer. Si donc on permet à la femme d'engager la communauté, c'est peut-être moins à raison de la difficulté où se trouve le mari, que pour éviter d'être arrêté par une résistance et une obstination sans fondement. A ce titre, le droit accordé à la femme dans cette hypothèse, est excessivement remarquable. Quand le mari voudra se laisser contraindre par corps

_____

(1) AUBRY et RAU, V. § 509. Texte et n. 35. — GUILLOUARD, II, 835.

alors qu'il était en état de payer, la femme pourra, avec
l'intervention de la justice, aller contre la volonté bien
arrêtée du mari. Et, ce qu'on ne remarque pas d'ordinaire,
c'est dans ce cas seulement qu'il y aura lieu pour la
femme de profiter de cette prérogative peut-être critiquable.
Quand le mari voudra engager la communauté, il lui
sera facile de faire lui-même le nécessaire. Le contraire
serait bien illogique dans notre espèce où nous supposons
le mari emprisonné pour dettes ; la contrainte par corps
ayant précisément pour objet de le déterminer à payer,
il faut bien qu'il puisse se mettre en mesure de le faire.
Je suppose que si le mari venait à être arrêté par des
brigands qui exigent de lui une rançon, rien ne serait
plus facile au mari, tout en demandant les sommes nécessaires à sa délivrance, que de donner à la femme le mandat d'engager la communauté dans ce but ; je ne vois
donc pas l'utilité d'étendre à ce cas une disposition
exceptionnelle, d'autant moins utile que les bons effets
possibles de l'intervention de la femme seraient d'ordinaire annihilés par la lenteur et les frais de l'autorisation
judiciaire.

La deuxième exception au droit commun, contenue dans
l'article 1427, est fondée tout au contraire sur l'impossibilité absolue où l'on se trouve de recourir au mari pour
satisfaire à l'obligation naturelle des parents d'établir
leurs enfants. La loi s'est à plusieurs reprises, occupée
de cette éventualité. Pour faciliter l'accomplissement de
ce devoir elle fait fléchir les règles rigoureuses de l'inaliénabilité dotale (art. 1556 C. C.) ; et elle prévoit les
hypothèses où le mari ne peut remplir cette obligation ;
ses solutions ne sont d'ailleurs pas concordantes. Si le
père d'un des futurs conjoints est interdit, la dot, comme

les conventions matrimoniales, est fixée par un avis du
conseil de famille, homologué par le tribunal (511 C. C.).
Au contraire et sans qu'il y ait de motif sérieux à cette
différence, c'est la femme qui, avec l'autorisation de la
justice, pourra, non seulement s'obliger, mais obliger la
communauté pour l'établissement des enfants communs
en cas d'absence du mari.

La disposition de l'art. 1427 est conforme à tous les
principes, lorsque la femme après la déclaration d'absence
du mari, a opté pour la continuation de la communauté.
On a vu en effet qu'elle exerçait alors sans contrôle l'administration des biens du mari et de la communauté, et
qu'elle était soumise à la nécessité d'une autorisation judiciaire pour les actes d'aliénation. Je crois même que,
sous la condition d'une autorisation de justice, la femme
ayant opté pour la continuation de la communauté pourrait, en invoquant l'art. 2126 du Code civil, étendre un
peu les pouvoirs que lui confère l'art. 1427 et hypothéquer pour l'établissement des enfants, non seulement les
biens communs, mais aussi les biens propres du mari absent.

Il n'y a pas lieu de s'inquiéter de l'article 1427 quand,
après la déclaration d'absence du mari, la femme n'a pas
opté pour la continuation de la communauté, ou quand
cette situation a pris fin. Ce sont en effet alors précisément
les enfants dont il s'agit qui sont détenteurs des biens du
père, y compris sa part de communauté, comme envoyés
en possession provisoire ou définitive.

Doit-on alors limiter l'application de l'art. 1427 au cas
où la femme après déclaration de l'absence du mari a opté
pour la continuation de la communauté? Cette disposition
dans ce cas serait inutile et même incomplète. Mais il

faut admettre avec M. Guillouard (1) que le droit ici reconnu à la femme s'applique même si l'absence du mari n'est pas déclarée, si ce dernier est seulement « présumé absent ». Cette solution est parfaitement logique ; que l'absence du père soit ou non déclarée il n'y en a pas moins lieu de fournir à l'établissement des enfants. Qui, mieux que la mère, pourra apprécier sainement ce que le mari aurait dû faire ? L'autorisation de la justice est du reste une garantie suffisante contre tous les entraînements. D'ailleurs il faut observer que le législateur n'emploie pas toujours le mot « absent » avec son sens strict, et souvent il désigne et le présumé absent et même le non-présent.

Je ne crois cependant pas qu'il y ait lieu d'appliquer l'art. 1427 au cas où le mari est simplement non-présent. Il lui sera facile alors de donner son consentement à ce qui sera nécessaire, quitte à s'en rapporter pour fixer les détails à un mandataire qui le plus souvent sera la femme. Il ne faut pas accorder à celle-ci un droit contraire à l'autorité du mari quand cela n'est pas nécessaire. La direction est le fait d'un seul et il faut éviter entre les époux des conflits qui seraient fâcheux à tous les points de vue.

Malgré les termes limitatifs de l'art. 1427, on admet généralement (2) que, dans les cas prévus par ce texte, la femme pourrait avec l'autorisation de la justice, non seulement emprunter, engager les biens de la communauté, mais aussi les aliéner. L'ancien droit était en ce sens (3) et une aliénation peut parfois être plus profitable qu'un emprunt. Comme il n'y aurait pas de raison pour prohiber,

(1) II, 837, *in fine,*
(2) Voy. les auteurs cités par GUILLOUARD, II, 838 *bis.*
(3) POTHIER, *Traité de la puissance du mari,* n. 35.

soit une dation en paiement pour faire sortir le mari de
prison, soit une donation à l'enfant qu'on veut établir, en
biens de communauté, on arrive à permettre dans les cas
dont il s'agit tous les modes d'aliénation.

Il faut regretter qu'on ne puisse aller plus loin. Il y
aurait intérêt je crois à laisser la femme, sous la garantie de
l'autorisation judiciaire, prendre toutes les mesures indispensables, quand il est impossible, pour une raison ou pour
une autre, de s'adresser au mari. Les tribunaux seraient
chargés d'apprécier quand il y aurait lieu de permettre à la
femme d'agir et d'éviter qu'il en puisse résulter un préjudice
pour le mari. Malheureusement dans notre matière tout n'est
qu'incohérence. Dans deux cas où le mari ne peut exercer
ses pouvoirs, nous avons vu plus haut les droits de la
femme différer énormément sans aucun motif, selon que
le conjoint était interdit ou absent. Il s'agit de prévoir des
cas spéciaux : même divergence injustifiée. On permet à
la femme d'engager la communauté pour tirer de prison
le mari qui pouvait consentir les actes nécessaires. Que
celui-ci soit condamné à une peine afflictive et infamante,
dépouillé du droit de disposer à titre gratuit (art. 3, loi
du 31 mai 1854) il sera impossible à qui que ce soit de
constituer à l'enfant de ce malheureux, une dot prise sur
le patrimoine de son père, si le gouvernement ne vient
pas le relever, comme il en a le droit (art. 4, loi de 1854)
de son incapacité sur ce point. Ne vaudrait-il pas mieux
donner à la femme le droit de faire le nécessaire avec l'autorisation de la justice ?

Peut-être aussi aurait-il été bon que le législateur pré-
voie les nombreuses hypothèses où la femme associée
naturelle du mari prend à son défaut l'administration
journalière du patrimoine. Plutôt que de laisser expliquer

les situations qui se produisent alors par la fiction parfois
dangereuse d'un mandat, il aurait fallu que le Code fixât
les droits de la femme, organisât en quelque sorte ses
pouvoirs comme suppléant du mari. Qu'on se soit montré
pour la femme plus ou moins bienveillant, qu'on lui ait
laissé prendre de plein droit cette autorité ou qu'on ait
confié à un pouvoir quelconque la faculté d'apprécier ses
capacités, peu importait. Une théorie unique et harmonieuse, quelle qu'elle soit, vaudrait mieux que le chaos
actuel. Les femmes même auraient intérêt à se voir confier des pouvoirs limités, mais fixes et bien connus, plutôt
que de laisser exploiter contre elles ainsi que c'est l'ordinaire, l'incertitude et les divergences de notre Code.

SECTION III

POUVOIRS DONNÉS A LA FEMME POUR LUI PERMETTRE DE PRENDRE DES MESURES DE PRÉVOYANCE

L'on a reconnu de tout temps que le rôle propre de la
femme dans la famille consistait non seulement à pourvoir aux besoins actuels du ménage et à élever les enfants,
mais aussi à économiser, à prévoir les événements qui
peuvent exiger des ressources supplémentaires et à se
mettre en état de parer à ces éventualités. On s'est plu
dès l'antiquité, à opposer au rôle actif du mari, chargé de
procurer à la famille le nécessaire ou le superflu, la
charge moins brillante, mais aussi délicate de conserver,
qui était dévolue à la femme.

Cette mission, dont on ne nie pas l'importance, est cependant d'un intérêt médiocre au point de vue juridique
et la situation faite de ce chef à la femme, était surtout

effacée jusqu'à notre siècle. Jadis en effet, économiser, c'était seulement mettre de côté peu à peu, sou par sou, à force de privations bien souvent, de petites sommes qui lentement s'augmentaient. Et chaque famille presque, avait ainsi une sorte de petit trésor que l'on gardait jalousement, certes, mais où l'on puisait en cas de besoin, et qu'on laissait d'ailleurs improductif, faute le plus souvent de savoir à quoi l'employer. Il n'y avait pas là de quoi nécessiter de décisions législatives; aussi le Code civil laisse-t-il dans l'ombre tout ce côté des attributions de la femme.

De nos jours tout est changé. Des causes multiples sont venues modifier notre conception de l'épargne. La principale, à n'en pas douter, est venue de l'idée différente que l'on se fait aujourd'hui du capital. Par suite de l'abolition des prohibitions portées jadis contre le prêt à intérêt, par suite surtout de l'énorme développement des valeurs de Bourse, nous en sommes arrivés à une nouvelle conception du capital : il ne constitue plus un fonds de réserve, il a pour but et pour fonction de *donner des revenus*. Naturellement, du jour où les capitaux mobiliers ont été aussi et plus productifs que la terre, leur importance économique s'est accrue en conséquence. Entre autres résultats, il s'est produit, au moins dans la majeure partie de la population, la même répugnance à aliéner ces *valeurs* qu'à vendre les propriétés : je veux dire bien entendu à prendre des fonds sur ce capital mobilier, et non pas à modifier les placements. Mais tandis qu'on s'efforçait uniquement autrefois de conserver la terre, tandis qu'on s'attaquait facilement à l'argent, aux sommes improductives que l'on avait amassées, aujourd'hui on entoure du même respect les placements mobiliers et immobiliers; et l'on s'efforce de satisfaire à tous les besoins avec ses revenus. Et, comme tout s'enchaîne, les gens sérieux qui ne voulaient pas entamer leur capital, tout comme ceux, nombreux aujourd'hui, qui, dépourvus de capital, gagnent par leur travail plus qu'il n'en faut pour satisfaire leurs besoins immédiats, en un mot tous ceux qui font des économies, ont augmenté leur épargne des revenus fournis par le placement de ces économies. Des combinaisons multiples, des institutions spéciales, ont permis le développement de ces opérations. Par des contrats d'assurance on a pu se mettre en mesure de fournir un capital à ses enfants lors de son décès ou de leur constituer une dot. Souvent aussi, ceux qui ont fait ces économies désirent les employer à fournir à leurs besoins durant leur vieillesse. Et cette précaution n'est que trop justifiée à une époque où le développement de l'individualisme, pour ne pas dire de l'égoïsme, en relâchant les liens de la famille a trop fait oublier les devoirs qu'imposent les liens du sang.

La transformation qui s'est produite dans notre conception de l'épargne a eu son contre-coup sur les attributions de la femme. Tandis que celle-ci était tout naturellement désignée pour réaliser les mille petites économies de chaque jour, si elle continue par la force des choses à constituer ainsi l'épargne de la famille, pour la faire fructifier elle est obligée le plus souvent de s'adresser à son mari. Il faut aujourd'hui, si l'on veut tirer profit de son épargne, faire des placements, en apprécier la valeur, les modifier au besoin pour éviter une perte, ou profiter d'une plus-value. Parfois aussi, et cela est fréquent aujourd'hui, il s'agit pour les époux de contracter une assurance, de se constituer une rente viagère, bref de faire une masse

d'opérations, auxquelles d'ordinaire le mari s'entendra
mieux que la femme. La collaboration des deux époux
dans un but d'économie ne peut avoir d'ailleurs que des
avantages.

Seulement, pour que cette collaboration se produise, il
faut que le mari s'y prête ; malheureusement, il n'en est
pas toujours ainsi. Les femmes ont d'ordinaire, dans
les classes moyennes et dans le peuple, un sentiment
plus vif de l'utilité de l'épargne. Pourra-t-on exclure la
femme de tous les bénéfices que l'on peut attendre d'un
placement sérieux parce qu'elle n'a pas obtenu le concours
du mari. L'intérêt de la famille, l'intérêt de la société exigent au contraire que l'on facilite l'épargne, qu'on lui
donne le moyen de fructifier. Et d'autre part, l'on est
arrêté par la considération d'une inexpérience des affaires
trop réelle chez beaucoup de femmes.

Je crois pour ma part que le mouvement se fera dans
le sens du développement de la libre action de la femme.
Non pas que je veuille dépouiller le mari de fonctions
auxquelles il sera toujours plus apte. Nul doute qu'il ne
garde, si les époux sont d'accord, la direction de cette partie du patrimoine. Mais l'intérêt social, l'intérêt de la famille sont tels qu'il faut à tout prix donner à la femme
la faculté de faire des économies, sinon malgré son mari,
au moins sans le concours de celui-ci et même à son insu.
Il en est ainsi surtout dans les classes ouvrières, pour
lesquelles le développement de l'épargne dans la mesure
du possible serait un des remèdes les plus efficaces à la
crise actuelle, et où, au contraire, le mari est trop souvent
disposé à dépenser hors de la maison ses gains et même
ceux de sa femme. Même dans des milieux plus riches, il
serait souvent avantageux de laisser à la femme le moyen

22

de remplir cette partie de sa mission dans la famille. Il y
a, il est vrai, à redouter les dangers qui résultent de
l'inexpérience de la femme ; mais outre qu'on exagère un
peu cette inexpérience, et que celle-là seule profiterait de
cette faculté qui s'en jugerait capable, ne serait-il pas bien
facile de borner les pouvoirs laissés à la femme ? Il serait
fâcheux qu'elle fit de mauvais placements. L'on pourrait
limiter son choix à quelques valeurs sérieuses, rentes sur
l'État ou valeurs garanties par l'État. Sans doute aussi
pourrait-on permettre de contracter des assurances avec
des Compagnies placées sous la surveillance de l'État.
Peut-être même, et l'évolution serait curieuse, si ces opérations entraient dans les mœurs, les femmes perdraient-
elles cette fameuse inexpérience, et mériteraient-elles à
aussi juste titre que bien des hommes, la liberté de gérer
une fraction du patrimoine de la famille.

Nous n'en sommes pas là et peut-être faut-il ajouter :
heureusement. Mais il est certain qu'un mouvement se
dessine qui a pour but de mettre la femme en état de profiter et de faire profiter la famille des bénéfices que peuvent procurer des mesures d'épargne et de prévoyance.

Des lois assez récentes sont venues favoriser les versements faits par les femmes aux Caisses d'épargne et à la
Caisse nationale des retraites pour la vieillesse. S'il s'agit
dans les deux cas d'opérations de peu d'importance, si
l'on a voulu favoriser surtout l'économie dans la partie la
moins fortunée de la population, il n'en faut pas moins
voir dans ces dérogations aux règles ordinaires du droit
civil des dispositions dont on n'a pas assez remarqué
l'intérêt.

La loi du 9 avril 1881, portant création d'une Caisse
d'épargne postale et la loi du 20 juillet 1895 sur les Caisses

d'épargne, règlent de la même façon les droits de la femme. La seconde se montre seulement plus explicite sur les moyens accordés au mari dès 1881 pour faire respecter ses droits.

« Les femmes mariées, dit l'art. 6, alinéa 5 de la loi du 9 avril 1881, quel que soit le régime de leur contrat de mariage, seront admises à se faire ouvrir des livrets sans l'assistance de leur mari ; elles pourront retirer sans cette assistance, les sommes inscrites aux livrets ainsi ouverts, sauf opposition de la part de leur mari. »

La loi du 20 juillet 1895, art. 16 al. 4, reproduit tout d'abord textuellement la disposition ci-dessus relatée : puis elle continue :

« Dans ce cas, il sera sursis au retrait du dépôt et ce pendant un mois à partir de la dénonciation qui en sera faite à la femme par lettre recommandée à la diligence de la Caisse d'épargne. — Passé ce délai et faute par la femme de s'être pourvue contre ladite opposition par les voies de droit, le mari pourra toucher seul le montant du livret, si le régime sous lequel il est marié lui en donne le droit. »

Et l'art. 17 complète cette disposition en réglant la forme et les effets de cette opposition.

Ce dernier point intéresse surtout les administrateurs des Caisses d'épargne ; ce qu'il y a de capital à notre point de vue, c'est l'attribution à la femme de ce pouvoir de faire et de retirer seule des dépôts aux Caisses d'épargne.

Il ne s'agit là d'ailleurs que de pouvoirs d'administration. La femme, en faisant des versements, n'agit pas pour son propre compte. La preuve en est dans le droit d'opposition accordé au mari. Évidemment, si l'on permet à celui-ci d'empêcher les retraits opérés par la femme c'est qu'il a un droit à exercer en dehors de son autorité maritale. D'ailleurs, la loi de 1895 qui développe sur ce point les règles de la loi de 1881 indique aussi dans quelles conditions « le mari pourra toucher seul le montant du livret, si le régime sous lequel il est marié lui en donne le droit. » Enfin et surtout, rien dans les lois de 1881 et de 1895 n'annonce qu'on ait voulu déroger aux règles de la composition du patrimoine de chaque époux. Le plus souvent donc, les époux étant mariés sous le régime de communauté, la communauté profitera de ces versements. Il faudra simplement alors admettre que, sur cette part de la communauté, la femme exercera les droits d'administration réservés en général au mari. Et à coup sûr, vu les limites étroites dans lesquelles la loi autorise les versements aux Caisses d'épargne, et grâce à la surveillance à laquelle ces établissements sont soumis, il n'y a là rien de bien extraordinaire ni de bien dangereux.

Mais l'autorisation de se faire ouvrir des livrets est accordée aux femmes mariées « quel que soit le régime de leur contrat de mariage ». Il pourra se produire que la femme soit appelée à profiter seule du livret ainsi ouvert ; ce sera quand elle sera séparée de biens. Mais d'ailleurs dans ce cas, elle aurait eu le droit de faire des versements à une caisse d'épargne, d'après les principes mêmes du Code civil. Sous d'autres régimes au contraire, ce sera le mari seul qui sera appelé à profiter du montant de ce livret ; il en sera ainsi quand les époux seront unis sous le régime exclusif de communauté ou sous le régime dotal avec dotalité de tous biens présents et à venir.

On comprend très bien que, pour faciliter l'épargne, on ait accordé le pouvoir à la femme de faire des versements

sans le concours du mari; il ne peut y avoir là qu'un acte
utile pour la famille. Il faut observer que, depuis la loi de
1895, le droit accordé aux femmes est encore plus étendu.
Je crois en effet qu'on ne peut empêcher les femmes
mariées de profiter du bénéfice de l'art. 2 de cette
loi (1) : « Tout déposant dont le crédit sera de somme
suffisante pour acheter dix francs de rente au moins,
peut faire opérer cet achat en titres nominatifs, sans
frais, par les soins de l'administration de la Caisse
d'épargne... Dans le cas où le déposant ne retire pas les
titres achetés pour son compte, l'administration de la
Caisse d'épargne en reste dépositaire et reçoit les arré-
rages et primes de remboursement au crédit du titulaire.
Elle peut également *les faire vendre* sur la demande du
déposant. Le capital provenant de cette vente, déduction
faite des frais de négociation, sera porté au nom du déposant à son compte spécial et sans intérêts. » On semble
donc s'acheminer, à vrai dire lentement et dans des mesures restreintes, vers la situation que j'ai indiquée, en
permettant à la femme même non séparée des acquisitions
de valeurs négociables pour opérer le placement des économies de la famille.

Seulement, et c'est ici que la disposition de la loi est
peut-être critiquable, la femme n'a pas seulement le droit
de faire des versements, elle peut aussi les retirer sans
l'assistance de son mari. Le législateur a pensé sans
doute à permettre à la femme, dans les classes peu aisées,
de pourvoir sans l'assistance du mari, aux besoins de la

_____

(1) Etant données les règles imposées pour leurs placements aux
Caisses d'épargne, les déposants en se faisant délivrer des rentes françaises ne changent guère leur situation. Je reconnais pourtant que
cette solution est douteuse.

famille. Je crois peu au bon effet de ces lois destinées à
régler la situation d'une seule classe. Et puis les ouvriers
sont loin d'être les seuls à faire des versements aux
Caisses d'épargne. Enfin et surtout l'on n'a pas assez
envisagé les inconvénients pécuniaires et moraux que
pouvait présenter cette liberté. Rien ne prouve en effet
que la femme n'en abusera pas pour détourner ces fonds
et les employer à un usage que le mari n'approuverait
pas toujours. A vrai dire, on donne à celui-ci le moyen
d'éviter les retraits en faisant opposition ; le remède sera
peu efficace, car la femme cachera la demande de retrait
qu'elle aura faite, quand, même, elle n'aura pas dissimulé
le dépôt. Et tout contrôle deviendra impossible si, après
le décès du mari, on maintient à la femme le droit de
toucher seule le montant de son livret qui aurait dû entrer
en communauté. Le Conseil d'État (1) a cependant
décidé que rien n'était changé aux pouvoirs de la femme :
« Considérant que le prédécès du mari, qui rend à la
femme le plein exercice de ses droits ne peut avoir pour
conséquence de restreindre l'étendue de la faculté qu'elle
tient de la loi de 1881 ni d'autoriser la caisse dépositaire
à mettre au remboursement des sommes versées d'autre
condition que celle prévue par l'article précité. » C'est rendre trop facile pour la femme le détournement et la dilapidation de sommes qui devraient profiter à toute la famille.

On est malheureusement dans l'impossibilité d'empêcher le mari d'abuser de ses droits de chef de la communauté.
Mais, là où l'on attribue à la femme une part d'administration des biens de la famille, il semblait facile d'éviter

_____

(1) Avis du Conseil d'Etat : 10 novembre 1886. — *Rép.* DEFRÉNOIS,
3440.

de tels abus. Il est regrettable que la loi ne l'ait pas fait.

Sous cette réserve, on ne peut je crois qu'applaudir au développement donné sur ce point aux droits de la femme. En lui permettant de remplir dans l'intérêt de toute la famille son rôle naturel *d'économe*, on a réalisé un progrès dont il y a lieu de se féliciter.

L'exactitude m'oblige à ajouter, ce qui diminue un peu la portée de cette modification en ce qui concerne le droit des femmes, que les mineurs eux-mêmes sont admis à se faire ouvrir des livrets sans l'intervention de leur représentant légal, et même d'en retirer seuls le montant quand ils ont plus de seize ans et sauf opposition de leur représentant (1). Mais les situations du mineur et de la femme mariée sont bien différentes. On accorde au mineur une capacité spéciale, mais il s'agit d'économies faites par lui, n'appartenant qu'à lui. Les pouvoirs de la femme lui sont donnés sur une part du patrimoine de la famille, sur un livret dont le montant appartient au mari, ou à la communauté dont celui-ci est en principe l'administrateur et le chef. Il s'agit donc ici d'un de ces droits qui appartiennent à la femme à raison même de sa qualité d'épouse, et c'est à ce titre que l'ai cru nécessaire de l'étudier.

Il en est de même du droit accordé à la femme mariée par la loi du 20 juillet 1886 art. 13 al. 4 de faire seule et sans l'autorisation du mari, des versements à la « Caisse nationale des retraites pour la vieillesse. » Bien qu'ici encore la loi même semble rapprocher cette extension des droits de la femme de la capacité donnée pour les versements au mineur de plus de seize ans, la situation est tout

(1) Loi 9 avril 1881, art. 5, al. 5. Loi 20 juillet 1895, art. 16, al. 3.

à fait différente. Il n'y a pas seulement en effet dans cette disposition dérogation aux règles sur l'incapacité de la femme mariée ; ces versements produisent leur contre-coup sur les patrimoines de l'un et de l'autre époux et dérogent aux règles ordinaires des relations pécuniaires entre les conjoints.

Les règles de cette matière diffèrent aussi de celles que l'on avait admises pour les Caisses d'épargne. Pour les versements aux Caisses d'épargne, on considérait qu'une partie de l'administration des biens du ménage était en-levée au mari et confiée à la femme, jugée apte et bien préparée à ce rôle. C'est qu'il s'agissait seulement de cons-tituer et de faire fructifier un capital. Le but est tout autre pour les versements à la Caisse des Retraites. Il s'agit avant tout de procurer aux conjoints pour leur vieil-lesse une rente viagère, une retraite, destinée à assurer leurs besoins, en prélevant sur les économies journalières les sommes qui seront versées à la Caisse des Retraites chargée de les faire fructifier par l'accumulation des inté-rêts et en tenant compte des chances de mortalité. L'on peut, il est vrai, au lieu d'abandonner entièrement les sommes versées, stipuler que le capital sera remboursé au moment du décès du déposant. Cela ne modifie point les caractères de cette institution qui n'est pas destinée à favoriser l'épargne, mais à fournir aux besoins des dépo-sants quand l'âge les rend incapables de gagner leur vie. Ce n'est donc pas l'intérêt de toute la famille, l'intérêt des enfants ou des héritiers des époux qu'il faut envisager ; c'est celui des époux eux-mêmes. La loi tient compte ce-pendant de l'état de mariage. Tandis qu'en principe, le versement profite à celui qui l'effectue ou à celui pour le compte de qui il est fait, les versements faits par un dé-

posant marié profitent aux deux époux par moitié. Je
parle bien entendu des versements faits au cours du mariage. Au contraire, les versements antérieurs au mariage
restent propres à celui qui les a effectués, par dérogation
à l'art. 1401-1° du Code civil, à moins que les époux
n'aient décidé le contraire dans leur contrat de mariage.
Telle était déjà la règle posée par la loi du 18 juin 1850
qui avait créé la Caisse des Retraites (1). C'est encore ce
que dit la loi de 1886 art. 13, 3ᵉ alinéa.

Le cinquième alinéa du même article qui reproduit la
disposition de l'article 4 de la loi de 1850, décide au
contraire que « le versement fait pendant le mariage par
un des deux conjoints, profite séparément à chacun
d'eux par moitié ». L'on admet (2) que les époux ne peuvent déroger à cette règle. Elle comporte seulement
quatre exceptions obligatoires ou facultatives prévues par
la loi, quand les versements de l'un des époux dans
l'année dépassent le maximum de 1000 francs, quand
l'un des conjoints a atteint le maximum de la rente viagère, quand les époux sont séparés de corps ou de biens,
ou lorsqu'un des époux est absent depuis plus d'un an,
et sous la condition d'une autorisation judiciaire.

D'autre part un tiers donateur pourrait toujours faire
des versements au profit d'un des conjoints séparément (3).

Au point de vue qui m'occupe, j'ai à noter l'égalité de
pouvoirs et de bénéfices que la loi accorde aux deux
époux. La femme étant autorisée à faire seule des verse-

---

(1) Loi des 8 mars, 13 et 18 juin 1850, art. 4, al. 3 et 4, art. 5, al.
3. — Cf. Marcadé, VI, p. 11.

(2) Defrénois, 1ᵉʳ *Supp. au Rép.*, II, p. 103.

(3) Cpr. Seine, 31 juillet 1878.

ments à la Caisse des Retraites, ses dépôts auront exactement le même caractère que ceux faits par le mari ; la loi ne distingue pas. En fait, d'ailleurs il sera certainement assez rare de lui voir exercer les prérogatives que lui ont accordé les lois de 1850 et de 1886. Bien que par le maximum mis aux pensions servies cette institution s'adresse surtout aux classes ouvrières, bien que la femme dans ces milieux, travaille de son côté et apporte un salaire, ses gains quand elle en aura seront d'ordinaire trop peu importants pour qu'elle songe à en faire le versement à la Caisse des Retraites.

Mais si elle profite des droits à elle accordés, les opérations qu'elle effectuera auront le même effet que si elles étaient faites par le mari. Ces effets sont de deux sortes : d'abord il sera dérogé aux règles ordinaires des régimes matrimoniaux, ensuite la femme aura à régler de quelle manière la rente viagère établie profitera au mari.

Tout d'abord, il y aura dérogation aux régimes matrimoniaux. Si les époux sont mariés en communauté, les fonds versés sont fournis par la communauté ; c'est à la communauté aussi que devraient appartenir les livrets des époux et les rentes fournies. Au contraire, les livrets ainsi acquis deviennent propres et à l'époux qui opère le versement et à l'autre conjoint (1). D'autre part, le bénéfice étant égal pour chacun des conjoints, on estime qu'il n'est dû à ce titre aucune récompense ; c'est en réalité un enrichissement du patrimoine des deux conjoints aux dépens de la communauté. Et si cette solution semble sans

---

(1) AUBRY et RAU, V § 508. Texte et n. 19. — MARCADÉ, VI. 119. Trib. Seine, 31 juillet 1878 précité. Voir pourtant en sens contraire, Trib. Meaux, 2 février 1870. — Sir. 74, 2, 104.

intérêt, chaque époux s'enrichissant d'autant, il suffit pour
en voir la portée de supposer que la femme renonce à la
communauté ou oppose le bénéfice d'émolument. Aussi
j'ai des doutes sur la valeur de cette solution.

Sous le régime sans communauté ou sous un régime
de dotalité de tous biens, à la différence de ce qui a lieu
pour les versements aux Caisses d'épargne, c'est la femme
qui bénéficie de l'opération faite à la Caisse des Retraites.
En effet, tous les revenus appartenant alors au mari, le
versement fait à la Caisse des Retraites, en procurant à la
femme une pension égale à celle du mari, est tout bénéfice pour celle-ci.

Tout au contraire, en cas de séparation de biens, ou si
la femme mariée sous le régime dotal a des paraphernaux,
les versements devraient profiter à l'époux qui les a faits.
Ils appartiennent aux deux conjoints par moitié, à moins
que le déposant ne fasse le versement à son profit personnel
en invoquant la séparation de biens.

La femme donc, sous quelque régime qu'elle se trouve
mariée, si elle fait des versements à la Caisse des retraites pour la vieillesse pourra, sans le consentement, à
l'insu de son mari, modifier par sa seule volonté, les règles de la composition de chaque patrimoine.

Ce n'est pas tout : chaque déposant qui opère un premier versement doit faire connaître : 1° Si le versement
ainsi effectué est « à capital aliéné » ou « à capital réservé »; 2° à partir de quel âge variant entre 50 et 65 ans,
la rente viagère doit être servie au bénéficiaire du livret.
Bien que la loi ne le dise pas, c'est naturellement l'époux
qui par ses versements constitue une rente viagère à son
conjoint, qui doit aussi indiquer pour celui-ci dans quelles
conditions cette retraite lui sera servie. Si c'est la femme

qui opère ce versement, parfois, on l'a vu, aux dépens de son mari, elle pourra régler en même temps dans quelles conditions celui-ci jouira de cette pension.

Ces pouvoirs peuvent sembler excessifs. En tout cas, la liberté accordée à la femme en ces matières certes très favorables est peu en harmonie avec l'idée qu'on se fait d'ordinaire sous le régime du Code civil de la condition des femmes mariées. Je crois, d'abord qu'il faut voir dans les dispositions dont je viens de m'occuper, un encouragement à l'épargne et à la prévoyance, et de plus, qu'il y a là des signes indéniables de la tendance que j'ai signalée à développer les droits de la femme et à supprimer dans l'intérêt du ménage, les entraves apportées à sa liberté. Seulement, il est peut-être regrettable que l'on n'ait pas cru devoir charger les Caisses d'épargne et la Caisse des retraites de prévenir le mari lorsque la femme se fait ouvrir un livret dans ces établissements. Il n'en serait, je crois, résulté aucun inconvénient en ce qui concerne les versements régulièrement faits par la femme, et l'on aurait permis au mari d'exercer une surveillance qui serait parfois salutaire.

Appendice. — *Propositions de lois tendant à accorder à la femme mariée, la libre disposition des fruits de son travail, ou même à lui constituer des droits sur les salaires du mari.*

Mon travail sur les droits de la femme serait incomplet si je ne disais quelques mots d'une question dont on s'occupe assez sérieusement depuis quelques années. Je veux parler des propositions de lois déposées à plusieurs reprises au Parlement pour faire accorder à la femme mariée, sous tous les régimes, la libre disposition des produits de son travail, et même pour lui permettre, dans certaines circonstances, de saisir-arrêter une partie des salaires ou des émoluments du mari.

Je ne veux pas examiner dans le détail les différentes rédactions qui ont été proposées ; cela m'entraînerait trop loin. Je veux seulement noter la tendance actuelle à développer la liberté et les attributions de la femme, que manifestent les réclamations élevées sur le point dont il s'agit. A vrai dire, c'est seulement par extension qu'on veut appliquer à toutes les femmes ces bénéfices ; il s'agit avant tout de protéger les femmes des classes pauvres. « Il est, dit-on (1), une situation lamentable entre toutes, c'est celle de la femme de l'ouvrier alors que son mari manquant à tous ses devoirs, s'adonne à la boisson, vit dans la paresse et le désordre, et non content de ne rien apporter à la maison, abuse de l'autorité maritale, et de sa qualité de chef de la communauté pour s'emparer des salaires laborieusement gagnés par sa femme, la laissant elle et ses enfants dans la plus profonde misère. » C'est là une triste conséquence du régime de la communauté légale, le plus universellement adopté, le régime des pauvres gens. Le mari dispose à son gré et sans contrôle de tous les biens qui la constituent, y compris les salaires de la femme. A ces inconvénients, il y aurait bien un remède ; la femme n'a qu'à demander la séparation de biens après avoir obtenu l'assistance judiciaire. Mais, « il y a là une série de dé-

_____

(1) Emprunté à une étude de « la ligue française pour le relèvement de la moralité publique » et cité dans l'exposé des motifs de la proposition de loi déposée à la Chambre par MM. Jourdan, Dupuy-Dutemps et Montaut, le 9 juillet 1894. *J. O. Doc. parl.* Chambre. Année 1894, p. 1135, annexe 803.

marches, des pertes de temps et d'argent, des interruptions de travail, des délais pendant lesquels elle est exposée à toutes les privations et aux mauvais traitements de son mari (1). »

Quels remèdes apporter à cette situation? L'on ne peut songer à faire de la séparation de biens le régime normal. Cela heurterait l'idée qu'on se fait en France de la solidarité des intérêts entre les membres d'une même famille, de cette confusion des patrimoines qui a lieu entre les époux au profit de l'œuvre commune.

L'on a pensé à distraire de la communauté tous les produits du travail de la femme, en l'autorisant à en faire emploi et à se constituer ainsi des propres mobiliers et immobiliers. Mais, ainsi que le fait remarquer M. Goirand (2), on recule vite devant les difficultés pratiques que présenterait cette séparation de biens partielle. On permettrait ainsi au mari de frauder ses créanciers en dissimulant sous le nom de sa femme, une part de sa fortune. Et cependant, comment prévenir les tiers ? Comment justifier que les biens acquis par la femme proviennent véritablement des produits de son travail ? Enfin l'équité ordonne de laisser le mari retirer lui aussi de la communauté, les bénéfices qu'il réalise de son côté. C'est enlever à la communauté tous les acquêts, c'est aller contre la tendance qui se manifeste dans la plupart des contrats de mariage ; c'est aussi compliquer durant le mariage, contrairement à la volonté très sage du législateur, tous les rapports des époux entre eux ou avec les tiers, par

(1) Proposition de loi citée à la page précédente, note 1.

(2) Proposition de loi déposée à la Chambre, le 9 juillet 1894, *J. O. Doc. parl.* Chambre. Année 1894, p. 1133, annexe nº 801. Cette proposition a été prise en considération le 12 janvier 1895.

suite de la nécessité où se trouve chacun de sauvegarder son patrimoine et de s'assurer la preuve de sa composition.

Il est donc plus sage de limiter la réforme au strict nécessaire. Dans cette pensée, M. Goirand demande seulement qu'on accorde à la femme sur les produits de son travail « les mêmes droits d'administration qu'exerce le mari sur tous les autres biens de la communauté. » Il y a là un remède aux abus les plus criants, car on permet à la femme pauvre de disposer sans formalités de ses gains personnels pour ses besoins immédiats, ce qui ne l'empêche pas de recourir à la séparation de biens, si elle réalise des économies importantes qu'il lui faille protéger contre le mari. D'un autre côté, cette disposition aurait l'avantage de ne pas nuire aux droits des tiers sur la communauté et, théoriquement tout au moins, de ne pas nuire aux droits du mari en diminuant l'actif de la communauté.

La proposition de loi de MM. Jourdan, Dupuy-Dutemps et Montaut, ne s'explique guère sur ce point. Mais elle se montre à un autre point de vue plus modérée encore que celle de M. Goirand. Au lieu d'admettre que la femme jouira forcément de son salaire, on lui donnera seulement le droit, quand le mari met les intérêts pécuniaires du ménage en péril, de demander à la justice par une procédure très simplifiée, le droit de toucher elle-même les produits de son travail. C'est une séparation de biens facilitée, à l'usage des ouvriers. De plus, si la femme se trouve « chargée d'enfants, impuissante à gagner sa vie et la leur, » si « le mari s'affranchit de ses devoirs de père de famille, abandonne sa femme et ses enfants, et fait le plus triste emploi de ses gages parfois élevés », la

femme peut obtenir « l'autorisation de saisir-arrêter et de
toucher des salaires ou des émoluments du mari, une
part en proportion de sa charge et du nombre des enfants. »

Dans l'hypothèse où se sont placés les auteurs de cette
proposition, l'on admet qu'il n'y aura pas d'économies,
car le règlement qui sera fait, sera essentiellement provisoire. On fournirait à la femme ce qui lui est nécessaire
pour l'entretien de la famille, rien de plus; ce qui explique
que l'on ne se soit pas inquiété d'apprécier bien exactement, la nature du droit accordé à la femme. Je crois cependant qu'on n'a pas eu l'intention d'écarter, même sur
ce point, les règles de la communauté qui touchent à la
composition des patrimoines. Ce qui semble l'indiquer,
c'est que l'on renvoie dans l'exposé des motifs aux droits
accordés à la femme mariée par la loi de 1881, sur la
Caisse Nationale d'épargne. Mais on déroge complètement
aux règles de l'administration. Le mari est pour ainsi dire
destitué de ses droits de chef de famille ; c'est à la femme
qu'on donne de quoi gérer le ménage et soutenir le foyer
de famille dont le chef a déserté. A lui, on laisse seulement de quoi subvenir à ses besoins personnels. Il ne
faut pas que les frais de sa débauche forcent la femme et
les enfants à mourir de faim.

Il est évident que, tant que la question est présentée
sous un pareil jour, toute tentative destinée à pallier aux
dangers que l'on signale, toute disposition qui aura pour
but de corriger l'iniquité d'une telle situation, sera « de
nature à rallier tous les suffrages ». Seulement, il faut tout
d'abord admettre dans toute son intégrité et dans toute sa
noirceur le tableau qu'on nous présente. « Si l'on suppose, nous dit M. Goirand, si l'on suppose le mari débau-

ché, paresseux, dissipateur, la femme honnête, laborieuse, économe, les conséquences apparaissent dans toute leur injustice. La femme peut peiner, économiser, pour arriver à soutenir le ménage et à élever ses enfants ; dévouement bien inutile, le mari est là, prêt à toucher le salaire à mesure qu'il est gagné et à mettre la main sur les moindres économies à mesure qu'elles sont constituées. » Cela est émouvant et pathétique à coup sûr. Mais c'est une situation de roman ou de mélodrame.

Il est trop facile de surprendre la charité des bonnes âmes en opposant à la femme vertueuse, victime de son mari, son bourreau, paresseux, débauché, prêt à tous les crimes. Seulement, à vouloir trop dramatiser la situation on arrive à s'écarter un peu de la vérité. Je ne veux pas nier le mal que l'on prétend guérir. Je suis originaire d'une ville industrielle et je sais à quelles sollicitations trop d'ouvriers se laissent entraîner les jours de paie. On ne peut nier les ravages de l'alcoolisme et les résultats fâcheux qui en résultent pour des familles entières. Mais si l'on excepte quelques brutes, heureusement rares, la majorité de nos ouvriers, malgré des écarts de conduite indéniables, gardent le sentiment de leurs devoirs envers leur femme et leurs enfants et subviennent tant bien que mal aux besoins du ménage. La situation actuelle est loin d'être parfaite, mais c'est en attaquant le mal dans sa racine que l'on y portera remède plutôt que par des lois de contrainte. Je n'ai pas ici à rechercher les causes de la crise dont on se plaint ; mais il faut peut-être, en partie du moins, rendre responsable de cet état de choses la femme même qui en est la première victime. Trop souvent il est vrai, forcée de chercher hors de chez elle, un travail qui procure à la famille un supplément de ressour-

ces, elle ne peut se consacrer aux soins de son ménage.
Mais que de fois aussi faut-il attribuer à sa paresse ou
même à son inconduite le mauvais état des affaires du
ménage? Et cependant l'on ne songe pas à s'inquiéter du
triste sort du mari. Ignore-t-on que, si le désordre du
mari est pour le budget de la famille une diminution de
ressources, celui de la femme est plus que cela: c'est dans
les milieux ouvriers, plus que partout ailleurs, la ruine
et l'effondrement du foyer de famille.

Et puis, pourquoi s'occuper uniquement des ouvriers?
leur sort est intéressant, je le veux bien. Qu'on cherche
à l'améliorer en réformant les lois du travail, ou en développant des institutions de prévoyance, nul n'en est plus
partisan que moi. Mais, comme gens mariés, les ouvriers
ressemblent à tous les autres Français. Va-t-on faire une
loi spéciale pour les femmes des ouvriers? ce serait inadmissible. La France aujourd'hui ne connait pas de castes,
et ces lois qui ne s'adressent qu'à tel ou tel ordre de citoyens ne peuvent donner de bien brillants résultats. Et
puis quelles limites poser? Va-t-on borner l'effet des dispositions qu'on réclame aux ouvriers des villes chez qui le
mal est le plus grand? L'étendra-t-on aux travailleurs des
campagnes? D'ailleurs, la même situation se produit même
chez les « bourgeois », d'une façon moins apparente sans
doute, mais aussi pénible pour la femme, aussi funeste
pour la famille entière. Il faut bien aussi y apporter remède.

Signaler le mal est encore chose facile; comment va-t-
on le guérir? Je l'ai dit, la séparation complète de biens
n'est pas dans nos mœurs. Une sorte de séparation des
acquêts, peu conforme à notre idée française du mariage,
présente bien des dangers. Reste la solution la plus

modérée : confier à la femme cette part de l'administration
de la fortune de la famille; le remède serait-il bien efficace?
On veut donner à la femme l'administration des produits
de son travail : c'est parce qu'il y a quelque chose de
choquant à la voir fournir, contre son gré naturellement,
de quoi payer les débauches du mari. Mais c'est le résultat
du régime de communauté. La femme y court quelques
mauvaises chances, elle en a pas mal de bonnes. Admettons pourtant qu'on fasse œuvre de justice en la protégeant, est-ce avec les produits de son travail qu'elle
fournira à tous les besoins de la famille? Le travail des
femmes est rarement bien rémunérateur; alors, de quoi
servira à la femme cette administration si elle est encore
obligée de recourir au mari?

Et le pouvoir donné à la femme ne serait pas sans
inconvénients. Je ne veux pas parler de ceux qui résulteraient de l'incapacité et de l'inexpérience plus théoriques que réelles de la femme mariée.

Mais dans l'intérêt même de la bonne administration
du patrimoine de la famille, il y a quelque intérêt je crois
à concentrer les pouvoirs aux mains d'un seul. Si l'on ne
veut ou si l'on ne peut économiser tous les produits des
biens de la femme, comment va-t-elle contribuer aux frais
du ménage? Il y aurait des règlements de compte sans
nombre, des discussions d'intérêts, peu favorables à la
bonne intelligence des époux, et au maintien de la vie commune. Ou bien alors on mettrait tout à fait de côté les règles
de la loi. Il en serait ainsi surtout si l'on imposait dans
tous les cas, qu'il y en ait besoin ou non, cette administration à la femme. Ce serait faire naître un mal général
pour en supprimer un plus rare et moins funeste à la
bonne harmonie entre époux. Ce qui se passerait, on le

comprendra en lisant le joli tableau du régime de communauté que j'emprunte précisément à l'auteur de la proposition que je combats : « La communauté légale, dit-il, dans son acception vulgaire, ce n'est pas ce régime si soigneusement délimité par le Code avec ses trois masses de biens, son système si rigoureusement équitable de récompenses et d'indemnités : c'est plutôt une sorte de mise en commun des ressources des époux en vue de satisfaire aux charges du ménage, c'est la constitution d'une sorte de patrimoine familial dans lequel le chef puise à son gré pour satisfaire aux besoins de chacun, sans que ni femme ni enfant puissent lui opposer un droit privatif. » Ce n'est pas ici le lieu d'examiner si réellement la femme ne peut invoquer « aucun droit privatif. » Ce qu'il faut noter seulement et ce qui ressort de cette explication, c'est que la plupart du temps le droit concédé à la femme ne lui servira à rien du tout ; et cela sera fort heureux d'ailleurs, car, sans cela, pour remédier à une situation accidentelle, on risquerait de compromettre la bonne intelligence de bien des ménages. Mais alors à quoi bon édicter une disposition générale ? Pourquoi ne pas se borner à venir au secours de la femme quand l'inconduite du mari le rendra nécessaire. Aussi a-t-on vu que cette réforme ainsi limitée avait été proposée.

Je reconnais bien volontiers qu'une réforme législative opérée dans ce sens ne porterait atteinte à aucun principe essentiel. Seulement je ne comprends pas très bien pour quel motif l'on instituerait, à côté de la séparation de biens judiciaire, cette sorte de « petite séparation » à l'usage des gens pauvres. Une loi dans le sens qu'on indique aurait d'abord l'inconvénient d'être faite pour une seule classe, pour les seuls ouvriers, ce qui n'est pas conforme à l'esprit de notre droit. Les difficultés se présenteraient à n'en pas douter pour apprécier si l'on doit appliquer la procédure de la séparation de biens ou faire seulement bénéficier la femme de cette nouvelle protection incomplète et mal délimitée. Ce n'est pas tout. Du moment où l'on est obligé de ne pas admettre l'application générale de cette mesure, où l'on demande pour accorder à la femme le droit de toucher seule le produit de son travail que le mari mette en péril les intérêts du ménage, il faut exiger, comme pour la séparation de biens, l'intervention de l'autorité judiciaire. La femme ne peut de plein droit, acquérir cette liberté sans que personne ait été appelé à apprécier le bien fondé de sa demande. Aussi est-on obligé d'instituer tout une procédure ; on a beau simplifier les formes, supprimer les frais, on ne peut supprimer la mauvaise volonté certaine du mari qui compliquera tout.

Ne peut-on pas dire encore ce que les auteurs de la proposition disaient de la procédure de la séparation de biens : « Il y a là une série de démarches, des pertes de temps et d'argent, des interruptions de travail, des délais pendant lesquels elle (la femme) est exposée à toutes les privations et aux mauvais traitements de son mari. » Sans doute, la procédure se trouvant raccourcie et simplifiée, tous ces inconvénients se produiront avec moins de gravité ; ils subsisteront néanmoins. Or ce qu'on voulait précisément, c'était supprimer toutes les difficultés, venir immédiatement au secours de la femme. Il ne faut pas en effet se laisser abuser par les grands mots ; on parle trop facilement de « corriger les vices les plus certains de notre organisation sociale » à propos de réformes, intéressantes sans doute, mais qui ne sont pas aussi considérables qu'on voudrait le faire croire. Comme on est plus frappé du

triste sort fait à la femme pauvre dépouillée des bénéfices
de son travail par un mari débauché, que de la situation
de la femme plus fortunée qui voit dilapider tout son avoir,
on essaie de justifier par des tableaux touchants la solution qu'on préconise. Mais en réalité, il ne faut pas l'oublier, tout le mal vient de la difficulté et des lenteurs de la
procédure de la séparation de biens judiciaire.

Encore me semble-t-il qu'on exagère quelque peu le
mal ; la femme obtiendra facilement l'assistance judiciaire,
si elle est dans une situation mauvaise. Le nombre des
démarches qu'elle aura à faire personnellement est assez
limité, et on ne pourrait pas les lui éviter même dans la
procédure simplifiée destinée à lui rendre seulement la
disposition de ses salaires. De même, quelle que soit la
demande intentée par la femme, elle devra s'attendre à
supporter les effets du mécontentement du mari. Sur un
point seulement la procédure nouvelle est plus avantageuse, parce qu'elle est plus rapide. Il ne faudrait d'ailleurs
pas croire que les délais assez longs exigés pour obtenir
la séparation de biens, aient pour conséquence de laisser
la femme à la merci du mari tant que dure l'instance. L'article 869 du Code de procédure autorise la femme à faire
« des actes conservatoires » durant cette période. On lui
permet de ce chef non seulement de requérir l'apposition
des scellés et l'inventaire, et de faire des saisies-arrêts
entre les mains des débiteurs du mari, mais même de faire
déposer à la Caisse des dépôts et consignations les sommes
dépendant de la communauté, et selon l'opinion générale
de faire nommer par le tribunal un sequestre pour
administrer la communauté (1). Je ne vois pas ce qui em-

(1) GUILLOUARD, III, 1119-1121.

pêcherait le tribunal d'autoriser provisoirement la femme à toucher les produits de son travail, ou même une partie des salaires du mari, pour subvenir aux besoins de la famille durant l'instance si le mari ne remplissait pas ses obligations.

Admettons même que la procédure de la séparation de biens soit trop compliquée, trop longue, que la femme soit mal protégée, que n'essaie-t-on de corriger cette procédure au lieu de superposer à une institution défectueuse, d'autres dispositions qui feront double emploi? Si dans l'intérêt des créanciers du mari, l'on ne peut diminuer les délais et les formalités, qui empêche de fixer législativement les mesures provisoires à prendre dans l'intérêt de la femme? Puisque la demande en séparation de biens ne peut être formée sans l'autorisation du président du tribunal (art. 865, C. P. C.) il serait bien simple de confier à ce magistrat le soin de fixer immédiatement les mesures conservatoires nécessaires, et de pourvoir aux besoins de la femme, soit en lui permettant de toucher seule ses salaires, soit par tout autre procédé; on éviterait par là tous les inconvénients dont on se plaint. A partir de l'ordonnance du président, la femme pourrait vaquer en paix à ses travaux et aux soins de son ménage. On obtiendrait ainsi l'avantage d'éviter une mesure qui aurait le caractère d'une loi d'exception, et aussi de protéger non seulement les femmes d'ouvriers, mais aussi les femmes qui ont un petit avoir, dont la perte peut les réduire à la plus affreuse misère, faute par elles d'être en état de gagner leur vie.

Je ne vois donc pas qu'il y ait lieu d'accorder à la femme, en dehors de la séparation de biens, un pouvoir

d'administration sur la part de la fortune qu'elle a gagnée
elle-même. L'exemple des législations étrangères invo-
quées à l'appui de l'opinion adverse (Angleterre, Dane-
mark, Suède et Norwège) n'est pas concluant, l'organisation des régimes matrimoniaux étant des plus variables
selon les pays. Il faut que les dispositions préconisées en
France soient en harmonie avec toute la législation.
« C'est grand hasard, disait Montesquieu, si les lois d'une
nation peuvent dans leur détail, convenir à une autre. »
Or dans notre pays, la femme, en cas d'abus du mari, doit
trouver un remède dans la séparation de biens, amendée
s'il le faut pour atteindre ce but. Généraliser l'application
des dispositions qu'on propose, ce serait préparer la dis-
sension entre les époux, s'ils n'avaient pas la prudence
de considérer une telle règle comme lettre morte.

Il faut maintenir la femme dans son rôle, tout en lui
accordant plus de pouvoirs avec plus de responsabilité.
Qu'on la considère comme toujours appelée à seconder,
à suppléer le mari, qu'on permette à celui-ci de se décharger sur elle, s'il le croit bon, d'une partie de ses
fonctions; qu'on regarde la femme comme appelée, de
préférence à tout autre, à remplacer, si du moins elle en
est capable, le chef du ménage quand celui-ci est dans
l'impossiblité d'agir; tout cela me semble très raisonnable. Si l'on développe les pouvoirs de la femme qui lui
sont nécessaires pour remplir son rôle dans la famille,
j'applaudirai encore. Il faut faciliter à la femme la tenue
de sa maison et aussi l'épargne, l'économie. Elle est spécialement désignée pour de telles fonctions, nul ne peut
s'en acquitter mieux qu'elle. Mais il serait dangereux
d'aller plus loin. Enlever au mari ses droits de chef,
accorder à la femme des pouvoirs qui contrecarrent les

siens, ce serait vouloir introduire dans le ménage la discorde et la guerre ; ce serait en même temps compromettre la bonne gestion du patrimoine de la famille en
détruisant l'unité d'administration.

TROISIÈME PARTIE

CONCOURS DE LA FEMME AUX ACTES DU MARI

Ce serait une erreur profonde que de considérer les pouvoirs de la femme comme limités à quelques droits sur ses biens personnels, à la tenue de la maison, et parfois au remplacement du mari empêché. S'il en était ainsi, il serait vrai de considérer la femme mariée, sinon comme dépouillée de toute capacité juridique, du moins comme tenue à l'écart de la direction générale des affaires de la famille, comme rendue étrangère à la gestion du patrimoine commun. Sans aller jusqu'à dire, avec les féministes, que les intérêts de la femme sont sacrifiés entièrement à l'omnipotence du mari, en constatant au contraire qu'on reconnaît à celle-ci, dans sa sphère d'action naturelle, une liberté appréciable, on serait obligé de reconnaître que le mari garde néanmoins des droits peut-être excessifs. Seigneur et maître de la communauté, chef de l'association conjugale, administrateur sous presque tous les régimes des biens de la femme, il pourrait sous prétexte de gérer la fortune de la famille, dilapider tout le patrimoine sans même que la femme s'en doute. Celle-ci, dépourvue de tout moyen légal de contrôle, ne pourrait même protéger ses biens propres, demander la séparation de biens, faute par elle de pouvoir connaître l'état des affaires du ménage, et même sa propre situa-

tion. C'est dire que les armes qui lui ont été données
pour la défense de ses propres deviendraient inutiles, du
moins contre son mari. La séparation de biens par exemple, cesserait d'être une protection accordée à la femme
contre les abus du mari. Comment savoir les dangers que
celui-ci fait courir à la dot? il faudrait qu'il vînt lui-même
convier sa femme à s'adresser à la justice. Ce serait alors
une machine de guerre contre ses créanciers. Plus souvent le mari, par légèreté ou dans l'espoir de revenir à
une meilleure fortune, ne voudrait pas compromettre son
crédit, retarderait et arriverait à priver toute sa famille de
la sauvegarde accordée à sa femme.

Là d'ailleurs ne serait pas le seul inconvénient qui résulterait de l'exclusion de la femme. Son intervention
peut en effet, dans bien des cas, suffir à détourner le
mari d'un projet mal réfléchi ou dangereux. Qu'on ne s'y
trompe pas; je ne demande pas pour la femme une autorité capable de contrebalancer et d'annihiler celle du
mari; je ne veux pas dire que la femme ait à exercer un
contrôle sur les actes du mari. Ce dernier est responsable
de la gestion du patrimoine de la famille; il est plus désigné que personne pour administrer les biens des époux,
et, dans le ménage comme ailleurs, l'unité de direction
s'impose. Mais ne peut-on concevoir l'intervention de la
femme que sous la forme d'un consentement indispensable
ou d'un *veto* qui paralyse entièrement l'action du mari?

Tout le monde, je crois, est disposé à reconnaître le bon
effet que peuvent avoir parfois les conseils de la femme;
sa prudence, son goût de l'épargne, la considération de
l'intérêt de ses enfants viendront souvent donner du poids
à son opinion. L'attention du mari appelée sur quelques
points de cet ordre, celui-ci renoncera souvent de lui-

même à un projet mal conçu. Une législation, surtout
quand elle fait de la communauté d'intérêts la conséquence ordinaire de l'union conjugale, doit donc logiquement prendre à tâche de favoriser cette partie du rôle de
la femme, et même de rendre nécessaire l'avis de celle-ci,
au moins « à titre consultatif » pour ainsi dire, dans les
actes qui intéressent le plus la famille. Je crois qu'une
disposition dans le sens modéré que j'indique, ne pourrait présenter que des avantages, et ne se heurterait à aucun des principes essentiels de notre droit. Et cependant,
dans le Code civil nous ne trouvons rien de pareil (1). Le
mari peut faire seul, sur les biens communs comme sur
ses biens propres, même des actes de disposition. Les
textes le disent, et les auteurs établissent ce principe à
la base de toutes leurs théories des droits du mari. Rien
n'indique qu'on ait voulu une pareille intervention de la
femme, et il est certain qu'on ne l'a pas voulu. A l'époque
où a été rédigé notre code, les droits du mari comme chef
de l'association conjugale étaient admis plus facilement
qu'ils ne le sont aujourd'hui. On considérait encore le
mari comme étant véritablement seigneur et maître : lui
imposer l'obligation de prendre l'avis de sa femme, cet
avis même ne dût-il pas entraver la liberté du mari, eut
paru à nos anciens inadmissible et inconvenant, attentatoire à l'autorité du chef de famille.

(1) Sans doute les droits du mari sur la communauté se trouvent limités dans certaines circonstances particulièrement dangereuses et j'aurai à revenir sur ce point. Mais il s'agit dans ce cas de biens
dont le mari n'est pas seul propriétaire, et encore ces droits ne
subissent-ils d'atteinte que dans quelques hypothèses où une liberté
complète aurait paru excessive. Aussi alors admet-on que le consentement de la femme est exigé pour valider l'opération qui excède les
pouvoirs du mari.

Devons-nous donc conclure que, en l'état actuel et sous le régime du Code civil, en dehors des cas que j'ai examinés dans mes deux premières parties, si la femme se trouve mêlée aux actes juridiques du mari, il n'y a là qu'un état de choses subordonné à la volonté de celui-ci, justifié par des raisons de convenance et d'estime, mais sans fondement et sans intérêt juridiques ?

En aucune façon. Si, en effet, il y avait seulement, chez le mari, le désir de consulter sa femme ou de l'avertir, sans aucune obligation de sa part, il n'y aurait dans sa démarche rien d'officiel, rien qui se manifestât à l'égard des tiers ; le mari, eût-il en fait l'adhésion de sa femme, comparaîtrait seul, agirait seul, comme le Code le lui permet.

Il en est tout autrement dans la pratique. En fait, la femme intervient à l'acte, consent avec son mari, s'engage avec lui; et l'on peut dire sans exagération que dans les actes importants, et dans presque tous, la femme figure, et figure non pas *ad honores*, mais traite et s'oblige avec son mari, et solidairement avec lui. Est-ce de gaîté de cœur, et uniquement pour affirmer son égalité avec le mari? Nullement. Ce n'est pas elle qui demande à intervenir ; c'est le tiers qui traite avec le mari, qui exigera que la femme intervienne à l'acte et qui l'exigera presque toujours.

Par suite, la condition de la femme va se trouver changée du tout au tout. Au lieu de rester étrangère comme on le prétend aux actes qui intéressent la fortune de la famille, elle va s'y trouver mêlée presque toujours, et il en résultera une augmentation évidente de son influence. Mais tout n'est pas bénéfice pour elle; et en retour de cet avantage, la femme est dépouillée de l'irres-

ponsabilité dont on la faisait profiter. Elle se trouve amenée
à s'obliger personnellement, à engager ses biens propres
qui restaient autrefois en dehors des obligations du chef
de famille. En concourant avec son mari, elle se solidarise
avec lui.

Bien entendu, cette observation n'est vraie que dans
le cas où l'intervention de la femme est nécessaire, soit
que l'acte dépasse les pouvoirs du mari, soit plutôt que
les tiers refusent de traiter sans profiter de la garantie de
la femme, ou plus simplement sans se mettre à l'abri
contre tout recours de celle-ci.

Il pourra arriver de voir, même en dehors de ces hypothèses, la femme s'associer à l'acte du mari sans y jouer
un rôle effectif, sans s'engager personnellement. Alors,
l'intervention de la femme étant facultative, il n'en résulte
pour elle aucune autorité qui vaille d'être étudiée. La
situation relève du moraliste plutôt que du juriste. Il
serait d'ailleurs assez rare qu'elle se manifeste dans l'acte
juridique, car on craindra généralement de voir interpréter la comparution de la femme comme emportant un
engagement personnel.

Il faut mettre à part naturellement le cas où la femme
représentera le mari en vertu d'un mandat spécial. Cela
supposera évidemment le consentement des deux époux
à cette opération, sans quoi ce n'est pas la femme que le
mari eût chargé de le représenter, et celle-ci n'aurait pas
accepté cette mission. D'ailleurs, ainsi que je l'ai noté
plus haut (1), dans cette hypothèse, à la différence de celle
d'un mandat général, la femme n'a aucune liberté d'action.
Elle est seulement l'exécuteur des instructions du mari.

(1) Voy. *suprà*, page 271.

Le fait qu'elle est d'accord avec lui peut être intéressant, il n'a aucune importance juridique. A défaut de la femme, le chef de l'association conjugale pouvait choisir un autre mandataire, moins bien désigné par la nature des choses, mais plus expérimenté peut-être en affaires et plus docile.

Il en est de même quand la femme oblige la communauté par les engagements qu'elle contracte avec l'autorisation du mari (1409-2° et 1419 C. C.) Il y a évidemment concours de la volonté des deux conjoints. Le mari laissera sa femme s'engager personnellement et engager la communauté, soit que la dépense ne doive profiter qu'à la femme, et qu'il veuille, en outre du droit à récompense qui naît pour la communauté, voir la femme s'obliger personnellement, — soit que l'engagement dont il s'agit découle d'un droit de gestion réservé à la femme ou à elle confié (1). Dans des hypothèses semblables le mari pour simplifier laisse agir la femme. Mais il pouvait, s'il le préférait, faire le nécessaire ; à supposer qu'il ait trouvé utile de procurer des capitaux à sa femme, il pouvait engager la communauté lui-même. Le résultat sans doute n'aurait pas été tout à fait identique. Si la femme avait profité des capitaux ainsi fournis, elle n'aurait pas été obligée envers les créanciers et aurait dû seulement récompense à la communauté. La chose est de peu d'importance : que la femme paie directement, qu'elle rem-

(1) Il faut en particulier citer le cas où la femme est marchande publique. Ses obligations sont alors à la charge de la communauté, en vertu de l'autorisation donnée de faire le commerce. Évidemment, il n'y a plus alors consentement du mari à tous les engagements de la femme. Mais c'est là une conséquence de la situation très spéciale qui est faite alors aux époux et dont j'ai parlé plus haut.

bourse à la communauté ce qui a été payé dans son
intérêt, le résultat est le même. Le mari pourrait seulement avoir un avantage à faire contracter l'obligation
par sa femme si l'on admet avec M. Laurent (1) que le
mari, dans ce cas, ne s'oblige pas personnellement, n'est
tenu de la dette qu'à raison de la communauté, et, après
la dissolution de cette dernière, n'en serait tenu que pour
moitié. Mais, outre que cette opinion est contestée (2), le
mari le plus souvent n'envisagera pas des conséquences
aussi lointaines de son engagement. Il comptera d'ailleurs
pour se couvrir, s'il y a lieu, sur la solvabilité de la femme,
et n'hésitera pas, si celle-ci ne consent pas à s'engager, à
contracter lui-même les obligations qu'il jugera nécessaires. Le fait que l'engagement de la communauté émane
de la femme prouvera la bonne intelligence des époux ;
sa validité pourra témoigner que les rédacteurs du Code
Civil n'ont pas entendu écarter de parti pris la femme de
la gestion de la communauté. Mais il n'y a là rien qui
constitue à la femme un droit opposable au mari, rien qui
lui permette d'apporter une limite à ses pouvoirs de chef,
de se protéger et de protéger la famille contre ses abus.

L'influence de la femme peut être plus importante pour
différents actes concernant certains arrangements de famille, certaines opérations de prévoyance. Si le consentement de la femme n'est pas indispensable, l'adhésion
qu'elle donnera, la participation qu'elle prendra, en com-
prenant au besoin ses biens dans les opérations ainsi faites, pourra rendre possible, ou tout au moins faciliter, la
réalisation de combinaisons favorables à tous les intéressés.

(1) XXII, no 70.
(2) DEMOLOMBE, IV. 310. — GUILLOUARD, II. 845.

Puis, dans d'autres cas encore, le concours de la femme peut devenir indispensable. Il s'agit pour elle de valider par son consentement quelque acte dépassant les pouvoirs du mari, ou de rassurer un tiers qui peut, en traitant avec le mari, craindre que celui-ci ne se prévaille de droits qui ne lui appartiennent pas.

D'autres fois encore, ce sont des sûretés pécuniaires que l'on exige de la femme accessoirement à un engagement du mari.

Enfin et surtout, pour les aliénations comme pour les constitutions d'hypothèque, on verra l'intérêt primordial qui s'attache à la renonciation par la femme à son hypothèque légale au profit du prêteur ou de l'acquéreur.

Je consacrerai un chapitre à chacun de ces quatre points.

CHAPITRE PREMIER

ARRANGEMENTS DE FAMILLE

Je n'ai, bien entendu, à étudier ici que les opérations pour lesquelles la participation de la femme mariée, de la mère de famille, a pour résultat de permettre au mari de prendre des arrangements nécessaires ou utiles pour le ménage ou pour les enfants. Il peut se faire que la femme concoure à un arrangement de famille qui a lieu entre ses parents, ses frères ou sœurs, etc. Les conséquences d'un tel contrat pourront être très intéressantes pour le mari et la communauté ; mais c'est là un droit qui appartient à la femme à raison des pouvoirs qu'elle conserve sur ses biens propres. Je veux ici me borner à constater la place qui lui appartient quand il s'agit de régler les affaires du ménage.

Très certainement, son intervention ne sera pas toujours nécessaire. Le mari pourra, bien souvent, prendre les mesures qu'il jugera utiles en vertu de ses droits de chef, de ses pouvoirs d'administrateur. Dans un certain nombre d'hypothèses, au contraire, le projet ne pourra être complètement réalisé que si la femme consent à s'y prêter, et à comprendre tout ou partie de ses propres dans l'opération dont il s'agit. Naturellement, la place faite à cette intervention de la femme différera selon les circonstances, et rien n'est plus varié que les combinaisons comprises sous ce nom vague d'arrangements de famille. Il est impossible d'entrer dans le détail de toutes les hypo-

thèses qui peuvent se rencontrer ; je vais seulement examiner les plus fréquentes et les plus importantes.

Je diviserai ce chapitre en deux sections. La première
sera consacrée à l'étude des mesures de prévoyance prises par les époux dans leur intérêt ou dans celui de leurs
enfants, sous la forme si répandue actuellement des assurances sur la vie. La deuxième section sera consacrée
aux dispositions entre vifs faites en faveur des enfants,
principalement sous la forme des constitutions de dot ou
des partages d'ascendants.

SECTION PREMIÈRE

ASSURANCES SUR LA VIE

C'est devenu une banalité que de constater l'énorme développement pris de nos jours par les assurances sur la
vie, et d'admirer la variété et la multiplicité des combinaisons qui permettent d'appliquer cette institution à toutes
les situations et de parer à tous les besoins. La situation
sociale et économique actuelle pousse d'ailleurs de plus
en plus les pères de famille sérieux à prendre des mesures
de prévoyance afin de pourvoir sur leurs vieux jours à
leurs besoins ou de mettre les enfants en état de s'établir.
La diminution des revenus des capitaux qui se produit
depuis plusieurs années, la poussée démocratique et le
développement de l'instruction qui font attribuer des emplois lucratifs à des personnes dépourvues de fortune
personnelle, sont autant de causes qui doivent augmenter
encore le développement des assurances ; et ce mouvement
sera d'autant plus accentué si le développement des sociétés d'assurance mutuelle et l'accroissement du nombre

des polices peuvent encore faire diminuer les primes à
payer et rendre l'opération plus avantageuse.

La vérité m'oblige à reconnaître que, la plupart du
temps, le mari figurera seul dans la police. Presque toujours en effet, c'est lui qui gagne la vie de la famille et
qui, sur les bénéfices de son travail, prélève les primes à
payer. Que les époux soient ou non unis en communauté,
il s'agit toujours de sommes dont le mari peut disposer
librement, soit comme propriétaire, soit comme chef de
la communauté.

Il pourra se faire que le mari fasse profiter sa femme
de l'indemnité d'assurance (1) ; c'est lui seul qui figure
au contrat. Il faudra, bien entendu, l'acceptation de la
femme ; mais cette acceptation serait peut-être donnée à
temps au moment où la femme serait appelée à toucher,
c'est-à-dire pratiquement quand le mariage serait dissous
par la mort du mari. En tout cas rien n'est plus facile pour
celui-ci que de se faire délivrer une police dans laquelle
soit insérée la « clause à ordre » et de l'endosser après coup
au profit de la femme si telle est son intention. Parfois au
contraire, dès le début, le mari déclarera contracter l'assurance au profit de sa femme qui acceptera immédiatement. Je crois cependant cette forme assez rare. En tout
cas, il ne faut pas oublier que l'acceptation demandée à la
femme dans l'espèce, c'est son acceptation du bénéfice de
l'assurance, non pas son consentement à l'assurance. Il

(1) La question est très controversée de savoir si dans ce cas, le capital dont la femme doit bénéficier constitue pour elle un propre ou
doit tomber dans la communauté. Même question si la femme avait
fait une assurance au profit de son mari. Dans ce cas, il faudrait l'autorisation de ce dernier : ne pourra-t-on dire alors que la femme
exerce, du consentement de son mari, un pouvoir sur la communauté
appelée à payer les primes ?

est vrai qu'à défaut de son consentement, le mari pourra renoncer à un projet formé seulement dans l'intérêt de la femme. Mais, ou bien le capital de l'assurance tombe en communauté, et la désignation de la femme n'a aucun effet, ou bien c'est une faculté donnée à celle-ci et qu'on ne peut lui imposer.

Il est un cas où l'adhésion de la femme a une tout autre importance, où son consentement ou son refus peuvent permettre ou empêcher une opération qui intéresse également les deux conjoints. Il s'agit du cas où tous deux conjointement contractent une assurance au profit du survivant. La jurisprudence et la doctrine valident non sans difficulté cette opération (1). On refuse de voir dans cette opération, soit un contrat à titre onéreux aléatoire interdit entre les époux par l'art. 1395 comme modifiant leurs conventions matrimoniales, soit une donation réciproque par un seul et même acte prohibée par l'art. 1097. Tout en regrettant que ces textes, écrits pour d'autres hypothèses viennent jeter des doutes sur la valeur de telles dispositions, du moment où la jurisprudence en permet la pratique, on ne peut nier de quel intérêt sera souvent pour les époux une pareille opération, quelle importance aura donc l'adhésion de la femme, sans laquelle on ne peut atteindre le but cherché. Je crois cette opération assez fréquente, et elle se répandrait probablement davantage, n'étaient les doutes qui règnent sur sa valeur, sur sa portée à l'égard des époux et sur la possibilité d'une récompense.

De cette hypothèse se rapproche tout naturellement, celle où une rente viagère a été stipulée par l'un des

(1) Cf : Douai, 31 janvier 1876. — Sir. 77, 2, 33 et note de M. LYON-CAEN, et Cass., 28 mars 1877. — Sir. 77, 1, 393 et note de M. LABBÉ. — GUILLOUARD, II, 1016 et les autorités qui y sont citées.

époux ou par les deux conjointement, soit à leur profit
exclusif, soit plus souvent au profit de tous deux conjointement, avec réversibilité de tout ou partie de la rente sur
la tête du survivant. C'est là une mesure de prévoyance
qui offre les mêmes difficultés que les assurances, et qui
se combine d'ailleurs très fréquemment aujourd'hui avec
un contrat d'assurance. Pour réaliser une opération de
cette nature, on aura besoin, comme pour l'assurance au
profit du conjoint survivant, du concours et du consentement de la femme.

SECTION II

LIBÉRALITÉS AUX ENFANTS NÉS DU MARIAGE

En dehors des dons d'usage, des menus cadeaux que
les parents peuvent faire à leurs enfants, ils se dépouillent
assez fréquemment en leur faveur de tout ou partie de
leurs biens, soit pour leur en abandonner la gestion et faire
avant leur décès un partage de leur patrimoine au mieux des
intérêts de chacun, soit plus souvent, pour permettre à
leurs enfants un établissement convenable, en rapport avec
la position de leurs parents et la fortune qu'ils ont à en
attendre. Le plus souvent, cette libéralité sera faite à l'occasion d'un mariage, ce sera une constitution de dot. Il peut
se présenter des hypothèses semblables ; il n'est pas rare
de voir des parents faire, en dehors d'un contrat de mariage, donation à un fils de capitaux nécessaires pour
monter une industrie, acheter un fonds de commerce ou
un office ministériel. Enfin, les parents peuvent parfois
avoir l'intention de faire à un de leurs enfants, une libéralité pour des motifs spéciaux, pour l'avantager par
exemple, ou pour payer ses dettes, et venir à son secours
en cas de mauvaise fortune.

Je ne peux étudier toutes ces hypothèses. J'examinerai
seulement les deux principales, la constitution de dot et
le partage d'ascendants ; et, dans deux paragraphes, je
rechercherai le rôle qui appartient dans ces deux actes à
la mère de famille.

§ 1er. — Constitution de dot

Si notre Code ne dit plus comme le droit romain
qu'il existe pour les père et mère une obligation civile
de doter les enfants, on admet (1) avec notre ancien droit
coutumier qu'ils sont tenus d'une obligation naturelle.

Cette obligation pour n'être point sanctionnée d'une
action, n'en est pas moins remplie d'ordinaire de fort
bonne grâce par les parents. Et comme elle pèse également sur tous deux, tous deux aussi le plus souvent,
s'associent pour constituer la dot (2).

A la vérité, il n'en est pas forcément ainsi. Les parents
peuvent ne point fournir de dot ; il se peut aussi qu'un
seul la fournisse. Rien n'empêche même que ce soit la
mère qui remplisse seule ce devoir. Dans ce cas, elle ne
pourra, bien que la loi favorise l'accomplissement de cette
obligation, disposer que de ses biens propres, sauf les
droits spéciaux qu'elle a dans le cas prévu par l'art. 1427.
Je parle du cas où la femme n'a que l'autorisation de
justice. Si elle est autorisée du mari, bien que Troplong
ait contesté cette opinion (3), on admet (4) qu'il y a là une
dette de communauté comme dans toutes les hypothèses

(1) Voy. les autorités citées par GUILLOUARD, I, 139.
(2) POTHIER : *Traité de la Communauté*, 646.
(3) T. II, nos 846 et 1231.
(4) GUILLOUARD, I, 152 et l'arrêt et les auteurs y cités.

où elle s'engage du consentement du mari. On remarquera d'ailleurs qu'il y a dans ce cas, concours de la
volonté des époux pour constituer une dot; ce sera généralement pour plus de commodité, parce que la femme
aura des biens disponibles, qu'on fera fournir la dot par
elle. Il se peut aussi que la dot soit constituée par le
père seul; naturellement alors il engage la communauté,
et la mère ne se trouve tenue que si elle accepte cette
communauté; et elle n'est obligée à rien si elle est mariée
sous un régime exclusif de communauté.

Aussi le plus souvent, les père et mère constitueront la
dot conjointement et en supporteront la charge de moitié
(1438 et 1544 du Code civil). Les parents s'acquittent
ainsi l'un et l'autre de l'obligation naturelle qui pesait
également sur tous deux. Le résultat est, semble-t-il,
exactement le même que celui que l'on a vu se produire
lorsque la mère dote un enfant avec le consentement de
son mari. En effet, dans les deux cas, la communauté et
le mari se trouvent engagés. La différence se présente
quand on recherche la part contributoire de chacun des
conjoints. Si c'est la femme qui dote, on pourra fort bien
soutenir qu'elle a entendu remplir un devoir personnel,
supporter seule la charge qui en résulte; et cela sera très
logique dans certains cas. Il se peut que la mère soit plus
riche que le père et qu'elle seule soit en état de fournir à
l'établissement des enfants. Pourquoi ne pas alors lui faire
supporter le fardeau qu'elle a entendu assumer? Le mari
aussi pouvait doter seul les enfants du mariage, et dans
ce cas il aurait aussi engagé la communauté. La situation
est la même. Au contraire, quand les deux époux ont doté
conjointement un enfant commun, si la dot a été payée
en biens personnels à l'un d'eux, « l'époux dont l'immeuble

ou l'effet personnel a été constitué en dot, a, sur les biens de l'autre, une action en indemnité pour la moitié (1) de ladite dot, eu égard à la valeur de l'effet donné au temps de la donation. » (1438 Code civil *i. f.*) Et si la valeur était fournie en biens de communauté, la femme qui renoncerait devrait aussi récompense pour la moitié de la dot. On ajoute d'ordinaire, bien que le contraire ait été jugé une fois, qu'il faut excepter le cas où la mère n'entend doter que pour sa part dans les biens communs (2). Je crois que cela va de soi; seulement, bien qu'il y ait plusieurs arrêts sur la question, cette clause est peu pratiquée; elle ne se trouve pas dans les formulaires usuels de notariat.

L'obligation de fournir la dot pourrait aussi être prise solidairement par le mari et la femme; c'est augmenter les facilités faites à l'enfant sans changer les règles de la contribution entre ses parents. Cet engagement n'est pas rare. Mais en revanche, les parents réduiront les avantages faits à l'enfant par une clause d'un usage presque général en stipulant que la dot constituée par eux conjointement ou solidairement sera « imputable sur la succession du prémourant. » Cette modalité imposée à une donation d'une nature spéciale, est fort en harmonie avec l'idée qu'on s'en fait d'ordinaire, et avec le besoin auquel elle répond. Le but des parents, c'est en effet, en principe, d'avancer à leur enfant sur le patrimoine qu'il recevra plus tard, une somme suffisante pour lui permettre de vivre selon leur condition jusqu'au décès des parents. Dès l'instant où la nouvelle famille a le nécessaire, il paraît

(1) Je suppose que les époux constituent la dot par moitié; ils pourraient aussi le faire par portions inégales, la situation n'en est pas changée.

(2) Voy. la controverse dans GUILLOUARD, I, 147.

naturel, au décès de l'un des parents, de ne pas augmenter la fortune des enfants aux dépens du survivant. L'âge viendra imposer à celui-ci des besoins nouveaux, la perte de son conjoint pourra diminuer ses ressources à l'heure où il en a le plus besoin, et où il est souvent le moins en état de se suffire par son travail. Il est donc logique que l'enfant précompte sa dot dans la succession du parent décédé. Bien entendu, cette clause ne modifie en rien la situation durant la vie des père et mère ; tous deux devront payer immédiatement leur part de la dot ; ils en supporteront aussi par moitié les charges, par exemple en cas de séparation de biens. Au décès de l'un d'eux, si la dot n'est pas payée, l'enfant aura action seulement contre la succession du prémourant. Si la dot a été payée en tout ou en partie par l'époux qui a survécu, il pourra répéter contre cette même succession ce qu'il aura fourni. C'est aussi à la succession du prémourant seulement que l'enfant doté doit le rapport (1). Bref la dot est censée avoir été constituée seulement par l'époux prédécédé.

Est-ce à dire que, en cas d'insuffisance de la succession de celui-ci, le survivant ne soit pas tenu ? La question en théorie est controversée ; un arrêt de la Cour de cassation en date du 3 juillet 1872 (2) a décidé que l'enfant n'a aucun recours contre le survivant. M. Labbé dans une note in-

(1) Le contraire a été jugé : Paris, 10 août 1843. — Sir. 43, 2, 544. Mais la jurisprudence est revenue sur cette opinion : Paris 16 mars 1850. — Sir. 50, 2, 321. Cass. 3 juillet 1872. — Sir. 72, 2, 201. AUBRY ET RAU, V, § 500. Texte et n. 17.

(2) Sir. 72, 1, 201. Sic. GUILLOUARD, I, 148. Cf. RODIÈRE ET PONT, I, 107, qui jugeaient utile de remarquer que le survivant, s'il avait fourni la dot et ne trouvait pas à se couvrir dans la succession du prédécédé, n'aurait aucun recours contre l'enfant qui avait reçu la dot.

sérée sous cet arrêt dans le Recueil de Sirey, combattait
cette interprétation et soutenait que les parents avaient
voulu constituer une dot fixe sur les bases jugées nécessaires. Bien qu'on ait reproché à cette opinion de ne voir
qu'un côté de la question, de ne pas tenir compte de la
volonté des parents de garder en cas de survie leur fortune intacte, c'est elle qui a prévalu en pratique. La clause
de style telle qu'elle est énoncée dans les formulaires (1)
dit en effet : « ... par imputation sur les droits de leur
fils dans la succession du premier mourant d'entre eux et
*subsidiairement s'il y a lieu pour tout ce qui excèderait
ces droits sur la succession du survivant.*

La clause dont il s'agit suppose qu'il y a engagement
solidaire des parents ; alors la solution va de soi. Mais n'y
eut-il qu'une dot constituée conjointement, ce serait encore
logique. Comment admettre qu'un fils, voyant son père
ruiné, puisse réclamer immédiatement à sa mère une moitié
au moins de sa dot, et qu'il n'eût plus droit à rien, si, par
un sentiment louable, il n'a pas voulu accabler ses parents
et n'a pas réclamé avant la mort de son père ?

Il faut reconnaître cependant que les parents se laissent
entraîner à des libéralités plus fortes quand ils ne craignent
pas de compromettre le sort de leur vieillesse, en se dé-
pouillant au profit de leurs enfants. Et à ce point de vue,
l'on ne peut contester l'importance (pour les enfants principalement) du consentement de la mère. D'abord, chacun
des époux s'engageant sur sa fortune propre, la somme
sera évidemment plus forte que n'eut pu l'être la dot constituée par un seul. Ensuite, dans bien des cas, les capitaux
du mari se trouvant employés pour les besoins de sa pro-

---

(1) DEFRÉNOIS, III, form. 1210. — AMIAUD, I, p. 667.

fession, ce seront des biens de la femme qui seront donnés aux enfants, et la femme y consentira d'autant plus volontiers, si elle sait ne contribuer que pour moitié. Enfin le concours des volontés du mari et de la femme est indispensable pour la constitution de dot par les deux époux avec imputation sur la succession du prémourant. Il n'y a pas de clause qui, dans des conditions normales, permette mieux à la générosité des parents de s'exercer sans danger pour eux tout en assurant la situation des jeunes époux.

§ II. — Partage d'ascendants.

C'est aussi le concours de la femme qui rendra possible ou tout au moins utile, la donation à titre de partage anticipé qui pourrait être faite par le père de famille aux enfants nés du mariage. Ce n'est tout au moins que par la participation de la femme que l'on obtiendra le résultat auquel tendent les parties.

Si, théoriquement, le partage d'ascendants peut ne comprendre qu'une partie des biens du donateur, en fait, il en sera bien rarement ainsi. Quel est le but des ascendants ? On voit d'ordinaire dans cette opération un moyen à eux donné « de prévenir les contestations auxquelles pourrait donner lieu un partage à faire après leur décès (1) ». Cela suppose déjà que le partage porte sur tous les biens qui devront échoir aux descendants. D'ailleurs, il ne faut pas exagérer cet intérêt ; il faut dans le partage d'ascendants entre-vifs que les enfants acceptent la donation faite par les parents, et l'influence de ceux-ci sera

(1) AUBRY ET RAU, VIII, § 728, n. 2.

rarement assez forte pour leur imposer silence s'ils se
croient lésés. L'observation de MM. Aubry et Rau est
plus vraie du partage d'ascendants fait par testament,
généralement pour prévenir un partage judiciaire s'il y a
des enfants mineurs. Parfois, il est vrai, même dans le
partage anticipé, les enfants pourront consentir à voir
avantager l'un d'entre eux : ce sera rare. Le vrai motif
qui pousse les parents à ces démissions de biens, c'est
presque toujours le désir de confier à un de leurs enfants
qu'ils jugent plus capable, la continuation d'une exploitation que l'âge les contraint à abandonner. Ils veulent,
de leur vivant, choisir un successeur qui conservera seul
une maison industrielle, un fonds de commerce, une propriété. Les autres enfants seront dédommagés avec les
autres biens, avec des titres et des valeurs, ou bien des
soultes devront leur être payées. Mais les parents auront
choisi celui qui continuerait l'œuvre capitale de toute leur
vie. Cette idée prend surtout de la force chez les petits
propriétaires ruraux. Non seulement, ils peuvent, par ce
procédé, remettre leurs biens entre les mains d'un fils qui
le cultivera, le soignera et l'aimera comme les parents
l'ont aimé et cultivé. Mais surtout, on évitera ainsi le
morcellement de l'héritage ; et il ne faut pas oublier que
c'est là le principal danger qui menace nos petites propriétés rurales, dont la division excessive pourrait rendre
toute exploitation impossible. Aussi est-ce surtout en
pareil cas que se rencontrera le partage d'ascendants.

Naturellement, pour cette opération, il est très important que tous les biens des parents y soient compris. Sans
cela en effet comment attribuer à un seul des enfants, le
bien qu'on veut lui laisser. Il faut pouvoir faire la part
des autres ; et il importe d'autant plus de ne pas les sa-

crifier qu'on a besoin de leur adhésion pour confier à celui des enfants qu'on a choisi le bien regardé comme la part principale de la fortune. C'est en même temps le meilleur moyen de supprimer d'un seul coup toutes les sources de difficultés entre les enfants. Cet intérêt est si réel que l'on voit très souvent après le décès de l'un des époux, l'autre faire donation de ses biens à ses enfants pour que les deux patrimoines soient fondus en un seul bloc et partagés par une seule opération. Comme il y a même raison durant le mariage, il y aura donc lieu de recourir à la femme et d'obtenir son intervention. La femme avec l'autorisation de son mari peut consentir à cette opération, à moins bien entendu qu'elle ne soit mariée sous le régime dotal ; encore le contrat de mariage pourrait-il lui permettre de consentir l'aliénation de ses biens dotaux, même sans remploi pour des actes de cette nature d'un si grand intérêt pour la famille (1).

L'intervention de la femme se trouvera dans bien des cas nécessaire, même si le mari entend seul faire un partage anticipé de ses biens propres. Si le mari possède des immeubles, il faudra en effet que la femme vienne renoncer à son hypothèque légale. On verra dans le chapitre IV de cette partie que c'est une simple application des principes ordinaires à toute aliénation d'immeubles par le mari. Dans notre hypothèse, la renonciation de la femme pourra se faire soit par une déclaration dans les termes de la loi du 13 février 1889, soit même tacitement par une obligation solidaire à la garantie de la donation.

(1) La clause d'aliénabilité sous le régime dotal conseillée par la Chambre des Notaires de Paris, dont j'ai déjà parlé, comprend expressément ce pouvoir. DEFRÉNOIS, Ed. 1893, III, p. 107.

De même encore, l'intervention de la femme serait
nécessaire, même si la donation-partage portait uniquement sur les biens propres du mari, dans le cas très fréquent où celui-ci a fait à sa femme des donations éventuelles de biens à venir. Dans ce cas, il serait plus
prudent que la femme, au lieu de renoncer simplement à
la donation, s'oblige solidairement avec le mari à garantir
les enfants contre tout trouble ou éviction. La Cour d'Agen
a en effet, le 13 juillet 1868, annulé une renonciation
pure et simple à la donation éventuelle. Dans l'espèce
cette donation avait été faite dans le contrat de mariage ;
la Cour a considéré la renonciation soit comme portant
atteinte à l'immutabilité des conventions matrimoniales,
soit comme s'appliquant à une succession future.

D'ailleurs, cette obligation solidaire de garantie va de
soi en cas de partage cumulatif par les père et mère, et
ce sera le cas général. Outre la faculté qui en résulte
pour attribuer à chaque enfant des lots à sa convenance, ce mode de procéder se trouve presque imposé
quand les époux sont soumis au régime le plus répandu
en France, le régime de communauté.

En effet, l'art. 1422 du Code civil apporte des restrictions
très importantes aux droits du mari de disposer de la communauté. Il ne pourrait, dans le partage qu'il ferait, donner que des objets mobiliers à titre particulier, et sans
pouvoir s'en réserver l'usufruit. « Il ne peut disposer entre-
vifs à titre gratuit, dit notre article, des immeubles de la
communauté, ni de l'universalité ou d'une quotité du mobilier, si ce n'est pour l'établissement des enfants communs. »
Or combien de fois arrivera-t-il qu'un partage anticipé
entre un certain nombre d'enfants se trouve fait en vue
de leur établissement à tous à la fois ? D'ailleurs, la dona-

tion ainsi faite par le mari ne serait pas forcément nulle, elle serait seulement subordonnée à l'acceptation par la femme de la communauté (1). Il n'y en a pas moins lieu de réclamer, dans les actes qui dépassent les pouvoirs du mari, l'intervention de la femme ; j'aurai à revenir sur ce point dans le chapitre II de cette partie.

Ce concours de la femme aura aussi au point de vue pratique le très grand avantage de simplifier les opérations quand les deux époux comprendront toute leur fortune dans un partage collectif. Outre les biens propres de chaque époux, l'abandon ainsi fait comprendra tous les biens de la communauté. Selon une expression énergique qui rend bien le sort fait à la fortune des parents, « il a pour effet de la transmettre de la même manière que par décès. » Et en effet, à part la rente viagère que les parents se réservent d'ordinaire, tout le patrimoine est dévolu aux enfants comme si les successions de tous deux s'étaient ouvertes simultanément le jour du partage d'ascendants. Il en résulte que les reprises qu'avaient à exercer contre la communauté les deux conjoints, que les récompenses dont ils se trouvaient respectivement débiteur et créancier, n'ont plus besoin d'être liquidées. Tout se confond dans une seule masse de biens. L'on évite de la sorte, et ce n'est peut-être pas un des moindres avantages du partage d'ascendants entre-vifs, un règlement de comptes long, coûteux, compliqué, et fertile en difficultés juridiques.

Est-ce à dire que la donation et le partage ainsi faits conjointement par les père et mère de tous leurs biens en une masse unique, n'ait que des avantages ? Je n'irai pas jusque là.

(1) Cpr. AUBRY ET RAU, VIII, § 731. Texte et n. 4.

Tout d'abord on peut diriger contre cette opération les
mêmes critiques que l'on adresse à tous ces partages an-
ticipés, surtout dans l'intérêt des parents. En outre, cette
confusion des deux patrimoines des époux entraîne certains inconvénients.

Supposons d'abord qu'une lésion ait été commise dans
le partage, assez forte pour motiver l'action en rescision.
Cette action ne pouvant être exercée en principe qu'après
le décès de l'ascendant donateur, ce ne sera, dans le cas
d'un partage collectif, que du jour du décès du survivant
que courra la prescription de dix ans résultant de l'article 1304 du Code Civil. Ce sera également après le décès
du parent survivant que pourra intervenir une confirma-
tion de ce partage (1). C'est condamner les co-partageants
à rester bien longtemps dans une situation indécise tout
à fait nuisible à leurs intérêts ; c'est faire peser sur eux
une menace qui empêchera toute amélioration et leur en-
lèvera forcément tout crédit.

Une difficulté peut aussi se présenter à raison de l'action en réduction donnée à chacun des enfants pour
atteinte à sa réserve. Il pourrait se faire qu'au décès du
prémourant, l'un des enfants, alloti avec les biens du survivant, attaque en réduction un de ses frères à qui auraient
été exclusivement attribués des biens du prédécédé.

La question est douteuse. Pour moi, je crois que l'action en réduction pour atteinte à la réserve doit être repoussée comme l'action en rescision durant la vie de
l'ascendant survivant. En effet, si cette action est exercée
contre un des co-partageants, celui qui, alloti des biens
du prémourant, se trouverait obligé de subir une réduc-

(1) AUBRY ET RAU, VIII, § 734. Texte et notes 19, 23 et 27.

tion, pourrait à son tour réclamer sa part au décès de l'autre parent. Ce serait détruire entièrement l'effet du partage d'ascendants. Du moment où l'on permet aux époux de procéder conjointement à cette opération, il faut que l'on évite toutes les contestations qui peuvent se produire de ce chef. Et comme les descendants ont dû, tous, accepter la donation à eux faite et le partage qui en est la suite, ils ont consenti à supporter les inconvénients qui pourrait résulter pour eux de cette situation et renoncer à se prévaloir de leur réserve avant le décès des deux ascendants donateurs.

D'ailleurs les deux inconvénients que présente le partage cumulatif se produiront rarement. Je crois qu'une contestation élevée à raison des droits de réserve d'un descendant serait mal fondée, et qu'elle ne sera pas engagée. Reste à craindre une lésion de plus du quart, jetant le doute sur la validité du partage. Mais heureusement, une pareille erreur sera bien rare dans un acte qui exige la présence effective de deux notaires ou d'un notaire et de deux témoins, et qui requiert l'adhésion d'un certain nombre de parties intéressées.

Il n'y a donc pas là de motif sérieux pour empêcher les partages cumulatifs qui présenteront d'autre part tant d'avantages, et pour se priver des bénéfices si importants que fournit l'intervention de la femme.

La femme se trouve ainsi appelée à intervenir aux opérations qui intéressent le plus la famille en assurant la situation des époux durant leur vieillesse ! ou au contraire, en améliorant la position des enfants. Non seulement le rôle de la femme en est grandi, mais son intervention a d'autres avantages. Dans bien des cas, sa prévoyance naturelle et son affection pour toutes les parties en cause lui permettront d'exercer une influence salutaire sur tous les intéressés, et de réussir bien des négociations, des petites transactions où l'autorité du père de famille aurait échoué.

CHAPITRE II

Si le mari est le chef du ménage, le Seigneur et Maître de la communauté, il n'en résulte pas que ses droits soient sans limites. Un certain nombre d'actes excèdent ses pouvoirs d'une façon certaine. Dans d'autres cas, on aura seulement des doutes sur la valeur des engagements contractés par le mari seul. Il va falloir rechercher si le concours de la femme peut valider les opérations du mari ; et voir dans quelles circonstances peut se produire cette intervention de la femme.

J'examinerai dans deux sections, d'abord les hypothèses où l'intervention de la femme est motivée par l'incertitude des tiers sur les vrais pouvoirs du mari, puis celles où le concours de la femme est nécessaire pour valider des actes interdits au mari seul.

SECTION PREMIÈRE

CONCOURS DE LA FEMME MOTIVÉ PAR LE DOUTE OU SONT LES TIERS DES DROITS DU MARI.

Sans doute, sous les différents régimes matrimoniaux les droits du mari sont en principe fixés et limités par le Code. Mais dans certaines circonstances on peut conce

voir des doutes et se demander si certains actes non prévus dépassent les pouvoirs du mari. Dans ce cas, les gens
prudents, ou bien refuseront de traiter avec le mari, ou bien
exigeront une garantie qui les mette à l'abri de toute réclamation au cas où l'acte en question excèderait en effet
les droits du mari. Comme ces réclamations ne peuvent
émaner que de la femme ou de ses ayant-cause, il n'est pas
contre ce péril de meilleur remède que le concours de la
femme. En admettant même que l'on trouve contraire aux
prérogatives du chef de famille une pareille intervention,
que l'on trouve blessante cette sorte de ratification émanant
de la femme, qui semblerait lui reconnaître un droit su-
périeur de contrôle, il reste un moyen très simple ; la
femme n'a qu'à s'obliger solidairement avec son mari et
les tiers se trouveront à l'abri de toute réclamation de
sa part. Pour cela que faut-il ? Il faut seulement que la
femme ne soit pas empêchée d'agir par la dotalité de tous
ses biens ; il faut aussi qu'elle consente à s'engager ainsi
pour le compte du mari. Et l'on ne peut méconnaître qu'il
peut résulter pour elle quelques avantages de l'obligation
où se trouve le mari de solliciter son concours.

Je ne peux prévoir toutes les circonstances dans lesquelles se présentera cette situation. Je vais seulement
indiquer les plus intéressantes.

§ 1er. Intervention de la femme motivée par la sanction incomplète de la loi du 10 juillet 1850

Un des cas les plus importants où l'intervention de la
femme pourrait être jugée nécessaire se produira quand
l'acte de célébration de mariage portera que les époux se
sont mariés sans contrat de mariage.

En effet, la loi du 10 juillet 1850 qui a établi le principe de la publicité des conventions matrimoniales, en prescrivant que l'acte de célébration mentionne s'il a ou non été fait un contrat de mariage, n'a apporté à ces dispositions qu'une sanction incomplète.

Il eut paru fort simple de dire que, faute par les époux de faire cette déclaration, leur contrat de mariage, valable entre eux, ne serait pas opposable aux tiers, que pour les tiers, il seraient réputés mariés sous le régime de la communauté légale.

Pour M. Bufnoir (1), ce serait avec raison semble-t-il que le législateur de 1850 a refusé d'aller aussi loin, et les reproches qu'on lui adresse de ce chef sont peu justifiés. La loi de 1850 déclare seulement que la femme sera réputée à l'égard des tiers « *capable de contracter dans les termes du droit commun*, à moins que dans l'acte qui contiendra son engagement, elle n'ait déclaré avoir fait un contrat de mariage. » On a voulu seulement protéger les tiers contre les dangers qui étaient pour eux inévitables à moins qu'ils ne refusent de traiter. Or, comment refuser de passer des actes avec tous les citoyens qui n'ont pas de contrat de mariage ? Que signifierait cette mise à l'index ? Il faut seulement que la femme ne puisse se prévaloir, au préjudice des tiers induits en erreur, des limitations portées par le contrat de mariage à la valeur de ses engagements. Quant aux autres dangers, les tiers peuvent les écarter en exigeant pour traiter le concours des deux époux.

Supposons en effet qu'il ait été fait entre les futurs époux un contrat de mariage établissant le régime de la séparation de biens, et qu'il n'ait été déclaré ni lors de la

(1) A son cours 1893-1894.

célébration du mariage, ni même postérieurement, aux
tiers avec qui l'on veut traiter. Ceux-ci doivent donc supposer que le mari a l'administration des biens de la femme.
Ils pourraient l'estimer qualifié pour donner seul à bail
les immeubles de sa femme, pourvu que ce bail n'excède
pas neuf ans, ou pour recevoir seul les capitaux mobiliers
qui peuvent être dus à sa femme. Que cette dernière réclame ensuite contre les abus de pouvoir du mari, le bail
sera nul, le paiement fait par ces tiers n'aura pas été libé-
ratoire. De même encore ceux-ci auront pu, s'ils étaient
créanciers du mari, croire que le mobilier de la femme
était tombé en communauté. Au moment où ils voudront le saisir, on n'aura qu'à leur opposer un contrat
de mariage non publié emportant adoption du régime de
la communauté d'acquêts.

Les tiers ont un moyen d'éviter ces surprises désagréa-
bles, c'est d'exiger pour toutes les obligations du mari,
l'intervention de la femme et son obligation solidaire.
Par ce moyen, ils évitent toute réclamation de la femme,
et acquièrent en même temps une action sur ses biens
propres, comme sur ceux du mari ou de la communauté (1).

Voilà donc ce que devraient faire les tiers diligents,
toutes les fois que les époux sont unis sous le régime de
la communauté légale, à défaut de contrat de mariage.
C'est-à-dire que dans tous ces cas si fréquents, l'engagement du mari n'acquiert sa véritable valeur, au moins en
ce qui concerne les biens qui viennent de la femme, que
par l'adhésion de celle-ci. C'est, à n'en pas douter, lui
attribuer un pouvoir considérable ; d'autant plus que dans

(1) Cf. COLMET DE SANTERRE, VI, nº 11 bis. X,

les familles peu aisées où l'on ne fait pas de contrat de mariage, faute par le mari d'être en état de prouver que tel ou tel bien, tel objet mobilier, telle valeur vient de lui et non de sa femme, le consentement de cette dernière pourrait toujours être exigé dans le doute par les gens prudents. En fait, ce serait, dans les classes pauvres, subordonner l'exercice des pouvoirs du mari, au consentement de la femme. Tout d'ailleurs n'est pas avantage pour elle ; au lieu de rester étrangère comme l'avait prévu le législateur sous le régime de communauté, à tous les actes d'administration du mari, au lieu d'éviter toute responsabilité, la femme se trouvera obligée solidairement ; son patrimoine au lieu de rester indemne, de constituer au profit de la famille une sorte de fonds de réserve en cas d'insuccès des opérations du mari, se trouve compris dans le gage des créanciers communs.

Mais s'il en est ainsi, si d'autre part, en supprimant les prérogatives du mari comme chef, on a fait perdre au patrimoine de celui-ci et aux biens communs leur caractère naturel, s'ils ne sont plus les biens engagés, risqués pour la réussite des opérations dont la famille entière doit profiter, quel bouleversement a-t-on fait subir au régime de communauté? Le législateur de 1850 a-t-il donc voulu créer pour les gens mariés sans contrat, un régime si différent de celui que le Code civil leur avait établi? Rien ne permet de le supposer. En réalité, il a été préoccupé d'un seul danger, il a voulu couper court aux abus qui résultaient avant son intervention des fausses déclarations des femmes dotales, et tout porte à croire qu'il n'a pas entrevu d'autres difficultés possibles. Il faut ajouter aussi qu'en pratique l'on ne s'en préoccupe guère. Toutes les fraudes que l'on peut craindre sont peu connues et

pour ainsi dire pas employées. D'ailleurs les parties se
conforment assez bien aux exigences de la loi de 1850.
Une négligence n'est guère à craindre par suite des aver-
tissements donnés par les officiers de l'État-Civil et par
le notaire rédacteur du contrat. Une omission ne s'expliquerait guère que dans un but de fraude ; il faudrait que
les époux soient d'accord pour comploter de bien loin
des opérations d'où ne résulterait d'ailleurs pour eux
qu'un profit minime.

Aussi est-il assez rare de voir exiger pour cette cause
du moins, l'intervention de la femme aux actes d'administration du mari. C'est évidemment refuser à celle-ci
un pouvoir appréciable. Mais on évite aussi par cette abstention tous les inconvénients que je viens de signaler.
Heureusement ! Sans quoi, malgré l'autorité des jurisconsultes qui ont rédigé la loi de 1850 ou qui s'en font
les défenseurs, je me demande si l'on n'eût pas mieux fait
d'accepter la solution plus radicale, mais plus élégante,
réclamée par quelques praticiens, et de décider qu'à défaut par les époux de se conformer aux règles de publicité
des contrats de mariage, leur union serait régie au regard
des tiers par le régime de la communauté légale.

§ II. — Pouvoirs résultant pour la femme du droit d'op-
tion établi à son profit par l'art. 1408, 2ᵉ alinéa.

Une hypothèse relativement assez rare peut aussi se
produire et modifier d'une façon curieuse les droits du
mari. Il s'agit du cas où d'après l'art. 1408, 2ᵉ al. du Code
civil, la femme se trouve investie du droit d'option connu
sous le nom de *retrait d'indivision*.

Si le mari a acquis « seul et en son nom personnel »,

tout ou partie d'un bien appartenant par indivis à la femme, celle-ci se trouvant investie du droit de prendre pour elle cette acquisition, durant tout le temps où cette éventualité pourra se produire, la propriété du bien ainsi acquis sera précaire et les tiers qui songeront à acquérir des droits sur ce bien auront à prendre des précautions en conséquence. Or, la femme ne peut être obligée à exercer ce droit d'option qu'à la dissolution de la communauté. On admet même qu'elle a trente ans à partir de cette date pour prendre parti si les représentants du mari ne l'ont pas forcée de déclarer son intention (1).

Or, jusqu'au moment du retrait, le bien en question a provisoirement la qualité d'acquêt de communauté. Ceci a été contesté par Troplong (2). Mais les principes généraux et les termes de l'article 1408 montrent avec évidence que le mari a alors entendu acheter pour son compte, non pour celui de la femme, à laquelle on accorde le retrait comme une protection contre l'opération du mari. La doctrine et la jurisprudence sont en ce sens (3).

Mais une fois le retrait exercé, l'on admet aussi presque unanimement que l'option de la femme va résoudre l'acquisition du mari, que la femme sera rétroactivement supposée propriétaire dès l'acquisition par le mari. Seul M. Laurent (4) s'est élevé contre cette doctrine, non pas même toujours. Si le mari n'avait acheté que les parts indivises des co-propriétaires de la femme, il explique le retrait comme un partage et lui applique le principe

---

(1) AUBRY ET RAU, V, § 507. Texte et note 103.

(2) TROPLONG, I. 638 et suiv. *Sic.* Grenoble, 18 août 1854. Dal. 56, 2, 161.

(3) Cf. les autorités citées par GUILLOUARD, II, 556.

(4) XXI, 348, 353.

de la rétroactivité posé en cette matière par l'art. 883.

Au contraire, si le mari a acquis tout l'immeuble indivis, il était tout entier devenu un conquêt ; le retrait est un rachat qui ne peut sans texte formel attribuer à la femme de droit rétroactif. En somme, M. Laurent refuse de voir dans le retrait d'indivision un acte ayant sa nature propre, et, selon les circonstances, il le ramène au type qui s'en rapproche le plus. Or, en réalité il y a dans le droit d'option accordé à la femme quelque chose de particulier. La loi ne permet pas seulement à la femme de racheter l'immeuble, elle lui permet de le *retirer* c'est-à-dire de se substituer dès le début au mari dans son opération si elle compte y trouver son avantage. C'est d'ailleurs le seul moyen de donner quelque portée au droit de la femme. A quoi lui servirait le droit d'option que lui accorde l'article 1408, si le mari pouvait l'empê-cher d'en profiter en aliénant le bien ou en le couvrant d'hypothèques ? Quant aux tiers, ils devaient savoir que les droits du mari étaient résolubles, et n'auront donc pas été trompés (1).

Est-ce à dire que la situation soit sans inconvénient ? Le mari sous le coup de cette éventualité du retrait ne pourra ni aliéner ni hypothéquer le bien qu'il aura ainsi acquis de ses deniers ou de ceux de la communauté. C'est là une rude atteinte à ses droits, et si l'on ne pou-vait passer outre, cette sorte d'inaliénabilité de fait pour-rait être nuisible au crédit public et à l'intérêt social. Et cependant tant que dure la communauté, on ne peut contraindre la femme à prendre parti. C'est donc de la

(1) GUILLOUARD, II, 559, et les auteurs et les arrêts cités à l'appui de ce système.

femme, de sa bonne volonté, qu'il faudra obtenir le moyen de sortir de cette impasse. Si celle-ci refuse de prêter la main aux opérations que veut faire le mari, celui-ci devra céder ; il ne pourra pas tirer parti du bien soumis au retrait.

Le plus souvent, la femme consentira, soit qu'elle ait obtenu quelque avantage de son adhésion, soit qu'elle ait compris l'intérêt de la famille, soit encore que son affection pour le mari ait déterminé son consentement. Mais comment se fera cette participation de la femme ?

La femme pourrait d'abord manifester sa volonté de renoncer au droit de retrait, soit expressément, soit tacitement, par exemple par son concours à la vente de tout l'immeuble indivis qualifié de conquêt dans l'acte (1). Mais la femme a-t-elle le droit au cours du mariage de renoncer à l'option que lui accorde l'art. 1408, 2 alinéa. Il faut tout d'abord écarter l'hypothèse où la femme est mariée sous le régime dotal. Mais même sous le régime de la communauté, la jurisprudence approuvée, par quelques auteurs (2), semble prohiber l'exercice de l'option au cours du mariage.

On argumente du texte du Code qui donne ce choix à la femme, *lors de la dissolution de la communauté*. On ajoute que l'art. 1408 est une protection contre le mari, et que l'option exercée au cours du mariage le sera forcément sans liberté, sous l'influence du mari que l'on craignait. Sans me dissimuler la valeur de cette argumentation,

----

(1) Cassation 1er mai 1860. — Dal. 60, 1, 511.

(2) Cass. 25 juillet 1844. — Sir. 44, 1, 614. Nancy, 6 juin 1854. — Sir. 54, 2, 585. Rennes 9 fév. 1891. — Sir. 91, 2, 127. — MARCADÉ, V, art. 1408, IV : ODIER, I, 141. — RODIÈRE ET PONT, I, 634.

je suis assez disposé à admettre l'opinion adverse soutenue
par la majorité des auteurs et admise par deux arrêts (1).
Sans doute, l'influence du mari pourra empêcher la femme
de profiter de cette faveur et la lui faire refuser. Mais est-
ce le seul cas où les intérêts de la femme sont en conflit
avec ceux du mari ? Dans d'autres circonstances que j'ai
retracées dans ma première partie, il faut bien que la femme
se débarrasse de l'influence de celui-ci et prenne contre lui
les mesures de défense nécessaires. Il en sera de même
ici. La loi a accordé à la femme une protection, mais pas
dirigée contre l'influence du mari. On a voulu à la fois
éviter les inconvénients de l'indivision et empêcher le
mari « d'acquérir pour sa femme malgré elle (2) ».
L'art. 1408 en fixant à la dissolution de la communauté
l'option de la femme est purement indicatif et n'enlève
pas à la femme le droit de se décider avant. La femme
avait le droit d'acheter pour son compte, elle aurait le
droit à la dissolution de la communauté d'opérer le retrait
avec effet rétroatif, il faut lui laisser entre ces deux mo-
ments, le droit d'exercer son choix.

A la vérité, pratiquement, cette opinion se trouvant
contraire à celle de la jurisprudence, les tiers ne devront
compter qu'avec réserve sur les avantages de la renonciation exercée par la femme.

Cependant, les auteurs décident que la femme, même
en opérant le retrait, ne pourrait critiquer soit une aliénation partielle soit une constitution d'hypothèque si elle y

(1) Lyon 20 juillet 1843. — Sir. 44, 2, 319. Cass. 26 janvier 1887. —
Sir. 90, 1, 293. AUBRY ET RAU, V, § 507. Texte et note 101. — COL-
MET DE SANTERRE, VI, 37 bis. III. — LAURENT, XXI, 341. — GUIL-
LOUARD, II, 551.

(2) TRONCHET, sur l'art. 1408. — FENET, XIII, p. 559.

avait concouru ou avait donné après coup sa ratification. Et M. Guillouard (1), justifie cette opinion par une renonciation partielle à l'exercice du retrait.

J'ai quelques doutes sur l'exactitude théorique de cette doctrine. Outre que l'on peut se demander quelle est la valeur d'une renonciation faite au cours du mariage, on ne s'explique guère qu'il soit possible de renoncer *pour partie* à un droit qui est institué en haine de l'indivision. En particulier, en ce qui concerne l'hypothèque, faire consentir ce droit réel par la femme avant l'exercice du retrait, n'est-ce pas aller contre la défense édictée par l'art. 2129 d'hypothéquer les biens à venir ? Sans doute, si dans la suite la femme exerce le retrait, son droit rétroagit ; elle est donc censée avoir été propriétaire lors de la constitution de l'hypothèque. Mais tout ceci revient à dire que la femme a un droit conditionnel, qu'elle est propriétaire sous condition suspensive, comme le mari est propriétaire sous condition résolutoire. Or, quelle est la nature de la condition qui affecte le droit de la femme ? Elle dépend du bon vouloir de la femme, c'est une condition purement potestative. On tombe sous le coup de la prohibition de l'art. 1174.

Le résultat auquel on arrive est déplorable, et tout à fait dangereux pour le crédit ; il est d'autre part contraire au bon sens. Je crois donc que si le consentement de la femme n'a par lui-même qu'une valeur médiocre, par son rapprochement avec celui du mari il acquiert une portée plus sérieuse. Là où l'un est propriétaire sous condition suspensive, l'autre sous condition résolutoire, aucun ne peut seul céder de droits fermes. Mais le concours des

(1) II, 559.

deux propriétaires sous des conditions inverses doit logiquement pouvoir donner les mêmes résultats que le consentement d'un propriétaire unique. Il n'y en a pas moins
là un certain nombre de difficultés sérieuses qui devront
rendre les tiers très prudents en pareille circonstance.

SECTION II

LIMITATION AUX POUVOIRS DU MARI COMME CHEF DE LA COMMUNAUTÉ

Le mari, bien qu'il soit encore qualifié de seigneur et
maître de la communauté, bien qu'il ait des pouvoirs d'administration très étendus qui vont jusqu'à comprendre le
droit d'aliéner et d'hypothéquer, ne jouit pas de tous les
droits d'un propriétaire.

Sans revenir sur les restrictions déjà étudiées, relatives
à ses prérogatives d'administrateur des biens de la femme,
j'ai à noter sur les biens communs certaines exceptions
importantes à son droit de disposition, et à examiner si
le concours de la femme peut valider les opérations ainsi
interdites au mari.

Il y a des cas où cette question ne se posera même pas.
Ainsi, que le mari dispose par testament au delà de sa
part de communauté, cet acte tombera sous le coup de
l'article 1423 du Code civil. Bien évidemment, cette prohibition est édictée dans l'intérêt de la femme. On ne
conçoit cependant pas l'intervention de la femme au testament de son mari pour renoncer en faveur des léga-
taires au droit de se prévaloir s'il y a lieu de la protection de notre article. Le Code civil s'est déjà montré bien
large en validant le legs fait par le mari d'un effet de
communauté, même si l'objet légué ne tombe pas au lot

des héritiers du mari. Il fallait que la femme fût assurée de trouver sa part dans la communauté ; sauf à elle à exécuter le legs de son mari même à ses dépens, si elle le juge convenable. Ce sera alors une libéralité qui émanera d'elle, qui se produira après la dissolution de la communauté.

Dans d'autres circonstances encore, les pouvoirs du mari subissent des restrictions sans que le concours de la femme, théoriquement possible, vienne en fait valider ces actes. Il s'agit du cas où les époux plaident en divorce ou en séparation de corps, et de celui où la femme demande la séparation de biens. L'article 271 du Code civil décidait que toute obligation contractée par le mari à la charge de la communauté ou toute aliénation d'immeubles communs, postérieure à l'ordonnance de comparution des parties, prévue par l'art. 238, serait nulle s'il était prouvé qu'elle a eu lieu en fraude des droits de la femme. Cet article est devenu depuis la loi du 18 avril 1886 l'article 243 de notre Code, sans changer de forme ni de portée. La conséquence de cette disposition c'est, à n'en pas douter, d'empêcher le mari durant tout le cours de l'instance de trouver un tiers sérieux avec lequel il puisse traiter. Pour que l'opération du mari soit valable, il faut qu'elle n'ait pas été faite en fraude des droits de la femme. Comment les tiers pourraient-ils apprécier la situation à ce point de vue? Comment ne redouteraient-ils pas une réclamation de la femme alors que la discorde qui règne dans le ménage permet de prévoir toutes les contestations (1)? C'est là, à dire vrai, une situation fâ-

(1) On admet d'une façon à peu près unanime (Cf. AUBRY ET RAU, V, § 509. Texte et n. 4. GUILLOUARD, II, 734, 738. Bordeaux 7 fév.

cheuse pour le mari dont on ruinera le crédit pour protéger la femme, alors que ce sera parfois contre celle-ci que sera demandé et prononcé le divorce ou la séparation de corps.

La situation du mari est plus défavorable encore, à juste titre il est vrai, quand une demande en séparation de biens a été formée par sa femme. Dans ce cas, dès la demande formée, il ne pourra aliéner les biens communs. C'est en effet ce qui résulte de l'art. 1445 *in fine.* La séparation remontant quant à ses effets au jour de la demande, si elle vient à être prononcée, le mari se trouve à partir de cette date dépouillé de ses droits de chef de la communauté; et par suite, les actes par lesquels il aurait disposé des biens communs durant cette période seraient inopposables à la femme (1). Les tiers ne voudront pas courir ce danger, et refuseront de traiter ; le mari trouvera d'autant moins le moyen d'obtenir leur consentement, qu'ils auront pu être prévenus par la publicité donnée à la demande en séparation de biens.

1878. Sir. 78, 2, 258) que les actes du mari faits en fraude de sa femme, soit qu'ils aient enrichi le mari ou les siens, soit qu'ils aient été faits en haine de la femme, sont nuls à l'égard de celle-ci. On lui permet donc soit de se faire indemniser par le mari, soit même de se retourner contre les tiers. Il y a donc pour eux de ce chef une cause d'éviction toujours à prévoir, et naturellement ils l'évitent si la femme a participé à l'acte du mari. Il n'y aurait pourtant pas là de quoi exiger l'intervention de la femme à tous les actes du mari. Tandis qu'une contestation naît très facilement et que la fraude est admise sans difficulté si les époux plaident en divorce ou dans quelques autres circonstances analogues, d'ordinaire on se montrera difficile sur la preuve du caractère frauduleux des actes du mari, et pour une opération sérieuse les tiers pourront être tranquilles, même s'ils ne sont pas garantis contre ce danger par l'intervention de la femme.

(1) AUBRY ET RAU, V, § 516. Texte et n. 49.

Naturellement, qu'il s'agisse de séparation de biens, de séparation de corps ou de divorce, la femme en conflit aigu avec son mari, ne viendra pas valider par son adhésion les opérations de celui-ci. Elle n'y aurait aucun intérêt, et sans parler des mauvaises dispositions où elle se trouve forcément, elle aurait peur de compromettre sa cause en faisant éclater au grand jour, même sur un point spécial, son accord avec le mari. Quelques exceptions excessivement rares, pourront peut-être se produire quand l'opération sera très avantageuse ou très urgente. Tel serait le cas de la vente d'un immeuble à un prix rémunérateur, ou mieux encore d'une vente amiable à un prix raisonnable pour éviter une expropriation. Si le consentement de la femme était donné dans de pareilles circonstances aux actes du mari, il faudrait considérer cette opération comme valable. Mais la solution à donner ici dépend du point de savoir si la femme peut par son concours valider les actes du mari qui dépassent ses pouvoirs de chef de communauté.

Cette question se pose à l'occasion des donations de biens communs, interdites au mari par l'art. 1422 du Code civil. C'est en effet pratiquement la circonstance où peut logiquement intervenir une adhésion de la femme. Encore ne faut-il pas s'exagérer la fréquence des opérations de cette sorte ; le Code civil n'interdit pas toutes les donations au mari seul, et lui permet soit les donations de meubles ou de valeurs ou de sommes à titre particulier, soit les donations à un enfant par contrat de mariage pour son établissement (1439, C. C.), et ce sont là les donations les plus fréquentes.

Même quand il s'agit de donations dépassant les pouvoirs du mari seul, aujourd'hui une jurisprudence cons-

tante, approuvée par la majorité des auteurs (1), admet
la validité de ces dispositions, si elles sont faites conjointement par le mari et la femme.

La question est cependant encore sérieusement discutée
en doctrine. On se demande comment le concours de la
femme peut valider l'aliénation consentie par le mari. Il
ne s'agit pas de faire cesser une incapacité de celui-ci ;
on ne peut admettre l'idée d'une autorisation donnée par
la femme au mari ; d'un autre côté, on fait ainsi renoncer
la femme à une protection nécessaire contre son mari,
on l'expose au danger de l'influence de ce dernier. Il en
serait de même si l'on soutenait, contrairement aux principes du régime de communauté, que la femme agit
comme co-propriétaire et comme donatrice pour moitié. Et
puis, dit-on, la femme n'a aucun droit de disposition pour
sa part, sur les biens de la communauté. Et là où le mari
ne peut faire donation du tout, il ne pourrait non plus
faire donation de sa part, de sa moitié, parce que la
femme a voulu sans succès disposer simultanément de
la sienne. En somme, le mari seul a tous les pouvoirs
sur les biens communs « et ce qu'il ne peut faire est
impossible à faire (2). »

M. Laurent va encore plus loin. Comme il a posé en
principe (3) sans discussion (jugeant la question « assez
oiseuse ») et en argumentant de la célèbre phrase de
Dumoulin, que la femme n'est point associée mais qu'elle
espère le devenir, il repousse avec énergie toute intervention de la femme. En particulier, en ce qui concerne

(1) Voir les arrêts et les auteurs cités par GUILLOUARD, II. 702.
(2) MARCADÉ, Art. 1422, V.
(3) XXII, 1.

les donations de biens communs, la femme ne peut pas y
figurer (1). « Pendant la durée de la communauté, la
femme n'est pas co-propriétaire, elle ne l'est qu'en
théorie, elle ne peut faire aucun acte de propriété. Or,
donner, c'est faire acte de propriétaire ; la femme peut-
elle donner ce qui appartient au mari ? Donner c'est
transmettre la propriété actuellement, alors qu'elle ne
deviendra propriétaire que si elle accepte la communauté...
Dira-t-on que son concours est conditionnel ? Ce serait
une condition potestative ; or, on ne peut pas donner
sous condition potestative. » Peu importe la tradition ; il
y a dans l'article 1422 une protection à laquelle la femme
incapable ne doit pas pouvoir renoncer ; et puis la disposition est nouvelle. Peu importe aussi que le mari ait
obtenu dans l'article 1421 le droit de faire certains actes
« sans le concours de sa femme ». Cela ne veut point
dire que les donations soient prohibées seulement lorsque
le mari n'a pas obtenu le consentement de sa femme.
Et M. Laurent termine par une critique très vive de la
jurisprudence et spécialement des termes de l'arrêt de la
Cour de Cassation du 5 février 1850 (2) qui a fait prévaloir l'opinion contraire à la sienne.

Le système de M. Laurent serait, je crois, irréfutable si
l'on admettait avec lui que « pendant la durée de la communauté la femme n'est pas co-propriétaire ». Mais cette
théorie, admise un peu à la légère par M. Laurent après
Toullier et Championnière et Rigaud (3), est généralement

(1) XXII, 21 et suiv.
(2) Sir. 50, 1, 337.
(3) TOULLIER, XII, 75 à 81. — CHAMPIONNIÈRE ET RIGAUD : *Des
droits d'enregistrement,* IV, 2835 et suiv.

repoussée (1). Même dans notre ancien droit, si le mari d'après Dumoulin était à l'égard des tiers seul propriétaire, *solus actu dominus*, ce n'est que « *propter auctoritatem administrationis et alienandi potestatem* » (2). Et Laurière ajoutait : « Si le mari est seigneur des meubles et des conquêts immeubles, il n'en est pas propriétaire si ce n'est de la moitié seulement, et s'il peut vendre, aliéner, hypothéquer ce n'est que parce qu'il en a la libre administration, en qualité de chef de la communauté (3) ».

Si telle était déjà dans l'ancien droit la façon dont on comprenait la formule « le mari est seigneur et maître de la communauté », à plus forte raison ne peut-on nier le droit de la femme sous le Code Civil. Non seulement les droits du mari se sont trouvés restreints, en particulier en ce qui concerne les donations entre vifs, mais certains textes supposent que la femme a un droit actuel ; tel est l'article 1492. Enfin la meilleure preuve que la femme est co-propriétaire, bien plus, qu'elle n'est pas dépourvue de toute action, c'est la possibilité d'intervenir reconnue à la femme dans tous les cas que j'ai examinés dans ce travail. En particulier, et c'est ce qu'avait fait remarquer Troplong (4), comment expliquer sans cela le pouvoir pour la femme d'obliger la communauté avec la simple autorisation du mari ? M. Laurent s'élève fort contre cet argument, il déclare que ce droit de la femme ne prouve nullement la possibilité pour elle de valider par son consentement les donations interdites au mari. Peut-être ; mais du moins

---

(1) Voir les auteurs cités par AUBRY ET RAU, V, § 505. Texte et note 4.

(2) DUMOULIN, *In. cons. Paris*, § 57, n. 2, *Nov. cons.*

(3) *Coutume de Paris*. Commentaire sur le titre X, art. 225.

(4) II, 854 et suiv.

peut-on conclure que la femme non seulement est co-propriétaire de la communauté, mais encore peut être appelée
à exercer des pouvoirs impossibles à expliquer autrement.
Si parfois l'autorisation du mari peut faire croire que l'acte
de la femme émane en réalité du chef de l'association
conjugale, qu'il me suffise de rappeler les hypothèses prévues dans ma seconde partie où les droits de la femme ne
viennent pas du mari ; qu'on se reporte par exemple à
l'art. 1427.

Quel serait donc le motif de la prohibition absolue qui
frapperait, à ce qu'on prétend, certaines donations entre-
vifs d'après l'art. 1422 ? Il s'agit de protéger la co-propriété
de la femme. Serait-ce donc « faire disparaître cette protection que de déclarer la disposition valable moyennant
la permission de la femme », est-il vrai que « l'état de
dépendance de cette femme et les pouvoirs exorbitants du
mari ne permettraient pas à celle-là de refuser l'autorisation demandée (1) » ?

Comme le fait très justement remarquer M. Colmet de
Santerre (2), il y a bien d'autres actes tout aussi dangereux
que la femme peut faire valablement dans l'intérêt de son
mari, bien qu'on puisse craindre l'influence de celui-ci ;
par exemple, elle peut le cautionner, ou vendre un propre
pour lui procurer de l'argent. C'est la nature même du
régime de communauté qui l'exige. On verra en particulier d'ici peu que la femme renonce journellement à la
plus forte de ses garanties, à son hypothèque légale, pour
faciliter au mari le moyen de vendre ou d'engager ses
immeubles. On dira qu'il y a dans ce cas des textes qui

(1) MARCADÉ, Art. 1422. V.
(2) VI, 66 bis. XIII.

tolèrent cette renonciation. Sans doute, mais en résulte-t-il que la loi ait voulu dans les cas où elle s'est expliquée, déroger au droit commun ; n'a-t-elle pas plutôt entendu appliquer une règle générale ? C'est ce qu'on peut bien conclure de la considération de tous les actes prétendus dangereux pour la femme qui sont autorisés, et du fait que toutes les renonciations par la femme à ses garanties les plus importantes ne lui sont pas interdites.

Et puis, je voudrais bien savoir ce que l'état de dépendance de la femme et les pouvoirs exorbitants du mari ont à voir ici. En résultera-t-il que le mari pourra forcer le consentement de sa femme ? Quelles armes a-t-il donc contre elle ? Quelle contrainte peut-il exercer, capable de la déterminer ? Il ne se livrera pas sans doute à des sévices sur sa personne ; la femme d'ailleurs aurait alors le droit de demander le divorce. Il pourrait lui refuser de l'argent ; j'ai admis plus haut d'après les solutions adoptées par la jurisprudence que la femme pourrait engager la communauté envers les fournisseurs pour se procurer le nécessaire. M. Marcadé cite autre chose : le mari pourrait, d'après lui, menacer la femme de punir son refus en vendant quelques immeubles pour en dissiper le prix ; mais on admettrait sans difficulté la femme à faire annuler ces aliénations comme consenties en fraude de ses droits ; d'ailleurs, il ne serait sans doute pas facile au mari, on le verra sous le chapitre IV de cette partie, d'aliéner malgré sa femme des biens grevés de l'hypothèque légale. Alors comment le mari va-t-il pouvoir forcer la main à sa femme et lui extorquer son consentement ?

Je ne veux pas nier ici l'influence très légitime que le mari exerce souvent sur la femme ; je conviens facilement que, dans bien des cas, celle-ci adhèrera de confiance à tout ce qu'il proposera. Mais la loi doit se contenter de donner le moyen de résister, elle ne peut forcer à se servir des armes qu'elle a fournies ; ce n'est pas du moins ce qu'elle fait sous le régime de communauté où la femme peut à son gré invoquer ou rejeter les nombreuses garanties qui lui sont accordés contre les empiètements du mari. Quand la femme est supposée hors d'état de défendre ses droits, on ne la marie pas en communauté, on la marie sous le régime dotal. Or, ce qu'on propose, c'est une indisponibilité tout à fait contraire aux principes de liberté qui sont à la base du régime de communauté. M. Laurent, qui accuse la Cour de cassation d'avoir fait la loi dans notre matière, est-il sûr d'interpréter exactement l'art. 1422, en établissant ainsi sans motif sérieux une prohibition absolue de disposer?

On admet d'ordinaire, et plus sagement je crois, que l'art. 1422 a simplement pour but de compléter l'art. 1421 en le limitant. Tandis que le premier article indique quels actes sont permis au mari sans le concours de la femme, l'art. 1422 met des bornes à ses pouvoirs. C'est tout ce qu'il faut en conclure. Aller plus loin, prétendre lire une prohibition absolue, est abusif. C'est d'abord ne pas tenir compte de l'ordre des idées du législateur qui s'occupe seulement en ce point de fixer les pouvoirs du mari. C'est aussi négliger l'ancien droit qui admettait l'intervention de la femme à ces donations (1). Sans doute, on ne prohibait pas alors ces donations ; il n'en est pas moins vrai que le législateur se serait expliqué si, contrairement aux précédents et aux principes admis dans la communauté,

_____

(1) LEBRUN. _Traité de la Communauté._ Liv. II. Chap. II, n. 23. POTHIER, _Traité de la Communauté._ n. 474.

il avait voulu qu'une prohibition établie dans l'intérêt de
la femme, puisse se retourner contre elle.

Une seule objection subsiste. A supposer même que la
femme soit co-propriétaire de la communauté, et qu'elle
puisse exercer quelques pouvoirs sur les biens communs
durant le mariage, est-ce que la donation qu'elle ferait
avec son mari, ne serait pas nulle pour moitié comme
soumise à une condition potestative, la femme pouvant la
rendre inefficace à son égard en renonçant à la communauté. Mais, qu'on le remarque, personne dans ce cas
ne pourrait invoquer la nullité, ni la femme restée par sa
renonciation sans droit sur les biens communs, ni le mari
parce qu'il est censé avoir été seul propriétaire de la communauté, et qu'il avait autorisé sa femme à en disposer
pour partie. Il y aurait seulement à savoir si la femme
doit une indemnité au mari pour la valeur de la moitié
des objets donnés ; c'est ce qu'on admet généralement, à
moins qu'il ne résulte des circonstances que la femme
n'était intervenue que pour valider une donation émanant
du mari. Elle pourrait d'ailleurs l'avoir expressément déclaré et, dans ce cas, aucune contestation ne serait possible
de ce chef (1).

Je crois donc impossible de méconnaître la possibilité
pour la femme de valider par son concours les donations
interdites au mari par l'art. 1422. Grâce à la fermeté de
la jurisprudence dans ce sens, les donations conjointes
par le mari et la femme sont devenues très fréquentes dans
la pratique. Une hypothèse curieuse se présente par exemple quand le père veut doter son enfant né d'un premier
lit. L'adhésion de la seconde femme se trouve nécessaire

(1) AUBRY ET RAU, V, § 509. Texte et notes 14 et 15.

si la dot est constituée, ce qui est fréquent, en biens de
la communauté. De même encore si le mari fait donation
à qui que ce soit de biens communs, en réservant l'usufruit des biens donnés au profit des deux conjoints. Une
application des plus remarquables, ainsi que le fait observer M. Guillouard (1) se rencontre en matière de partage
d'ascendants. C'est en effet, en dehors des causes déjà
mentionnées qui militent en faveur de l'intervention de
la femme dans ces opérations, une raison péremptoire
d'exiger l'adhésion de la femme. C'est à cette condition
seulement que le père de famille pourra comprendre dans
sa donation des biens de communauté (2), car forcément
la donation par lui faite devra comprendre, sinon toujours
des immeubles, au moins l'universalité ou une quote-part
du mobilier; et la disposition qu'il en ferait seul dépas-
serait ses pouvoirs.

Je crois qu'il faut aussi conclure par suite, à la possibilité de faire valider par la femme, quand il y a lieu, tous
les actes pour lesquels, dans l'intérêt de celle-ci, des limitations ont été apportées aux droits du mari comme chef.
La femme est propriétaire de la communauté et libre de
veiller à ses droits ; elle est libre aussi de renoncer aux
garanties que la loi lui accorde ; le sort des actes dont il
s'agit est entre ses mains. A elle d'apprécier son intérêt.
Mais quand elle aura donné son adhésion, elle ne
pourra se plaindre du préjudice qui en résulte pour elle :
« *nemo volens fraudatur.* » « On ne fait pas tort à celui
qui consent (3). »

(1) II, 703 et suiv.
(2) Voy. *suprà*, page 383 et suiv.
(3) LEBRUN, *loc. cit.*

CHAPITRE III

OBLIGATIONS CONTRACTÉES DU CONSENTEMENT DES DEUX ÉPOUX

Tandis que la femme, dans la théorie ordinaire, est censée rester étrangère aux actes du mari, mais jouit en revanche du bénéfice d'une responsabilité limitée aux biens tombés de son chef en communauté, on la voit, dans la pratique des affaires, participer aux actes les plus graves du mari et en supporter les conséquences. La femme n'est pas cette ombre effacée et impuissante, obligée de supporter tous les abus de pouvoir du mari, chef absolu de la famille, contre lequel on protège seulement le patrimoine que la femme s'est réservé propre; la femme en réalité se trouve amenée à donner son consentement à presque tous les actes qui lient son mari; mais, en revanche, elle paie l'avantage nouveau qui lui est fait, l'influence qu'elle acquiert à ce titre, de la perte au moins partielle, des garanties que le législateur avait accumulées pour sa défense.

Cette situation a en grande partie sa cause dans la nécessité où se sont trouvés les tiers, en traitant avec le mari, de se protéger contre les dangers que leur faisait courir l'hypothèque légale. Et j'aurai à m'en occuper dans mon prochain chapitre. Mais, on le verra, au lieu de se contenter de mettre les droits consentis par le mari

hors de l'atteinte des garanties protectrices de la femme,
on a eu l'idée de se servir de ces dernières. Et par un
renversement bizarre, ces barrières que le législateur
avait établies contre les empiètements du mari, lui ont
permis de se forger un nouvel instrument de crédit. Là
où le mari ne pouvait fournir que des garanties insuffisantes, où son avoir propre était modique ou bien engagé
dans des opérations importantes pour la famille, alors
que la communauté pouvait n'avoir aucun actif, principalement sous le régime si usuel de la société d'acquêts, la
femme, au contraire, dont le patrimoine était protégé de
tant de manières, se trouvait souvent à la tête d'une fortune importante et disponible par suite d'un crédit considérable.

Assez fréquemment, si le mari a besoin d'argent, la
femme peut lui en fournir à titre de prêt; encore faut-il,
d'abord que celle-ci ait de l'argent liquide, ensuite qu'elle
veuille bien accepter cette combinaison. Sans doute, il lui
est bien difficile de refuser, mais un contrat de cette sorte
peut amener entre les époux des dissensions fâcheuses; et,
sans parler de la presque impossibilité où sera la femme
d'obtenir le paiement d'intérêts (cela n'a guère d'importance tant que dure la communauté), il lui sera toujours
difficile de se faire donner, dans de pareilles circonstances, des garanties qui seraient pourtant parfois bien nécessaires. Enfin, d'autre part, le mari lui-même peut
avoir besoin, non de fournir une somme d'argent, mais
de donner pour la sûreté de ses engagements une garantie que ses biens propres sont insuffisants à procurer.
Dans ces circonstances, il recourra au crédit de la femme.
La femme cautionnera son mari.

Du même coup, voilà les tiers mis à l'abri de toutes les

menaces que leur faisaient courir les prérogatives et les mesures de protection accordées à la femme ; les voilà aussi pourvus de la garantie que peut fournir ce patrimoine mis en réserve pour ainsi dire. Il ne faut donc pas s'étonner de voir les tiers réclamer pour toutes les opérations importantes l'engagement de la femme et en faire très souvent la condition *sine qua non* de leur consentement au contrat.

La conséquence, c'est la nécessité où l'on se trouve de demander le consentement de la femme devenue maîtresse de la situation ; celle-ci pourra avant de s'engager exiger des explications, et apprécier toute l'affaire que son mari veut conclure. Sans doute, on ne peut nier que sa confiance et son affection pour le mari l'empêchent souvent d'examiner attentivement et sainement les choses ; ou bien encore elle n'osera refuser de peur de quelque querelle de ménage. Mais l'on ne peut obliger la femme, pas plus que tout autre, à profiter des droits qu'on lui accorde ; il suffit qu'on lui donne le moyen de défendre ses intérêts. Or, très souvent, elle ne s'en fera pas faute. En particulier, quand elle aura des enfants, le désir de leur conserver un patrimoine intact lui donnera la force de résister à des sollicitations du mari qu'elle n'eut pas écartées peut-être si son intérêt personnel eût été seul en jeu.

De cette situation, résultent pour la femme des pouvoirs considérables, une influence dont l'importance éclate avec évidence. Naturellement, pour qu'elle jouisse de ces prérogatives, il faut qu'elle puisse fournir une garantie sérieuse. Il faudrait donc mettre à part le cas de la femme dotale sans paraphernaux. Comme ses biens dotaux échapperaient aux conséquences de son obligation, elle ne fournirait aucun avantage sérieux aux tiers, qui ne penseront sans doute pas à réclamer son engagement. Cependant l'obligation de la femme ne serait pas nulle ; elle serait seulement dépourvue d'effet à l'égard des biens dotaux. Mais si d'autres biens provenaient à la femme, si par exemple elle recueillait une succession après la dissolution du mariage, et que la dette ne soit pas encore acquittée, ces biens nouveaux deviendraient le gage des créanciers. On pourrait concevoir au contraire que la femme s'interdise absolument par son contrat de mariage le droit de s'obliger pour son mari ou même pour qui que ce soit ; ce serait revenir par contrat aux prohibitions du sénatus-consulte Velléien.

La validité de cette clause a d'abord été admise par la jurisprudence. On se fondait pour soutenir cette opinion sur la liberté des conventions matrimoniales ; la convention qui n'a rien de contraire aux bonnes mœurs, n'a, dit-on, rien non plus de contraire à l'ordre public. Les tiers sont protégés par la publicité de la loi de 1850. Et à l'égard des époux, c'est un moyen pour le père de sauvegarder la fortune de sa fille.

L'incapacité de la femme qui a été stipulée par contrat est fort analogue à l'incapacité de la femme dotale et ne souffre guère de difficultés quand on a réservé les cas de nécessité dans lesquels on peut déroger à l'inaliénabilité dotale. Telle est la thèse qu'avait adoptée la Cour de Paris sur les conclusions de M. l'avocat général Chevrier le 6 décembre 1877 (1). Mais cette opinion a été repoussée et cet arrêt a été cassé par la Chambre Civile le 22 décembre 1879. (2) « Attendu, dit la Cour suprême, que les

(1) DALLOZ, 78, 2, 81 et note. — Sic. Paris, 17 nov. 1875. DALL. 77, 2, 89.

(2) DALLOZ, 80, 1, 112. — Sic. Cass. 13 mai 1885. DALL. 86, 1, 204.

lois qui régissent l'état et la capacité des personnes sont
d'ordre public, d'où il suit qu'en dehors des cas spécialement prévus par la loi, les stipulations ou conventions
ayant pour objet de modifier ou de restreindre la capacité
légale de la femme mariée sont radicalement nulles. Attendu qu'aucun texte de loi n'autorise la femme qui se marie
à stipuler d'une manière absolue qu'elle s'interdit de s'obliger envers les tiers, même avec l'autorisation du mari ou
de justice et de se placer dans un état d'interdiction conventionnelle. » La Cour de Paris elle-même revenant sur
sa jurisprudence s'est rangée à ce système le 19 juin
1884 (1). A peu près toute la doctrine est en ce sens (2)
et avec raison. La liberté des conventions matrimoniales
est limitée en ce qui touche à l'ordre public ; en particulier, ce n'est pas la convention qui peut fixer la capacité
des personnes. A supposer que les tiers soient assez protégés par la publicité de la loi de 1850, la prohibition adressée à la femme de s'obliger n'en serait pas moins funeste
au crédit, nuisible aux intérêts du mari. L'analogie que
l'on prétend tirer du régime dotal ne prouve rien ; car
d'abord il faudrait prouver que l'inaliénabilité dotale est
fondée sur une incapacité de la femme ; et même en l'admettant on serait obligé de reconnaître qu'il y a là non
pas une simple imitation du régime dotal, mais une aggra-
vation de ses rigueurs. Or, pour qui sait avec quelle peine
les rédacteurs du Code Civil ont fait place dans notre
législation aux règles restrictives du régime dotal, il est

---

(1) Sir. 84, 2, 193.

(2) Cf. not. VALETTE : Mélanges (I, p. 513, 527) qui critique vivement l'arrêt sus-relaté de Paris, 17 novembre 1875 (Voir aussi *le Droit*
des 9 mars et 9 avril 1876). Cpr. les auteurs cités par GUILLOUARD,
I, 102.

indubitable que ces concessions aient été poussées sur ce point à la plus extrême limite et qu'on ait entendu proscrire toutes les clauses qui apporteraient des restrictions plus sérieuses à la capacité des personnes.

Si les nécessités de la pratique exigent, comme l'affirmait M. l'avocat général Chevrier, que l'on puisse défendre à la femme de cautionner son mari, s'il faut renouveler les prohibitions du sénatus-consulte Velléien, que l'on s'adresse au législateur ; lui seul a le pouvoir de régler les questions qui touchent à la capacité des personnes. Une telle réforme me paraîtrait d'ailleurs en contradiction avec toutes les tendances actuelles. Au lieu de limiter encore la capacité des femmes mariées, d'augmenter les protections, peut-être utiles mais bien gênantes, qu'on leur accordait, on parlerait plutôt d'augmenter leurs pouvoirs, quitte à aggraver du même coup leur responsabilité.

En particulier, l'on voit de plus en plus se développer en pratique l'habitude de faire garantir par la femme presque tous les engagements importants du mari, du moins quand celui-ci se trouve dans une position modeste ou au moins dans une situation moyenne.

La femme devrait donc, si l'on tenait compte du rôle qu'elle est appelée à jouer, figurer comme caution du mari. En fait, il n'en sera presque jamais ainsi. Le contrat de cautionnement tel qu'il est réglé par le Code est en effet l'objet d'une défaveur marquée. Les mesures de protection qui avaient été accordées à la caution, le bénéfice de discussion et, le cas échéant, le bénéfice de division rendaient aux créanciers les poursuites très difficiles. Pour éviter les longueurs, les complications, on en vint à exiger que la caution, pour renoncer à ces bénéfices s'engage solidairement ; c'est à cette condition que l'on accepte

encore une garantie personnelle. A supposer même qu'il y
ait, ce qui est contesté, quelques différences entre la situation d'un co-débiteur solidaire et d'une caution solidaire
vis-à-vis du créancier (1), les avantages résultant du caractère accessoire de l'engagement de la caution étaient
plus théoriques que pratiques. Au contraire, l'obligation
pour le débiteur de fournir caution, portait souvent atteinte
à son crédit. La caution en vint à figurer à l'égard des
tiers comme co-débiteur solidaire et à en prendre la quali-
fication (2). Ce mouvement, cette transformation n'a peut-
être été nulle part plus sensible qu'en notre matière ;
nulle part d'ailleurs, par la force des choses, l'engagement personnel de garantir l'obligation d'une autre personne, n'est plus fréquent qu'entre époux. Un exemple
curieux de la modification dont je parle se présente en
matière d'effets de commerce. C'est l'usage dans le petit
commerce d'exiger accessoirement à la signature du mari
sur les effets de commerce celle de la femme même non
commerçante. Le cautionnement en ces matières se donne
sous la forme d'un aval. Pour fournir un supplément de
garantie au porteur, mais surtout pour ménager le crédit
du mari, à qui l'obligation où celui-ci se trouve de fournir
un aval pourrait porter atteinte, la femme au lieu d'ava-
liser la signature de son mari, place seulement la sienne

(1) Cpr. Aubry et Rau, IV, § 423. Texte et note 7.

(2) Une autre raison encore qui a pu motiver cette transformation,
car elle est de nature à frapper les parties, ce sont les frais du cautionnement. L'art. 69, § 2, nº 8, de la loi du 22 frimaire an VII,
frappe d'un droit d'enregistrement de 0,50 0/0 le cautionnement ; ce
droit est perçu indépendamment de celui de la disposition que le cautionnement a pour objet, mais sans pouvoir l'excéder. Au contraire,
quand une obligation est contractée solidairement par plusieurs personnes, on ne perçoit qu'un droit d'obligation.

à côté, au bas de l'acceptation de la lettre de change ou du billet ou de l'endossement, et s'engage de la sorte solidairement avec le mari (1).

Est-ce à dire que les obligations prises par les époux d'un commun accord et les engageant tous les deux soient toujours contractées sous leur solidarité. Cette garantie étant très onéreuse pour la femme, on cherchera souvent à l'éviter ; c'est ce qui arrive notamment si les deux époux constituent ensemble une dot à leurs enfants. Il peut aussi se produire que cet engagement solidaire soit presque inutile. Il en est ainsi pour les dettes de la femme contractées avec l'autorisation du mari. Il résulte alors des art. 1409-2° et 1419 du Code Civil que les engagements pris de la sorte par la femme sont exécutoires sur les biens de la femme, et sur ceux de la communauté, et même sur les propres du mari, sauf la récompense qui peut alors être due par la femme quand l'opération a été faite dans son intérêt (2). La situation diffère essentiellement de celle où la femme agit comme mandataire, car dans notre cas la femme est tenue sur ses biens propres et en première ligne ; au contraire, elle ressemble beaucoup à celle qui peut se produire quand le créancier a obtenu l'engagement solidaire des deux époux. M. Laurent admet cependant (3) que le mari est tenu de la dette seule-

(1) M. RATAUD à son cours.

(2) On admet même quelques exceptions à la règle pour certains cas où l'intérêt de la femme est seul en jeu ; quelques-uns veulent dire toutes les fois que la femme contracte dans son intérêt exclusif. Je n'ai pas à discuter ici ces questions. Je voulais seulement signaler une source de difficultés. Il y a là déjà de quoi faire repousser en pratique cette tolérance d'ailleurs sans grand intérêt.

(3) XXII, 70.

ment à cause de la communauté. Obligé pour le tout durant la communauté, il ne se trouve plus tenu après sa dissolution que pour moitié. Cette théorie est d'ailleurs contestée (1) ; mais même si on l'admet, le créancier passera souvent sur cette différence, qui restera fréquemment inaperçue, quand il y aura lieu de supposer que la communauté doit durer encore lors de l'échéance du terme. D'ailleurs la question n'a guère d'intérêt pratique. Il est fort rare de voir la femme s'engager seule et engager la communauté avec l'autorisation du mari en dehors des cas où elle est marchande publique, et dans cette dernière hypothèse, par la force des choses, on se contentera à peu près toujours de son engagement personnel ; elle jouit alors du crédit qu'elle doit à son commerce. En toute autre circonstance on ne voit guère quel intérêt peut amener le mari à faire faire par sa femme ce qu'il pouvait faire lui-même. Dans tous les cas, ses intérêts sont protégés s'il agit pour le compte de la femme, car celle-ci lui devrait alors une récompense. Pourquoi donc avoir confié à la femme un tel pouvoir ? On dit que c'est un droit qu'elle exerce en qualité d'associée ; ce serait exact si elle pouvait agir sans l'autorisation du mari ; mais, même avec l'autorisation de justice, la femme ne peut obliger que ses biens propres. Il faut donc, pour que le résultat dont il s'agit se produise, le consentement du mari, consentement spécial puisque j'ai mis à part le cas de la femme marchande publique. Va-t-on dire avec Duranton et M. Laurent (2) que l'on oblige accessoirement la communauté et le mari de peur que celui-ci ne pousse sa

---

(1) DEMOLOMBE, IV, 310. — GUILLOUARD, II, 845.
(2) DURANTON XIV, 247. — LAURENT, XXI, 428.

femme à contracter seule dans l'intérêt de la communauté?
C'est d'abord supposer la femme bien naïve et bien com-
plaisante. Le fût-elle d'ailleurs, si elle consent elle aura
un recours contre son mari, et la récompense sera garantie par son hypothèque légale. Point n'était donc besoin
d'aller chercher si loin. D'autre part, si la volonté du mari
joue un rôle important, ne peut-on pas y voir en même
temps que l'habilitation de la femme à contracter, le consentement du chef de l'association conjugale à l'engagement des biens communs, c'est-à-dire un mandat ; et
ceci est vrai surtout quand le mari absent donne une autorisation écrite, seul cas où l'on rencontre une application un peu pratique de notre règle. Aussi la théorie du
mandat a-t-elle été présentée par M. Thaller dans des articles déjà citées (1), quand il s'agit d'une femme marchande publique. Il me semble impossible d'admettre dans
cette dernière hypothèse un pareil système qui rendrait le
mari commerçant bien contre son gré. Or, l'on ne peut
appliquer deux théories différentes à des hypothèses aussi
voisines que celles que j'envisage ; de plus, je ne crois
pas qu'il y ait là un mandat dans l'intention des parties,
et ce qui permet de le croire, c'est que la femme se trouve
la première obligée. Il faut donc voir dans la règle qui
nous occupe une disposition pas très utile que les rédacteurs du Code civil ont admise sans observer assez les
principes, mais qui en réalité ne choque en rien les idées
reçues puisque, quelle que soit la forme employée, il n'y
en a pas moins engagement des deux époux fondé sur leur
consentement à tous les deux.

(1) Cf. *Rev. crit. de legist. et de jurisprudence.* Nouv. série.
Tomes XI et XII.

La véritable manière pour les conjoints de s'engager ensemble, c'est de s'engager solidairement ; c'est sous cette forme que se présentent, dans la pratique des affaires, toutes les obligations contenant intervention de la femme. Là où le créancier ne veut pas se contenter de l'engagement du mari, soit qu'il craigne les avantages faits à la femme, soit qu'il veuille profiter de la garantie qu'elle peut fournir sur son patrimoine propre, c'est le vrai moyen de se mettre à l'abri contre tout danger, d'éviter toute contestation. Toute à l'avantage du créancier, cette pratique ne semble fâcheuse que pour la femme ; je ne veux pas nier le danger que peut parfois lui faire courir un tel engagement. Il faut toutefois faire entrer en ligne de compte la possibilité pour elle de refuser, et par suite l'influence qui peut en résulter à son profit dans les affaires du ménage. Il est assez difficile en effet de refuser son cautionnement quand il est demandé par une personne très intime et en qui *l'on doit* avoir confiance. Celui que l'on est appelé à cautionner reste seul le principal débiteur ; on ne suppose pas, ou l'on ne peut émettre l'idée, qu'il devienne insolvable. L'opération, malgré ses dangers bien connus, est toujours présentée comme une simple formalité, une sorte de certificat de solvabilité n'entraînant pas de responsabilité. L'événement se charge trop souvent de démontrer le contraire. Mais la situation ne change pas ; l'on continue à demander le cautionnement comme un service qui ne peut guère se refuser.

Il n'en est pas de même à beaucoup près d'un engagement solidaire pour le compte d'un tiers. Celui qui s'engage devient, comme celui dont il garantit la signature, débiteur principal. Il n'est plus protégé par les bénéfices de discussion et de division ; il peut craindre d'être obligé de payer, parfois en se gênant fort, lors même que celui pour qui il s'oblige serait solvable. Tout dépend du bon plaisir du créancier. Les risques qui en résultent peuvent motiver un refus, sans qu'on ait autant à craindre de blesser celui pour qui l'on ne veut pas s'engager.

Cela est surtout vrai pour la femme ; le refus de cautionner son mari serait très froissant pour celui-ci et pourrait entraîner de graves dissensions dans la famille ; le refus de s'engager solidairement avec lui, s'il expose parfois la femme à la mauvaise humeur du mari, n'entraîne pas d'ordinaire d'inconvénients aussi sérieux.

La conséquence, c'est que la femme, qui aurait été obligée de garantir comme caution tous les engagements du mari quels qu'ils soient, ne consentira une obligation solidaire que si l'opération lui semble utile ou nécessaire, ou du moins avantageuse pour la famille. L'on est en effet trop disposé à croire que la femme n'a pour but que de faciliter le mari, de favoriser l'extension des pouvoirs de celui-ci. Parfois sans doute l'on voit une femme mariée, pleine de confiance, accorder sans réflexion toutes les garanties que l'on demande. Mais agir à la légère n'est pas un défaut réservé aux femmes mariées ; combien d'hommes s'engagent imprudemment pour des parents ou des amis ! Et puis surtout, même si la femme s'en rapporte souvent trop facilement à son mari, c'est qu'elle est convaincue que l'engagement pris par elle tournera à l'avantage du ménage, de la famille ; et c'est tout autre chose que s'obliger *en faveur du mari*. Croit-on par exemple qu'une femme consente à emprunter solidairement avec son mari quand elle a tout lieu de croire que celui-ci dépensera l'argent ainsi emprunté en dehors du ménage, au jeu ou ailleurs ? Point du tout. Au contraire,

elle accordera sûrement son concours si elle suppose
(peut-être à tort, mais peu importe) qu'il s'agit de faire une
opération utile : par exemple, avec l'argent emprunté, procéder à des réparations ou à des améliorations nécessaires aux
biens des époux, accroître le développement de leur commerce ou de leur industrie. Elle ne refusera presque jamais
son adhésion dans de pareilles conditions, si elle est mariée
en communauté et croit la communauté appelée à en bénéficier. Même s'il n'en est pas ainsi, elle sera encore très
facile quand il y aura des enfants du mariage. Supposez
au contraire les époux sans enfants et mariés en séparation de biens ou sous le régime exclusif de communauté :
on verra fréquemment la femme ne prêter son concours, ne s'engager avec le mari, que si elle espère
profiter personnellement de l'acte pour lequel son intervention est demandée, ou si le mari lui fournit en revanche
quelques avantages. Ce n'est donc pas l'intérêt du mari
qui détermine la femme à s'obliger, c'est son intérêt personnel ou l'intérêt collectif de la famille.

Il en résulte pour la femme la possibilité d'une sorte de
contrôle sur les engagements du mari. Sans doute, il n'y
a là rien d'absolu. Le mari peut éviter cette sorte de surveillance si son crédit personnel est suffisant pour qu'on
n'exige pas le consentement de la femme. Mais précisément, quand les tiers l'exigeront, ce sera pour les affaires
les plus dangereuses, ou encore quand la situation du mari
sera embarrassée, c'est-à-dire précisément dans les cas où
l'intervention de la femme pourra être utile pour les deux
conjoints, même si elle aboutit à empêcher l'affaire que
le mari projetait.

Je sais bien que, dans cet ordre d'opérations juridiques
plus encore qu'en tout autre, la résistance sera difficile

pour la femme. Si celle-ci est disposée à recourir aux armes
que lui donne la loi, sa résistance est cependant invincible.
D'abord on ne peut la forcer à consentir ; ensuite, mise au
courant des affaires du mari, elle peut prendre des mesures
pour la conservation de. ses droits, et même s'il y a lieu,
demander la séparation de biens. Tout cela lui est permis.
Mais si elle recourt à ces moyens violents, c'est la ruine
de la paix du ménage, c'est la guerre entre les époux.
La femme reculera à peu près toujours devant ce danger ;
sera-t-elle donc à la merci du mari ? D'abord, celui-ci ne se
montrera peut-être pas si irrité du refus de sa femme ; et
cette dernière obtiendra très-souvent par la douceur le
résultat qu'elle ne pouvait atteindre avec tout l'arsenal des
armes juridiques. Les jurisconsultes, qui parlent toujours
de l'influence du mari sur la femme, devraient parfois
songer à l'influence de la femme sur le mari ; faute de l'avoir
assez remarquée, on ne voit pas l'importance au point de
vue de la condition de la femme mariée de l'usage si
répandu de l'engagement solidaire des époux. De ce
que la femme a dans les actes une place secondaire, de
ce que toute résistance aux désirs du mari, entraînant des
dangers pour la bonne harmonie du ménage, se trouve
presque impossible, on est assez facilement porté à conclure
que la femme a, dans ses engagements solidaires, un rôle
de comparse, et que ses intérêts sont sacrifiés. Désinté-
ressée de l'affaire où elle figure, elle est à peine protégée,
semble-t-il, par le droit de recours contre le mari que lui
accorde l'art. 1431 et même par son hypothèque légale ; et
pourtant on semble admettre qu'il lui est à peu près impossible de refuser son consentement. Pour moi, au contraire,
je crois, non seulement que la femme n'est pas désinté-
ressée dans les affaires qui intéressent le sort de la famille,

mais de plus que la nécessité de son intervention lui vaut
dans le ménage une puissance toute nouvelle. L'essentiel
n'est pas que la femme *ait le droit* de refuser son consentement, mais qu'elle soit prévenue, tenue au courant des
actes les plus importants du mari. D'abord, elle pourra
prendre, pour sauvegarder son patrimoine, des mesures
conservatoires qui ne sont pas toutes de nature à amener
la discorde entre les conjoints ; elle pourra même apprécier si la situation réclame qu'elle aille plus loin, fût-ce en
risquant de mécontenter le mari. Mais surtout, elle pourra
presque toujours, par de sages remontrances, en invoquant l'intérêt du ménage, des enfants, en faisant appel
aux sentiments affectueux du mari, lui faire sacrifier des
projets qu'elle jugerait funestes, ou modifier des plans qui
lui sembleraient trop hardis. A moins que, tout au contraire,
ce ne soit elle qui, ambitieuse, excite le mari, l'encou-
rage et l'entraîne.

Que cette influence se manifeste dans un sens ou dans
l'autre, elle est indéniable, et je crois qu'il faut l'attribuer
surtout à la tendance de plus en plus répandue à réclamer
l'engagement solidaire des deux conjoints pour les actes
les plus importants. Avant que cette pratique fut entrée
dans nos mœurs, si la femme, si la mère de famille tenait
au foyer une place importante, si on la consultait pour
les affaires les plus graves touchant à la condition sociale
de la famille, à l'éducation et à l'établissement des
enfants, elle était, je crois, d'ordinaire soigneusement
tenue à l'écart de tout ce qui concernait les intérêts pécuniaires du ménage. Le mari était, au commencement de ce
siècle, le véritable *seigneur et maître, le chef unique* du
ménage dont parle le Code civil, il exerçait effectivement
seul les pouvoirs que la loi lui donnait. En même temps

que se développe l'usage de l'intervention des femmes
mariées aux obligations de leurs maris, on les voit prendre l'habitude des affaires et acquérir dans la famille à ce
point de vue une influence chaque jour grandissante. L'on
ne peut soutenir qu'il y ait là une simple coïncidence, et
l'on peut encore moins nier la transformation qui s'est
produite dans le sens que j'indique. Si un observateur su-
perficiel peut être trompé par la façon dont les femmes
affectent de tenir un rôle secondaire et de laisser le mari
au premier plan au regard des tiers, cette impression ne
subsiste pas. Il n'y a là qu'une apparence destinée à mas-
quer la situation exacte. Outre la réserve que son sexe
impose à la femme, outre la presque impossibilité de
discuter, de négocier, de traiter à deux, il y a là une
reconnaissance des talents propres du mari, une marque
de déférence et de confiance à laquelle celui-ci tient
beaucoup, surtout vis-à-vis des étrangers. Il ne fait
pourtant bien souvent qu'exécuter, en présence, on pourrait presque dire sous la surveillance de la femme, les
décisions qui ont été concertées et adoptées à deux.

A vrai dire, quels que soient les avantages que la
femme peut retirer de cette situation, ils seraient chère-
ment payés si la femme devait supporter sans aucun
recours les charges résultant pour elle de son obligation
solidaire avec le mari. Trop souvent, loin d'avoir un
bénéfice personnel, elle se serait vue dans la nécessité de
sacrifier ses intérêts propres pour procurer à la famille
un avantage évident; va-t-elle donc être victime de cette
situation? La loi ne l'a pas voulu. « La femme qui s'oblige
solidairement avec son mari pour les affaires de la communauté ou du mari, dit l'article 1431, n'est réputée à
l'égard de celui-ci s'être obligée que comme caution ;

elle doit être indemnisée de l'obligation qu'elle a contractée. » Ce n'est là d'ailleurs que l'application d'un principe général posé par l'article 1216. Quand plusieurs s'engagent solidairement dans l'intérêt d'un seul d'entre eux, celui-ci doit les indemniser de ce qu'ils peuvent avoir à payer. A son égard, ils sont réputés cautions. Cela est de toute justice et cette protection était due plus qu'à tout autre à la femme mariée, qui est si souvent obligée d'adhérer aux dispositions prises par le mari dans l'intérêt de la famille.

La situation qui lui est faite est fort simple. « La question d'obligation doit être distinguée de la question de contribution : l'une est régie par les principes de l'obligation solidaire, l'autre est régie par les principes du cautionnement (1) ». La femme, à l'égard des créanciers, est débitrice solidaire. A l'égard du mari ou de la communauté elle n'est que caution ; si elle a payé, elle a droit à une récompense et sa créance est garantie par l'hypothèque légale. A la vérité, cela ne veut pas dire que la femme soit forcément indemne toutes les fois qu'elle s'engage solidairement avec son mari. D'abord, il se peut que l'obligation solidaire ait été contractée dans son intérêt exclusif ; d'autres fois où il n'en est pas ainsi, le mari ou la communauté pourront être hors d'état de payer à la femme le montant de la récompense due, ou parce qu'ils sont ruinés ou parce que d'autres hypothèques priment sur les immeubles l'hypothèque légale de la femme. Enfin il se peut que l'obligation ait été contractée soit dans l'intérêt commun des deux époux, soit dans l'intérêt d'un tiers, pratiquement d'un enfant commun ; en ce cas, l'obligation

_____

(1) LAURENT XXII, 9.

devra évidemment être supportée également par le mari
et la femme ; celle-ci, quand elle aura payé, n'aura alors
de recours que pour la part à laquelle doit contribuer le
mari (1).

Il en résulte qu'il faut savoir dans quel intérêt est contracté l'engagement solidaire des époux. Pour exercer
un recours contre le mari ou la communauté la femme
devra-t-elle démontrer que son engagement a été fait seulement dans l'intérêt du mari ou de la communauté ? On
admettait autrefois unanimement, et c'est encore l'opinion
la plus répandue, que la femme n'a rien à prouver, et
qu'elle bénéficie d'une présomption légale. On remarque
que la femme est « réputée caution » aux termes de l'article 1431 ; que cette présomption est fondée d'ailleurs sur
ce qui arrive d'ordinaire. On ajoute que le législateur a
déclaré dans l'art. 1409-2° le mari tenu vis à vis du créancier des dettes de la femme qu'il a autorisées, parce qu'on
présume que le mari les a autorisées à cause de l'intérêt
qu'il avait à obtenir cet engagement ; il y aurait là une
application de la même idée non plus dans les rapports
du mari et du créancier, mais dans les rapports des époux
entre eux. En réalité, et l'on ne dissimule pas cette raison, on veut accorder une faveur à la femme parce que,
étrangère aux affaires du ménage, elle aurait plus de
peine que le mari à faire la preuve de la destination des
sommes empruntées (2).

On comprend assez bien l'intérêt que l'on veut sauvegarder ; mais, si une présomption était nécessaire,

(1) GUILLOUARD, II, 860.
(2) AUBRY ET RAU, V, § 510. Texte et note 30 et les auteurs qu'ils
citent. Adde, GUILLOUARD, II, 861-862.

c'était au législateur de l'établir. Je crois d'ailleurs qu'en
l'état actuel le besoin de cette dérogation au droit commun ne se fait guère sentir. La femme n'est pas aussi
étrangère qu'on veut bien le croire aux affaires de la
famille. Son intervention est assez fréquente, elle est assez
réfléchie le plus souvent, pour qu'il lui soit possible de
justifier ses prétentions. Il faut admettre avec MM. Colmet
de Santerre (1) et Laurent (2) que la loi n'a entendu
établir aucune dérogation aux principes ordinaires et que
la femme doit, comme tout autre, faire la preuve de sa
prétention. Les termes de l'art. 1431, quoiqu'on puisse
penser, n'indiquent nullement l'intention chez le législateur d'établir une présomption de ce genre. Si la loi dit
que la femme est *réputée* caution, c'est seulement quand
celle-ci s'est obligée solidairement pour les affaires *du
mari ou de la communauté*, ce qui suppose précisément
que la femme a fait la preuve de l'intérêt qu'avait le
mari ou la communauté. Cela est si vrai que M. Guillouard, le plus récent défenseur de l'ancienne théorie
n'ose plus voir cette présomption dans le texte de l'art.
1431. Reste un argument qu'il considère comme décisif ;
il admet que l'art. 1409-2° en déclarant le mari tenu à
l'égard du créancier de sa femme autorisée suppose justement un intérêt personnel par le mari, pouvant justifier
son autorisation. Mais il faudrait démontrer que le fondement de l'article 1409-2° est bien celui qu'on invoque.
Or n'est-il pas plus exact de dire que le mari est tenu
parce que la femme acquiert le pouvoir d'engager la
communauté, et que les intérêts de la communauté et

(1) VI, n° 76 bis. II, V.
(2) LAURENT, XXII, 94-95.

ceux du mari ne peuvent pas être dissociés. On pourrait
croire que le mari n'a en vue que son intérêt personnel,
qu'il exerce sur la femme une influence à laquelle celle-ci
ne peut se soustraire et que, victime de l'omnipotence du
chef du ménage, elle est obligée de sacrifier sa fortune
personnelle à la satisfaction des volontés du mari pour
le plus grand avantage de celui-ci. Mais comment se fait-
il alors qu'on croie nécessaire, à une autre place, d'empêcher les libéralités excessives que le mari pourrait vouloir
faire à sa femme ? Et surtout, comment se fait-il que les
mêmes auteurs qui soutiennent ce système, soient les défenseurs de l'autorité maritale ? Si le tableau qu'ils présentent est exact, comment est-il possible de n'être pas
féministe ?

Si les droits du mari conservent des défenseurs, c'est
parce que la description que je viens d'indiquer n'est pas
exacte. La loi n'envisage pas forcément le mari comme
ayant un intérêt propre quand il autorise sa femme à engager la communauté. La preuve en est que les articles
1409-2ᵉ et 1419 lui réservent alors le droit à une récompense. Et à vrai dire, je ne vois pas sur quoi l'on peut se
fonder pour admettre qu'il y ait, en cas d'engagement
solidaire des époux, même une probabilité pour que la
dette soit contractée dans l'intérêt du mari. Il y a tout
autant de raisons pour que l'affaire intéresse la femme.
L'autorisation donnée par le mari prouve une seule chose,
c'est que celui-ci croit l'opération nécessaire ou utile,
peut-être dans l'intérêt de la femme, et que, en bon père
de famille, il préfère consentir à tout ce qu'il croit juste
pour éviter les frais et les lenteurs d'une autorisation de
justice. Sans doute, en ce faisant, il s'engage lui aussi.
Est-ce une raison pour qu'il refuse son consentement ?

D'abord il ne faut pas croire que, dans le ménage, chacun pense toujours uniquement à sauvegarder ses droits et ses intérêts propres. La preuve résulte de la fréquence des dispositions libérales entre conjoints. De plus, le mari a trop fréquemment besoin, pour la gestion de son patrimoine propre ou de la communauté, de l'engagement solidaire de la femme, pour refuser de s'obliger lui-même dans l'intérêt de cette dernière. On ne voit pas assez d'ordinaire que les époux n'ont pas seulement en commun dans le mariage un nom, une position sociale, des biens. Ils sont associés, sinon exactement au sens juridique, au moins au sens vulgaire du mot ; ils marchent ensemble du même pas vers le même but. Ils ont tous deux en vue l'intérêt de la famille. Pour arriver, ils ont besoin du secours l'un de l'autre ; et chacun des conjoints à son tour prête aide et assistance à l'autre, tout au moins, quand il approuve ses plans et nourrit les mêmes projets. Ici l'un d'eux bénéficie personnellement de l'effort commun, il doit indemniser l'autre. Mais je ne vois nulle raison d'établir une présomption au profit de l'un d'eux. Je suis surtout convaincu qu'il n'est pas permis à l'interprète de la loi d'en établir une de sa propre autorité. L'article 1431, de l'aveu même du plus récent défenseur de l'opinion adverse, n'impose nullement cette solution. L'on en est réduit à défendre cette théorie par des arguments que je trouve assez peu probants, et à violer le principe qu'il n'y a pas de présomption sans texte. Que fait-on dans ce système de l'article 1350 ?

Ce n'est pas le seul inconvénient de la doctrine que je combats et ses défenseurs se trouvent dans un grand embarras quand il s'agit, ce qui est plus rare, d'une obligation conjointe par les époux et non plus d'une obligation solidaire. Tout le monde admet que, dans ce cas, la femme, si elle est tenue de payer la moitié de la dette, sera, vis-à-vis du mari ou de la communauté, réputée caution et se fera rembourser ce qu'elle aura payé dans leur intérêt. Cela découle des principes (1). Si l'on admet en faveur de la femme la présomption que son engagement est pris dans l'intérêt du mari, il n'y a pas logiquement de bonnes raisons pour limiter cette faveur aux cas où elle s'est engagée solidairement. Aussi certains auteurs (2) ont-ils admis que la présomption restait applicable. Mais quand on admet qu'il y a une présomption légale posée par l'article 1431, comment peut-on se permettre de l'étendre par voie d'analogie ? Et cependant, si l'on veut admettre cette présomption, il faut bien se fonder sur quelque disposition de la loi. On conçoit que la question soit embarrassante; c'est sans doute pour cela que M. Guillouard a jugé sage de la passer sous silence. Et cependant quand l'obligation des époux est seulement conjointe, on peut reproduire le même argument tiré de l'art. 1409-2° et du profit que ce texte supposerait pour le mari ; et puis la femme aura la même difficulté à « faire la preuve de la destination de la somme empruntée. »

Je crois que cette présomption n'existe pas, et je suis convaincu d'ailleurs qu'elle serait inutile presque toujours. Le plus souvent, en effet, il sera très facile de prouver dans l'intérêt de qui la dette a été contractée. Ce sera une question de fait que les juges n'auront pas de peine à apprécier, si le point est contesté. Pour trouver quelque diffi-

(1) Cf : GUILLOUARD, II, 859. — LAURENT, XXII, 97.
(2) DURANTON. XIV, 306. — RODIÈRE ET PONT, II, 809. — TROPLONG, I, 1039.

culté, il faut admettre une hypothèse un peu compliquée, supposer par exemple que les époux ont fait solidairement un emprunt pour réaliser des améliorations sur les biens de chacun d'eux dans des proportions différentes, ou afin de pourvoir à diverses affaires. Mais précisément dans ce cas, une présomption édictée en faveur de la femme pourrait être dangereuse. Et d'autre part, pour trouver à cette présomption une certaine utilité, il faut précisément, on le voit, supposer que les choses ne se passent pas comme elles se passeraient presque toujours d'après l'opinion opposée; il faut que l'affaire ne soit pas faite exclusivement au profit du mari. Est-ce bien la peine de torturer les textes pour établir une exception au droit commun aussi peu nécessaire ?

D'ailleurs, en général, c'est rendre un mauvais service à la femme que d'accumuler autour d'elle des mesures de protection insignifiantes ; c'est compliquer et rendre moins nette la situation des époux, c'est aussi inspirer à la femme une confiance mal fondée. Autant je suis disposé à admettre en faveur des femmes mariées des garanties sérieuses contre les abus de l'autorité maritale, à défendre pour elles leurs intérêts pécuniaires qu'elles sacrifieraient parfois à la bonne intelligence du ménage, autant je suis hostile à l'extension de ces prérogatives qui ne fournissent aucun avantage sérieux. C'est le cas de cette présomption. Peut-être la femme, confiante dans la facilité du recours contre le mari, consentira-t-elle trop facilement à s'obliger solidairement avec lui, et cela pourra lui faire oublier la valeur de ce recours. La difficulté ne sera pas tant d'ordinaire de prouver le profit réalisé par le mari, que d'obtenir le paiement de la récompense par lui due ; or, la femme en fait aura presque toujours cédé son

hypothèque légale aux créanciers envers lesquels elle se
sera obligée et ne se trouvera plus garantie.

Et ce n'est pas seulement le recours que la femme peut
exiger en vertu de l'art. 1431 qui est alors compromis. C'est
aussi le paiement de ses reprises et de toutes ses créances ;
c'est là en effet le danger de ses engagements, et même
si la femme n'a pas subrogé à son hypothèque légale. Les
créanciers peuvent en effet, pour obtenir leur paiement,
exercer comme le permet l'art. 1166 du Code civil tous
les droits et actions de leur débitrice, en particulier son
hypothèque légale. Leur situation cependant, je le montrerai dans mon prochain chapitre, est alors bien différente
de celle qui leur est faite s'il ont été subrogés dans cette
hypothèque légale ; mais s'il ne sont pas primés par des
créanciers qui jouissent d'une renonciation expresse en
leur faveur, ils peuvent cependant exercer toutes les actions de la femme contre son mari, et tourner contre elle
la protection qui avait été établie à son profit. En pareil
cas, si le mari reste insolvable, non seulement la femme
n'aura qu'un recours illusoire pour le montant de son
engagement, mais elle ne pourra obtenir le paiement des
récompenses qu'elle aurait à exercer contre son mari.

L'opération n'est donc pas sans danger, et ce n'est pas
à la légère que les femmes doivent s'engager avec leur
mari. Loin d'être, comme on est trop porté à le croire,
une simple formalité destinée à faciliter le chef de la famille, c'est une véritable obligation contractée dans l'intérêt du ménage, et dont les inconvénients peuvent être
pour les femmes un juste motif de refus si elles ne veulent
pas participer aux opérations du mari. La nécessité où se
trouve celui-ci de recourir à elles leur donne donc une
sorte de droit de contrôle qui se développe de plus en

plus. De sorte que l'on peut considérer la pratique comme
tendant à subordonner au concours de la femme, l'exercice par le mari de ses prérogatives les plus dangereuses
et les plus importantes.

CHAPITRE IV

DROITS RÉSULTANT POUR LA FEMME DE SON HYPO-
THÈQUE LÉGALE

Aux termes de l'art. 1421 du Code civil, « le mari administre seul les biens de la communauté. Il peut les
vendre, aliéner, hypothéquer sans le concours de la
femme ».

« Le mari, écrivait au contraire M. Paul Gide en 1867 (1)
le mari... a besoin du concours de sa femme chaque fois
qu'il vend, qu'il hypothèque et qu'il s'oblige ; les tiers
avec qui il traite ne manquent jamais d'exiger ce concours :
il est utile aux créanciers dont le gage pourrait sans cela,
être absorbé par les reprises dotales ; il est utile aux
acheteurs pour les dégager de la formalité de la purge
légale, et les prémunir contre les dangers d'une surenchère. Il y a plus encore : grâce à la jurisprudence actuelle, qui a fort sagement étendu l'hypothèque légale
jusque sur les conquêts de la communauté, le mari en fait
ne peut plus disposer seul des biens communs.... Si l'on
se place à ce point de vue, l'hypothèque légale de la femme
se présente sous un aspect tout nouveau. Au lieu d'être
comme sous le régime dotal la protection qui abrite un être
incapable et passif, elle devient, entre les mains de la

(1) *Etude sur la condition privée de la femme*, 2e Ed. p. 481.

femme mariée en communauté, un puissant moyen d'action et d'influence. » Et ailleurs : « si l'hypothèque légale est particulièrement indispensable sous un tel régime (le régime de la communauté) c'est qu'elle peut seule rétablir dans la société des deux époux, cette égalité ou tout au moins cet équilibre qui est le principe fondamental de toute association civile. »

La question était nettement posée. L'on opposait aux règles du Code les enseignements tirés de la pratique des affaires. Au lieu de voir dans le mari le seul maître des biens communs l'on plaçait en concurrence avec son autorité, l'autorité de la femme. Tandis que la loi permettait au mari de consentir seul tous les actes de disposition relatifs aux biens communs et à plus forte raison aux biens propres du mari, la pratique exigeait le concours de la femme pour tous ces actes, et ce résultat extraordinaire, si contraire à l'esprit qui semblait avoir guidé nos législateurs, venait tout simplement de la nécessité où se trouvaient les tiers de se protéger contre les dangers de l'hypothèque générale et occulte que la loi accorde à la femme sur les biens de son mari.

C'était, semble-t-il, une révolution dans la conception des pouvoirs du mari. A supposer même que, dans l'ancien droit, certaines institutions, comme le douaire, aient pu faire à la femme une situation équivalente, rien ne permet de supposer que les rédacteurs du Code civil aient entendu donner à la femme quelque raison d'intervenir aux actes d'aliénation du mari. Rien n'est plus clair que le texte de l'article 1421. Et cependant, dès le début de ce siècle, on vit se développer l'habitude des renonciations par les femmes mariées à leur hypothèque légale au profit des acquéreurs, ou des subrogations au profit des créan-

ciers du mari. L'on n'avait pas encore montré aussi clairement avant M. Paul Gide de quel intérêt, de quelle importance pour les tiers, était cette intervention de la
femme ; mais elle était devenue usuelle dans le notariat.
Comment est né, comment a grandi cet usage, il est presque impossible de le dire. Il est probable que la pratique
de ces renonciations ou de ces subrogations à l'hypothèque
légale commença à se répandre du jour où la validité
d'une telle opération fut reconnue par la Cour de cassation (le 12 fév. 1811). Bientôt, tous les formulaires employés par les notaires supposaient, particulièrement dans
leurs modèles de ventes, le concours du mari et de la
femme (1). Naturellement, il devait surtout en être ainsi
à partir de la loi du 23 mars 1855 qui, dans son article 9,
règlemente les cessions ou les renonciations à l'hypothèque
légale consenties par la femme.

Il était difficile d'ailleurs qu'il en fût autrement. En
grevant tous les biens du mari de l'hypothèque légale de
la femme, le législateur aurait ruiné complètement le crédit du mari, s'il n'avait pas permis de déroger durant le
mariage à ces règles rigoureuses sans recourir à la procédure longue et coûteuse de la restriction d'hypothèque,
permise par l'art. 2144, pour laquelle d'ailleurs, il est notamment besoin de l'adhésion de la femme, à la merci de
qui se trouve donc le mari. C'est encore son consentement
qui est indispensable pour tirer le mari de l'embarras où
le met ce droit réel frappant de plein droit tous ses immeubles pour la garantie de créances dont le montant et
l'existence même ne peuvent être connus durant le ma_

_____

(1) Cf. not. *Dictionnaire du Notariat,* vo vente (contrat de), toutes
les formules courantes de ventes amiables. nos 3 à 7.

riage. Quel serait le tiers assez hardi pour acheter du mari un immeuble destiné à rester grevé d'une hypothèque générale dispensée d'inscription ? Quel tiers consentirait un prêt sur la garantie si précaire et si aléatoire fournie par un immeuble déjà affecté à la sûreté de toutes les reprises ou récompenses qui peuvent ou pourront être dues à la femme.

Comme le fait remarquer M. Paul Gide, il faut, pour dégager le crédit du mari, pour lui permettre de disposer de ses immeubles, l'intervention, le consentement de la femme. Et cela est vrai, non seulement quand il s'agit de disposer des biens propres du mari, mais même, suivant l'opinion de la jurisprudence, sur les conquêts de communauté (1). L'on admet en effet que l'hypothèque légale de la femme frappe ces conquêts immeubles durant le mariage, car ils sont alors censés former partie intégrante du patrimoine du mari, ils sont le gage de tous ses créanciers, et sa femme ne peut être moins bien traitée. Sans doute si la femme accepte la communauté, elle ne peut opposer son hypothèque légale aux tiers qui ont traité régulièrement avec le mari (2). Mais si la femme renonce, la communauté est censée avoir toujours exclusivement appartenu au mari ; la femme qui reste étrangère à tous les engagements pris par lui, peut opposer son hypothèque légale à tous les tiers qui ont traité avec lui (3). On con-

---

(1) Cf. AUBRY ET RAU, III, § 264 ter. Texte et notes 29 à 34, et les autorités qu'ils citent.

(2) Le contraire a été soutenu par M. PONT, nos 526 et 529. Je crois plus exact de dire, avec MM. AUBRY ET RAU, que si l'hypothèque légale subsiste, la femme n'en est pas moins tenue de respecter les engagements pris au nom de la communauté.

(3) Contrà. DELVINCOURT, III, p. 165. VALETTE, p. 258. On sou-

çoit donc qu'ils veuillent éviter un pareil danger, et qu'ils exigent la renonciation de la femme à son hypothèque légale. De là presque toujours l'intervention de la femme. Il n'y a pas dans cette pratique autant qu'on pourrait le croire, une contradiction avec la règle de l'art. 1421. Sans doute le mari peut disposer seul des conquêts ; l'aliénation par lui consentie sera valable si la femme accepte la communauté, elle pourra même produire effet en cas de renonciation si la femme n'a pas de créance à faire valoir contre le mari. C'est un risque à courir. La plupart du temps, on préfère se mettre à l'abri d'un tel danger ; or l'opération peut se trouver doublement avantageuse pour le tiers quand il obtient du même coup, avec la renonciation à l'hypothèque légale, l'engagement personnel de la femme.

Il y a encore d'ailleurs un autre point de vue que l'on néglige d'ordinaire. Si les tiers peuvent exiger aussi facilement l'intervention de la femme aux actes de disposition du mari, s'il n'y a là rien de choquant, c'est que la femme pourrait d'ailleurs, lorsqu'elle ne craint pas d'exciter le mécontentement du mari, lui rendre à peu près impossible toute aliénation ou tout emprunt hypothécaire. Et quand le Code civil permet au mari de disposer des biens communs « sans le concours de la femme », il faut entendre sans son consentement exprès ou à son insu, et non pas malgré elle. Le procédé très simple qui permet

tient que la renonciation ne peut empêcher la communauté d'avoir existé, et que la femme a été dès lors représentée dans les actes relatifs aux biens communs. Mais alors la femme devrait être tenue envers les tiers, et aurait une situation plus fâcheuse que tous les créanciers du mari. C'est inadmissible : et cette théorie est repoussée par la jurisprudence et la majorité des auteurs.

à la femme de rendre à peu près impossible un acte de
disposition qui lui déplaît, c'est de prendre l'inscription
de son hypothèque légale. J'aurai plus loin à montrer les
conséquences qui résultent de cette marque de défiance à
l'égard du mari, en particulier la situation qui se produit quand un ordre est ouvert pour la distribution du
prix d'aliénation des biens communs.

Le plus souvent, il n'y aura pas lieu pour la femme de
recourir à de pareilles mesures, car son consentement sera
demandé dans l'acte même d'aliénation. Il en sera ainsi
du moins quand la femme aura capacité pour renoncer à
son hypothèque légale. Or, les parents ou la femme elle-
même ont pu craindre que celle-ci ne se laisse trop facilement entraîner à donner son consentement, et que le pouvoir
qui fait, d'après M. Gide, sa puissance dans la famille,
ne soit la cause de sa ruine. Pour éviter ce danger, le remède est simple : il suffit de soumettre les époux au
régime dotal. Dans ce cas, la femme, eût-elle même
concouru à l'acte du mari, n'a pu renoncer à une garantie
qui protégeait sa dot. L'hypothèque légale ne peut disparaître. Il en serait autrement si le contrat de mariage
accordait à la femme le droit de renoncer à l'hypothèque
légale. Mais, à moins de ne laisser subsister du régime
dotal que le nom, on n'insérera pas une telle permission.
Les clauses qui adoucissent les rigueurs du régime dotal
établi par le Code, n'ont pas pour but de diminuer les
protections dont sont entourés les biens dotaux. Au contraire, il s'agit de favoriser certaines opérations de bonne
gestion, de permettre par exemple une aliénation qui doit
être suivie d'un remploi avantageux.

Mais l'on entend toujours protéger la femme contre ses
entraînements, et en particulier lui conserver toutes les

garanties que la loi lui accorde contre son mari ; elles sont ici d'autant plus utiles que le mari peut se trouver responsable de tous ses manquements aux dispositions sévères du régime. Aussi le pouvoir de renoncer à l'hypothèque légale est ordinairement refusé à la femme. On ne le trouve notamment pas dans la formule si complète, proposée par la Chambre des notaires de Paris pour l'organisation d'un régime dotal pratique, et dont j'ai eu plusieurs fois à parler. L'on ne peut nier d'ailleurs les inconvénients résultant pour le mari de cette prohibition. Un emprunt hypothécaire devient pour lui impossible ; quant aux aliénations de ses biens propres, ou d'un bien de la communauté d'acquêts qui est d'ordinaire stipulée accessoirement, elles peuvent encore se réaliser ; l'on est seulement forcé de procéder à la purge des hypothèques légales dispensées d'inscription. Cette procédure longue et coûteuse peut souvent effrayer les acheteurs et rendre plus difficile l'aliénation. C'est peut-être d'ailleurs ce que désirent les gens qui adoptent le régime dotal. Car, ou bien la femme négligera d'inscrire son hypothèque et, s'il y a un ordre, d'y produire, et alors que deviennent les garanties auxquelles on tenait tant ? ou bien il est nécessaire de lui attribuer tout ou partie du prix, pour la couvrir de ses droits même éventuels. Ainsi qu'on va le voir bientôt le mari ne peut retirer aucun bénéfice de son aliénation.

En présence d'une telle situation, on le comprend, le mari et les tiers renonceront souvent à une opération aussi aléatoire pour les uns et les autres ; pratiquement, on voit quelquefois des actes de disposition accomplis par le mari d'une femme dotale, quand celle-ci a des biens paraphernaux et les engage pour la garantie des obligations contractées par le mari. L'opération d'ailleurs ne sera

sans danger pour le tiers que si la femme consent sur ses
paraphernaux une hypothèque à la sûreté de cette obligation. Si les tiers ne peuvent obtenir une garantie suffisante, ils courront toujours le danger de se voir opposer
par la femme son hypothèque légale pour les créances dotales, et si celles-ci excèdent les biens paraphernaux sur
lesquels ils peuvent exercer un recours, ils seront victi-
mes de leur imprudence. Cela explique le rare emploi
que l'on fait d'un procédé qui paraît remédier à une situation si funeste pour le crédit.

Pour certains auteurs, ce n'est pas seulement sous le
régime dotal que l'on ne pourrait obtenir valablement
d'une femme mariée la renonciation ou la subrogation à
son hypothèque légale. On a soutenu (1) que l'engagement contracté par la femme d'un commerçant tombé en
faillite, durant la période suspecte qui a précédé la cessation des paiements (446. C.Com.), au profit d'un créancier
antérieur du mari, est nul vis-à-vis des autres créanciers.
A fortiori, la femme n'aurait-elle pas contre son mari,
de recours sanctionné par son hypothèque légale. La raison en serait que le mari durant la période suspecte ne
pourrait plus autoriser la femme à s'obliger. Erreur
complète : le mari peut, même après la faillite déclarée
autoriser la femme à s'obliger; comment pourrait-il en
être autrement, durant la période suspecte? Aussi cette
opinion est-elle généralement repoussée (2) ; il eût semblé
étrange d'ailleurs d'interdire à la femme de s'engager et
de céder son hypothèque légale dans son propre intérêt,

---

(1) COIN-DÉLISLE *Rev. crit.* t. III, p. 221 et suiv. PONT : *Privilèges et hypothèques*, n° 447. *Sic.* Nancy, 4 août 1860. Sir. 61, **2**, 119.

(2) AUBRY ET RAU, IV, § 264 ter. Texte et note 27. LYON-CAEN
ET RENAULT. Précis, t. II, 2767.

parce que son mari se serait trouvé dans les dix jours qui précèdent sa cessation de paiements. Mais d'autre part, permettre à la femme de céder son hypothèque légale à un créancier du mari, surtout à un créancier antérieur, à une époque ou le mari n'aurait pu valablement constituer une hypothèque conventionnelle, va donner le moyen de rompre l'égalité des créanciers, qui est le but recherché dans la procédure de la faillite. Bien plus, ce serait nuire aux autres créanciers, si l'on accordait à la femme qui s'est engagée pour le mari, un recours contre celui-ci et si on laissait subsister pour ce recours la garantie de l'hypothèque légale. Bien que le contraire ait été jadis décidé, on admet aujourd'hui que l'hypothèque légale ne saurait être déclarée inefficace en vertu de l'art. 446, qui est étranger aux hypothèques légales ; mais, si la femme a connu les mauvaises affaires du mari, on peut se fonder sur l'art. 447 pour éviter tout recours nuisible à la masse. Certains en ont conclu que, la femme étant privée de son hypothèque légale pour l'indemnité à laquelle elle a droit, son engagement envers le créancier se trouve annulé.

Il y aurait je ne sais quelle corrélation entre le recours de la femme et son obligation ; cette dernière ne serait valable que si le recours de la femme est assuré. Mais cela est inadmissible. Combien de fois arrive-t-il que la femme pour avoir subrogé trop de créanciers à son hypothèque se trouve dépouillée de toute sûreté sur les immeubles du mari. Dira-t-on qu'au moins dans ce cas, elle conserve théoriquement son hypothèque et qu'elle la perd dans l'autre hypothèse ? Qu'importe une hypothèque qui ne vient pas en ordre utile ? La femme n'avait qu'à prendre ses précautions. Il lui était facile de refuser son consentement quand elle savait le mauvais état des affaires du mari, ce qui est la condition essentielle pour que l'on prononce la nullité de l'art. 447. Cette nullité d'ailleurs, même dans ce cas, est facultative pour le juge (1). Les tiers ont donc toujours à mon avis intérêt à demander, même au cas de faillite du mari, l'engagement de la femme et la subrogation dans son hypothèque légale. Cet intérêt existe pour les créanciers envers qui le mari s'est obligé antérieurement, bien qu'on ait pu croire que la garantie nouvelle donnée par la femme tombait sous le coup de l'art. 446 du Code de Commerce. A fortiori, l'opération est possible quand il s'agit d'une obligation contractée simultanément avec le mari. Dans ce cas, l'article 447 est seul applicable, et l'on voit qu'il rend dangereuse, mais non impossible la cession de l'hypothèque légale consentie par la femme dans de telles conditions. Ce n'est donc que si les époux sont mariés sous le régime dotal qu'il y a impossibilité pour la femme de céder son hypothèque légale ou d'y renoncer. Il résulte pour la femme de cette prohibition une protection très forte, mais en même temps elle rend la femme étrangère, pour ainsi dire, aux affaires de la famille. Tandis que, sous le régime de communauté, la femme concourt aux actes importants du mari, lui facilite les aliénations en renonçant à son hypothèque légale et se trouve amenée à ce titre à discuter les dispositions du chef du ménage, la femme dotale ne joue aucun rôle actif et se trouve privée de l'influence qui lui appartiendrait sous un autre régime.

Il ne faut d'ailleurs pas exagérer cette idée et conclure de là à l'indépendance du mari. On a vu, tout au con-

---

(1) LYON-CAEN ET RENAULT, Précis, II, 2767.

traire, que, sous le régime dotal, il devenait presque impossible à celui-ci de disposer de ses biens personnels. Mais supposons que le mari veuille passer outre, il va retomber à la merci de sa femme. Et dans ce cas, il ne faut pas distinguer si le maintien de l'hypothèque légale vient de la volonté de la femme ou de l'impossibilité légale où elle se trouve de dégager l'immeuble.

Que se passe-t-il en effet quand le mari ne peut obtenir la renonciation par la femme à son hypothèque légale? S'il peut malgré cette abstention procéder à un acte de disposition, on ne sera pas fondé à considérer comme aussi importante qu'on le dit l'intervention de la femme. Quand elle se produira, elle prouvera seulement le bon accord des époux, leur entente pour éviter quelques formalités coûteuses et faciliter ainsi un marché dont ils reconnaissent tous deux l'utilité. Du moment où le mari pourra se passer de la femme, il ne sera pas vrai de voir dans l'hypothèque légale de celle-ci ce « moyen d'action » cette « cause d'influence » qui, aux yeux de M. Paul Gide, devait rétablir l'égalité dans la société des époux.

Il y a un point sur lequel il ne peut guère y avoir de doutes. Si la femme ne veut ou ne peut subroger dans son hypothèque légale, il sera à peu près impossible au mari de réaliser un emprunt hypothécaire. Un prêteur ne se soucie guère de voir son hypothèque primée par celle que peut exercer la femme, pour des créances dont le montant est, et restera jusqu'à la dissolution du régime, indéterminé. Pour obtenir un prêt, il faudrait à la fois que le mari offrît des garanties très considérables; et que, la femme étant dépourvue de fortune personnelle sans que le mari lui ait fait aucun avantage par contrat, elle n'ait,

selon toutes probabilités, aucune créance à exercer contre
son mari. Cela sera fort rare. Et il sera généralement plus
prudent de s'abstenir d'une telle opération. Or, en matière
de prêt hypothécaire, on se montre plus difficile que pour
tout autre acte juridique. Si l'on met à part les constitutions d'hypothèque qui ont lieu après coup, pour garantir
une créance chirographaire, on se montre dans la pratique
très exigeant pour les actes de cette nature ; et cela s'explique facilement. Les créanciers en effet, ont pour but
unique de faire un placement qu'ils veulent sûr ; et puis
fussent-ils disposés à négliger certains dangers, celui des
hypothèques légales par exemple, leur attention est éveil-
lée sur ce point par les notaires rédacteurs des actes. Non
seulement en effet le ministère de ces officiers publics est
exigé pour les constitutions d'hypothèque, mais de plus,
en fait, ils sont fort souvent les intermédiaires entre le
prêteur et l'emprunteur, et leur responsabilité se trouve
ainsi lourdement engagée. Nombreux sont les arrêts qui
ont condamné des notaires au remboursement de sommes
prêtées quand le gage ne s'est pas trouvé suffisant pour
indemniser le créancier. On conçoit donc la réserve qu'ils
observent, particulièrement au cas où l'immeuble qu'on
veut engager est frappé de l'hypothèque légale de la femme.
Il sera donc à peu près impossible au mari de trouver un
prêteur dans de pareilles conditions. Il faut ajouter d'ailleurs que, s'il parvenait à surprendre la confiance d'un
tiers, la femme qui serait hostile à ce projet, aurait un
moyen assez simple de l'effrayer : ce serait d'inscrire son
hypothèque légale comme le lui permet l'art. 2139 du
Code civil. Cette formalité n'ajouterait rien, sans doute,
à la valeur de l'hypothèque légale ; mais, en prévenant le
tiers de qui le mari veut emprunter, des charges qui grè-

vent le patrimoine de celui-ci, la femme pourrait presque à coup sûr empêcher une opération qui aurait lieu contre son gré (1).

En est-il de même en matière de vente ? Il semble au premier abord que non. Le concours de la femme, d'après M. Gide (2), est utile aux acheteurs pour les décharger des formalités de la purge légale, et les prémunir contre les dangers d'une surenchère. Les acquéreurs n'auront guère à craindre de ce dernier chef, si la vente a été faite à un prix raisonnable ; la femme ne voudra pas payer un immeuble plus qu'il ne vaut pour faire pièce à son mari. Va-t-on dire alors que l'intervention de la femme a uniquement pour but d'éviter les formalités de la purge des hypothèques légales ? On est généralement assez disposé à l'admettre. Mais s'il en était ainsi, est-ce que vraiment l'hypothèque légale conférerait à la femme une influence capable, selon l'expression de M. Gide, de « rétablir l'égalité » dans la société des époux. Il en serait ainsi peut-être dans les classes les plus pauvres, spécialement chez les populations rurales. Là, les ventes pour un prix très minime sont d'une fréquence extraordinaire et les frais d'une purge dépasseraient bien souvent le prix même de l'immeuble aliéné. Ces petites ventes, ces petits

---

(1) Dans le cas où l'inscription de l'hypothèque légale est prise durant le mariage pour une somme déterminée, la jurisprudence paraît admettre que l'inscription vaut seulement pour cette somme 'Aix, 30 novembre 1891. — DALLOZ, 92, 2, 586). Cette théorie est très contestable. On veut protéger les tiers et l'on va contre les principes de l'hypothèque légale. La femme d'ailleurs peut facilement éviter ce danger en n'indiquant aucune somme et en s'inscrivant pour tous ses droits indéterminés. C'est ce qu'elle fera à coup sûr si elle veut effrayer les tiers.

(2) *Loc. cit.*

échanges ne sont déjà que trop entravés par les nombreux frais inévitables ; la purge des hypothèques légales n'aura jamais lieu. D'ailleurs, comme l'intérêt de chaque partie est assez minime, on n'hésite pas dans bien des cas à se passer même de la renonciation de la femme si elle ne veut pas l'accorder. Il est assez facile de négliger cette précaution, car la femme n'aura guère le moyen de réclamer. Si elle voulait faire valoir son hypothèque légale, les frais de saisie et de vente forcée pour un immeuble peu considérable dépasseraient toujours le prix de l'aliénation du bien. Dans certains cas, il est vrai, l'aliénation sera un peu plus importante, sans que son prix atteigne une somme suffisante pour que l'on veuille faire les frais d'une purge. Et cependant la femme pourrait avoir intérêt à réclamer après la dissolution du mariage le bénéfice de son hypothèque légale. Et en ce cas, le mari se trouvera sacrifié. Aussi lui serait-il presque impossible de vendre sans le concours de sa femme ; à moins qu'il ne veuille prendre à sa charge les frais de la purge, ou diminuer le prix d'autant pour que l'acquéreur puisse se procurer les sûretés qu'il est en droit de réclamer. Dans les ventes importantes, on n'éprouvera plus ces difficultés. On pourra vouloir éviter des frais que l'on jugera inutiles, et dont on peut se passer si la femme du vendeur renonce à son hypothèque légale, et à la condition qu'aucun droit réel dispensé d'inscription ne puisse en fait grever l'immeuble du chef d'un précédent propriétaire. Mais les frais d'une purge, quelque élevés qu'ils puissent être, ne sont pas tellement considérables que l'hypothèque légale puisse empêcher le mari de traiter s'il avait un moyen de briser la résistance de la femme.

      . :   t, e de la purge des hypothèques dis-

pensées d'inscription n'a pas pour but et pour effet de
faire disparaître les droits hypothécaires dispensés d'inscription, et en particulier ceux de la femme du vendeur.
Tout au contraire, elle est destinée à provoquer l'inscription de ces hypothèques, et l'immeuble ne se trouve
dégrevé que si cette formalité n'a pas été effectuée dans
le délai fixé. En fait, le plus souvent, il ne se produit pas
d'inscription, et surtout il ne s'en produit pas du chef de
la femme du vendeur. Est-à-dire que celle-ci se désintéresse de ses droits ? Cela peut arriver parfois, soit que
la femme ait confiance dans son mari, soit qu'elle craigne
de s'attirer le mécontentement de celui-ci. Mais très souvent, l'abstention de la femme viendra souvent de son
acquiescement à l'aliénation opérée par le mari. Parfois
même la femme consultée dès le début de l'affaire se sera
montrée favorable ; mais si elle est mariée sous le régime
dotal, elle n'aura pu intervenir à l'acte du mari pour
renoncer à son hypothèque, et la purge se sera trouvée
nécessaire. C'est même pratiquement dans de telles
conditions que se produira presque toujours la purge. On
aura voulu protéger la femme ; mais comme je viens de
le faire voir, la femme, qui avait besoin d'être protégée
pour concourir à l'acte de vente, n'en a plus besoin lors
de la purge. Elle ne pouvait pas renoncer dans l'acte de
vente à son hypothèque légale, garantie essentielle de sa
dot. Sa négligence, son imprudence suffiront à lui faire
perdre cette sûreté si précieuse au moment de la purge.
Ce que la femme ne pouvait pas faire sciemment par une
manifestation expresse de volonté, elle peut le réaliser
par sa simple inaction. Le plus souvent, il n'y aura pas
omission, mais bien une abstention raisonnée et voulue.
Le mari a trop à redouter de l'inscription que prendrait

sa femme ainsi qu'on va le voir tout à l'heure, pour se
risquer à la légère et consentir l'aliénation sans être sûr
auparavant de l'adhésion de sa femme. Mais, faute par
celle-ci d'avoir pu valablement manifester immédiatement
son consentement, il en est résulté des lenteurs et des
frais sans aucun avantage pour les parties. Qui en est
victime? c'est le mari. Toutes ces complications pourront lui faire manquer une affaire avantageuse; et en tout
cas, il lui devient impossible de recevoir comptant tout
ou partie du prix; il en résulte des frais de quittance
qui, joints aux frais de purge, finissent toujours en dernière analyse par peser sur lui en entraînant une diminution du prix.

Mais sa situation est encore bien plus fàcheuse, si la
femme est hostile à l'aliénation, ou entend réclamer le
bénéfice de son hypothèque légale. Peu importe que la
femme se soit inscrite au cours de la purge, dans les deux
mois de la signification qui lui est faite à cet effet (2195,
C. C.), ou bien que, en cas de vente sur saisie immobilière,
elle ait pris inscription avant la transcription du jugement d'adjudication (717 C. P. C.), ou encore qu'elle fasse
valoir son droit de préférence qui a subsisté même à
défaut d'inscription dans les délais voulus, quand elle se
trouve dans les conditions requises par les art. 717 et 772
du Code de procédure civile. Il suffit pour établir l'intérêt
et la nécessité de la renonciation de la femme, de voir ce
qui se passe quand elle a à se faire colloquer sur le prix
de l'aliénation (1). Parfois l'exigence de la femme sera basée

(1) La femme pourrait encore en vertu de son hypothèque légale
former une surenchère sur l'immeuble vendu. Mais pour qu'elle y ait
intérêt et que l'acte soit sans danger, il faudrait que le bien ait été
vendu très au-dessous de sa valeur réelle. On remarquera qu'il peut y

sur la nécessité de sauvegarder ses droits et je ne veux pas
le nier. Il suffit, pour qu'elle ait une influence sérieuse et
des droits redoutables, qu'elle puisse à son gré invoquer
cette défense. Ce sera pour elle un moyen de résister presque à coup sûr à la volonté du mari en enlevant à peu près
toute utilité à l'aliénation qu'elle réprouve. Supposons en effet qu'un ordre soit ouvert sur le prix de l'immeuble vendu
et que la femme produise en invoquant son hypothèque
légale. Le mariage durant encore, les droits de la femme
que devrait garantir son hypothèque légale ne sont pas
encore déterminés. La femme a des créances déjà nées,
elle a aussi des créances éventuelles qui peuvent se produire durant tout le cours du mariage. En outre, même
parmi les créances déjà nées, il s'en trouvera un certain
nombre dont le montant n'est pas encore fixé. Enfin le
droit même de la femme peut être conditionnel. Il en
sera ainsi notamment toutes les fois que l'immeuble
aliéné sera un conquêt de communauté; l'hypothèque de
la femme ne se trouvant valable sur un tel bien que si
la femme renonce à la communauté.

Si l'ordre s'ouvre sur un immeuble propre du mari, la
femme pourra obtenir une collocation actuelle pour toutes
ses créances déjà nées et dont le montant se trouve dès
lors déterminé. La femme aura toujours à faire valoir des
droits de cette nature. Là où le mari est propriétaire d'un
immeuble, il est à peu près certain que la femme aura
porté une dot, ou bien elle aura eu à aliéner un bien propre,
ou bien encore elle aura payé une dette à laquelle elle
s'était engagée pour le mari. Dans ce cas d'ailleurs, à

avoir là, soit un moyen d'acquérir sans le consentement du mari, soit
au contraire, dans d'autres cas, la possibilité de tourner la prohibition
des ventes entr'époux.

moins qu'elle ne soit séparée de biens, elle ne pourra toucher immédiatement cette collocation actuelle, sa créance n'étant exigible qu'à la dissolution du mariage.

De plus, la femme aura généralement à réclamer une collocation pour d'autres droits déjà nés, mais dont la quotité n'est pas encore connue. Parfois, il s'agira de récompenses qui pourront être dues par le mari ou la communauté, et dont le montant n'est pas encore liquidé ; presque toujours, la femme se sera engagée solidairement avec son mari pour des dettes non encore acquittées, et qu'elle peut se trouver forcée de payer ; d'autres fois le mari lui aura fait des avantages subordonnés à quelque condition. Tous ces droits de la femme doivent être garantis par l'hypothèque légale. Tout le monde admet (1) que l'on doit alors attribuer à la femme une collocation provisoire.

C'est aussi une collocation provisoire qui est accordée à la femme pour toutes ses créances actuelles, que le montant en soit ou non déterminé, toutes les fois qu'il s'agit de distribuer le prix de vente d'un conquêt de communauté, l'hypothèque n'existant sur ces biens que si la femme renonce à la communauté (2).

Dans tous ces cas où la femme doit obtenir une collocation provisoire, le prix tout entier, ainsi que le fait remarquer M. Léon Michel (3), se trouvera d'ordinaire indisponible, quelque minime que soit la créance actuelle, car il est impossible de fixer une limite sans risquer de nuire aux droits de la femme qui pouvait compter sur son hypothèque légale pour garantir toutes ces créances.

(1) Cf. AUBRY ET RAU, III, § 295. Texte et notes 19 et 30.
(2) AUBRY ET RAU, III, § 264 ter. Texte et notes 35 et 36.
(3) A son cours 1894-1895.

L'acquéreur n'a donc qu'à consigner son prix et, lors de la dissolution du régime matrimonial, la femme du vendeur prendra ce qui lui sera dû d'après la liquidation faite à cette époque. Le surplus, s'il en existe, sera attribué au mari ou à ses créanciers. C'est du moins ainsi que les choses auront lieu quand le droit de la femme sera déjà né, sans qu'on puisse en fixer le montant. Si la créance de la femme était conditionnelle, il serait plus logique, quand il y a des créanciers inscrits postérieurs à la femme, de les payer, à la condition qu'ils donnent des garanties pour assurer à la femme la restitution des sommes par eux touchées, dans le cas où celle-ci aurait dans la suite des droits à faire valoir.

Il semblerait logique d'étendre cette solution à tous les droits que la femme pourrait avoir à exercer, ne fussent-ils pas encore nés au moment de l'ordre, car l'hypothèque légale est destinée à garantir toutes les créances que la femme pourra acquérir au cours du mariage. Cette opinion est cependant repoussée par la doctrine et la jurisprudence (1).

La raison qu'on en donne, c'est que l'immeuble peut être grevé d'hypothèques seulement pour les créances nées durant qu'il se trouve entre les mains du débiteur. Cette raison serait mauvaise, car rien n'empêche d'hypothéquer les immeubles pour une créance future, c'est ce qui a lieu pour l'ouverture de crédit. Est-il impossible d'admettre que l'hypothèque légale de la femme garantit précisément des créances futures? Il ne peut être question, il faut le reconnaître, des créances qui ne sont ga-

---

(1) Cf. Aubry et Rau, III, § 295. Texte et note 16. M. Léon Michel à son cours.

ranties par l'hypothèque légale qu'à dater du jour où
elles sont nées au profit de la femme. Mais, dans un certain nombre de cas, les droits de la femme sont garantis
par une hypothèque qui prend rang à la date du mariage.
Il semble donc que la femme soit fondée à réclamer pour
des créances de cet ordre, une collocation provisoire. Seulement, comme ces créances sont toujours possibles, et
que l'on ne peut en évaluer le montant, il faudrait arriver
à décider que, dans tous les cas où la femme invoque son
hypothèque, le prix tout entier de l'immeuble vendu par
le mari, devient indisponible. La généralité et la gravité
de cette solution a effrayé la doctrine, et a motivé l'insuccès de cette théorie. Elle n'était cependant pas, peut-
être, aussi dangereuse qu'il le semblait.

On remarquera en effet que cette situation assurément
fâcheuse, se présenterait rarement, et dans l'hypothèse où
la femme voudrait, soit sauvegarder ses droits compromis,
soit s'opposer à une aliénation faite contre son gré. Dans
le premier cas, la femme entend seulement jouir du bénéfice d'une institution que le législateur a jugée nécessaire à la défense de son patrimoine. Et dans la seconde
hypothèse, la femme ne fait rien que de conforme au rôle
qu'on semble désirer pour elle en l'état actuel, puisque
la tendance générale porte à faire admettre son intervention à tous les actes importants concernant la gestion du
patrimoine. D'ailleurs, peut-on éviter le danger qu'on
redoute ? Combien de fois se produira-t-il que l'on puisse
refuser à la femme, une collocation éventuelle si elle la
demande? La femme aura toujours quelque créance conditionnelle, elle aura pris des engagements avec son mari,
ou elle aura à lui réclamer quelque indemnité non liqui-
dée. Il est presque impossible de concevoir, surtout sous

le régime de communauté, une femme n'ayant durant le
mariage aucun droit indéterminé à invoquer contre son
mari. Et alors, on l'a vu, le prix devient indisponible,
c'est-à-dire que l'on ôte tout intérêt à l'aliénation qu'aurait pu faire le mari. On vend d'ordinaire pour toucher
le prix, le mari ne recevra rien. Deux cas cependant
peuvent se présenter où l'aliénation offrira un certain
intérêt, et pour lesquels le mari ne se trouvera pas à la
merci de sa femme. La première hypothèse se présente si
le mari veut moins se procurer de l'argent que se débarrasser d'un bien qui ne lui rapporte rien ou lui occasionne des
inconvénients, et dont il ne peut s'occuper. La deuxième
hypothèse, plus importante, sera celle d'une aliénation consentie pour payer les créanciers hypothécaires. Bien entendu, il faudra pour que cette opération soit utile, que
ces créanciers priment la femme du vendeur. Tels seraient
par exemple, des créanciers qui auraient une hypothèque
antérieure au mariage. S'il s'agit de créanciers dont l'hypothèque a été consentie durant le mariage, il semble
qu'il y ait lieu de se demander s'ils sont ou non primés
par la femme. Étant donné que l'hypothèque de celle-ci
prend rang tantôt au jour du mariage, tantôt à une date
postérieure, la recherche pourrait être compliquée ; surtout quand il faudrait combiner son résultat avec la distinction des collocations actuelles et des collocations provisoires. Mais en fait, il n'en sera pas ainsi ; toujours en
effet, les créanciers hypothécaires du mari, sauf ceux qui
n'ont qu'une hypothèque judiciaire, sont subrogés dans
l'hypothèque légale de la femme. Ils peuvent par suite,
comme créanciers de la femme et comme subrogés
dans ses droits, obtenir, d'après l'opinion générale, des

collocations actuelles pour leurs créances (1). J'aurai à
revenir sur ce point. Ce que je veux seulement noter ici,
c'est que, en pareil cas, le mari peut aliéner malgré le mauvais vouloir de sa femme. Le fait sera fréquent ; et cela
semble diminuer beaucoup la portée de l'observation que
j'ai faite sur l'inutilité d'une vente faite contre le gré de
la femme. Mais en réalité, il n'y a rien qui aille contre le
pouvoir de celle-ci. S'il s'agit de créanciers ayant des droits
réels antérieurs au mariage, elle a pu les connaître, et
leurs droits n'ont jamais nui à ceux qu'elle n'a acquis que
postérieurement. Quant aux créanciers qui ont obtenu des
hypothèques durant le mariage, ils sont ses créanciers à
elle-même ; et ils invoquent pour être payés des droits
réels qui leur ont été consentis par elle ; quand le mari
aliéne pour les payer le bien qui était leur gage, il ne fait
que prendre les devants et éviter une saisie qui aurait été
faite en vertu de droits concédés par la femme. L'on peut
donc conclure, je crois, que la vente des immeubles
communs, si elle peut théoriquement être faite par le mari
seul, ne produit en général le résultat cherché par celui-
ci que dans le cas où la femme n'est pas opposée à cette
aliénation, ou si la vente résulte d'opérations engagées soit
avant le mariage, soit pendant le mariage du consentement de la femme.

Étant donné ce que j'ai dit au sujet des emprunts hypothécaires, cela revient à exiger à peu près toujours en pratique le concours de la femme pour tous les actes de disposition du mari.

Mais, dira-t-on, ce concours, comment la femme

_____

(1) Cf. AUBRY ET RAU, III, § 264 ter. Texte et notes 37 à 48 § 295.
Texte et notes 21 et 22.

pourra-t-elle le refuser ? Si le mari lui demande son consentement, elle craindra de le froisser en refusant de participer à une opération à laquelle il tient. Je ne veux pas prétendre que cette considération n'est pas de nature à peser très fréquemment sur la détermination de la femme. Mais, j'ai déjà eu souvent à le répéter, il ne faut pas exagérer cette puissance du mari ; et l'on doit, pour se faire une idée exacte de la situation des époux dans le mariage, tenir compte au contraire de l'influence de la femme. Le mari comprendra parfaitement sa résistance si elle est basée sur l'intérêt de la famille : la femme sera très forte quand elle invoquera la nécessité de sauvegarder la situation des enfants. Son refus serait même très logique s'il était fondé uniquement sur la nécessité de défendre ses propres intérêts. Si son intervention ne devait lui causer aucun préjudice, le mari pourrait voir dans l'abstention de la femme quelque hostilité à son égard. Mais la cession de l'hypothèque légale fait courir à la femme des dangers assez sérieux pour expliquer qu'elle se tienne sur la réserve. En effet, quand la femme renonce à son hypothèque légale au profit d'un créancier du mari, ou lui consent une subrogation, elle se trouve primée par cet ayant-cause du mari sur les biens de celui-ci, qui pourront, et cela sera fréquent, être insuffisants pour lui assurer le paiement de ses créances. Il faut donc qu'elle pèse bien sa décision. On est trop disposé à admettre que la femme fait un sacrifice léger, parce que l'hypothèque a surtout une utilité éventuelle et reculée. Cependant le service qu'elle rend au mari peut être de nature à lui occasionner à elle-même une perte. C'est donc pour elle une raison fort légitime de ne pas accorder le concours qui lui est demandé ; et le mari sera le premier à l'admettre. Il ne voudra pas en effet,

compromettre la fortune de sa femme qui sera plus tard
celle des enfants, et qui en cas d'insuccès pourrait constituer à sa famille comme un fonds de réserve à l'abri des
poursuites des créanciers. La femme de son côté ne consentira à courir ces dangers que lorsqu'elle jugera l'opération utile. Le plus souvent, il s'agira pour elle non pas de
rendre service au mari, mais de permettre un acte de disposition qui doit profiter aux deux époux ou aux enfants
communs. La nécessité de l'intervention de la femme entraîne donc pour elle un pouvoir énorme ; et le mari ne
peut faire contre son gré, dans les circonstances normales
aucun acte de disposition. Nous voilà bien loin de l'asser-
vissement de l'épouse au profit du mari que les féministes
prétendent constater dans nos institutions juridiques.
Pratiquement, ce concours à peu près indispensable de la
femme mariée se manifeste par son intervention à l'acte
même de disposition dans lequel elle renonce à son hypothèque légale au profit de l'ayant-cause du mari, ou le
subroge dans les effets de cette hypothèque. Du moment
où le mari ne peut en fait se passer du concours de la
femme pour disposer de ses immeubles ou des immeubles
communs, quand un tel acte se produira c'est que la femme
y donnera son assentiment. Elle jugera l'emprunt hypothécaire ou l'aliénation utile ou nécessaire, parfois même
elle sera appelée à en profiter, l'opération étant destinée
à lui procurer des fonds à elle nécessaires. Même s'il
n'en est pas ainsi, la femme est toujours intéressée à voir
prospérer les affaires du mari et surtout celles de la
communauté. En tout cas, elle a intérêt à dégager de son
mieux, le crédit du mari pour faciliter l'affaire à laquelle
elle est favorable. Aussi en pratique voit-on la femme
accorder d'ordinaire toutes les garanties qu'elle peut

donner, et tâcher d'aplanir toutes les difficultés.

D'après ce que j'ai dit jusqu'ici pour démontrer la nécessité de l'intervention de la femme, on pourrait croire qu'elle a seulement pour but de débarrasser l'immeuble de l'hypothèque légale, du moins en tant qu'elle peut nuire au prêteur ou à l'acquéreur. Il suffirait donc, semble-t-il, que la femme consente une simple cession d'antériorité si l'ayant-cause du mari est un créancier hypothécaire, et qu'elle renonce purement et simplement à son hypothèque si son ayant-cause est un acquéreur. Par ce moyen, on éviterait pour les acquéreurs ou pour les prêteurs tous les dangers que j'ai signalés. Ce n'est cependant pas avec ce caractère que se présente d'ordinaire cette opération.

Au lieu d'une simple renonciation à l'hypothèque, purement abdicative, l'on voit d'ordinaire la femme, d'abord s'engager solidairement avec le mari, puis subroger le créancier dans son hypothèque légale (1), ou tout au moins manifester l'intention, non seulement d'éviter aux tiers avec qui l'on traite, les inconvénients de l'hypothèque légale, mais en outre et en tant que de besoin, de leur en procurer les avantages.

L'engagement solidaire de la femme a pour résultat de la rendre responsable, sur tout son patrimoine propre, envers les tiers. Ceux-ci pourraient donc de ce chef, et sans subrogation spéciale, exercer tous les droits de la femme, et en particulier son hypothèque légale. Faudrait-il donc voir une redondance dans la stipulation expresse d'une subrogation dans l'hypothèque légale, clause qui se

_____

(1) Je n'ai pas ici à étudier la validité de cette opération qui est généralement admise. Cf. AUBRY ET RAU, III, § 288 bis. Texte et note 1 et V. § 537 bis.

rencontre pratiquement dans tous les actes de constitution d'hypothèque (1)? Nullement. Tout d'abord, le créancier qui ne serait pas expressément subrogé dans l'hypothèque légale, n'aurait qu'une action oblique contre le
mari. Mais surtout, et le point est capital, il pourrait se
trouver exposé à subir le concours de tous les créanciers
de la femme qui tous, au même titre que lui, pourraient
invoquer les droits de celle-ci contre son mari. Au contraire, quand la femme lui a expressément cédé son hypothèque légale pour la garantie de sa créance, il se trouve
investi du droit d'invoquer par priorité à la femme, à ses
créanciers chirographaires et à tous cessionnaires postérieurs, le bénéfice de cette hypothèque (2).

L'ayant-cause du mari à qui la femme a cédé son hypothèque légale se trouve donc de ce chef mieux traité que
les créanciers ordinaires de la femme. Mais, semble-t-il,
il n'avait pas besoin pour cela, de cette protection. L'engagement solidaire de la femme avait pour intérêt unique
d'étendre le gage fourni aux propres de la femme. Le
tiers avait d'autre part, sur un immeuble de la communauté ou du mari, un droit réel qu'il tenait du chef du
ménage, il suffisait pour que son droit fut complètement
garanti que la femme lui consentît de son côté la promesse d'abstention ou la cession d'antériorité dont j'ai
parlé. Elle pourrait même garder le silence ; s'étant engagée à garantir les obligations du mari envers le tiers

(1) Cf. AMIAUD, vº obligation, nᵒˢ 14 et 87 et suiv.
(2) Cf. AUBRY ET RAU, § 288 bis. Texte et note 28, et les auteurs
y cités. On a voulu soutenir que la subrogation ne donnait pas au
créancier le droit d'être payé par préférence. La majorité des auteurs
est en sens contraire. D'ailleurs en fait les formules usitées par les
notaires l'indiquent toujours. Cf. DEFRÉNOIS, IV, form. 1738 et suiv.

elle ne pourrait invoquer contre lui son hypothèque légale.
On comprendrait une subrogation quand la femme cède au
créancier de son mari son hypothèque légale sur tous les
biens qui peuvent en être frappés. Mais très fréquemment
il n'en est pas ainsi, la femme abandonne ses droits limitativement sur l'immeuble vendu ou hypothéqué. D'ailleurs,
on le verra bientôt, une cession de l'hypothèque légale n'a
guère d'utilité quand elle n'est pas l'accessoire d'une
constitution d'hypothèque conventionnelle.

Alors pourquoi transférer l'hypothèque légale et ne pas
abdiquer simplement des droits gênants ? Pour expliquer
cette pratique, les auteurs supposent d'ordinaire que
cette opération a pour but d'évincer les créanciers hypothécaires antérieurs. En effet, s'il existe des créanciers qui
ont sur l'immeuble des hypothèques conventionnelles, postérieures en rang à l'hypothèque légale, mais antérieures
à celles que la femme veut favoriser, que celle-ci vienne
à renoncer purement et simplement à son hypothèque
légale, ce seront les premiers créanciers inscrits qui en
profiteront ; si la femme renonce simplement en faveur
du créancier dernier inscrit, cela ne lui servira de rien
tant que la femme ne lui cédera pas ses droits. Tout au
contraire, quand le tiers peut invoquer l'hypothèque légale
de la femme, il prime les créanciers antérieurs en date,
s'il est lui-même créancier ; s'il est acquéreur, il peut
payer son prix à ses vendeurs. Dans le cas où il serait
ensuite obligé de purger ou de délaisser, il pourrait, dans
l'ordre ouvert, exercer l'hypothèque légale de la femme
pour se faire restituer le prix payé à l'encontre des créanciers (1). Le résultat sera en fait de rendre inutile toute
réclamation de ces créanciers inscrits.

(1) AUBRY ET RAU, III, § 288 bis. Texte et note 30.

Il m'est impossible pour ma part d'accepter cette explication. Pour motiver une précaution à laquelle on recourt journellement on est obligé d'invoquer une hypothèse qui ne se présentera jamais. Il a peut-être pu se produire autrefois, à une époque où l'importance et les dangers de l'hypothèque légale étaient moins signalés qu'aujourd'hui, que des créanciers se contentent d'une hypothèque primée par celle de la femme. Aujourd'hui, le cas ne se rencontre plus. Un homme marié ne trouvera pas un prêteur si la femme ne renonce pas à son hypothèque, et sans cela que vaudrait en réalité le gage du créancier ? Pour trouver quelque intérêt à l'opération, il faut supposer que ces hypothèques intermédiaires sont des hypothèques judiciaires. Pratiquement, il ne se produira guère d'hypothèques conventionnelles postérieures. Les hypothèques judiciaires ne commencent à apparaître que lorsque le propriétaire est ruiné et n'a plus le crédit nécessaire pour emprunter par hypothèque. On conçoit au contraire très bien la possibilité d'une vente dans de pareilles circonstances. Mais je ne vois guère quand la subrogation de l'acquéreur dans l'hypothèque légale peut permettre de payer le prix au vendeur aux dépens des créanciers. Cette opération, qui est d'ailleurs assez peu recommandable, sera inutile si la femme peut réclamer tout le prix en vertu de son hypothèque légale, à moins pourtant que celle-ci ne soit elle-même débitrice des créanciers inscrits. D'autre part, si la femme n'a pas à faire valoir contre le mari de créances dont le rang soit antérieur aux autres hypothèques, la subrogation de l'acquéreur ne lui donnera aucun droit opposable aux créanciers inscrits.

Quel peut donc être l'intérêt de la cession de l'hypothèque légale de la femme ? Pour moi, il est assez minime :

c'est seulement une protection donnée aux créanciers pour
le cas où l'hypothèque conventionnelle viendrait à tomber
Tel serait par exemple le cas où l'hypothèque aurait été consentie par le mari commerçant dans les dix jours suspects
qui précédent sa cessation de payements. Si alors il y avait
seulement une cession d'antériorité, elle serait subordonnée à la validité du droit réel consenti par le mari. En
cas de subrogation, le droit hypothécaire de la femme peut
être invoqué, quelle que soit la valeur de l'engagement
du mari. Cela explique que ces subrogations soient de
style dans les actes de constitution d'hypothèque. Au contraire, rien de pareil ne se manifeste dans les ventes ; la
femme y renonce seulement à son droit hypothécaire pour
éviter une purge à l'acquéreur, et je ne conçois pas du
tout en vertu de quel principe et pour quel but on cherche
à compliquer une situation très simple, en voyant dans cette
renonciation qui, dans l'intention des parties, est pure
et simple, une renonciation translative. L'acquéreur me
semble très suffisamment protégé par l'engagement solidaire des deux époux et, s'il y a lieu, par la renonciation
de la femme à son hypothèque légale. La cession de
l'hypothèque qui lui serait faite ne pourrait servir qu'à des
manœuvres louches, et, par une contradiction étrange,
n'aurait lieu que dans l'intérêt des vendeurs au lieu
d'être faite comme d'ordinaire en faveur de l'ayant-cause
du mari.

Le seul but en effet de l'intervention de la femme c'est
de donner au tiers avec qui l'on contracte toutes les garanties que peut lui fournir le ménage. Et c'est bien le résultat auquel on arrive par le concours des deux conjoints.
On conçoit donc que l'on tienne à obtenir le consentement
de la femme. Est-ce à dire qu'il faille exagérer l'impor-

tance de son intervention à l'acte et lui donner une
place prépondérante ? En particulier la femme pourrait-
elle obtenir un crédit suffisant en subrogeant à son hypothèque légale indépendamment de tout engagement du
mari ? (1) Sans discuter la validité de cette opération, je
crois pouvoir affirmer que la femme n'en retirerait aucun profit, car elle ne trouverait aucun prêteur sérieux
pour se contenter des garanties minimes que donnerait cette subrogation isolée de toute constitution d'hypothèque conventionnelle. On pourrait encore concevoir
qu'une telle cession pût servir à primer des créanciers hypothécaires du mari si ces créanciers n'étaient pas subrogés
dans l'hypothèque légale. Mais ce cas ne se rencontrera jamais en pratique. Le créancier subrogé à l'hypothèque légale de la femme sera donc préférable seulement aux créanciers chirographaires ou aux créanciers hypothécaires
postérieurs. Contre eux ou contre le mari, il peut invoquer
l'hypothèque légale ; mais dans quelle limite ? L'hypothèque légale cédée au créancier pour le montant de ce
qui lui est dû ne vaut que jusqu'à concurrence des
créances de la femme. Si elle s'était engagée solidairement avec son mari et pour le compte de ce dernier,
elle aurait pu avoir de ce chef une créance égale au
montant de la dette ; le tiers aurait pu invoquer l'hypothèque légale qui la garantit. Mais quand la femme s'est
engagée seule, il se peut qu'elle n'ait aucune créance déjà
née à exercer contre son mari ou contre la communauté,
et que, au contraire, lors de la liquidation du régime
matrimonial, elle se trouve leur débitrice. Or, rien ne

---

(1) Il faudrait d'ailleurs à la femme l'autorisation du mari ou de
la justice. L'acte aurait donc lieu à peu près toujours du consentement des deux époux.

sera plus facile aux époux que de frauder les droits du
créancier de la femme et de s'arranger pour que celle-ci
n'ait aucune créance à faire valoir. Le créancier qui
aura compté uniquement sur l'hypothèque légale de la
femme n'aura plus de garantie. De même ses droits peuvent être compromis si les deux conjoints venant à décé-
der à peu près en même temps leurs deux successions
sont dévolues aux mêmes héritiers, pratiquement aux enfants communs. La créance de la femme contre le mari se
trouve alors éteinte par confusion. Enfin l'hypothèque
légale, en tant qu'elle frappe sur les conquêts, s'applique
seulement à ceux qui sont attribués au mari dans la liquidation. Elle est anéantie si les conquêts sont vendus
au cours de la liquidation ou s'ils tombent au lot de la
femme. Aussi l'on comprend que, le plus souvent, les
tiers ne se contentent pas d'une garantie si aléatoire. Ils
l'acceptent et la demandent accessoirement à une sûreté
plus sérieuse, à une hypothèque conventionnelle. Et encore dans ce cas, on le remarquera, il y a en fait obligation solidaire des deux époux ; en sorte que, non seulement les créanciers sont sûrs que l'immeuble engagé restera affecté à leurs droits réels, mais de plus ils auront
une créance à exercer du chef de la femme. Ils auront
aussi l'avantage de pouvoir invoquer cette hypothèque
légale même au cours du mariage, ce qui leur est impossible s'ils sont seulement subrogés à l'hypothèque.
Dans ce cas en effet le droit de la femme durant le mariage étant indéterminé, on ne peut invoquer son hypothèque qu'à la dissolution du régime. Une exception toutefois : le créancier peut faire valoir immédiatement les
droits de la femme si le mari tombe en faillite ou en déconfiture, en invoquant l'art. 1446 du Code civil.

En somme, il est à peu près impossible à la femme de procurer une sûreté sérieuse à ses créanciers personnels en cédant son hypothèque légale ; d'où pour elle l'impossibilité presque absolue de trouver un prêteur (à moins qu'elle ne fournisse d'autre part, une garantie plus efficace) sans obtenir du mari non pas seulement la simple autorisation de s'obliger, mais bien son engagement solidaire. C'est ce qui fait que la cession de l'hypothèque légale a toujours lieu en même temps qu'une obligation du mari. On en conclut trop facilement que la femme fait toujours cette opération pour le compte et dans l'intérêt du mari. Très souvent ce sera tout le contraire, et le mari s'obligera dans l'intérêt de la femme et pour lui procurer de l'argent. Dans un cas comme dans l'autre, les deux époux joueront à l'égard des tiers, un rôle identique. Ce sera leur concours, leur engagement à tous les deux, avec les dangers qui en résultent pour l'un et l'autre, qui pourra procurer à l'un d'eux, ou à la société conjugale, le crédit nécessaire. Et je crois qu'il n'y a rien là que de très conforme à la nature des ralations qui naissent du mariage.

Ce que je viens de dire s'applique au cas d'un emprunt hypothécaire. Il peut en être de même au cas d'aliénation, et la vente faite, du consentement des deux conjoints, d'un immeuble du mari ou de la communauté peut avoir lieu dans l'intérêt de la femme. En tout cas, en lui faisant perdre la garantie de son hypothèque légale, elle fait courir à celle-ci les mêmes dangers qu'un emprunt hypothécaire accompagné de subrogation dans l'hypothèque légale.

Cette considération pourrait peut-être justifier une disposition, généralement critiquée, de la loi du 13 février 1889

portant modification de l'article 9 de la loi du 23 mars 1855.
En réglant les conditions dans lesquelles la femme peut
renoncer à son hypothèque légale en faveur d'un acquéreur d'immeubles grevés de cette hypothèque, la loi
dispose : ..... « La femme conserve son droit de préférence sur le prix, mais sans pouvoir répéter contre l'acquéreur le prix ou la partie du prix par lui payé de son
consentement. » Et par suite, c'est au concours donné
par la femme à la quittance du prix qu'on attribue l'effet
de subroger l'acquéreur, dans la mesure où elle pourrait
lui profiter, à l'hypothèque légale de la femme. On pourrait peut-être considérer qu'il y a là une sauvegarde plus
grande du droit de la femme. Celle-ci a pu ne consentir à
l'aliénation qu'à raison de l'emploi qu'on voulait faire du
prix, et qu'elle jugeait avantageux. On conçoit que la
femme ne veuille pas se dépouiller de son hypothèque légale sans être sûre que l'opération doit procurer un
avantage à la famille, et que les fonds fournis de la sorte
à son mari ne seront pas dilapidés. Dans un emprunt
hypothécaire, le prêteur met à l'instant toute la somme à
la disposition de ceux qui s'en reconnaissent débiteurs.
En cas de vente, le prix n'est presque jamais entièrement
payé comptant. Quand l'acquéreur, dans la suite, veut se
libérer, s'il peut le faire entre les mains du mari seul, le
paiement parfois aura lieu à l'insu de la femme, et son
montant sera employé contre son gré, sans tenir compte
des raisons qui avaient pu déterminer la renonciation à
l'hypothèque.

Seulement, en protégeant la femme, on fait courir au
mari un grave danger, et on gêne beaucoup l'acquéreur
auquel le concours de la femme, ne fournit plus les avantages qu'il en espérait. Evidemment, si la femme consent

à intervenir à la quittance, et subroge l'acquéreur dans
son hypothèque légale, tout est simple et facile. Mais, si
l'on peut prévoir un changement dans les intentions du
mari, il y a lieu aussi d'en craindre un, dans les dispositions de la femme. Que celle-ci refuse de laisser payer
le prix à son mari : l'acquéreur se trouve dans la nécessité
de recourir à la procédure coûteuse et compliquée de
l'ordre. Si, comme il arrive souvent, la femme a seule un
droit réel sur l'immeuble, si elle doit être colloquée, on
retombe dans les difficultés dont j'ai parlé au sujet des
collocations à faire à la femme. Le plus souvent l'acquéreur n'aura qu'à consigner son prix dont personne ne
profitera. D'autre part, il y aura lieu à toutes sortes de
formalités longues et coûteuses. Ce sera un grand embarras pour l'acquéreur ; ce sera pis que cela pour le mari
vendeur qui verra son aliénation ne produire aucun des
effets qu'il espérait. Or, rien ne prouve que la femme
élève des prétentions si contraires à l'intérêt de tous, de
peur de voir le mari faire un usage dangereux des fonds
qu'il devrait toucher. Souvent, au bon accord des époux,
a pu succéder une mésintelligence, peut-être passagère,
qui, se produisant précisément à l'époque où l'acquéreur
doit payer son prix, enlèverait à l'opération, consentie tout
d'abord du consentement de la femme, toute son utilité.
Ces inconvénients très sérieux feront sans doute écarter
dans la pratique, l'application de la règle dont il s'agit.
Comme la survie du droit de préférence n'est pas d'ordre
public, on peut faire expressément renoncer la femme
dans l'acte de vente au droit de préférence comme au
droit de suite, ou bien faire prendre par la femme l'engagement d'intervenir à la quittance du prix pour renoncer

à son droit de préférence (1). Comme la loi de 1889 exige, pour les actes d'aliénation dans lesquels la femme renonce à son hypothèque légale, la forme authentique, il est très probable que l'on verra bientôt, si cette pratique n'est pas encore universelle, stipuler toujours cette précaution contre un revirement d'opinion de la femme. La nécessité où l'on se trouve de faciliter la circulation de la fortune immobilière qui a déjà fait naître la pratique de la renonciation à l'hypothèque légale, va encore exiger que l'on sacrifie l'intérêt possible de la femme à conserver son droit de préférence sur le prix. C'est ce qui arrive quand la femme s'oblige par avance à y renoncer lors du paiement. Elle est sûre d'être renseignée sur le moment de ce paiement ; il n'en pourrait pas moins avoir lieu, même contre son gré. Et il faut avouer que c'est diminuer beaucoup l'influence que lui donnait dans la famille la loi de 1889 : la femme, il est vrai, peut du moins prendre alors dans son intérêt propre toutes les mesures conservatoires que nécessiteront la défense de ses droits, et au besoin, demander la séparation de biens. C'est à mon avis une protection suffisante. Il faut bien convenir d'autre part que le mari pourrait ainsi, après avoir extorqué à la femme son adhésion à une vente, justifiée par un certain emploi a faire du prix, affecter celui-ci à des dépenses d'un ordre tout à fait différent. La femme serait mieux protégée si l'on appliquait exactement les dispositions de la loi du 13 février 1889.

Je dois d'ailleurs constater pour être exact que très probablement le législateur n'a nullement eu pour but d'accorder cette protection à la femme. Rien n'indique

_____

(1) DEFRÉNOIS, III, form. 1374.

qu'il ait entrevu le danger pourtant très réel que j'ai si-
gnalé. Selon toute apparence, d'après les travaux préparatoires le maintien du droit de préférence après la renonciation de la femme est le résultat d'une erreur comme il
s'en trouve trop dans cette loi. La pratique antérieure, qui
voulait faciliter les opérations de la vente, et dispenser
l'acquéreur d'inscrire une hypothèque légale sur l'immeuble qu'il voulait débarrasser de tout droit réel, résumait
son système en cette formule : « La renonciation vaut
purge. » C'était dire : la renonciation dispense de la
purge, et fait disparaître l'hypothèque légale. On a cru
au Parlement, en 1889, qu'il y avait une véritable purge,
c'est-à-dire que le droit du créancier, tout comme en cas
de purge, se trouvait reporté sur le prix. On décida en
conséquence que le droit de préférence survivrait au droit
de suite. Cette erreur n'a d'ailleurs que peu d'importance,
puisque la pratique tend à corriger les inconvénients qui
pourraient en résulter. On n'aura pas à redouter l'obligation où l'on se trouve d'exiger deux consentements de la
femme, l'un pour la vente, l'autre pour le paiement ; son
adhésion n'est plus nécessaire que lors de l'aliénation.

Que le consentement de la femme se manifeste expressément par une subrogation ou une renonciation à l'hypothèque légale, ou tacitement par l'abstention de prendre
inscription lors d'une procédure de purge, il n'en est pas
moins nécessaire pour tous les actes de disposition des
biens du mari. L'hypothèque légale a donc des conséquences énormes sur le fonctionnement du régime matrimonial des époux. Par une transformation surprenante,
la défense accordée à la femme pour protéger son inaction, est devenue la cause de son pouvoir et de son activité. En rendant nécessaire l'intervention de la femme,

en faisant naître l'habitude de la voir figurer aux actes
juridiques, en l'appelant ainsi à connaître les affaires du
mari et de la famille, l'hypothèque légale a provoqué
dans le sort de la femme mariée une transformation pro-
digieuse; aussi a-t-on pu dire que, entre tous les avantages procurés à la femme par son hypothèque légale, les
plus grands lui provenaient de la faculté d'y renoncer.
En particulier, sous le régime de communauté, M. Paul
Gide (1) rapprochant la situation faite au mari sur ses biens,
de celle de la femme obligée pour la disposition de ses
propres de se munir de l'autorisation maritale, déclare :
« la collaboration est incessante entre les époux. » Sans
faire de cette remarque une règle absolue, on peut dire
que, à de rares exceptions près, telle est en effet la situation vraie des époux, même sous notre Code civil ; et
cette législation en apparence si favorable aux pouvoirs
du mari, vient d'elle-même y poser des bornes nécessaires,
sans qu'il soit besoin d'expliquer le fait général du concours des époux pour les actes les plus graves par je ne
sais quel conflit des mœurs et de la législation.

D'ailleurs, ainsi que le remarque M. Gide, il n'y a pas
là, autant qu'il peut le sembler tout d'abord, un caractère
vraiment original et imprévu de notre droit français actuel ; et l'hypothèque légale vient sous le régime du Code
civil jouer le rôle du *douaire* sous notre communauté
coutumière (2). Les biens du mari affectés du douaire ne
pouvaient plus en effet, « être donnés vendus, engagés,
sans le consentement de la femme ». Aussi en fait, tous les
actes de disposition, autrefois comme aujourd'hui, présentaient l'intervention de la femme. Cela d'ailleurs est né-

(1) *Condition de la femme*, 2ᵉ éd. page 482.
(2) *Op. cit.*, p. 481.

cessaire pour limiter les droits du mari comme chef de la communauté, pour empêcher l'association conjugale de devenir « une société léonine ». Il est de la nature, sinon de l'essence de la communauté que la femme pour rétablir l'équilibre ait un droit sur les immeubles du mari. Cela est si vrai que, durant la première période de notre ancien droit, au moment où le régime de communauté se formait définitivement, vers le XIIIe siècle, le concours de la femme était requis pour toute aliénation des immeubles communs (1).

Il ne faudrait donc pas envisager la situation faite à la femme par l'hypothèque légale comme liée à cette institution. L'utilité du concours de la femme aux actes du mari n'est plus guère discutée aujourd'hui et la tendance actuelle serait plutôt d'augmenter, j'allais dire exagérer, le pouvoir de la femme dans le ménage. Actuellement, il résulte, pour la majeure partie, de ce fait que l'hypothèque légale est une hypothèque générale et occulte. Ce n'est que parce qu'elle frappe, sans avoir besoin d'être inscrite, tous les immeubles du mari, que la femme en retire des avantages considérables.

Si, à ce point de vue, l'hypothèque légale produit un

(1) Jusqu'au XIVe siècle, les droits du mari, très étendus et très complets sur les meubles de communauté, ne dépassent guère sur les immeubles ceux d'un co-propriétaire. C'est ainsi par exemple que, au rapport de BEAUMANOIR, quand le mari était puni de la confiscation de ses biens, la confiscation portait sur tous les meubles de communauté et seulement sur la moitié des immeubles. De cette situation, découlait nécessairement le concours de la femme aux actes d'aliénation (M. Lefèbvre à son cours). On peut citer des dispositions analogues dans certaines législations étrangères. C'est ce qui a lieu par exemple en Allemagne. Cf. *Bull. Soc. lég. comparée*, 76, p. 173. M. BUFNOIR.

excellent résultat, sa clandestinité et sa généralité n'en sont pas moins à un autre point de vue, déplorables pour le crédit du mari et pour le crédit public. Je crois que tout le monde est d'accord aujourd'hui pour demander sur ce point une réforme qui s'impose, et réclamer pour l'hypothèque des femmes, le retour au droit commun, et la soumission aux deux grands principes de la spécialité et de la publicité. Cette amélioration importante a été notamment décidée par la sous-commission juridique de la Commission extra-parlementaire du cadastre dans sa 31ᵉ séance (21 novembre 1892). On ne peut que regretter la décision qui, liant le projet de réforme hypothécaire à l'établissement si difficile et si peu certain des livres fonciers, a empêché la réalisation immédiate d'une amélioration si nécessaire.

Mais cette réforme produirait d'autre part des résultats déplorables, si l'on ne tenait pas compte du rôle que l'hypothèque légale fait à la femme en exigeant son concours aux actes de disposition. Il ne faudrait pas dépouiller la femme de cette prérogative si utile pour elle, pour la famille et même pour le mari. La clandestinité et la généralité de l'hypothèque légale de la femme entraînent aujourd'hui ce correctif heureux aux règles des régimes matrimoniaux. La réforme de l'hypothèque légale ne peut avoir lieu sans danger que si l'on modifie en même temps le 2ᵉ alinéa de l'article 1421, que si on proclame comme principe théorique, ce qui est admis comme règle par la pratique, si l'on exige, pour tous les actes de disposition des immeubles, le concours des deux conjoints (1).

_____

(1) *Sic.* M. L. MICHEL à son cours 1894-1895. La loi belge exige la

Malheureusement les promoteurs de la réforme hypothécaire ont négligé ce côté de la question.

Dans sa séance du 24 novembre 1892, la sous-commission juridique du cadastre avait voté tout un projet sur les hypothèques légales. Il y était encore question (art. 3) de la subrogation dans l'hypothèque légale, ou de la renonciation au profit d'un tiers. Mais comme l'hypothèque légale pourrait ne frapper que partie des immeubles du mari ou de la communauté, sur tous les biens non affectés la femme serait dépourvue de tout moyen d'action.

On retrouve la même lacune dans une proposition de loi qui a été déposée à la Chambre des Députés par M. Dupuy-Dutemps, et renvoyée à la Commission de 33 membres nommée pour l'examen des réformes judiciaires, et dont une sous-commission s'occupe particulièrement de la réforme hypothécaire. La proposition de loi Dupuy-Dutemps étend aussi aux hypothèques légales le principe de la publicité et de la spécialité. Elle s'occupe surtout à propos de l'hypothèque légale de la femme sous les art. 33 et suiv. de régler dans quelles conditions il y aura lieu de prendre inscription dans l'intérêt de la femme. M. Dupuy-Dutemps charge le notaire, lors du contrat de mariage, de prendre inscription sur tous les biens du mari pour le montant de la dot ; au cours du mariage, tout ceux qui ont à faire un paiement à la femme, devraient pour se libérer valablement prendre inscription sur les biens du mari. Par suite,

---

publicité et la spécialité des hypothèques légales (LAURENT, XXX, p. 236 et suiv.) et la femme n'a reçu aucun droit destiné à lui accorder des pouvoirs équivalents à ceux qu'elle tient en France de cette hypothèque. C'est peut-être une des raisons pour lesquelles M. Laurent dans son avant-projet croit devoir réclamer un accroissement des droits de la femme.

à moins que les époux, d'un commun accord, ne dissimulent
une partie des immeubles du mari, tous seraient affectés
à l'hypothèque légale, sauf au mari à la faire restreindre
par la justice, aux immeubles suffisants pour garantir les
droits de sa femme. Il serait assez rare probablement, que
le mari, à moins de nécessité spéciale, par exemple, d'emprunt au Crédit Foncier, recoure pour obtenir cet avantage à une formalité judiciaire qui exigerait forcément un
délai assez long et des frais considérables. Le mari se
trouvant ainsi grevé sur tous ses immeubles, l'intervention de la femme serait, semble-t-il, nécessaire pour tous les
actes de disposition du mari. En réalité il n'en serait rien.

Si la femme en l'état actuel renonce à son hypothèque
légale, c'est que, par sa généralité, celle-ci frappe les immeubles du mari plus lourdement qu'il ne serait nécessaire. Du jour où l'hypothèque ne serait prise que pour
sûreté des créances de la femme, limitativement indiquées, il pourrait en résulter pour le mari la possibilité d'emprunter, en concédant une hypothèque qui, postérieure à celle de la femme, peut cependant fournir une
garantie suffisante, du moment où l'hypothèque de la femme
ne vaudrait plus que pour la somme déjà inscrite. D'autre part la femme renoncerait-elle bien facilement à une
sûreté qui, au lieu de garantir des créances indéterminées
et éventuelles, lui serait alors nécessaire pour assurer
le paiement de créances déjà nées? En réalité, à peu près
tout l'avantage que la femme retire aujourd'hui de son
hypothèque légale et la modification qui en résulte dans
le fonctionnement des régimes matrimoniaux seraient supprimés par cette réforme. Il en serait surtout ainsi si l'on
s'en remettait à la femme du soin de décider quand il y a
lieu de prendre inscription. C'est ce que proposent les

membres du Comité des Notaires des Départements qui
ont cru devoir élaborer, en vue de la réforme hypothécaire,
une rédaction contenant sur ce point les améliorations
demandées par le Notariat (1). Les articles 26 et 27 de
cette proposition de loi disposent que les parties doivent
décider sur l'interpellation du notaire, lors de la rédaction
du contrat de mariage, ou de tout acte qui rendrait la
femme créancière du mari, s'il y a lieu d'inscrire cette
hypothèque légale. Si ce principe était admis, la femme à
qui la spécialité de l'hypothèque enlèverait déjà une
bonne part de son influence, s'en verrait tout à fait dépouillée. En effet, à moins de vouloir susciter au mari
des tracasseries et des embarras, la femme ne réclamerait
l'inscription de son hypothèque que lorsque cette mesure
serait indispensable pour la défense de ses droits. Et dans
ce cas elle ne consentirait pas à y renoncer puisqu'elle-
même aurait jugé l'inscription indispensable. On sauvegarde ainsi l'intérêt du mari. Mais le pouvoir de la
femme en est amoindri et c'est je crois un résultat regrettable pour la famille tout entière. On ne peut que former
des vœux pour que le législateur, en réalisant la réforme
des hypothèques légales, songe à donner en même temps
à la femme le moyen d'exercer son influence sur les
actes de disposition du mari.

Le procédé le plus simple et le plus énergique, celui
que prôneraient les féministes, ce serait d'exiger le con-

(1) *Circulaire trim. du Comité des Notaires des départements*
(Paris, Librairie Pichon) n° du 5 décembre 1894, p. 693 et suiv. et
p. 702 et suiv. — Je note en passant, revenant sur un point plus haut
traité, (p.471) que dans cette proposition de loi, on demande (art. 29)
que la renonciation par la femme à son hypothèque légale en cas de
vente d'immeubles, emporte extinction du droit de préférence sur le
prix « si la réserve n'en est faite. »

sentement de la femme à toute aliénation ou à toute
affectation hypothécaire des immeubles du mari et de la
communauté. Mais je crois qu'une disposition aussi ri-
goureuse ne serait pas sans danger. Ce serait aggraver
le sort du mari, car, en particulier pour l'aliénation, il se
présente en l'état actuel certaines circonstances où l'opposition de la femme peut être vaincue par le mari. Si la
vente devient généralement inutile par suite du mauvais
vouloir de la femme, elle n'en est pas moins possible, et
peut présenter de l'intérêt, par exemple si l'hypothèque
de la femme est primée par des droits réels antérieurs.
Aller plus loin, mettre le mari complètement à la merci
de sa femme, serait excessif. La femme elle-même peut
sur ses biens propres recourir à la justice pour en obtenir
l'autorisation que refuse le mari. Donnerait-on à celui-ci
un pareil recours? Ce serait dangereux. L'intervention
de la justice dans les relations de la famille ne provoque
pas seulement des lenteurs et des frais, mais a presque
forcément pour résultat d'aggraver le désaccord entre les
époux. Et puis si l'on peut soumettre à une réglementation compliquée la femme dont la fortune reste ordinairement fixe, comment imposer une pareille situation au
mari, aujourd'hui surtout où plus que jamais il peut se
trouver obligé d'employer presque tous ses capitaux
comme un instrument de travail et de les consacrer à
soutenir ses entreprises.

Aussi, je crois suffisant de demander que la femme soit
seulement appelée à donner toujours son avis, à intervenir à la vente, sauf au mari à passer outre en cas de
refus de sa part. On donnerait ainsi à la femme une occasion suffisante d'exercer sur le mari son influence
personnelle, plus forte d'ordinaire et plus efficace que

toutes les barrières de la loi. On permet en même temps
à la femme de prendre, s'il y a lieu, toutes les précautions
nécessaires pour la sauvegarde de ses intérêts. C'est, à
mon avis, le meilleur moyen de conserver à la femme la
situation qu'elle doit actuellement à l'hypothèque légale,
sans sacrifier les droits du mari comme propriétaire et
comme chef.

Mon opinion sur ce point est basée sur la nécessité de
faciliter l'aliénation des immeubles et le crédit. Aussi ad-
mettrais-je parfaitement une solution différente dans le
cas où l'on adopterait en France le principe de « l'insais-
sissabilité du foyer de famille. » Si comme on le réclame,
et comme on l'a proposé au Parlement, on créait une sorte
de propriété insaisissable, et soustraite pour ainsi dire à
la mobilité du surplus de la fortune, on ne comprendrait
pas que la femme ne fût pas appelée à consentir la création de ce patrimoine réservé ou son retour au droit commun. Nul mieux qu'elle ne saurait donner au mari des
conseils fondés sur l'intérêt de la famille. En particulier
dans le cas où ces biens seraient aliénés, il faudrait nécessairement exiger le consentement de la femme. C'est
d'ailleurs ce qui a lieu sous la législation américaine à
laquelle on veut emprunter *le homestead* (1). C'est avec
ce caractère qu'on l'introduirait chez nous, dans le cas,
d'ailleurs douteux, où les Chambres adopteraient les propositions qui ont été faites dans ce sens. Il y aurait là une
augmentation des pouvoirs de la femme mariée, très conforme à la tendance actuelle des esprits; ce serait un
nouveau pas vers l'égalité et l'assimilation des droits des
conjoints que réclament les féministes.

(1) Corniquet. *Insaisissabilité du foyer domestique aux Etats-
Unis*. 1re partie. Chap. IV. Section 1re, pages 134 et suiv.

CONCLUSION

Que va-t-il ressortir de cette étude, et quelle est, en l'état actuel des mœurs et de la législation, la situation faite à la femme dans l'association conjugale relativement à la gestion des biens ? A travers la complexité des hypothèses que j'ai eu à examiner et la variété des solutions auxquelles on s'arrête, il est difficile de démêler l'idée générale qui peut caractériser la place occupée dans le ménage au point de vue des intérêts pécuniaires par la femme mariée.

Le système des féministes peut se caractériser d'un mot. Quand on ne réclame pas la séparation de biens absolue, correspondant à la substitution à notre mariage de l'union libre, on aboutit au système contraire de M. Laurent : on réclame toujours le concours des deux époux, sauf à faire intervenir la justice en cas de désaccord. C'est à grand peine que l'on permet aux conjoints de retirer de la communauté universelle quelques propres dont on leur laisse l'administration ; mais les actes de disposition sont subordonnés à l'adhésion de l'autre époux dès que l'aliénation peut préjudicier aux intérêts de celui-ci, ou au droit de jouissance de la communauté (1). En tout cas, c'est la liberté absolue, complète des deux époux ; si l'un d'eux est avantagé, c'est plutôt la femme à qui l'on réserve expressément les actes d'administration journalière.

(1) Voir à l'introduction l'exposé de ce système.

H. BASSET   31

A vrai dire, ce système a de quoi séduire par sa simplicité. Tout est subordonné à un principe unique, c'est une
construction d'une seule pièce. Un pareil régime a des
airs de précision presque mathématiques ; tout est déduit
et enchaîné : rien n'est plus propre à flatter l'esprit dans
ses goûts de logique et de simplification.

La situation faite actuellement en France à la femme
mariée est loin d'être aussi nette. Le législateur n'a pas
eu l'idée de poser une règle générale fixant la place faite
à chaque conjoint dans la gestion de la fortune du ménage.
La conséquence en est que, n'ayant pas été enchaîné dès
l'abord par un principe, il a, dans chaque hypothèse
spéciale, cherché moins à faire concorder sa décision
avec celle qu'il pouvait prendre ailleurs, qu'à donner, pour
l'espèce en question, la solution qui semblait la meilleure.
Le régime qui en résulte, s'il y a perdu en simplicité et
en élégance, y a gagné d'avoir moins de raideur, et de
s'appliquer mieux aux besoins de chaque cas spécial. Il
faut d'autre part, ainsi qu'on l'a vu tout au cours de cette
étude, constater mille hypothèses où la pratique est venue
modifier l'application des textes, et où l'esprit de la législation s'est trouvé, sur ces points, changé de telle sorte que
l'on pourrait dire avec M. Gide (1) que « la loi écrite n'est
pas l'expression de la loi vivante. » Il serait d'ailleurs
inadmissible que les rédacteurs de notre Code civil aient
pu organiser les régimes matrimoniaux, et que toutes
nos institutions juridiques aient pu se développer, sans se
baser sur une conception générale du rôle de la femme
mariée dans la gestion des biens du ménage. Seulement
au lieu de fonder, dans une matière qui touche autant aux

(1) *Condition privée de la femme*, 2ᵉ éd. p. 312.

mœurs et où la liberté des conventions est essentielle, toute une organisation sur un principe posé *à priori*, on a préféré laisser une plus large part à l'initiative des contractants, et, prévoyant des situations différentes, protéger tous les intérêts.

Le premier point qui doit frapper un législateur en notre matière, c'est l'inaction que garde très souvent la femme, l'incompétence réelle ou feinte qu'elle invoque pour se désintéresser des affaires du ménage, et pour laisser au mari la libre direction, mais aussi les dangers, de la gestion du patrimoine des époux. Que cette situation soit motivée par le sentiment chez la femme de son incapacité, par l'habitude de rester étrangère aux affaires, ou par sa confiance dans le mari, peu importe ! Le fait est que l'abstention de la femme est volontaire. Il ne faut donc pas conclure que là femme est assujettie par nos institutions à la toute puissance du mari. Si le mari exerce souvent tous les pouvoirs sans aucun contrôle, si la femme peut se trouver victime de son effacement, elle ne doit s'en prendre qu'à elle. La loi, on l'a vu au cours de ce travail, donne à la femme mariée dans une foule d'occasions le droit d'intervenir soit pour défendre ses biens propres, soit pour modifier, dans l'intérêt de la famille, les décisions du mari. On ne peut la forcer dans tous ces cas à examiner la situation, et à contrôler sérieusement les actes du mari. Si la femme n'intervient pas quand elle a le droit de le faire, si elle donne son consentement, quand il est requis, sans aucune précaution et de confiance, — et c'est ce qui arrive bien fréquemment, — elle ne peut accuser qu'elle-même des dangers que lui font ensuite courir ses engagements irréfléchis. D'ailleurs, en pareil cas, les inconvénients qui en résulteraient pour elle sont

bien atténués, sinon supprimés par les protections dont
elle est entourée par la loi.

Mais si la femme veut exercer, comme c'est son devoir
de mère de famille, les prérogatives que nos institutions
lui concèdent, dans quelle situation va-t-elle se trouver,
au moins en temps normal et si les liens du mariage
n'ont pas été relâchés par suite de la mésintelligence des
époux?

Divers points me paraissent résulter de l'étude que
j'ai entreprise.

Tout d'abord, en règle générale, l'intervention de la
femme, qui a pour résultat d'accroître son influence au
profit de toute la famille, est motivée d'ordinaire soit par
la nécessité pour la femme de protéger sa fortune personnelle, soit au contraire par l'obligation où elle est de seconder le mari, de favoriser ses entreprises, ou de le suppléer en cas d'empêchement. Les deux époux ne jouent
donc pas un rôle absolument analogue, n'ont pas de
pouvoirs identiques comme voudrait l'établir M. Laurent.
C'est toujours le mari qui joue en apparence le rôle principal, sauf pour les actes de disposition sur les propres
de la femme. C'est lui qui d'ordinaire vend, achète, emprunte, paie, etc., et même quand la femme agit solidairement avec lui, on est toujours porté à croire qu'elle figure
accessoirement, soit pour sauvagarder ses propres droits,
soit pour rendre un service au mari. Dans les deux cas,
il en résulte pour elle à l'égard de celui-ci une situation
très avantageuse. Le mari ne céderait probablement pas
à la pression de sa femme si celle-ci élevait la prétention
d'exercer en face de lui un pouvoir égal au sien, de
la même nature que le sien. Ce serait une source perpé-
tuelle de conflits entre les époux. Au contraire, le mari

ne pourra guère résister aux représentations que lui fera
la femme dans le but de sauvegarder sa fortune qui doit
être un jour celle des enfants ; le mari ne peut avoir l'air
de les dépouiller. A plus forte raison, est-il forcé de céder
lorsqu'il réclame de sa femme un service, souvent dangereux pour elle, et que son consentement est à peu près
indispensable à l'opération projetée ; par exemple, comment
emprunter sans que la femme subroge à son hypothèque
légale, et s'engage solidairement avec le mari ?

Cet avantage résulte tout naturellement pour la femme
de la division des attributions qui se fait, par la force des
choses, entre les conjoints. Dès que le mariage a entraîné
en fait, la confusion des intérêts pécuniaires des époux (et
ce résultat ne peut guère manquer de se produire dans un
ménage uni), chacun des époux se charge tout naturellement des fonctions pour lesquelles ses dispositions et les
circonstances l'ont mieux préparé. Au mari revient plus
logiquement l'administration des biens. La femme finit
bien vite par la lui abandonner, alors même que, par contrat de mariage, elle s'était réservé d'une façon ou d'une
autre, l'administration de ses propres. En revanche, et même sous les régimes où les pouvoirs du mari sont le plus
étendus, la femme s'attribue la direction du ménage ; de
plus, souvent elle prend de son propre chef certaines mesures d'épargne et de prévoyance, parfois même à l'insu
du mari. Il y a là, pratiquement, toute une série de dérogations aux règles strictes du fonctionnement des régimes
matrimoniaux.

Mais le caractère le plus intéressant de la gestion des
biens durant le mariage vient de la nécessité du concours
ou plutôt de l'accord des deux époux pour tous les actes
importants.

Il n'est plus besoin, depuis la brillante justification qu'en a donné M. Gide (1), de montrer quel avantage peut résulter pour toute la famille de la participation de la femme au gouvernement du ménage. « Elle est juste car elle est la réalisation la plus complète dans la sphère des intérêts civils, de cette union intime et sans réserve, de ce *consortium omnis vitæ*, qui, au dire de l'antiquité païenne elle-même fait l'essence du mariage. » Elle est utile, car la prudence de la femme appuyée sur son affection maternelle pourra retenir le mari, et mettre un frein à son esprit de spéculation ou à sa prodigalité.

Tandis que le concours du mari aux actes de disposition permis à la femme résulte des dispositions légales sur l'autorisation maritale, l'intervention de la femme est motivée soit par la nécessité où elle est de défendre ses droits, soit au contraire par le besoin de favoriser le crédit du mari en donnant plus de garantie aux tiers avec lesquels il traite. Mais peu importe la cause d'où résulte l'accord des époux et la raison qui nécessite leur concours. La situation de la femme diffère peu : pourvu qu'elle soit appelée à intervenir, elle pourra exercer sur le mari son influence, et lui faire entendre s'il est nécessaire, des conseils de sagesse et de modération. C'est par là que s'exercera sa puissance, mieux et plus sûrement que par un refus complet qui indisposerait le mari et souvent ne l'arrêterait pas (2).

---

(1) *Op. cit.*, page 482.

(2) Entre les époux en effet, il ne s'agit pas le plus souvent d'un conflit juridique ordinaire. Ainsi que le dit fort bien M. Alfred FOUILLÉE (*Tempérament et caractère selon les individus, les sexes et les races*) « dévouement pour dévouement l'un envers l'autre, et dévouement commun aux enfants, tel est le pacte conjugal le plus conforme

C'est qu'en effet, le concours de la femme, presque toujours utile, n'est pas, le plus souvent, indispensable ; même
quand la femme invoque son hypothèque légale, le mari
peut encore disposer de ses biens ; et la vente qu'il ferait
d'un immeuble à lui propre pourrait parfois, malgré la
femme, produire des effets utiles, en débarrassant le mari
d'une propriété gênante ou dangereuse, en lui permettant
de payer les créanciers antérieurs en rang à la femme et
ceux qu'elle a subrogés dans son hypothèque ; de sorte
que le mari peut assez souvent arriver à vaincre la résistance de la femme, ou plutôt à se passer de son consentement, quand il s'agit d'actes qui lui sont permis comme
propriétaire ou comme chef de l'association conjugale.
C'est sans doute là ce qui déplaît tant aux féministes. On
peut cependant remarquer que la femme, relativement aux
actes de disposition de ses biens propres, a les mêmes
droits ; si le mari lui refuse l'autorisation nécessaire, elle
peut s'adresser à la justice. Naturellement, elle ne recourra
à ce moyen lent et onéreux, elle n'entrera en lutte ouverte
avec le mari que si elle ne peut obtenir par aucun moyen
le consentement de ce dernier. La situation est la même
pour lui. Là où ses pouvoirs doivent être pratiquement
limités par l'intervention de la femme, il suffit que son
intérêt même le pousse à obtenir l'adhésion de cette dernière. Dans le cas où l'accord des deux époux est impossible, il faut que le mari, quand il s'agit de ses biens ou

à la nature et le plus voisin de l'idéal. Il ne s'agit plus, comme entre
personnes du même sexe, de service pour service, de produits pour produits, ce qui est le fondement de l'ordre économique ; il s'agit d'amour
pour amour, ce qui fonde l'ordre moral. » M. Fouillée consacre en
effet tout un chapitre de cet ouvrage à l'étude du mouvement féministe et se montre disposé à réclamer l'émancipation de la femme,
tout en se bornant à de raisonnables limites.

des biens dont il a la gestion sous sa responsabilité, puisse faire triompher sa volonté. C'est le seul moyen de laisser subsister dans l'administration du patrimoine l'unité de vues indispensable. C'est le seul moyen aussi d'éviter en cas de conflit entre les époux, une intervention de la justice dont le résultat serait, entre autres inconvénients, d'envenimer la discorde des époux sans donner de solution satisfaisante. Comment peut-on proposer de confier à des magistrats la mission d'intervenir dans les familles pour prendre en cas de besoin l'administration de tous les biens, et gérer la fortune sans se soucier de la volonté des époux, de leurs projets et des exigences d'une situation mal connue du juge ? Il semble préférable à tous égards de laisser à l'un des conjoints le droit de prendre seul les mesures qu'il juge nécessaires, et surtout si le concours de l'autre conjoint offre tant d'avantages que l'abstention de ce dernier suppose l'impossibilité de l'accord. Un danger subsiste cependant ; ne va-t-on pas sacrifier entièrement les droits du conjoint dont l'opposition reste sans effet ? Il semble que la femme ne retire plus aucun avantage de son intervention, si elle n'est pas indispensable. C'est une erreur. D'abord le mari a trop d'intérêt à obtenir son adhésion pour ne pas la payer de quelques concessions ; et surtout, l'essentiel pour sauvegarder la situation de la femme, c'est que le mari n'agisse pas à son insu, qu'elle puisse lui parler, discuter ses projets, peser sur ses résolutions ; et c'est ce qui a lieu presque forcément. Enfin, la femme, prévenue des projets de son mari, peut prendre, s'il en est besoin, les mesures conservatoires nécessaires à la protection de son patrimoine et, au besoin, demander la séparation de biens (1).

(1) Il faut observer en effet que le concours de la femme est surtout

Il résulte de là que le principal avantage lui vient non
pas du fait, honorifique, de son concours à l'acte même,
mais de la nécessité de son accord avec le mari. L'important pour la femme n'est pas de figurer aux yeux des tiers
comme exerçant les mêmes droits que le mari ; il faut
seulement que celui-ci soit obligé de s'adresser à elle,
de prendre son avis, pour éviter les dangers résultant de
son hostilité. Il en résulte que la puissance de la femme
est surtout occulte. C'est peut-être pour cela qu'on est
porté à la nier ou à la considérer comme venant des
mœurs en dehors de tout fondement dans nos institutions
juridiques. Je crois avoir suffisamment démontré que les
dispositions de la loi étaient, en l'état actuel, conformes
sur ce point aux mœurs et à l'idée que nous nous faisons
du mariage. En droit comme en fait le mariage est une
association ; et ce mot ne se comprendrait plus, si l'un
des conjoints était asservi à l'autre, si l'un d'eux n'avait
aucun droit et si l'autre les avait tous. Seulement, par la
force des choses, la décision concertée entre les époux,
prise souvent à l'instigation de la femme, semble prise
par le mari seul. C'est lui qui traite avec les tiers, lui qui
représente à leurs yeux le ménage. Il ne faut pas se laisser abuser par cette apparence. Chacun des époux remplit
le rôle qui convient le mieux à sa nature ; celui de la

exigé pour les actes dangereux. Elle reste étrangère aux actes d'administration et peut ignorer même la situation exacte des affaires du
ménage, tant que celles-ci prospèrent. Et cela n'est pas peu fait pour
propager encore l'opinion qui regarde la femme comme étrangère
aux affaires juridiques de la famille. Mais du jour où la fortune péri-
clite, où le mari est obligé de tenter quelque opération qui menace-
rait les intérêts de la famille, emprunt, vente etc., il faudra le concours de la femme et celle-ci pourra prendre les précautions nécessaires.

femme frappe moins. En réalité, la place qui lui est faite
est aussi importante que celle du mari. Elle est peut-
être même plus avantageuse, puisque son inaction lui
vaut le bénéfice d'un certain nombre de garanties et de
protections dont elle profite seulement si elle ne concourt
pas aux actes du mari.

Les féministes cependant ne sont pas satisfaits. Ils
n'hésitent pas à dépouiller la femme mariée de toutes les
sûretés, de tous les avantages que notre loi lui accorde
pour lui donner le droit d'intervenir, au même titre et sur
le même pied que le mari, à tous les actes de gestion des
patrimoines, et pour assurer ainsi l'égalité des deux sexes.
Je crains fort que mes adversaires ne confondent égalité
et identité. Le mot d'égalité a un sens en géométrie, il en
a un autre dans les sciences juridiques. Si pour admettre
l'égalité de deux triangles, on exige leur ressemblance
parfaite, pour dire que deux personnes ont une situation
égale, il ne faut pas forcément qu'elles aient exactement
les mêmes droits, les mêmes prérogatives. Bien plus, la
similitude des pouvoirs qui pourraient leur être confiés
n'entraînerait pas forcément l'égalité. Par la force des
choses, chacun, selon ses dispositions, serait plus ou moins
habile à se servir des armes qui lui seraient données. En
particulier, quand les attributions identiques de chacun
pourraient entraîner un conflit, la lutte en serait enveni-
mée, et elle aboutirait nécessairement à la victoire de
celui à qui l'on aurait donné des moyens d'action à sa
mesure. Au contraire, là où chacun a un rôle différent, le
désaccord est moins à craindre, et en même temps, chacun est mieux protégé, ayant des armes mieux adaptées
à son tempérament et à sa situation. C'est alors, et alors
seulement, qu'il y a vraiment égalité. Et, si étrange que

cela puisse paraître, c'est par suite notre législation actuelle qui assure le mieux aux conjoints l'égalité dans le
mariage que réclament les féministes.

Est-il donc possible de poser en principe que la législation française, telle qu'elle est aujourd'hui comprise
et appliquée, donne satisfaction à tous les desiderata ?
N'a-t-on d'autre reproche à lui adresser sur le point qui
nous occupe que celui de son manque d'unité et de cohésion ? Malheureusement, je suis obligé de l'avouer, une
lacune très considérable vient nuire à la défense des
droits de la femme.

La principale cause de l'intervention de la femme aux
actes du mari vient de la nécessité où l'on se trouve
de lui faire consentir des cessions ou des subrogations
à son hypothèque légale. La conséquence, c'est l'intervention de la femme à tous les actes de disposition des
immeubles frappés de l'hypothèque légale. Mais il ne
s'agit là que des immeubles. Rien n'exige la participation de la femme aux aliénations de biens meubles. Si
l'on considère le développement actuel de la fortune mobilière, on voit sur quelle part énorme du patrimoine,
la femme se trouve dépourvue de tout contrôle. Objets
mobiliers, offices ministériels, fonds de commerce, créances, valeurs négociables de toute sorte, tout cela échappe
à l'action de la femme ; or ce peut être toute la fortune
du mari ou de la communauté.

Le résultat est très fâcheux ; il est cependant bien difficile de l'éviter. L'aliénation des valeurs mobilières est
considérée comme un acte d'administration, et la force des
choses exige que l'aliénation puisse en être faite rapidement et sans formes compliquées. En particulier, pour les
valeurs au porteur, la transmission a lieu forcément sans

la femme, si le mari juge inutile de la mettre au courant de ses opérations.

D'autre part, il est nécessaire que le mari ait à sa disposition des capitaux afin de pourvoir à l'administration de la fortune, ou pour s'en servir comme instrument de travail. Aussi serait-il, je crois, dangereux et inutile d'exiger le concours de la femme à l'aliénation de tous les biens mobiliers.

Cependant, quand la fortune du mari ne comprend pas d'immeubles, la femme qui, partant, n'a plus d'hypothèque légale, est privée de toute occasion de participer à la gestion des biens du ménage.

Le remède serait assez simple, ce serait d'exiger sinon le consentement, au moins l'intervention de la femme aux actes concernant certaines catégories de biens meubles : par exemple les fonds de commerce et les offices ministériels. Il serait assez facile aussi d'immatriculer des valeurs nominatives en mentionnant qu'il est interdit au mari de les aliéner sans l'adhésion de sa femme, et en rendant les tiers responsables. On pourrait ainsi, sans nuire trop aux intérêts du mari, assurer à la femme son contrôle sur la gestion des biens.

Sous cette forme, les droits donnés à la femme se heurteraient je crois à la règle d'ordre public de l'art. 1388 ; on y verrait une stipulation contraire « aux droits du mari comme chef » et interdite, même par contrat de mariage. On a pourtant soutenu autrefois (1) qu'il était possible au mari de s'enlever par contrat le droit d'aliéner les biens communs sans le concours de la femme. On estimait alors qu'en parlant des droits du mari comme chef,

_____

(1) BATTUR, II, 549. TOULLIER XII, 309. DURANTON, XIV, 266.

le législateur avait visé son pouvoir sur la personne de la femme et des enfants. Cette opinion est aujourd'hui unanimement repoussée (1). On admet que les droits du mari comme chef sont ses droits pécuniaires, que d'ailleurs le mari en s'interdisant d'aliéner, s'interdirait aussi d'obliger ces biens et qu'on arriverait alors à le dépouiller de toute l'administration.

Je crois en effet qu'il est impossible d'écarter sur ce point l'application des règles prohibitives de l'art. 1388. Pour donner un sens à l'expression « droits du mari comme chef », on est obligé de l'entendre comme s'appliquant aux droits pécuniaires. Si le mari ne peut renoncer à ses pouvoirs sur la communauté, la limitation apportée à son droit de disposition tombe sans nul doute sous le coup de notre article. Cela serait particulièrement vrai quand il s'agit de valeurs mobilières dont l'aliénation est regardée plus comme un acte d'administration que comme un acte de disposition.

Je crois d'ailleurs que cette disposition est à la fois mal fondée et regrettable. En effet, d'abord le concours de la femme pourrait dans bien des cas être très avantageux même pour le mari, et puis surtout pourquoi défendre de stipuler expressément l'application d'une règle toujours observée en pratique ? Quand il s'agit d'aliénations immobilières le concours de la femme est presque toujours fourni. En cas de désaccord des époux, il est à peu près inutile pour le mari de chercher à vendre : ou bien il ne trouvera pas d'acquéreur ou bien il n'obtiendra pas le paiement du prix. Il audra des circonstances assez spéciales pour qu'il tire quelque avantage de son aliénation. Pourquoi ne pas per-

---

(1) AUBRY ET RAU, V, § 504. Texte et note 3, et les autorités qu'ils citent. *Adde,* GUILLOUARD, I, 117.

mettre, en s'en rapportant au cas le plus général, de stipuler que ce concours de la femme sera nécessaire ; en quoi les droits du mari sont-ils atteints quand on pose une condition qui, en fait, est toujours remplie?

Pour les meubles, la question est plus délicate, j'ai montré quelle raison pouvait exiger une grande liberté pour le mari en matière d'aliénation mobilière. Cependant d'autre part, la femme va-t-elle, quand le mari n'a pas d'immeubles, se trouver dépourvue à la fois de toutes les garanties qu'elle peut avoir contre lui, et de tous moyens d'action sur la fortune de celui-ci ?

Il y aurait peut-être un moyen de remédier à ces inconvénients. Je reconnais d'ailleurs qu'il n'est pas d'ordinaire employé en pratique. En effet, on se contente de protéger les apports de la femme, quand on le croit nécessaire, en soumettant leur aliénation à une clause de remploi. Seulement toutes les créances de la femme restent néanmoins sans garantie : par exemple, c'est à ses risques et périls, que la femme s'engagera solidairement avec son mari, pour le compte de celui-ci. Si elle est obligée de payer, sa créance contre le mari ne sera protégée par aucune sûreté. Elle se trouvera en grand danger de n'être pas remboursée. Il me semble que l'on pourrait remédier à cet inconvénient. Le mari ne pouvant fournir de sûreté immobilière pourrait donner en gage à la femme des meubles ou des valeurs négociables pour lui garantir le paiement de ses droits. Cela n'irait pas, il est vrai, sans difficulté. Ce gage serait assurément très valable s'il était fourni par contrat de mariage et pour la reprise de la dot ; mais il n'est pas pratique dans de telles conditions. Ici la femme est assez protégée par une condition d'emploi. Il y aurait donc lieu de se demander si le

gage peut être constitué entre époux durant le mariage.
Il serait peut-être plus prudent de faire promettre par le
futur époux, dans le contrat, qu'il fournira un gage suffisant toutes les fois qu'une créance naîtra contre lui au
profit de la femme. Mais toutes ces stipulations sont de
nature à entraîner des complications, à être mal exécutées
ou à faire naître des contestations. D'ailleurs si les créances
de la femme peuvent se trouver ainsi protégées, il n'en
résulte guère pour elle de pouvoirs dans le ménage. Elle
aurait tout au plus l'occasion de rendre disponibles les
valeurs à elle engagées en renonçant à la protection qui
lui est fournie ; et elle ne le fera pas facilement.

Elle n'aurait pas plus de pouvoir à exercer dans une
autre hypothèse où ses créances seraient mieux garanties,
peut-être à moins de frais. On concevrait fort bien en effet,
que le mari, de son plein gré ou en vertu du contrat de
mariage, contractât une assurance pour payer à la femme
le montant de toutes les créances qui auraient été garanties par l'hypothèque légale. Rien n'empêcherait de stipuler par le contrat qu'une police sera conclue dans ce
sens au profit de la femme. Durant le mariage, ce pourrait être la condition du concours de la femme à un acte
par lequel elle s'engage dans l'intérêt du mari. Mais, à la
différence de l'hypothèque légale, générale et occulte,
cette assurance ne fournirait à la femme aucune occasion
d'intervenir aux opérations du mari, particulièrement en
ce qui concerne sa fortune mobilière.

L'administration et la disposition de la fortune mobilière
restent donc forcément en dehors de l'action de la femme.
Je n'hésite pas à reconnaître les inconvénients de cette situation. Mais il n'y aurait qu'un remède, et il serait pire que
le mal. Ce serait d'exiger, comme le demande M. Laurent,

le concours des époux pour tous les actes d'administration.

En réalité, ce système resterait certainement inappliqué. Les femmes, le plus souvent, se désintéresseraient de leurs prérogatives, et, reconnaissant qu'administrer est le fait d'un seul, laisseraient tous les pouvoirs à leur mari. Ce serait le plus sûr moyen de les empêcher de profiter de leurs droits quand cela sera nécessaire. Quand au contraire la femme voudrait tenir tête à son mari, invoquer des pouvoirs égaux et semblables aux siens propres, ce serait l'origine de rivalités et de luttes où sombrerait bien vite la bonne harmonie du ménage.

Combien plus sage, malgré ses lacunes et son manque d'unité, paraît notre législation française. Le concours de la femme n'est exigé que là où l'intérêt de la famille et la protection de sa fortune exigent son intervention. En pareil cas, la femme doit apprécier la gravité de la situation et peser ses résolutions. S'il en est besoin, elle peut exercer sur son mari son influence personnelle, invoquer à l'appui de son opinion, la nécessité de défendre des intérêts qui ont pour protecteur le mari lui-même ; enfin, en cas de besoin absolu seulement, elle recourt aux protections de la loi, sûre qu'elle est d'être garantie, même contre son inaction, et contre les abus du mari. L'intervention de la femme ne sera presque toujours que la conséquence d'un accord des deux époux : le plus souvent la femme restera à l'écart des affaires. A l'abri de toute oppression, elle peut vaquer avec confiance aux devoirs qui lui sont impartis. Le rôle d'une femme n'est pas de s'occuper d'affaires ; c'est au mari à diriger les intérêts pécuniaires de l'association conjugale ; la place de la femme est à son foyer, auprès de ses enfants. Elle a une mission assez

grande et assez belle ; on ne fait que la diminuer à vouloir
la sortir de sa sphère pour imposer son concours au mari.
Ce sont de maladroits amis de la femme, ceux qui oublient
que sa force lui vient, non pas de prérogatives juridiques,
mais du fait qu'elle est l'épouse et la mère.

TABLE DES MATIÈRES

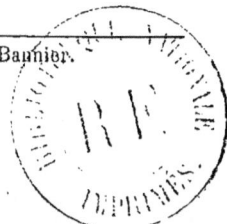

Orléans. — Imp. G. MORAND, 47, rue Bannier.

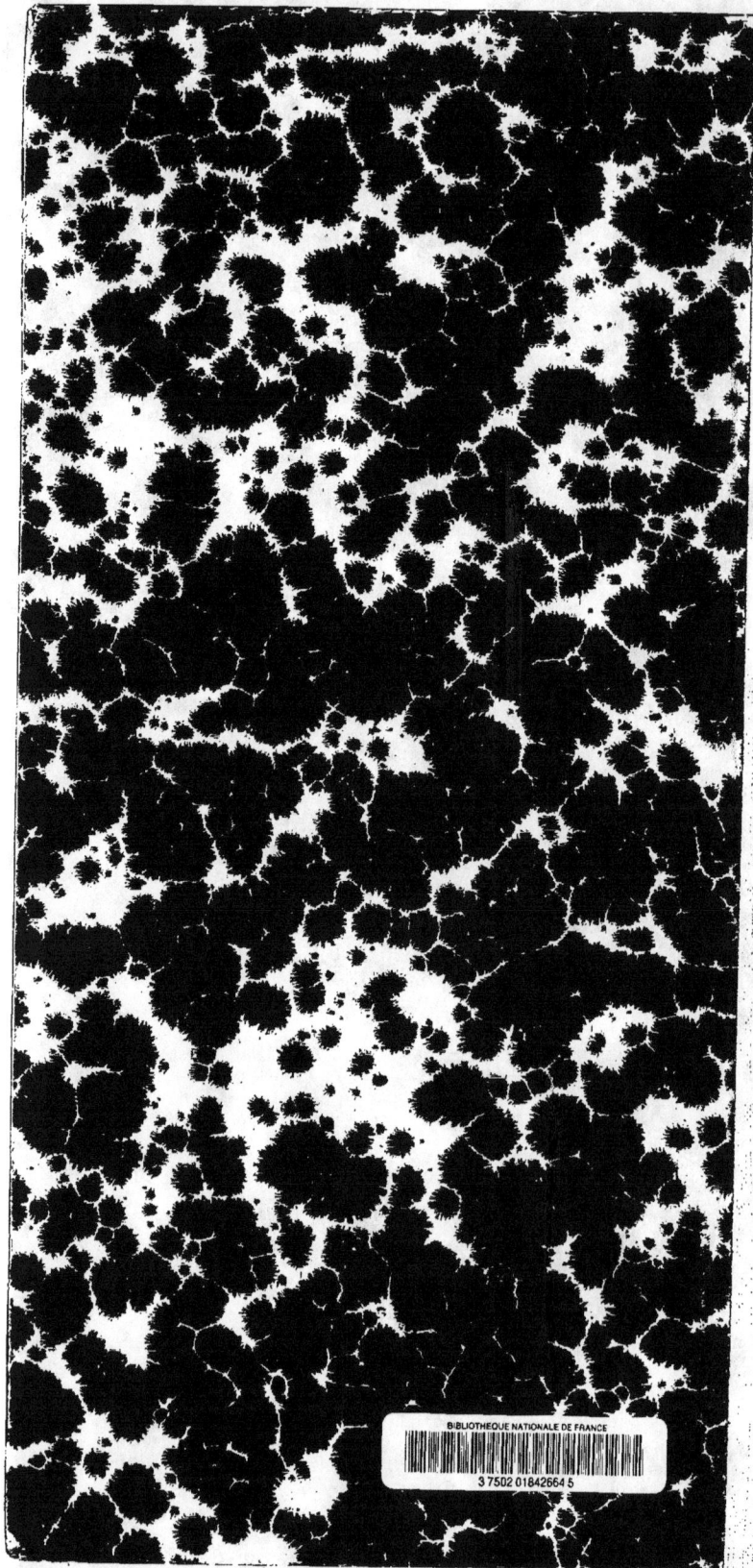

www.ingramcontent.com/pod-product-compliance
Lightning Source LLC
Chambersburg PA
CBHW060916220326
41599CB00020B/2987